列强在华使馆区特权制度研究

1901–1950

程珂 著

A Study on the Privilege
System of Foreign Powers' Legation
Quarter in China, 1901-1950

中国社会科学出版社

图书在版编目（CIP）数据

列强在华使馆区特权制度研究：1901－1950／程珂著．－－北京：
中国社会科学出版社，2024.10
ISBN 978－7－5227－3615－0

Ⅰ.①列…　Ⅱ.①程…　Ⅲ.①租界地—研究—中国
Ⅳ.①D829.12

中国国家版本馆 CIP 数据核字（2024）第 103393 号

出 版 人	赵剑英
选题策划	宋燕鹏
责任编辑	金　燕　宋燕鹏
责任校对	李　硕
责任印制	李寡寡

出　　　版	中国社会科学出版社
社　　　址	北京鼓楼西大街甲 158 号
邮　　　编	100720
网　　　址	http：//www.csspw.cn
发 行 部	010－84083685
门 市 部	010－84029450
经　　　销	新华书店及其他书店

印　　　刷	北京明恒达印务有限公司
装　　　订	廊坊市广阳区广增装订厂
版　　　次	2024 年 10 月第 1 版
印　　　次	2024 年 10 月第 1 次印刷

开　　　本	710×1000　1/16
印　　　张	25
插　　　页	2
字　　　数	398 千字
定　　　价	136.00 元

目　　录

引　言

第一次鸦片战争后，中国长期处于半殖民地半封建社会的状态中。资本—帝国主义列强以武力为手段，逼迫清政府订立了许许多多的不平等条约，攫取中国的主权和利益。中国近代的条约制度，是列强通过不平等条约对中国行使"准统治权"的特权制度。① 它基本形成于第二次鸦片战争，以后不断发展，至《辛丑条约》订立而更加完备。其中，随着 1900 年八国联军发动侵华战争和 1901 年《辛丑条约》签订，列强在中国首都北京的东交民巷地区划定了一个完全脱离中国管辖的使馆区，驻扎军队，行使统治权，确立了使馆区特权制度。"所谓使馆区域者，即北京东交民巷是也。其界东至崇文门大街，南至城墙，西至正阳门及棋盘街，北至东长安街。"② 外国列强在华设立剥夺中国管辖权的使馆区，"实属破天荒未有之奇闻"③，"盖不啻于中国之首都树一敌国，尤不啻于首都之内树一上国"④。这是中国完全沦为半殖民地的重要表现，是曾经深重的国耻的重要内容。

本书选取列强在华使馆区特权制度为研究对象，以期通过对这一特权制度来龙去脉的叙述和一些重要问题的探讨，从一个侧面深刻展示列强对中国的侵害和中国遭受的屈辱，阐述中国由半殖民地的深渊走向独立自主的艰辛过程。

---

① 李育民：《近代中国的条约制度》，湖南人民出版社 2010 年版，第 5 页。关于条约制度概念的深入探讨，可参阅李育民的《近代中外条约关系通史》第 1 卷，中华书局 2022 年版，第 35—54 页。
② 林东海：《外事警察与国际关系》，商务印书馆 1937 年版，第 116 页。
③ 丁鹤编著：《中国外事警察概要》，丁鹤著译室，1937 年，第 72 页。
④ 刘彦：《被侵害之中国》，（台北）文海出版社 1987 年版，第 258 页。

一 概念的界定

使馆是一国派驻外国外交代表机关的通常形式。在遥远的古代，就有了国与国之间互派使节的活动，并且使节受到某些特别的保护。到15世纪中叶，意大利的城市国家之间已经出现了常驻使节，其他欧洲国家相继仿效。设立使馆是经有关双方通过一定的方式同意的。1648年《威斯特伐利亚和约》订立后，常设使馆制度在欧洲确立，并发展成为世界上主权国家之间普遍接受的外交制度。第二次鸦片战争后，清政府也接受了这一外交制度，外国驻华使馆集中在北京东交民巷地区。

外国使馆和其人员常驻接受国，即产生了接受国如何对待外国使馆和其人员的活动，如何界定外国使馆和其人员的权利等问题。周鲠生指出：一国派往外国的外交代表，不论是常驻使节或临时使节，于享受礼节上与各自的身份和地位相应的尊荣外，还享有一定的特殊的权利和优遇。这类特殊的权利和优遇，统称外交特权，有时也称为外交特权和豁免。他还指出，外交特权包括豁免，而外交豁免不能包括一切外交特权，虽然豁免确属于外交特权的主要的并且最重要的部分，因此，以外交特权来概括外交代表享有的一切权力和优遇是可以的。[1] 有的研究者认为，外交特权是指使馆及其人员享有的超越接受国国内法赋予其法人与自然人的权益，外交豁免是指使馆及其人员所享有的免除当地法律条款的待遇。[2] 这方面的国际法规则不断发展，走向成熟。

例如，国际法对使馆和外交人员的外交特权和豁免有严格规定。使馆可以使用本国国旗与国徽。使馆馆舍不得侵犯。接受国官员非经使馆馆长允许，不得进入使馆馆舍；接受国对使馆馆舍有特别保护的义务；使馆馆舍及设备，和馆舍内其他财产与使馆交通工具免受搜查、征用、扣押或强制执行。还有馆舍免纳捐税，使馆档案及文件不得侵犯，使馆人员有行动及旅行自由、为公务目的的通信自由等。外交代表人身不得侵犯，私人寓所、文书及信件不得侵犯，对接受国之刑事管辖享有豁

---

① 周鲠生：《国际法》下，武汉大学出版社2009年版，第467、468页。
② 黄德明：《现代外交特权与豁免问题研究》，武汉大学出版社2005年版，第8页。

免、一般的民事及行政管辖亦享有豁免，无以证人身份作证之义务，免纳捐税，免关税和查验等。① 使馆享有外交特权的人是有范围的，主要是使馆馆长、外交职员和他们的配偶、未成年的子女。这些特权，都属于狭义上的治外法权②的内容。

接受国有义务保障外国使馆的安全和尊严，保障外国外交人员的合法权利。晚清时进入中国的《万国公法》即有："国使之妻子及从事员弁、记室、代书、佣工、器具、私衙、公馆皆置权外，他国不得管辖。"③ 清政府接受了外交使节常驻国都制度，也就接受了保护外国使馆和使节的义务。这也为后来的中华民国政府所严格遵守。现代国际法更为严肃，"现在的趋势是把使馆看成一个国家机关，使馆人员是国家机关人员，馆长是这个国家机关的首长"④，使馆享有的特权得到了进一步确认。

另外，在欧洲一些地方，历史上曾经出现过一种"使馆区豁免"的特权现象，即使馆享有在其所在的一定地域范围内不允许接受国当局逮捕在使馆附近居住的人等特权。⑤ 在 18 世纪以前，在欧洲少数地方，"主要是在威尼斯、罗马和马德里，习惯上规定了馆区特权。享受这种扩大了范围的治外法权的使馆，声称他们有权阻止逮捕居住在大使馆附近的人，并免

① 《维也纳外交关系公约》（1961 年 4 月 18 日），载中国人民大学法律系国际法教研室编《国际法学习参考资料》，1981 年，第 240—245 页。

② 在近代中国，伴随着西方列强的入侵，出现了"治外法权"和"领事裁判权"两个概念。按照英、美国家和中国近代的习惯用法，治外法权是一个包括领事裁判权在内的广义的概念，其含义有二：一是指在外国境内享受的一种特权和豁免，通常是根据国际法，只有外国元首和外交代表等才能享有。第二层含义是指领事裁判权，它是西方列强在亚非各国的领事，按照本国法律对其本国侨民行使司法管辖权的片面特权。这两层含义有着根本性质的不同。欧洲大陆和日本的大多数学者认为，治外法权和领事裁判权是两个不同的概念，前者是指外交官、国家元首等所享有的特权和豁免，而领事裁判权不能称为治外法权。英美国家和中国则习惯地将它们混在一起。从其实际内容来看，外国侨民通过领事裁判权制度享有了外交官、国家元首所享有的某些外交特权，从广义的角度，可以把领事裁判权称为治外法权。不过，必须严格区分这两层含义的性质，作为外交官、国家元首的特权和豁免的治外法权，与作为领事裁判权的治外法权，是有着根本的区别的（李育民：《近代中国的条约制度》，湖南人民出版社 2010 年版，第 13—16 页）。因这些概念的形成和使用过程比较复杂，限于篇幅，本书不做具体论述。

③ ［美］惠顿：《万国公法》，［美］丁韪良译，何勤华点校，中国政法大学出版社 2003 年版，第 149 页。

④ 王铁崖主编：《国际法》，法律出版社 1995 年版，第 270—271 页。

⑤ 王铁崖主编：《国际法》，法律出版社 1995 年版，第 271 页。

除那些名义上供他们使用而运入的物品的入市税。"① 这是把使馆享有的外交特权扩张至馆外区域，形成了使馆区特权。

而使馆区特权的存在，造成了很坏的局面。如法国的西斯蒙第在《法国人的历史》一书中所说："各国大使都不允许教皇的任何法庭官员和财务官员进入使馆区。因此，那里变成了流氓匪徒的避难所；他们不仅到那里去躲避法院的搜捕，并且还出来在附近行凶犯法；同时他们又把那里当作窝藏偷税漏税赃物的仓库。"② 使馆区特权是对驻在国主权的侵犯，后果恶劣，所以到 17 世纪已经不被各国所承认。《奥本海国际法》对此作出说明："今天的住所豁免权是从过去的情形发展出来的，在过去，外交使节的官邸在各方面都是被认为在驻在国领土之外的，而且在许多情形下，使节官邸所在的整个区域都被认为享有治外法权。" 在那个时候，人们常说"住区豁免权"或"住区权"。由这个"住区豁免权"就推演出所谓庇护权，因而使节们认为在他们居住地区的界限以内他们有给予躲避到那里的任何个人以庇护的权利。但早在 17 世纪，就已经有很多国家反对这种"住区豁免权"，而到了 18 世纪，这种特权就完全消灭了，只留下使节们认为在他们自已的官邸内有权给予庇护的主张。到了 19 世纪，这种所谓庇护权的一切残迹都消失了；在 1827 年，当法国驻利马公使要求这种权利时，秘鲁政府曾经加以拒绝。③

对此问题，中国学者也有分析和揭示。谭锡庠的《平时国际公法》指出："当十六世纪时，不独使馆不可侵，即使馆所在之市区，亦不受驻在国主权之支配，谓此权利曰市区自由权。故犯罪人往往逃匿是间，而使馆遂有庇护权。及十七世纪时，各国以此种特权流弊滋多，齐起反对，至十八世纪乃归于消灭。"④ 有的把这一特权叫做"区域一部支配权，或称城区一部自由权"，认为公使馆所在区域一部分亦与以治外法权，在此一部分区域内公使得行其本国主权的做法，结果是"在一国内，隐然有一敌国

---

① ［英］戈尔—布思主编：《萨道义外交实践指南》，杨立义等译，上海译文出版社 1984 年版，第 160 页。

② 转引自［英］戈尔—布思主编《萨道义外交实践指南》，杨立义等译，上海译文出版社 1984 年版，第 161 页。

③ ［英］劳特派特修订：《奥本海国际法》上卷，第 2 分册，石蒂、陈健译，商务印书馆 1972 年版，第 248—249 页；王铁崖主编：《国际法》，法律出版社 1995 年版，第 271 页。

④ 谭锡庠：《平时国际公法》，光华商店 1933 年版，第 105—106 页。

焉，虽有谋叛于此地者，国家亦不得防止之"。"是以各国皆欲废此特权，于是有此特权之公使来驻其国者，多拒绝之，至第十七世纪，遂废城区自由权。"①

因此，使馆区外交特权和豁免作为一种曾经的外交特权，与使馆外交特权和豁免有严格的区别。

第一，两者的地域范围不同。使馆外交特权的保护范围是使馆。根据《维也纳外交关系公约》，使馆馆舍指的是供使馆使用及供使馆馆长寓邸之用之建筑物或建筑物之各部分，以及其所附属之土地。② 另外，使馆馆长以外的外交人员的寓所（与馆舍相分离的），也受国际法保护。这一空间内，居住的人主要是使馆外交人员和其家属。而使馆区是使节官邸所在的大片区域，这一区域的人群大大超越了使馆外交人员和其家属。这样，所谓的使馆区外交特权可实施的地理范围，远远超过了使馆的范围。

第二，两者针对的对象不同。使馆享有外交特权，是为了保护代表一国的使馆能正常有效的履行职务，其保护的对象主要是使馆及其外交人员。而使馆区特权的保护范围大大越出了使馆，特别针对的是居住在使馆外围的人，而他们并非某派遣国的外交人员，本不享有外交特权。

第三，两者的法律效力不同。使馆馆舍不可侵犯权，是历史上形成的，并且早已成为各国公认的国际法基本规则，一直为各国所严格遵守。而将使馆区作为享有外交特权的区域，只在某些国家中出现过。因其是一种畸形的特权，并没有得到普遍的承认，且后为列国所废弃，存在的时间不长。

对此，中外学者的认识是一致的。

然而，在西方国家中早已被消灭的不正常的使馆区特权现象，却在帝国主义武力的保护下，于20世纪开启之际的1901年，在中国又复活了。而且，这一特权制度在中国更加极端化——十一国列强在已于中国首都各自设立使馆的基础上，强行划定东交民巷地区为使馆区，中国人不准在使

---

① 《现行平时国际法》，作者不详，1936年，第321、322页。
② 《维也纳外交关系公约》（1961年4月18日），载中国人民大学法律系国际法教研室编《国际法学习参考资料》，1981年，第236页。

馆区居住，且非经允许不得进入使馆区，而列强可以在使馆区合法化地驻军、设置战备，成立管理机构，对使馆区行使完全的管辖权，从而形成了一个"国中之国"。其特权的扩张程度，远远超过了前述欧洲历史上曾出现过的使馆区特权。外国学者明确指出："驻北京的公使及其属僚居住的使馆区是国际法中一种不正常的现象。"①

使馆特权和使馆区特权在国际法上具有不同性质，中国人的认识是清楚的。如杨熙时的《现代外交学》一书指出："国际通例，凡外国使馆，无论何人，必得使节允许，始可进入，驻在国的警察军队及法官税官等，欲入使馆都须先得特许。"对于畸形的使馆区特权，该书也有述及："十六世纪，不仅公使馆享有不可侵犯的特权，即公使所在的市区，也不受所在国主权的支配，因此造成了一种'使馆界的特权'。及十七世纪，各国以此种特权，流弊太多，起而反对，至十八世纪，此种特权，乃归消灭。"进入20世纪，由于《辛丑条约》的订立，中国却呈现出一种恶劣的情景。该书指出："但就各国在中国所设公使馆的现状而言，则一如欧洲十六世纪的景况。"② 王化成在《现代国际公法》中说："外交官的住所，不受当地国的统治。在从前使馆左近一带，也同享这种权利，很有一点像北平的东交民巷使馆界。从十八世纪以后，治外法权，只限于使馆的本身。使馆以外的附近地带，仍由当地国统治。"③ 林东海的《外事警察与国际关系》也说："公使与公使馆，于驻在国享有治外法权，本为国际法所公认，无论大小强弱国家，皆可享受之。"中国人对外国在华使馆应享有的外交特权和豁免并不陌生和反对。然而，列强在中国以使馆为据点强行揽地夺权，建立统治区，那就属于非常野蛮的侵略行径了。该书指出："列强之划我土地为其使馆区域，夺我统治权，为行使其公使团之行政权，实为一种特殊之侵略也"④。20世纪上半叶，中国人对国际法已经有了深入的了解，从法理上揭示使馆区特权非法性的相关论著还有许多。

---

① ［美］费正清编：《剑桥中华民国史》上卷，杨品泉等译，中国社会科学出版社1998年版，第175页。

② 杨熙时：《现代外交学》，民智书局1931年版，第179、180页。

③ 王化成：《现代国际公法》，新月书店1932年版，第151页。

④ 林东海：《外事警察与国际关系》，商务印书馆1937年版，第115页。

二 选题的意义

中国近代史，是这个国家一步步陷于苦难的深渊，饱受摧残，又通过自己的不懈奋斗而终于走向新生的历史。身为中国人的一员，笔者对这个国家经历的磨难和正在追求的民族复兴事业怀有深深的关切和责任感。顾颉刚先生在20世纪30年代中华民族面临危亡的时刻，就发出了这样的心声："吾人处于今世，深感外侮之凌逼，国力之衰弱，不惟汉、唐盛业难期再现，即先民遗土亦岌岌莫保，衷心忡忡，无任忧惧！窃不自量，思欲检讨历代疆域之盈亏，使知先民扩土之不易，虽一寸山河，亦不当轻轻付诸敌人，爰有是书之作。"① 国家主权和领土完整是中国的核心利益，笔者对此深有同感。

具体到本项研究的选择，是基于如下考虑：研究1901—1950年外国列强在华确立的使馆区特权制度的历史，对于揭示旧中国半殖民地社会的性质，探讨旧中国时代的中外关系史，展示近代中国走向独立自主的过程和中国人民的奋斗精神，对当代中国人开展爱国主义教育，都是必要的和有益的，从而体现历史研究所具有的价值。

第一，本项研究有益于深化对中外条约制度史的研究。鸦片战争后，中国成为西方列强的半殖民地，中外关系进入所谓新的秩序阶段，"缔造这一新秩序的主要工具是条约"②。列强强迫中国签订了一系列不平等条约，攫取了领事裁判权、设立租界权、片面协定关税权、海关行政权、片面最惠国待遇权、沿海和内河航行权、传教和教育特权、租借地和势力范围特权、驻军和使馆区特权、路矿及工业投资特权等侵略权益，建立了一个严重损害中国主权的严密的条约制度体系。中国近代史，是一段中国被不平等条约捆绑，众多主权通过条约制度被列强掠取和行使的屈辱史，即"依靠条约法规使各种权利成为制度"，因此"必须把1860年以后的条约制度视为中国政体的一个特殊部分，中国的主权在这里不是被消灭，而是被订约列强的主权所掩盖或取代"③。并且，到了1901年《辛丑条约》签

---

① 顾颉刚、史念海：《中国疆域沿革史》，商务印书馆2004年版，第3页。

② ［美］何伟亚：《英国的课业：19世纪中国的帝国主义教程》，刘天路、邓红风译，社会科学文献出版社2007年版，第5页。

③ ［美］费正清、［美］刘广京编：《剑桥中国晚清史》上卷，中国社会科学院历史研究所编译室译，中国社会科学出版社1985年版，第253页。

订后，中国"仅仅保存下一个主权国的寥寥几个属性"①。从中外条约制度的内容看，《辛丑条约》确立的列强在华使馆区特权对中国主权的侵害和剥夺，一定程度上重于以往获取的特权。例如，这一特权有四个基本特点：一是它由十一个资本—帝国主义国家强迫中国签订《辛丑条约》而确立，几乎等同于整个资本主义世界在华集体行使特权，中国面临的压迫非同一般。二是使馆区为一个完全由列强统治且封闭的"国中之国"。按国际法，外交馆舍不可侵犯，除经同意外，接受国不得在馆舍有管辖或行政行为。② 而列强将其使馆所在的整个北京东交民巷区域变成享有豁免权的特区，这是完全违反国际法的。三是列强在使馆区具有驻军权和自卫权。列强在中国首都长期"合法化"地驻扎军队，使馆区成为各国管辖的武装行政区域，"是诚中国之特种现象，为各国所未有者也"，京津沿线驻军，"是又中国之特种现象，为各国所未有者也"③。四是这一特权长期实行于中国首都，其对中国的压迫和影响非一般地方可比。总之，"此等武装之公使馆区域，在国都内形成一顽强之敌国，实世界各国首都未有之奇例也"，使馆区特权"实为各帝国主义对中国最新奇之压迫，亦无期之压迫也"④。本书在中外条约制度史的大框架内，较系统地阐述列强在华使馆区特权制度的形成、主要内容、对中国的影响及这一特权制度被推翻的过程，而从一个侧面深入揭示外国列强对中国的侵略和危害，探讨中国半殖民地半封建社会性质和社会形态的含义，认识中国挣脱帝国主义统治的过程。从这一方面来说，本项研究有利于深化对中外条约制度史的研究。

第二，本项研究有益于推进对近代北京地方史的研究。历史过程都是在具体的时空中展开的。美国的施坚雅教授指出，中国历史结构"是一个由网络相连接的地方史和区域史所组成的层次结构"，"一个整体性的文明史建立在其各个组成部分的明确而非偶然的历史的有机组合基础之上"，"正是中国历史的结构为我们展开研究提供了适当的基本单位——处于有

---

① ［美］马士、［美］宓亨利：《远东国际关系史》，姚曾廙等译，上海书店出版社1998年版，第472页。

② ［英］詹宁斯、［英］瓦茨修订：《奥本海国际法》第1卷，第2分册，王铁崖等译，中国大百科全书出版社1998年版，第492、493页。

③ 温良儒：《帝国主义侵略中国史与中国革命运动》，陕西省政府印刷局，1928年，第102—103页。

④ 刘彦：《被侵害之中国》，（台北）文海出版社1987年版，第260页。

关等级结构的最佳层次上，在某时间断限内发挥适当功能的地域体系"①。
20 世纪上半叶，正是西方文明更深度地渗入中国的时期，是中国结束皇权
专制并由传统的封建社会向现代社会演进的时期。在这一历史变迁中，北
京是具有典型意义的。作为长期的国都和北方重镇，北京是众多重要历史
现象的发生地，地域的特殊性影响着北京历史发生发展的内容、形式，又
在历史的变迁中展示着自身的特殊性及其演变。列强在华使馆区特权制
度，就其实施区域来看，主要是在北京东交民巷地区，并延伸至京津其他
地方。北京是中国的政治中心，使馆区特权制度出现于北京，不是偶然
的，这一制度的特殊性与北京的地位紧紧相连。而这一特权制度前后在北
京存在了半个世纪，又深刻地影响了北京的政治、经济、思想文化和社会
生活等各方面，使得北京社会打上了深深的半殖民地的印记，同时对北京
社会的发展又有某些客观上的促进作用。"辛丑条约""使馆界""东交民
巷""兵营""外交团""领袖公使"等概念，与这个城市，与生活在这个
城市的人紧紧相连，他们目睹"国中之国"的先进和腐朽，体验到主权与
个人的关系，"中华""国家""民族"这些宏大叙事得到了实质性的力量
支撑，进而形成共同体的意识——对独立自主的中国的不懈追求。总之，
对于北京地方史研究而言，列强在华使馆区特权制度在近代北京历史的实
际演进中起着重要作用，有着丰富的学术价值。本项研究力图以列强在华
使馆区特权制度为纽带，并主要以北京为视域，将国家整体史和北京地方
史结合起来探讨，这在认识论和方法论的意义上，对推进北京地方史研究
都有一定的积极作用。

　　第三，本项研究有益于展示近代中国从半殖民地走向独立自主的过
程。列强在华使馆区特权制度从 1901 年被正式确立，到抗日战争胜利前
后被废止，再到 1950 年新中国彻底清除这一特权的残余，前后存在长达
半个世纪。北京东交民巷曾具有特定的含义，是近代中国丧失独立和主权
的代名词。"东交民巷者，我堂堂中国帝京内之领土也，乃为各国使馆所
驻在，而遂名之曰'使馆界'。使馆界者，既非租界，更非外国属地也。
乃外国人竟擅行其警察权，外部不能阻止之。外城警厅且年贴修路费数千

---

① ［美］G. W. 施坚雅：《中国封建社会晚期城市研究——施坚雅模式》，王旭等译，吉林教育
出版社 1991 年版，第 22、24 页。

金，俾彼允许本国人在该路行走。呜呼！此种奇羞钜辱已久为国民所注意。乃近日又闻，有外国巡捕侮辱陆军部副官之事，又闻有内城警官佩刀被其扣留之事。呜呼！强弱之间尚何有公理之可言？乃我外部之对付方法，惟有照请领袖公使与外交团商议，削除此项限制，惟有照请查阅约章并无禁止官警经行明条云云。呜呼！国力呜呼软弱之央告。"① 深重的屈辱，激起了中国人民的斗争和探索。"条约制度兴衰的一百年来，经历了帝国主义入侵中国的开始及其高潮，也经历了中国人民对侵略不断增强革命反抗的各个阶段。"② 这个侵略和反侵略的过程中，1900 年前后是一个重要的环节。八国联军侵华和随后《辛丑条约》的订立，对中国的影响是空前灾难性的，19 世纪中叶的几十年，"中国领导人面临的主要问题是'清朝向何处去？'到了 1900 年这个问题就变成了'中国向何处去？'"③ 鸦片战争后，中国不得不放弃传统的天朝上国的身份，放弃"夷夏之辩"和宗藩外交体制，被卷入资本主义殖民体系，一步步艰难地重新认识和确立本国在世界格局中的地位。本项研究所涉及的时间段，正处于新旧中国交替的时期。本书论述外国列强在北京确立使馆区特权制度的过程和旧中国时代使馆区特权制度的变迁，论述中国共产党领导的新中国最后清除在北京的帝国主义特权残余的过程。这一研究，可以较清晰地从一个侧面认识中国人民在前进道路上的反思和进步，民族意识的觉醒和国家主权观念的凝聚，并依靠自己的力量，勇敢地走向独立自主的重要一页。本书从具体脉络中去揭示中国独立自主地位的开拓过程，展示其间丰富而复杂的内容，而使这一研究的背景分析和理论概括更为充实。

第四，本项研究有益于发挥中国近现代史研究的思想政治教育功能。鸦片战争至新中国成立这一段历史，作为一个时代，它将与当代中国渐行渐远。回首一个世纪前，北京东交民巷却是国人的屈辱地。东交民巷，"国人喻谓一大魔窟，为列国在华势力之根据地，种种阴谋多策源于是，

---

① 《强宾压主之使馆界》，《申报》1911 年 8 月 17 日第 6 版。

② ［美］费正清、［美］刘广京编：《剑桥中国晚清史》上卷，中国社会科学院历史研究所编译室译，中国社会科学出版社 1985 年版，第 206 页。

③ ［美］柯文：《在中国发现历史——中国中心观在美国的兴起》，林同奇译，中华书局 1989 年版，第 12 页。

其地固非租界，而实际则不啻租界，华人不得越一步，所谓使馆界者，直租界代名词耳"①。亡国灭种之阴影，曾经沉重地压在中国人的心头。1990年4月7日，邓小平在会见海外华人时说："我是一个中国人，懂得外国侵略中国的历史。当我听到西方七国首脑会议决定要制裁中国，马上就联想到一九〇〇年八国联军侵略中国的历史。七国中除加拿大外，其他六国再加上沙俄和奥地利就是当年组织联军的八个国家。要懂得些中国历史，这是中国发展的一个精神动力。"② 在走向未来的路途上，我们需要了解过去，记得来路。正如史家强调的，"医治人们的健忘症，仅仅靠概括性的历史判断和历史结论，是远远不够的。更重要的，是要生动具体地重现历史场景，向人们重新展示曲折复杂的历史事实，以唤起人们的历史记忆，在回首往昔中记住历史的经验教训……"③ 本书以列强在华使馆区特权制度为记叙中心，从一个侧面展示前人为民族独立、人民解放而奋斗牺牲的过程，揭示其中付出的鲜血、汗水、泪水，历经的苦难和艰辛。中国近现代史蕴涵着丰富的历史哲理，我们应领会历史前进的复杂性和实现中华民族伟大复兴目标的艰巨性，从而坚定"四个自信"。

三 学术史的回顾

由于近代帝国主义侵华和不平等条约给中国造成的深重灾难，列强在华确立的使馆区特权制度，国内研究者较早即有关注。20世纪20、30年代，在争取废除不平等条约的背景下，众多的叙述帝国主义侵华情况和中外不平等条约的论著，都对这一特权制度的产生、内容、危害有叙述。④

---

① 娇娇：《东交民巷》，《龙报》1928年6月26日第2版。

② 《振兴中华民族》（1990年4月7日），《邓小平文选》第3卷，人民出版社1993年版，第357—358页。

③ 参阅李文海先生为李育民教授《中国废约史》（中华书局2005年版）一书所作的序言，见该书第4页。

④ 如刁敏谦的《中国国际条约义务论》（商务印书馆1925年版）、邱祖铭的《中外订约失权论》（商务印书馆1927年版）、张廷颢的《不平等条约的研究》（光华书局1927年版）、周鲠生的《不平等条约十讲》（太平洋书店1928年版）、刘彦的《被侵害之中国》（太平洋书店1928年版）、陈功甫编的《义和团运动与辛丑和约》（商务印书馆1930年版）、杨熙时的《现代外交学》（民智书局1931年版）、吴昆吾的《不平等条约概论》（商务印书馆1933年版）、路韦思的《中国被侵略之领土与利权》（亚细亚书局1935年版）、杨振先的《外交学原理》（商务印书馆1936年版）、王纪元的《不平等条约史》（中国文化服务社1936年版）等。

许多报刊杂志也发表过关于这一特权制度来龙去脉的文章，① 特别是在《辛丑条约》"九七"国耻纪念前后，一些报刊集中刊载有关文章。这些著作和文章涉及本项研究的部分，侧重于叙述《辛丑条约》和使馆区特权制度的内容，还原史实，揭露其危害性，以对国人的斗争起激励作用。这种目的性和现实性可能影响到其学术性，一些作品非严格意义上的学术研究（特别是，有些论著直接为国民党政权的统治服务，有的直接为帝国主义文化侵略服务，谈不上学术研究）。刁敏谦、周鲠生、刘彦、杨振先等的论著，从法理、历史与现实结合上阐述问题，有助于深入剖析这一特权制度的内涵和影响。比较而言，相对于列强在华其他类型的特权，学术界对使馆区特权的研究较少。

新中国成立后，研究帝国主义侵华史的论著涉及列强在华使馆区特权制度问题。② 它们纠正了过去一些肯定乃至美化列强侵略的观点，注重史实论证，有的有较强的学术性。但学术界对使馆区特权制度专题性的研究很少。

改革开放新时期，尤其20世纪90年代以来，随着大量资料的涌现和广泛运用，学术界运用唯物史观，对使馆区特权制度的研究大大深化。学者们既充分揭露帝国主义的侵略罪恶，又避免简单化和公式化，更注重客观地从多个角度和层面剖析使馆区特权制度的内容、变迁和对中国社会的影响。例如，北京政府、南京政府的废约努力得到了充分肯定，中国共产党在废除列强在华特权过程中的作用和贡献，也得到学术透视，多学科的介入使这一特权制度的内涵得到了更深入的探讨，并提供了新的解释维度。

---

① 炎炎：《辛丑条约之来源》，《东方杂志》1924年第21卷第17号；章熊：《北平使馆界》，《认识周报》1929年第1卷第4期；方文政：《北平公使馆区域之外国军警问题》，《新纪元周报》1929年第1卷第9号；同柏：《北平保护使馆之驻军违约不付北宁路运费之记述》，《外交月报》1935年第6卷第1期；远村：《所谓"华北驻屯军"及其在条约上的根据》，《公余半月刊》1937年第2卷第2期；章玉和：《北京使馆界之沿革》，（伪）《中和月刊》1942年第3卷第4期；章玉和：《东交民巷杂谈》，（伪）《中和月刊》1944年第5卷第6期。曹宗儒的《辛丑条约第七款实行之经过》[《中和月刊（伪）》1942年第3卷第12期]，以详细的史料叙述了使馆界建立过程中民居的赔偿、堂子的迁移、划界工作的进行、俄国教堂纠葛、赔偿地价来源等问题。要指出的是，《中和月刊》为一份依附于日本帝国主义的杂志，其对北京使馆区历史的叙述，提供了一些史实，但主旨是为日本帝国主义对华"宣传战"服务。

② 如刘大年的《美国侵华史》（人民出版社1954年版）、胡绳的《帝国主义与中国政治》（人民出版社1955年版）、郑天挺的《辛丑条约与所谓使馆界》（载史学双周刊社编《义和团运动史论丛》，生活·读书·新知三联书店1956年版）等。

目前，国内对本项研究内容有涉及的论著主要分四类。一是有关中国外交史研究的论著。① 它们主要从近现代中国外交史演进的角度，简单述及 1901 年使馆区特权制度的确立、影响和废除经过。二是有关近代中外条约制度史研究的论著。② 它们从中外条约制度体系兴废过程的角度，将其作为一个重要方面作出阐述。尤其是李育民教授的专著，充分运用唯物史观和国际法理论，对使馆区特权制度的产生背景和形成过程，行政体制、警察和司法制度、驻军和防御、土地管理等具体统治制度，这一特权制度的性质和危害性，以及它的废除过程，有较深入的阐述，代表了目前研究的前沿水平。三是有关北京地方史研究的论著。这其中出现了一些专题性的论述东交民巷历史变迁的作品。③ 一些研究北京城市史、建筑史、社会史等不同学科的论著也涉及本课题的某些内容，从各自的角度就使馆区对北京社会生活的影响作出考察。④ 四是有关的北京地方志。⑤ 它们重在对列强在京使馆区历史变迁的总体性概述，在一定程度上提供了许多史

---

① 如刘培华的《近代中外关系史（下）》（北京大学出版社 1986 年版）、王绍坊的《中国外交史（1840—1911）》（河南人民出版社 1988 年版）、裴坚章主编的《中华人民共和国外交史（第 1 卷）》（世界知识出版社 1994 年版）、石源华的《中华民国外交史新著（1—3 卷）》（社会科学文献出版社 2013 年版）等。

② 如袁继成的《近代中国租界史稿》（中国财政经济出版社 1988 年版）、费成康的《中国租界史》（上海社会科学院出版社 1991 年版）、王建朗的《中国废除不平等条约的历程》（江西人民出版社 2000 年版）、李育民的《近代中国的条约制度》（湖南师范大学出版社 1995 年版；湖南人民出版社 2010 年版）、《中国废约史》（中华书局 2005 年版）、《近代中外条约关系刍论》（湖南人民出版社 2011 年版）、《晚清中外条约关系研究》（法律出版社 2018 年版）和其主编的《近代中外条约关系通史》（1—7 册，中华书局 2022 年版）。张龙林的《美国在华治外法权的终结——1943 年〈中美新约〉研究》（中山大学出版社 2012 年版）一书，运用中外多方面的资料，对美国放弃在华使馆区特权制度的具体原因、有关条款订立的过程和战后中国政府对使馆区的接收、清理，有较多叙述。

③ 如谭伊孝的《北京东交民巷》（天津大学出版社 2008 年版）、王之鸿的《东交民巷》（北京出版社 2015 年版）。

④ 如王亚男的《1900—1949 年北京的城市规划与建设研究》（东南大学出版社 2008 年版）、孙冬虎、王均等的《民国北京（北平）城市形态与功能演变》（华南理工大学出版社 2015 年版）、赵寰熹的《清代北京城市形态与功能演变》（华南理工大学出版社 2016 年版）等。李少兵等的《北京的洋市民：欧美人士与民国北京》（北京师范大学出版社 2016 年版）运用了大量的档案资料和外文资料，论述了使馆区的外国人口群体和生活，使馆为中心的社交活动，外交团功能，管理使馆界事务公署的工作职能，领事裁判权的行使，使馆区对北京市政现代化的影响，中外人士对使馆区的不同认识，具有较高的学术价值。

⑤ 如北京市地方志编纂委员会编著的《北京志·军事卷·军事志》（北京出版社 2002 年版）和《北京志·政务卷·外事志》（北京出版社 2012 年版），以及北京市东城区地方志编纂委员会编的《北京市东城区志》（北京出版社 2005 年版）。

料。但其侧重面不在特权制度，且缺乏学术性探究。另有一些论文从某些角度，也对使馆区兴衰过程中的重要问题作出专题性的探讨。①

台湾地区学术界比较重视对中外之间不平等条约问题的研究。编辑和出版了许多史料。较多研究成果和编辑的文集，都涉及列强在华使馆区特权制度的建立、危害和废除问题。② 还有一些论文叙及使馆区特权制度所涉的某方面具体问题。③ 台湾地区的论著，多从废除不平等条约史的角度来考察相关问题，且侧重于以政府为主体来探讨，叙述其作为；对中外不平等条约和列强在华特权的废除，突出国民党政府和人物的作用。

由于北京东交民巷使馆区的特殊性，许多外国人曾长期工作、生活在此地，留下了有关的回忆录。例如一些外国外交官的回忆，大量地反映了使馆区特权制度的运行情况。④ 它们是后人研究使馆区兴亡历史的重要资料。

国外的许多论著涉及本课题，并有一些以北京使馆区为研究对象的专著。一些有关中国近代史的论著涉及本课题。如马士的《中华帝国对外关

---

① 任志：《东交民巷北京使馆界》，《文史通讯》1992 年第 1 期；吴孟雪：《加拉罕使华和旧外交团的解体——北京政府后期的一场外交角逐》，《近代史研究》1993 年第 2 期；张宗平：《清末北京使馆区的形成及其对北京近代城市建设的影响》，《北京社会科学》1995 年第 1 期；袁成亮：《关于取消北宁路驻兵权及收回兵营交涉的述评》，《苏州科技学院学报》2004 年第 3 期；李潜虞：《略论民国时期北京使馆区的历史变迁》，《近现代国际关系史研究》第 7 期；张龙林：《〈中美新约〉与中美接管使馆界之争》，载陈金龙、赵立彬主编《学术传承与拓新——林家有教授治史 50 周年纪念文集》，中国书籍出版社 2016 年版；王长松：《文化与形态：近代北京东交民巷的空间演变》，《首都师范大学学报》2021 年第 5 期；李慧敏：《东交民巷使馆区与近代北京的市政建设》，《民国研究》2021 年春季号。

② 代表性的有，于能模：《废除不平等条约之经过》，（台北）商务印书馆 1951 年版；包遵彭、吴相湘、李定一编纂：《中国近代史论丛——不平等条约与平等新约》，（台北）正中书局 1958 年版；钱泰：《中国不平等条约之缘起及其废除之经过》，（台北）"国防研究院" 1961 年版，2002 年再版；王世杰、胡庆育：《中国不平等条约之废除》，（台北）"中央文物供应社" 1967 年版；张道行：《中外约章综论》，（台北）五洲出版社 1969 年版；杜蘅之：《中外条约关系之变迁》，（台北）"中央文物供应社" 1981 年版；唐启华：《被 "废除不平等条约" 遮蔽的北洋修约史（1912—1928）》，社会科学文献出版社 2010 年版。

③ 顾耕野：《故都东交民巷的制外法权》，（台北）《春秋》1969 年第 11 卷第 6 期；黄文德：《北京外交团与近代中国关系之研究——以关余交涉案为中心》，硕士学位论文，（台中）中兴大学，1999 年；唐启华：《中俄协议与北京外交团的没落》，（台中）《兴大历史学报》2003 年第 14 期；黄文德：《北京外交团的发展及其以条约利益为主体的运作》，《历史研究》2005 年第 3 期；李柄佑：《清末民初列强京津驻军研究（1900—1928）》，硕士学位论文，（台北）政治大学，2013 年。

④ 代表性的有：Paul S. Reinsch, *An American Diplomat in China*, Garden City, N. Y., And Toronto：Doubleday, Page & Company, 1922；Daniele Vare, *Laughing Diplomat*, New York：Doubleday, Doran & Company, Inc, 1938；William J. Oudendyk, *Ways and By - Ways in Diplomacy*, London：Peter Davies, 1939.

系史》第三卷，较早地对使馆区的建立有所论及。① 原驻华使馆馆员、苏联列宁格勒国立大学法律学教授米哈尔·亚库维什·佩尔加门特著有《北京的外交地区》。他在引言中说：之所以要专门讨论使馆区，主要原因是，事实上人们对它所知甚少，至少就实际而非幻想的信息而言是如此。没有关于使馆区的专题文献。有关国际法的论文和教科书中关于这一问题的资料很少，有时完全忽略这一问题，或只是随便提及。这本书以国际法学为重要视角，探讨使馆区存在的条约依据问题、土地问题、中国人进入使馆区问题、使馆区管理问题、外交团决策中的意见一致原则问题、使馆区避难权问题等，论证了列强对中国主权的剥夺和使馆区特权的非法性，要求列强放弃使馆区特权。② 当时有人评论说：这本书专从法律上着眼，用法学家的眼光来解释使馆界，至于它的组织和现状，很少提及。③ 燕京大学政治学教授罗伯特·摩尔·邓肯的学位论文《北平市政和外交地区》共有九章，其中第八、九章专门论述使馆区形成的法律基础和公共事务管理。④ 日本植田捷雄的《支那租界论》第七章，叙述了使馆区的位置、历史沿革、条约依据和居住、驻兵、土地、司法等特权制度，及隙地、庇护权、1929 年北平市政府提出收回使馆区行政权等具体问题。⑤ 费正清编的《剑桥中华民国史》中，专门论及了使馆区的范围、列强对特权的行使、使馆区的管理机构、使馆区的社会生活和驻军情况。⑥ 莫石、莫苇芝父女合著的《城门内的外国人：北京使馆区》则从外国在北京建立使馆开始，专题性地叙述了使馆区从 1900 年到 1949 年发展、变化的历史沿革，重点叙述了使馆区形成过程、建筑、设施及外交官和外侨的生活情形，并附有较多

---

① Hosea Ballou Morse, *The International Relations of the Chinese Empire*, *Volume 3*, Shanghai, Hongkong, Singapore & Yokohama：Kelly and Walsh, Limited, 1918. 中文版参阅 ［美］马士《中华帝国对外关系史》第 3 卷，张汇文等译，上海书店出版社 2006 年版。

② M. J. Pergament, *The Diplomatic Quarter in Peking*：*Its Juristic Nature*, Peking：China Booksellers Ltd. , 1927.

③ 章熊：《北平使馆界》，《认识周报》1929 年第 1 卷第 4 期。

④ Robert Moore Duncan, *Peiping Municipality and the Diplomatic Quarter*, Department of Political Science, Yenching University, Peiping：Peiyang Press, Ltd. , 1933.

⑤ ［日］植田捷雄：《支那租界论》，東京：嚴松堂書店，1934.

⑥ John King Fairbank, *The Cambridge History of China*, *Volume 12*, *Republican China*, *1912—1949*, *Part 1*, New York：Cambridge University Press, 1983. 中文版参阅 ［美］费正清编《剑桥中华民国史》上卷，杨品泉等译，中国社会科学出版社 1998 年版。

图片。① 这是一本比较全面地阐述使馆区兴亡历史的书籍。朱莉娅·博伊德的《消逝在东交民巷的那些日子》，也叙述了使馆区的历史变迁和社会生活。② 由于立场不同，一些论著站在条约有效性的立场为使馆区特权制度的存在辩护，淡化、回避其侵略性质，蔑视中国主权，美化侵略行径。

已有的成果为本项研究提供了可借鉴的重要思路和基础。但学术界对此的关注似乎不够，研究有待深入。第一，缺乏专题性的学术考察。从研究系统性看，无论是从中国外交史还是其他角度，有关论著都是在叙述其他问题时提及本课题的研究内容，缺乏整体性、系统性考察。有关中外条约制度史的论著也是将本课题作为条约制度体系的一部分作出考察。将使馆区特权制度的兴亡置于中外关系史和条约制度史的整体中进行考察，有助于了解使馆区特权制度立废的大背景，但其有关内涵和具体细节的揭示则受局限。相对于中外条约制度体系中的领事裁判权、协定关税权、海关行政权、租界和租借地权、传教和教育权、航运权、路矿和工业投资权等特权已有较多系统性、专题性的研究而言，学术界对列强在华使馆区特权制度的研究是不足的。第二，从研究角度看，有些问题虽有叙述，但缺乏将其明确地纳入列强在华使馆区特权制度的研究范畴的意识。例如使馆区的建设、北京政府废除德奥俄在华特权、外国在京津地区的驻军问题、外交团运行问题等，学术界从双边或多边外交关系的角度进行论述为多。第三，从研究内容看，已有成果对许多具体问题的研究尚不足。如对国际法与使馆区特权制度的地位、使馆区对北京社会生活的影响、群众性的要求收回使馆区主权的斗争、20 世纪 30 年代外国使馆南迁、中国全面抗战时期使馆区特权制度的衰落、中国政府接管北平使馆区的情况、新中国征用北京外国兵营地产的决策过程等问题的研究，都较薄弱。可能是研究尚欠深入的原因，在本项研究方面，学术界缺乏必要的争鸣。总之，学术界缺少对列强在华使馆区特权制度的整体叙述以展现其历史全貌。相对于这一

---

① Michael J. Moser, Yeone Wei – Chih Moser, *Foreigners Within The Gates：The Legations At Peking*, Hong Kong：Oxford University Press, 1993. 中文版参阅［奥］莫石、［美］莫苇芝《城门内的外国人：北京使馆区》，叶凤美、［德］丹尼斯·霍克梅译，北京联合出版公司 2020 年版。

② Julia Boyd, *A Dance With The Dragon：The Vanished World of Peking's Foreign Colony*, London：I. B. Tauris & Co Ltd, 2012. 中文版参阅［英］朱莉娅·博伊德《消逝在东交民巷的那些日子》，向丽娟译，商务印书馆 2016 年版。

问题的重要性来说，相对于生机勃勃、研究体系趋于成熟的中外条约制度
史研究来说，目前本项研究①是不够的。

四　研究的思路和框架

柯文说："史学家的任务就在于追溯过去，倾听这些事实所发出的分
歧杂乱、断断续续的声音，从中选出比较重要的一部分，探索其真意。"②
依笔者理解，要获取历史的"真意"，一方面必须把握事实，另一方面必
须对其作出合理的解释。本项研究主要围绕如下问题开展论述。

第一，列强在华使馆区特权制度的确立。第二次鸦片战争后，外国使
节开始常驻中国首都。这是中国传统的宗藩外交体制向近代外交体制转型
的体现，但更是列强欲干涉清政府内政外交事务、加强对清政府控制的措
施。且列强屡次借口安全威胁而调兵入京。面对中国义和团运动的反帝浪
潮，列强直接动用军队来镇压中国人民的反抗斗争，压服清政府，强化在
华统治。1901 年的《辛丑条约》强迫清政府划定北京东交民巷地区作为
使馆区域，列强在此区域行使统治权。而列强控制的京师至海口的交通
线，实际上是公使馆区特权和势力的延伸。"东交民巷"成为中国近代史
上极具象征意义的名词。

第二，列强在华使馆区特权制度的主要内容。一是使馆区建立了脱离
中国管辖的行政制度。各国公使议定了所谓外国人"自治制"的管理制
度，设有专门的行政机构，但外交使团实际上是使馆区的统治者。二是使
馆区拥有独立的土地制度。使馆区内土地由清政府无偿给列强各国使用，
分各国专有及个人专有地，和各国共有土地。土地租给外商，经营各种产
业。三是使馆区享有驻军制度。《辛丑条约》确立了列强可以在使馆区驻
扎军队的特权。驻军范围包括使馆区，及使馆区到天津、塘沽和山海关一
线。列强不仅将使馆区变成了一个大兵营，而且至海的沿线各处驻军也具
有种种特权。驻军特权在使馆区特权制度中占有非常重要的地位，可以说
是后者的顶梁柱。四是使馆区建设了独立的警察司法制度。使馆区有普通

---

① 参阅李育民的《近代中外条约关系通史》第 1 卷，中华书局 2022 年版，第 419—479 页。

② ［美］柯文：《在中国发现历史——中国中心观在美国的兴起》，林同奇译，中华书局 1989 年
版，第 1 页。

警察和各国驻军警察两种，使馆区自行组织警务管理，不受中国政府管辖。司法管辖实行属人制，依领事裁判权的原则处理。五是使馆区列强形成了特殊的外交团制度。在特权的作用下，各国公使组成的本来仅起礼仪作用的外交团（民国时期通常称为公使团），发展成为一个极具政治功能的外交团，强烈地影响和支配着中国的内政、外交。它是列强在华使馆区特权制度的衍生物。

第三，列强在华使馆区特权制度对中国的危害。使馆区特权制度严重损害中国主权和民族尊严。使馆区特权严重侵犯中国独立权、行政管理权、平等权、自保权、司法权。中国首都内有一个敌对性的"国中之国"，因为在东交民巷使馆区，不仅中国的主权都被剥夺了，还存在一个影响和操纵中国政局的"太上政府"。使馆区是列强公开或秘密地干涉中国政局的场所，严重影响中国政局的走向。使馆区类似于租界，但其危害性在一定程度上又超过了租界。主要表现在：一是《辛丑条约》既未规定使馆区存在的时限，也未规定这一区域的主权仍属中国。这一地区由各国使馆联合统治，而它们是代表自己国家政府的，中国的主权被无期限地剥夺了。二是它为各国共同统治的区域，中国面对的侵略和压迫非同一般，也极大增加了中国对外交涉的难度。三是它建立在中国的首都，直接威胁中国政权的中枢，严重影响着中国的政局。四是它以多国合法驻扎的军队为支撑，拥有实施其意志的强力手段。

第四，列强在华使馆区对北京社会生活的影响。一方面，相对于传统的北京城，使馆区是近代化的区域，带来了西方新的技术和物质文明，客观上对北京的近代化有某些推进作用。主要表现在：近代化的文明一定程度上促进了中国人思想观念的更新，新观念的形成促进了社会变革。影响了北京市政建设，促进了北京道路、交通、电力、用水、建筑等市政设施的近代化；影响了北京经济生活，促进了使馆区周边商业的兴盛。另一方面，使馆区的存在，给北京社会造成了严重的负面影响。主要表现在：其破坏了北京城市的统一管理和建设，对北京经济文化的影响明显有殖民主义色彩，驻军严重危害社会治安，使馆区内藏污纳垢，败坏社会风气。总之，使馆区非普通的外交使节驻扎地，而是直接为列强侵略中国服务的。它使北京的社会生活深深地打上了殖民主义侵略的烙印，近代化因素的移植非列强的良好愿望，而是历史不自觉的工具。

第五，中国废除列强在华使馆区特权制度的斗争和努力。北京东交民巷使馆区特权制度的存在，是中华民族的深重创伤。在中国共产党的积极宣传和影响下，20世纪20年代兴起的全国性的反帝废约斗争，强烈地冲击了列强在华使馆区特权制度。中国人民的持续斗争，是废除使馆区特权制度的基本依靠力量。由于第一次世界大战发生，及十月革命的影响，北京政府利用国内外形势的变化，主动提出废除使馆区特权，巴黎和会前后废除了德、奥、沙俄在使馆区的特权。1927年后，中国首都南迁，南京国民政府终止了特殊的外交团制度。北平使馆区降为领馆区，但是特权制度保留未动。中国全面抗战开始和第二次世界大战全面爆发前后，使馆区经历了大分化大动荡，特权制度走向衰微。1943年中美、中英新约从法理上废止《辛丑条约》，列强在华使馆区特权制度走向灭亡。战后中国政府接收了使馆区行政管理权。但由于多种因素，这次接收和清理工作是不彻底的。新中国确立了独立自主的外交原则，于1950年彻底收回了美、法、荷、英在京前兵营地产，并与苏联协商解决了前俄兵营问题，清除了列强在华使馆区特权制度的残余。

本项研究的主要创新点在于：

第一，对列强在华使馆区特权制度的兴废过程作出比较系统的考察。迄今为止，学术界对使馆区特权制度专题性的学术研究还不足，有的附于租界制度下来考察，对其特殊性的深入认识不足。本项研究在纵向上，考察19世纪60年代外国在华使馆的建立，1900年列强进军北京并确立使馆区特权制度，民国时期使馆区特权制度的变迁，至1950年新中国收回北京前外国兵营、彻底清除使馆区特权制度残余的经过；在横向上，考察使馆区特权制度的主要内容和其对中国国家主权的侵害，凸显这一制度存在的特殊性，并分析其对北京社会的影响。由此，本项研究对帝国主义在华确立的条约制度体系中的一项重要内容作出了专题性的探讨，从而在一定程度上弥补了学术界对此问题研究的缺乏。

第二，对列强在华使馆区特权制度涉及的一些重要问题作出深化研究。例如，对使馆区的统治制度，各国在北京使馆区驻军的变迁，使馆区特权制度与各国对华政策的关系，使馆区对北京社会的影响，以及战后中国政府对使馆区的接收，新中国彻底收回前外国兵营地产等问题，目前学术界的研究尚欠深入和具体。本项研究试图对此作出更加详细的阐述，而使这一领域的研究得以深化。

第三，扩展对列强在华使馆区特权制度研究的视角。学术界以往对使馆区特权制度的研究，多从政治史和中外关系史（主要是帝国主义侵华史）的角度进行。本项研究拟在上述角度的基础上，进一步融入国际法、经济史、社会史、城市史、军事史等视角，发挥多学科综合研究的优势。这就可以更准确、深入地认识帝国主义如何影响中国，以及半殖民地之下中国社会的状况，而使研究对象的学术内涵得到比较充分的揭示。

本项研究的主要方法有：

第一，历史唯物主义的研究方法。法国年鉴学派史学家马克·布洛赫在《奇怪的溃败》中写道："如果有一天，革新派的历史学家们决定为自己建造先贤祠的话，那么，那位来自莱茵河畔的先哲的银髯飘然的半身塑像一定会端坐于殿堂之首列。"[1] 马克思创立的唯物史观正确地说明了社会历史发展的终极原因，是科学认识和分析历史问题的基本方法。列强在华使馆区特权制度发生、发展和走向灭亡的过程，相伴于帝国主义侵华的大历史进程，呈现在中华民族求独立、中国人民求解放的反帝反封建的革命斗争进程中。因而，本书将列强在华使馆区特权制度，置于近代中外关系发展、演进的具体过程中，以唯物史观来解释这一制度发生的背景，阐述其存在的状况，并叙述其被废止的过程和意义，从一个侧面对 20 世纪旧中国到新中国的历史演进作出评价。

第二，历史学实证研究的方法。历史学的研究必须以充分和可靠的史料为基础。后人对过去的历史是非的判断，是不能主观臆断的，必须以丰富的材料和扎实的论证为依据。本书收集和运用的资料，主要为当时的有关报刊和政府公报，档案文献资料，北京地方史志资料，民国时期出版的相关著作等。对这些资料特别是当时的有关报刊资料，要认真考察办刊者和写作者的立场、动机，对它们作出去伪存真的客观的选择。[2] 这样，才

---

[1] 转引自陈启能主编《八十年代的西方史学》，中国社会科学出版社 1990 年版，第 80 页。

[2] 这方面，曾业英研究员的《历史当事人的记述与历史真实》（《近代史研究》2008 年第 3 期）一文，给予学人以积极提示。

能比较科学地还原这一段历史，使进一步的解读和立论建立在充分的实证基础上。在具体的探讨中，坚持以史带论，史论结合。

第三，多学科研究相结合的方法。本书所研究的问题基本上属于历史学领域。而许多问题的探讨，涉及国际法、国际关系史、城市建设史等其他学科的知识和考察方法。因此，本书从列强在华使馆区特权制度这一问题出发，力求以多视角、多侧面的研究，来挖掘这一课题的学术价值，透视其丰富的内容。这对推动相关学科的研究亦有益处。

本书集中探讨了列强在华使馆区特权制度兴废过程中的一些重要问题，特别是它的建立过程、具体制度和这一制度的废除过程。而这一特权制度的具体运行体制机制，它在近代中外条约制度体系和近代中外关系史中的地位，和对中国的影响，乃至对国际政治生活的影响，是方方面面的，本书的研究有须深化之处。就资料运用来说，本书对原始档案的挖掘和运用，对外文档案、资料的挖掘和运用较为不足。就论证过程来说，在史论结合方面也须改进。以上不足，尚待来日完善。

第一章　晚清列强在华使馆区特权制度的确立

鸦片战争开启了中国半殖民地半封建社会的时代，而 1901 年《辛丑条约》的签订标志着中国完全沦为半殖民地半封建社会。"这个辛丑条约可以说是帝国主义侵略中国最横蛮最恶毒的不平等条约了。"① 也就在这一条约中，规定了侵害中国主权的一项重要特权——使馆区特权制度。于是，中国首都出现了一个史无前例的"国中之国"。这是中国坠入半殖民地深渊的重要表现。

第一节　列强在华使馆区特权制度确立的背景

第二次鸦片战争后，外国开始在北京常驻使节。这不仅仅是国际外交惯例的行为，同时也标志着列强侵华进入了一个新的阶段。清朝末年，各国一再向其驻京使馆派驻所谓的卫队，并于义和团运动期间大规模地联合进军北京。这是帝国主义掀起瓜分中国狂潮之下，妄图使清政府和中国人民彻底屈服于列强统治的重要步骤。

一　外国驻北京使馆的设立

元代时，在大都城的南城外有一条较长的胡同，此处设立了管理南方来的漕运米粮进京的税务所和海关，由于北方人称南方的糯米为"江米"，这条胡同得名"江米巷"。明成祖朱棣将元代大都的南面城墙向南拓至以

---

① 张廷颢讲演，高尔松笔记：《不平等条约的研究》，光华书局 1927 年版，第 55 页。

后的宣武门、正阳门、崇文门一带，江米巷属于北京城内。正阳门内修建了棋盘街，将江米巷分为东江米巷和西江米巷。东江米巷的西口、西江米巷的东口分别有名为"文德"和"武功"的牌楼，清代分别改称"敷文"和"振武"。吴长元的《宸垣识略》说："敷文坊在棋盘街东，为东江米巷西口。"①

东江米巷是官署重地，为明清两代"五部六府"之处，清代该地区还有 20 余座祠庙、官员府邸和数千间民房。② 而且明代以来，这一带一直是朝廷对外交往的中心地。在此地的礼部和鸿胪寺、理藩院是负责管理中外关系和民族事务的政府机关，外国来华使臣及各族代表到京，大多安排在东江米巷居住。明代设立了"会同馆"和"四夷馆"③，接待来自安南、蒙古、朝鲜、缅甸等地的使臣。吴长元的《宸垣识略》云："四夷馆在东江米巷中玉河桥西。"④ 清初"四夷馆"改为"四译馆"，辖于翰林院。1748 年，礼部的"会同馆"和"四译馆"合并为"会同四译馆"，属于礼部，为招待各国使节的场所，翻译的任务为次。鸦片战争前，清政府长期实行封关锁国政策。外国使节入京，住在会同馆，朝拜后即返国。1793 年英国来华的马戛尔尼使团曾住在此地。另外，根据 1689 年的中俄《尼布楚条约》规定，俄国贸易专使获准驻京，并在东江米巷路北、会同馆南面安设住宅，1694 年在东江米巷建了俄罗斯馆。"自后贸易之使每岁间岁一至，未尝稍违节制"⑤。但是，当时的俄罗斯馆仅是一个在华商业贸易机构，俄国商人仍被当作朝贡者，由理藩院接待。

1840 年鸦片战争开始后，西方资本主义列强侵入中国。通过第二次鸦片战争，西方列强获得了外交使节常驻北京之权。如 1858 年 6 月 26 日订立的中英《天津条约》第二款规定：两国"约定照各大邦和好常规，亦可任意交派秉权大员，分诣大清、大英两国京师"。第三款规定："大英钦差各等大员及各眷属可在京师，或长行居住，或能随时往来，总候奉本国

---

①　（清）吴长元辑：《宸垣识略》，北京古籍出版社 1981 年版，第 80 页。

②　袁熹：《北京城市发展史·近代卷》，北京燕山出版社 2008 年版，第 26 页。

③　（清）周家楣、缪荃孙等编纂：《光绪顺天府志》第 2 册，京师志 13，坊巷上，北京古籍出版社 1987 年版，第 345 页。

④　（清）吴长元辑：《宸垣识略》，北京古籍出版社 1981 年版，第 83 页。

⑤　赵尔巽等：《清史稿》（2），卷 153，志 128，邦交 1，中华书局 1998 年版，第 1186 页。

谕旨遵行……至在京师租赁地基或房屋，作为大臣等员公馆，大清官员亦宜协同襄办。雇觅夫役，亦随其意，毫无阻拦。待大英钦差公馆眷属、随员人等，或有越礼欺藐等情弊，该犯由地方官从严惩办。"第四款规定："大英钦差大臣并各随员等，皆可任便往来，收发文件，行装囊箱不得有人擅行启拆，由沿海无论何处皆可。"第五款又规定："大清皇上特简内阁大学士尚书中一员，与大英钦差大臣文移、会晤各等事务，商办仪式皆照平仪相待。"① 第二天订立的中法《天津条约》第二款规定：两国议定，"凡有大法国特派钦差大臣公使等予以诏敕前来中国者，或有本国重务办理，皆准进京侨居，按照泰西各国无异。又议定，将来假如凡与中国有立章程之国，或派本国钦差公使等进京长住者，大法国亦能照办。凡进京之钦差大臣公使等，当其暂居京师之时，无不按照情理全获施恩，其施恩者乃所有身家、公所与各来往公文、书信等件皆不得擅动，如在本国无异；凡欲招置人通事、服役人等可以延募，毫无阻挡"②。这两个条约把在北京设立使馆、常驻使节和使馆不得侵犯，及外交代表人身、寓所不得侵犯，行动自由、文书信件不得侵犯等特权规定得很明确。其他国家也获得了同等权利。传统的朝贡外交体制被进一步打破，国际通行的常驻使节制度被引入中国，这在客观上促进了中国外交体制近代化，有利于中国走向世界。

但是，外国在中国首都设立使馆，使节常驻中国，不只是一般的外交体制问题。一方面，上述条约是侵略者在明确的军事威胁下逼迫清政府谈判代表达成的。是否接受外国设立使馆，本是一国自主之权，"自主之国，若欲互相和好，即有权可遣使、受使，他国不得阻抑……然通使虽为当行之利，断无必行之势，其行与否，当视其交情厚薄、事务紧要而定。"③ 而外国列强在北京设立使馆，不是根据国际法规定的平等互利原则商谈的结果。英国谈判代表额尔金在日记中写道："有必要让他们感到，除了做出

---

① 《天津条约》（1858年6月26日），王铁崖编：《中外旧约章汇编》第1册，生活·读书·新知三联书店1957年版，第96、97页。

② 《天津条约》（1858年6月27日），王铁崖编：《中外旧约章汇编》第1册，生活·读书·新知三联书店1957年版，第104页。

③ ［美］惠顿：《万国公法》，［美］丁韪良译，何勤华点校，中国政法大学出版社2003年版，第141—142页。

让步，他们别无他法；让他们知道，我们的要求是严肃而认真的。"面对清政府代表的拒绝，"我叫人把海军上将找来，我暗示他目前英国面临一个大好机会"。1858 年 6 月 26 日当天条约订立前，他派人通知清政府代表，条约必须立刻签署，"内中条款不得有任何变更。假如他们试图拖延或反悔的话，那我就只能认为谈判到此结束，那我就将直接开进北京，并索要更多的东西"①。1860 年 10 月，英法联军侵占北京后订立的中英、中法《北京条约》，确认了《天津条约》的有效性，还重申了外国使节驻京的特权。如中英《北京条约》第二款规定："将来大英钦差大员应否在京长住，抑或随时往来，仍照原约第三款明文，总候本国谕旨遵行"②。总之，英法联军用枪炮逼迫清政府签订不平等条约，同意其使节常驻中国。另外，列强在中国首都设立使馆，有特定目的。即控制中国的政治中心，巩固和推进对华侵略。通过《天津条约》和《北京条约》，列强对华行使准统治权的条约制度体系基本确立，外国公使常驻北京，是这一条约制度体系的产物和一部分，又可以进一步发展这一条约制度体系。建馆的目的，不是为了推进中外友好交往。美国驻华公使伯驾说：一旦进入北京，要呆下去就比较容易了；在那里，必须竭尽一切努力，建立永久性的使馆；"中国政府，从远方不能驾驭，到了它的身边，它就变得驯顺多了"③。英国人阿思本在其著的《英国对华关系的过去和未来》一书中得意地说："公使驻京实现以后，即可由清朝皇帝代替英国海陆军来执行警察任务，镇压中国人民的反抗，并惩罚那些对外国人不完全驯服的官吏。"④ 事实正是如此。

有了条约依据，建立使馆势在必行。东江米巷离朝廷中枢紫禁城和设在东堂子胡同办理对外事务的总理各国事务衙门不远，清政府便同意外国在这一区域建使馆。"东交民巷"这个称呼出现了。

1860 年 12 月，英国人租下了位于东交民巷北、御河西岸的梁公府。

① ［英］额尔金、［英］沃尔龙德：《额尔金书信和日记选》，汪洪章、陈以侃译，中西书局 2011 年版，第 93、95、96 页。

② 《续增条约》（1860 年 10 月 24 日），王铁崖编：《中外旧约章汇编》第 1 册，生活·读书·新知三联书店 1957 年版，第 144 页。

③ 蒋孟引：《第二次鸦片战争》，生活·读书·新知三联书店 1965 年版，第 15 页。

④ 转引自叶子《旧京东交民巷使馆区》上，《北京档案》2003 年第 6 期。

此地为镇国公奕梁的住宅，他是康熙帝第七子淳亲王胤祐的后裔，① 降袭镇国公，此处便称梁公府。该府第当时占地广阔，府内庭院重重，红柱撑起巨大的空屋，用作遮风避雨的大院，一对汉白玉狮子护卫着正门入口。② 1861 年 1 月 2 日，英国使馆参赞威妥玛入京，负责整修公使馆。此馆"规模颇极宏大，堂宇峥嵘，墙垣高峻，庭前古木参天，郁郁苍苍"③，是外国在北京设立的第一个公使馆。

　　法国人租下了位于东交民巷路北、台基厂南口路西的纯公府。1860 年 12 月 18 日，奕䜣等在奏折中说："连日筹商，勘有东交民巷景崇府第一所，查景崇前曾获咎，例不准居府第，早经迁徙，其袭爵之纯堪，现未在京，且闻另有自居私宅，是以历久无人居住，间多塌损。臣等因即将景崇前居府第量行允给，乃该使以房屋大半损坏，坚不欲居，不得已允其将外面损坏处所，略加修理，所需工资，即在前缴支应草豆洋银七千余元内扣提作用，无庸动用正项钱粮。其余应行整饰之处，议定令其自行修茸，援照英国租住奕梁府第，在于该国每年租价银一千两内扣除几年，再行酌议。并准于景崇府西花园空地内，该国自盖房屋，后仍将府第交还，免其议租等语，给与照会，使其不致再有哓舌。"④ 法国使馆原为纯公旧府。纯公名堪，前清宗室八分镇国公，"咸丰十年春，奉命守护东陵。命下之日，轻车减从，前往任差，其眷属仍留府中。适英法北犯，和议成后，忽一日有法人偕同翻译暨本地方官员来府，声言'此府为东交民巷意中之地，且地基宽大，最合办公之用，拟请移让'等语。该府闻之，惊惶异常，即派护卫前往全权大臣恭亲王奕䜣府据实禀报此事。经恭亲王派员反复磋商多次，始由内库发给该府数千金，以作购府之费。该府无可如何，遂将什物

---

　　① （清）周家楣、缪荃孙等编纂：《光绪顺天府志》第 2 册，京师志 13，坊巷上，北京古籍出版社 1987 年版，第 345 页。

　　② ［英］福密特：《清末驻京英使信札》，温时幸、陆瑾译，国家图书馆出版社 2010 年版，第 44 页。

　　③ 傅槐隐：《东交民巷》，载王彬、崔国政辑《燕京风土录》上卷，光明日报出版社 2000 年版，第 279 页。

　　④ 《钦差大臣奕䜣等奏拟以东交民巷景崇府第为法使寓所片》（1860 年 12 月 18 日），中国史学会主编，齐思和等编：《第二次鸦片战争》（5），上海人民出版社 1978 年版，第 329 页。这一天为咸丰十年十一月初七日，王尔敏将其称为东交民巷进入历史的起点（王尔敏：《第二次鸦片战争后列强在北京城内的土地侵占攘夺》，台北《台湾师大历史学报》第 31 期）。

一切运出，迁往东城某巷矣"①。这样，法国公使馆馆址也确定了。

清政府不愿与"夷狄"在京城交涉事务，而在上海、天津分别设立了五口通商大臣、三口通商大臣，力图使中外交涉在地方进行，"而汇总于京师，以收身使臂臂使指之效"。如果在天津办理得宜，"则虽有夷酋驻京，无事可办，久必废然思返，是天津通商大臣最关紧要。"② 这是其昧于大势的表现，也小看了列强的野心。1861 年 3 月 25 日，法国公使布尔布隆由天津到达北京，26 日英国公使卜鲁斯也抵京，分别入住公使馆。③ 不久，法使、英使先后来总理衙门，前者对受接见"十分欢喜"，云"今住中国，实为两国永远和好之据"④，后者"语言极为恭逊，礼貌愈加驯谨"⑤。法、英是在宣告公使馆开始办公了。不过，清政府很快认识到，"方今夷商即分布各口，又得内地游行，天主教布满天下，夷酋住在京城，中国虚实，无不毕悉。始不过侵我利权，近复预我军事，举凡用人行政，渐行干预……事事动形掣肘，稍不遂其所欲，辄以用兵挟制"⑥。这才是问题的严重性。

俄国在原俄罗斯馆的基础上建立了公使馆。1861 年 7 月 8 日，俄国公使巴里玉色克入驻北京。美国公使馆租用的房屋，是美国人卫三畏的私宅，位于东交民巷路南，御河西岸。1862 年 7 月 20 日，美驻华公使蒲安臣抵京。德国（1862 年）、葡萄牙（1864 年）、比利时（1866 年）、西班牙（1868 年）、意大利（1869 年）、奥匈帝国（1871 年）、日本（1872年）、荷兰（1872 年）也相继在京设立公使馆（有的起初不在东交民巷地区）。有材料说，1894 年时在京外国使馆人员总数为 50 人。⑦

---

① 沧海：《故都东交民巷之沧桑》，《小日报》1936 年 9 月 5 日第 2 版。

② 《奕訢等又奏恒祺请留京天津通商大臣请于崇厚崇纶内简放片》（1861 年 1 月 13 日），中华书局编辑部整理：《筹办夷务始末》（咸丰朝），8，中华书局 1979 年版，第 2681 页。

③ 《总理各国事务恭亲王奕訢等奏英法公使由津到京安靖情形折》（1861 年 3 月 27 日），中国史学会主编，齐思和等编：《第二次鸦片战争》（5），上海人民出版社 1978 年版，第 425 页。

④ 《总理各国事务恭亲王奕訢等奏接见法使情形片》（1861 年 3 月 30 日），中国史学会主编，齐思和等编：《第二次鸦片战争》（5），上海人民出版社 1978 年版，第 426 页。

⑤ 《总理各国事务恭亲王奕訢等奏接见英使情形片》（1861 年 4 月 2 日），中国史学会主编，齐思和等编：《第二次鸦片战争》（5），上海人民出版社 1978 年版，第 430 页。

⑥ 《薛焕奏洋务掣肘须在自强中国练兵不可稍缓折》（1863 年 6 月 20 日），中华书局编辑部、李书源整理：《筹办夷务始末》（同治朝），2，中华书局 2008 年版，第 700—701 页。

⑦ William J. Oudendyk, *Ways and By - Ways in Diplomacy*, London：Peter Davies, 1939, p. 324. 有关各国驻华公使馆设立的情况，可参阅北京市地方志编纂委员会编著《北京志·政务卷·外事志》，北京出版社 2012 年版，第 50—51 页。

东交民巷成为中国近代史上极具象征意义的名词。据北京市东城区志记载：外侨擅自改称为"侨民巷"。"侨"和"交"一音之转，北京人称其为"交民巷"（另一说，"交民巷"是江米巷的谐音）。① 从此，东交民巷成为外国公使的聚居处。1897 年，朱一新编纂的《京师坊巷志稿》中已有记载：东江米巷"亦称交民巷，西有坊曰敷文。井二。俄罗斯馆，明会同馆故址也。今为俄国使馆。又有美国、德国、法国、日本、比国、荷国诸使馆。东有武定会馆。"② 外国使馆大多在原有王府、民宅的基础上进行修葺和改良，但基本维持着中国模式，也有一些新建的砖木结构的平房。

清朝初期，北京内城地区禁止经商。后来由于商品经济和社会生活发展的需要，内城地区的各种店铺不断产生、扩张。"前清光绪庚子以前，东交民巷中商店甚多，其巷之西首路南，旧有'内联升'官靴店，京外驰名。京中王公大员暨贵胄子弟外省督抚及道府，凡讲究衣服者，未有不用该店之靴鞋也。京中有谚云：'头顶马聚兴（官帽店驰名者）'足登'内联升'。该店生意之兴隆，不问可知"③。特别是随着各国使馆建立，在非通商口岸的北京，外国人增多，他们购置土地、民宅，开设银行、洋行、商店。1865 年，原在上海的清政府总税务司也迁至北京台基厂路西办公。这样的情形下，使馆人员要求开一个能买到日常生活用品的商店，清政府后来让步，于是汇丰银行附近出现了北京第一家外国商店。④ 传统的和近代的各种社会现象杂合一起。

不过，此时外国使馆和中国人的各种建筑混在一起，其面积不到东交民巷地区的 5%。⑤ 东交民巷的居民大部分是中国人，管理权在清政府，属满族正蓝旗、镶白旗各佐领管辖，治安事宜归九门提督步兵统领，民事、户籍、婚姻、诉讼及有关事宜归巡城御史处理。在巷内及东口设有步兵值

---

① 北京市东城区地方志编纂委员会编：《北京市东城区志》，北京出版社 2005 年版，第 892 页。
② 朱一新：《京师坊巷志稿》卷上，北京古籍出版社 1982 年版，第 53 页。
③ 傅槐隐：《东交民巷》，载王彬、崔国政辑《燕京风土录》上卷，光明日报出版社 2000 年版，第 279 页。
④ ［美］刘易斯·查尔斯·阿灵顿：《古都旧景——65 年前外国人眼中的老北京》，赵晓阳译，经济科学出版社 1999 年版，第 7 页。
⑤ 北京市地方志编纂委员会编著：《北京志·建筑卷·建筑志》，北京出版社 2003 年版，第166 页。

班的官厅，东西两端路口设有栅栏，由士兵日夜守护，每日黎明启开，上更后关闭。① 翰林院与英国使馆仅一墙之隔。中国官吏也常到做外国人生意的西餐馆（"番菜馆"）去。② 大学士徐桐的府第因在东交民巷，而有"望洋兴叹，与鬼为邻"的楹联。③ 1898 年，有外国人看上其住宅，欲将它改建为洋房。"中堂因此府第入朝较近，况居此有年，未能首肯……某西人亲往徐相府第熟商，不知如何，竟成口角。后经徐中堂邀总署诸钜公，与某西人理论，西人亦请中西有名望者出而调停，始得言归于好云。"④

按照惯例，在某国的外国外交代表可以组成外交团。1873 年，同治皇帝载淳在中南海紫光阁首次接见外交团，这被认为是清政府承认在华外交团之始。⑤ 这个时期外交使团的活动，主要还是属于礼仪性质的。

二　列强在北京使馆驻军的前奏

列强在中国本无驻兵权。但自 19 世纪 50 年代起，在中国的特殊统治区域租界，每逢所谓的"紧急状态"，有关国家就把本国兵舰上的水兵和陆战队调入租界执行防卫任务，并成为惯例。⑥ 这种侵犯中国主权的非法的驻兵惯例，在 19 世纪末被扩展到中国首都。

英国使馆首先违反国际法，提出要带兵驻京。1860 年 11 月 8 日，奕䜣上奏朝廷说：英军驻京问题，1858 年《天津条约》中并没有这一条款。本年英方借其驻广州领事巴夏礼曾被中方在通州扣留一事，声称"总欲带兵百余，以为护身之设"⑦。对此，清政府不想答应，要求对方打消主意。1861 年 3 月 23 日，奕䜣等奏报：英、法两使由津起行，"带同能解汉语之

---

① 任志：《东交民巷北京使馆界》，载上海市政协文史资料委员会等编《列强在中国的租界》，中国文史出版社 1992 年版，第 508 页；北京市地方志编纂委员会编著：《北京志·军事卷·军事志》，北京出版社 2002 年版，第 562 页。

② 邓云乡：《燕京乡土记》，上海文化出版社 1986 年版，第 326 页。

③ 陈宗蕃编著：《燕都丛考》，北京古籍出版社 1991 年版，第 183 页。

④ 《息事宁人》，《湘报》1898 年第 140 号。

⑤ 吴孟雪：《加拉罕使华和旧外交团的解体——北京政府后期的一场外交角逐》，《近代史研究》1993 年第 2 期。

⑥ 费成康：《中国租界史》，上海社会科学院出版社 1991 年版，第 210 页。

⑦ 《奕䜣桂良文祥奏拟令恒祺崇厚办理海口通商事宜折》（1860 年 11 月 8 日），《筹办夷务始末》（咸丰朝），7，中华书局 1979 年版，第 2555 页。

吉必勳〔薰〕等三名，并粤广通事数十名，并不带兵"①。咸丰帝才放心下来。开馆不久，即发生了英国馆员任意来往昌平事件。4月20日，英国驻华公使馆参赞威妥玛告诉奕䜣：英国人出行街市，辄遇闲杂人等围绕指辱，既不能自舆争辩，又不便概向臣等哓哓。拟请于该馆设立官人马匹，以便随同出入，弹压闲杂人等，其经费由该国自筹。② 事情并不这么简单，保护使馆人员的人身安全与使馆设立武装卫队不是一回事。而实际上，英、法、美等国在东交民巷的公使馆，都派了各自的武装卫兵，"以保护它在一个不欢迎它的首都中的安全，但是日久以后，这个卫队减到仅足以作为仪仗队的数目"③。

1884年8月，正值中法战争期间，清政府曾照会各国驻华公使：兵衅既开，无论各省通商口岸及内地城乡，各国寄寓商民教士，中国地方官自当保护。④ 清政府在中法战争期间几次重申了这一立场。1894年10月15日，鉴于中日战争已爆发，清政府决定对所有驻京各国使署照光绪十年即1884年办法酌派弁兵保护。⑤ 列强则借口中日战事吃紧，欲派兵来京。为打消列强的企图，12月14日，清政府发出上谕：本年外省来京人数众多，现在又届天寒，所有各国使馆及有教堂处所，著派步军统领衙门遴派勤干营员带领兵役弹压巡缉，认真保护。⑥

不过，列强执意要调兵入京，并提出了种种理由。1894年12月初，俄国有意派兵40名赴北京使馆护卫，意大利也有意派兵11名赴北京使馆护卫。清廷恐将来各国仿效，命津海关道与洋务委员劝阻缓行。中国既认保护，似应由步军统领酌派弁兵在各使馆外妥为照料弹压。对意、俄的要

①《奕䜣桂良文祥奏英法公使已定期来京折》（1861年3月23日），《筹办夷务始末》（咸丰朝），8，中华书局1979年版，第2765页。

②《奕䜣等又奏英使馆请派人役随同弹压已饬照办片》（1861年4月20日），《筹办夷务始末》（咸丰朝），8，中华书局1979年版，第2812页。

③ 傅中午：《东交民巷的由来和变迁》，载北京市政协文史资料委员会编《文史资料选编》第11辑，北京出版社1981年版，第251页；〔美〕马士：《中华帝国对外关系史》第3卷，张汇文等译，上海书店出版社2006年版，第213页。

④《总署为声明尽力保护外侨致各国公使照会》（1884年8月27日），张振鹍主编：《中法战争》第2册，中华书局1995年版，第174、175页。

⑤《步军统领衙门为派拨官兵保护各国驻京公署咨》（1894年10月15日），戚其章主编：《中日战争》第5册，中华书局1993年版，第108页。

⑥ 谢俊美编：《翁同龢集》下，中华书局2005年版，第1111页。

求，清廷要求直隶总督李鸿章"切实劝止"①。12 月 14、15 日，公使们进行了会商，并于 16 日照会清政府总理衙门："各国驻京使署准有护卫防守之兵，或常川驻扎，或暂行留守，条约早已载明。又系三十五年来素有之事，无驳碍之理"②。第二天，总理衙门回复："查各国约章，并未载有各国驻京使署准有护卫防守之兵，或常川驻扎，或暂行留守之条。三十余年以来，亦无似此所行之事。英国条约第三款所称英国大臣公馆雇觅夫役，毫无阻拦，系指雇用中国人服役而言，并非护卫之兵。即第十八款所称，如有不法匪徒扰害各节，亦系责成中国地方官派拨兵役弹压，亦无准各国大臣自行拨兵保护使馆之文。"③ 12 月 21 日，驻京各公使又照会总理衙门，搬出一番理由：各国派兵赴京之权，乃凭咸丰八年至同治五年与中国历订条约，"即英约第三款、法约第二款、俄约第二款、美约第五款、德约第三款、义约第三款、日约第二款、比约第三款而论。向来亦有数国使署，因明准所用人等送信、通事、服役等类，听自招选使用，并无限制。历年经有专拨防护之兵，至今仍有如此者。即英、俄两国使署自咸丰十一年常有兵护防，每年多寡不等，而今仍留存京中。其法国使署自咸丰十一年起至同治十三年止，亦有护卫兵役，仍执有自酌调来之权。其德国使署自同治七年起亦有防巡人丁，至今无阙"④。各国实际上是在曲解有关条款。因此，12 月 24 日，总理衙门的照会解释称："查条约所称各节，即系各使馆由中国国家保护，中国国家力任保护之明文。至所称雇募送信、通事、服役人等，各随其意毫无阻拦者，系指各使馆雇工华人言之。约内并无听自招选兵丁防护使馆之条。来文所解条约与原文之意迥不相符，未免误矣。至来文所称各使署有兵防护，至今仍留京中，此盖随员中间有一二武弁，原无不可。若以成群兵队在馆防护，

---

　　① 《直督李鸿章致军务处俄意两使馆欲调兵护卫已劝阻请派兵照料电》，王彦威、王亮辑编：《清季外交史料》（5），李育民、刘利民、李传斌、伍成泉点校整理，湖南师范大学出版社 2015 年版，第 2037 页。

　　② 《美俄英德法意比西八国代表致总理衙门照会》（1894 年 12 月 16 日），戚其章主编：《中日战争》第 11 册，中华书局 1996 年版，第 574 页。

　　③ 《为中国自任保护各国使馆之责事致美使田贝等照会》（1894 年 12 月 17 日），戚其章主编：《中日战争》第 5 册，中华书局 1993 年版，第 230 页。

　　④ 《美使田贝等八国联衔照会》（1894 年 12 月 21 日），戚其章主编：《中日战争》第 5 册，中华书局 1993 年版，第 232 页。

则向来从无此事。"① 清政府一再试图从法理上阻止各国的行动。

眼见交涉屡屡不成，列强展露出了帝国主义的本质。1894 年 12 月 27 日，八国公使联合照会清政府："现在惟有向贵王大臣声明，本大臣等当必各操其权，俟自酌度缓急，即行拨兵，由津进京，以资保护使署及各本国人民。至于津京一路，该防护兵来入安稳，固由中国仍当任之。"② 清政府最终还是屈从了，对进京各国卫队给予护照，并派员沿途照料。1895 年 1 月 15 日，12 人组成的英国卫队到达使馆。③ 2 月，俄、法、意、西各国也派兵进京，数目十几名至 50 余名不等。

1898 年戊戌政变后，列强再次调兵入京。有了中日战争期间调兵入京的先例，颐指气使的"公使们确信无需向中国政府过分施压，中国就会友好地同意他们的请求"④。

1898 年 9 月 30 日，董福祥所部甘军与英美使馆职员发生冲突。10 月 1 日，各国公使开会决定调兵至北京。10 月 2 日，英军 50 余人由塘沽登岸赴天津，俄军、德军也随后踵至，都进入北京。为防止冲突，10 月 6 日，清政府命董福祥部由永定门移驻南苑。10 月 9 日，清政府又命步军统领衙门等专派妥员督率得力弁兵，在各国使馆一带昼夜巡逻，认真保护，并弹压一切；⑤ 并命出使大臣罗丰禄、杨儒再向英德俄各国商明撤回北京使馆卫队。⑥ 且要求，"所有保护各国使馆弁兵，著步军统领，一律挑选精壮，号衣器械务须精洁整齐，以肃观瞻"⑦。可以说，清政府在保护外国驻京使馆方面已经煞费苦心。而日本驻天津领事向国内报告：英国海军 23 名，俄国陆军士官 4 名、士兵 66 名，德国陆军 31 名，于 10 月 7

① 《为调兵护馆与约不符应即罢论事致美使田贝等照会》（1894 年 12 月 24 日），戚其章主编：《中日战争》第 5 册，中华书局 1993 年版，第 239 页。

② 《美使田贝等八国为各使馆仍自备防护事联衔照会》（1894 年 12 月 27 日），戚其章主编：《中日战争》第 5 册，中华书局 1993 年版，第 240 页。

③ 《欧格讷致金伯利函（第 10 号）》（1895 年 1 月 15 日），戚其章主编：《中日战争》第 11 册，中华书局 1996 年版，第 623 页。

④ ［美］克莱门茨：《义和团之乱——政治及外交回顾》，路遥主编：《义和团运动文献资料汇编》英译文卷，下，山东大学出版社 2012 年版，第 200 页。

⑤ 朱寿朋编：《光绪朝东华录》第 4 册，中华书局 1958 年版，第 4221 页。

⑥ 《清实录》第 57 册，《德宗实录》（6），卷 428，光绪二十四年八月下，中华书局 1987 年影印本，第 621 页。

⑦ 《清实录》第 57 册，《德宗实录》（6），卷 429，光绪二十四年九月上，中华书局 1987 年影印本，第 630 页。

日入京；意大利海军士官5名、水兵37名，于10月12日入京；法国海军士官1名、水兵30名，10月24日入京；奥匈海军士官2名、下士3名、水兵30名，11月3日入京；美国海军下士2名、水兵18名，俄国陆军士官3名、乐队33名，于10月5日入京。① 直隶总督裕禄未候总理衙门电准，在天津辄即放行俄兵，被清政府传旨申饬。② 外军离皇宫很近，对清政府形成巨大压力。

10月23日，在卢沟桥的甘军和英国铁路工程人员及英使馆人员发生冲突，"洋人受有石伤，甘军二人亦受重伤"③。列强认为，甘军的存在是"对欧洲人安全最严重的威胁"④。以甘军与外国人的冲突为由，10月27日，驻京各国公使开会，要求将甘军调离北京。清政府对甘军和铁路有关官员进行了惩处。⑤ 但外国公使并不满意。11月5日召开的公使会议决定，清政府须将甘军于11月15日前撤离直隶，并须向各国通报甘军撤往的地点。若不履行以上条件，各国将对北清铁路及电报线采取其认为必要的措施。⑥ 11月7日，迫于压力的清政府发出上谕，甘军全队调集南苑，派庆亲王奕劻前往校阅。⑦ 11月9日，奕劻答复任公使团首席公使的西班牙公使：校阅结束后，将于10日发布甘军转移之上谕，并会通知各公使，请其安心。清政府还要求，护卫各使馆的兵勇，著步军统领衙门挑选精壮，

---

① 《天津郑永昌领事致鸠山和夫外务次官报告》(1898年11月12日)，《日本政府关于戊戌变法的外交档案选译（二）》，郑匡民、茅海建选译，载《近代史资料》总第113号，中国社会科学出版社2006年版，第46页。

② 《清实录》第57册，《德宗实录》(6)，卷430，光绪二十四年九月下，中华书局1987年影印本，第646页。

③ 《清实录》第57册，《德宗实录》(6)，卷429，光绪二十四年九月上，中华书局1987年影印本，第637页。

④ 《窦纳乐爵士致索尔兹伯里侯爵电》(1898年10月25日)，《英国议会文件有关戊戌变法资料选译》，吴乃华摘译，载国家清史编纂委员会编译组编《清史译丛》第7辑，中国人民大学出版社2008年版，第207页。

⑤ 《清实录》第57册，《德宗实录》(6)，卷430，光绪二十四年九月下，中华书局1987年影印本，第642页。

⑥ 《矢野文雄公使致青木周藏外相报告》(1898年11月12日)，《日本政府关于戊戌变法的外交档案选译（二）》，郑匡民、茅海建选译，载《近代史资料》总第113号，中国社会科学出版社2006年版，第48页；《外交使团团长致总理衙门函译文》(1898年11月6日)，《英国议会文件有关戊戌变法资料选译》，吴乃华摘译，载国家清史编纂委员会编译组编《清史译丛》第7辑，中国人民大学出版社2008年版，第238页。

⑦ 《清实录》第57册，《德宗实录》(6)，卷430，光绪二十四年九月下，中华书局1987年影印本，第647页。

不得以疲弱充数。① 11 月 25 日，清廷命出使大臣再向各国外部"切实商订"，将派来北京之兵撤回，"以定人心，而敦睦谊"②。12 月 4 日，董福祥上奏朝廷，所部各营遵令于蓟州一带驻扎。鉴于前嫌，清廷严饬董福祥部各营"认真训练，随时约束勇丁，不得滋生事端，以肃军律"③。

然而，当时各国使馆的安全并没有受到威胁，各国卫队"除饱食外毫无事事"④。调兵之举，主要是出于政治考虑。在这年 10 月 1 日公使们决定调兵进京之当天，英国驻华公使窦纳乐就致电外交大臣说："我不认为会发生任何危险，但是，卫队的存在将会产生有效的震慑作用。"⑤ 这当然指向清政府。日本驻华代理公使说："目前未见特别有根底的暴动，而且预料将来也不会发生。然上述各国的军队永久屯驻于此地，并不仅仅是为了护卫，而将带有一种政治的性质。对我们而言，采取某些适当的手段保护我们的利益，则显得十分必要。"⑥ 列强执意一起调兵，就是要清政府顺从其意志。对于清政府方面提出的列强在河流封航前安排好撤走护卫队事宜的请求，公使团告诉总理衙门：调兵进京一事"不是由于任何特定使馆的动议，而是整个外交使团深思熟虑的和普遍的愿望"⑦。

列强两次派兵进入中国的首都，都无条约依据。各国虽然各有野心，但在侵略中国的大格局中，却有着共同利益，"自从在北京建立外交关系

---

① 《清实录》第 57 册，《德宗实录》（6），卷 430，光绪二十四年九月下，中华书局 1987 年影印本，第 651 页。

② 郭廷以编著：《近代中国史事日志》下，中华书局 1987 年版，第 1034 页；《清实录》第 57 册，《德宗实录》（6），卷 431，光绪二十四年十月上，中华书局 1987 年影印本，第 665 页。

③ 《清实录》第 57 册，《德宗实录》（6），卷 432，光绪二十四年十月下，中华书局 1987 年影印本，第 674—675 页。

④ ［英］普特南·威尔：《庚子使馆被围记》，冷汰、陈诒先译，上海书店出版社 2000 年版，第 9 页。普特南·威尔为伯特伦·伦诺克斯·辛普森的笔名，即 1930 年津海关事件中的人物，又译为辛博森。

⑤ 《窦纳乐爵士致索尔兹伯里侯爵电》（1898 年 10 月 1 日），《英国议会文件有关戊戌变法资料选译》，吴乃华摘译，载国家清史编纂委员会编译组《清史译丛》第 7 辑，中国人民大学出版社 2008 年版，第 201 页。

⑥ 《林权助代理公使致大隈重信外相电》（1898 年 10 月 5 日），《日本政府关于戊戌变法的外交档案选译（一）》，郑匡民、茅海建选译，载《近代史资料》总第 111 号，中国社会科学出版社 2005 年版，第 49 页。

⑦ 《索尔兹伯里侯爵致窦纳乐爵士函》（1898 年 12 月 7 日），《英国议会文件有关戊戌变法资料选译》，吴乃华摘译，载国家清史编纂委员会编译组《清史译丛》第 7 辑，中国人民大学出版社 2008 年版，第 230 页。

以来，外国公使们在一切有关一般利益的问题方面是完全一致的"①。于是，一国寻找借口，诸国纷拥而至，且谁也不愿落后，都欲扩充在北京的势力。清政府力图在既定的中外条约框架内限制列强在北京的势力，但终因自身的软弱，最后丧失了抵制的底气。

三　庚子之变与使馆区特权产生的原因

1900 年，声势浩大的中国义和团运动将斗争的矛头直接指向帝国主义，引起了列强的强烈恐慌。在中外关系上，"中国面对的是越来越团结的外国联盟，他们决意要把集体意志强加于中国"②。4 月 6 日，英、美、法、德公使联衔照会清政府，要求后者在两个月内消灭义和团，"否则将派水陆各军驰入山东直隶两省，代为剿平"③。清政府不愿让外军入京。为保使馆安全，5 月间，九门提督给每一使馆派了十几名兵丁。④ 按国际法，保护外国使馆安全是驻在国义务，而外国无权派驻军队自行防卫。

5 月 20 日下午，在法国驻华公使毕盛的要求下，任首席公使的西班牙公使葛络干召集了驻北京公使团会议。会前一天，公使们传看了法国主教樊国梁写给毕盛的信。面对义和团的反帝锋芒，信中污蔑义和团的"主要目的是要消灭欧洲人"，并请求派四五十名水兵来保护北堂。⑤ 使团会议上，毕盛提出一份联合照会的草稿，要求采取镇压义和团的某些特别措施。德国公使认为，调来卫队不足以使清政府意识到他们的责任，对清政府施加压力的最有效办法，是在山海关附近集中军舰，如有必要，派兵上岸，为保护外国人进军北京。这个建议得到多数使节的支持，决定把它作

---

① 《劳文罗斯对于美、英商人所递公函的答复》（1869 年 7 月 17 日），[美] 马士：《中华帝国对外关系史》第 2 卷，张汇文等译，上海书店出版社 2006 年版，第 470 页。
② [英] 宝复礼：《英国使馆被围日记》，路遥主编：《义和团运动文献资料汇编》英译文卷，下，山东大学出版社 2012 年版，第 356 页。
③ [日] 佐原笃介：《八国联军志》，中国史学会主编，翦伯赞等编：《义和团》（3），上海人民出版社、上海书店出版社 2000 年版，第 169 页。
④ 齐如山：《八国联军进京见闻录》，载北京市政协文史资料研究委员会编《文史资料选编》第 37 辑，北京出版社 1989 年版，第 230 页。
⑤ 《樊国梁神父致毕盛先生函》（1900 年 5 月 19 日），《英国蓝皮书有关义和团运动资料选译》，胡滨译，中华书局 1980 年版，第 73 页。北堂，即北京西什库天主教堂。

为一个应急措施向各本国政府提出。① 会议通过了给清政府总理衙门的照会，提出了要求镇压义和团的措施。

清政府不能答应外国军队入京并驻在皇宫近地。朝廷继续发布镇压义和团的命令，并加强对各使馆附近的巡守，以消除列强派兵的理由。如 5 月 25 日，《禁拳章程》颁布。公使们则认为，清政府的答复含糊其词，没有说明他们实际上正在做什么。② 5 月 26 日的使团会议决定，先照会总理衙门，要求清政府明确说明对镇压义和团运动所采取的措施。然后委托第二天要去见庆亲王奕劻的俄国公使格尔思和英国公使窦纳乐，进一步说明公使团的看法，力求得到一个圆满的答复，否则就必须调来卫队，而不再拖延。③ 5 月 27 日的接见中，奕劻表达了反对义和团和保护所有外国人的态度。5 月 28 日晚，听说义和团焚烧丰台车站和京津铁路被破坏（实际未遭破坏），公使们开会决定调卫队来保护各国使馆。会前，法国公使已发出电报调其卫队。葛络干递交的照会说，奥、英、法、德、意、日、俄、美等国使节已决定调集特遣部队立即前来北京，并要求提供运输便利。清政府总理衙门在 5 月 30 日的答复中，重申了对列强的保护措施，要求各国卫队应延迟几天到达。④ 清政府实际上拒绝列强调兵入京。为缓和列强的怒气，5 月 30 日清政府又发上谕，要求步军统领衙门、顺天府、五城御史、直隶总督严饬地方官员惩办滋扰地方的义和团，对随声附和而无滋扰行为的要切实晓谕，勿任再启衅端。⑤

但是，列强不相信清政府的保证和镇压能力。5 月 30 日，各国公使再次开会。结果，委派英、俄、法、美四国公使前往总理衙门进行威胁："不管中国政府的态度如何，外交团已决定调来卫队……如果中国政府善意地答应，那么，卫队仅留驻到不再有危险的时候为止。相反，如果他们

---

① 《窦纳乐爵士致索尔兹伯理侯爵函》（1900 年 5 月 21 日），《英国蓝皮书有关义和团运动资料选译》，胡滨译，中华书局 1980 年版，第 71—72 页。

② 《窦纳乐爵士致索尔兹伯理侯爵函》（1900 年 5 月 28 日），《英国蓝皮书有关义和团运动资料选译》，胡滨译，中华书局 1980 年版，第 75 页。

③ 《窦纳乐爵士致索尔兹伯理侯爵函》（1900 年 5 月 28 日），《英国蓝皮书有关义和团运动资料选译》，胡滨译，中华书局 1980 年版，第 76 页。

④ 《窦纳乐爵士致索尔兹伯理侯爵函》（1900 年 6 月 10 日），《英国蓝皮书有关义和团运动资料选译》，胡滨译，中华书局 1980 年版，第 79 页。

⑤ 《上谕》（1900 年 5 月 30 日），故宫博物院明清档案部编：《义和团档案史料》上册，中华书局 1959 年版，第 106 页。

提出反对意见，那就不可能说结果将会如何。"① 法国驻天津总领事杜士兰也代表列强驻津所有领事，告诉直隶总督裕禄，"此事系各公使主议已定，万无改移。各兵今日均已到津，无论总署准否，定准明日赴都，如候至明晨尚无回信，即赴车站乘火车动身，若火车不载，亦自行起早前往。"②

恫吓之下，清政府只得屈服。5 月 31 日黎明前，总理衙门送信至英使馆，信是给英、俄、法、美公使的，"说明总理衙门撤回他们的反对意见，条件是卫队人数应与 1898 年卫队的人数相同，而且一旦恢复平静之后他们便将撤退"③。总理衙门致电直隶总督裕禄："洋兵护馆，准由火车运送，但人数不得过多，致碍邦交。"④ 列强根本不顾清政府的要求。至 5 月 31 日晚 7 时，到达北京的外国军队，"计英国兵官三员、兵七十二名，美国兵官七员、兵五十六名，意国兵官三员、兵三十九名，日本兵官二员、兵二十四名，法国兵官三员、兵七十二名，俄国兵官四员、兵七十一名，共计各国兵官二十二员、兵三百三十四名，均随带枪械……"⑤ 6 月 2 日，50 名德军、30 余名奥匈军也入京。⑥ 盛宣怀认为，"洋兵入京保护使馆，清议主抚，养痈成患，各国生心"⑦。"清议"指朝廷中的顽固派人士。

从列强方面看，调兵进京也是由于欧洲传统的均势政治的结果。既然法国公使已经采取行动，"大家都不甘心落于人后"⑧。结果，谁也不想让入京的军队中没有本国部队的存在，或让本国部队的数量少于别国。在压迫中国这一问题上，谁也不想落后。但是，更重要的是，"谁

① 《窦纳乐爵士致索尔兹伯理侯爵函》（1900 年 6 月 10 日），《英国蓝皮书有关义和团运动资料选译》，胡滨译，中华书局 1980 年版，第 80 页。

② 《直隶总督裕禄致总理各国事务衙门电报》（1900 年 5 月 30 日），故宫博物院明清档案部编：《义和团档案史料》上册，中华书局 1959 年版，第 106—107 页。

③ 《窦纳乐爵士致索尔兹伯理侯爵函》（1900 年 6 月 10 日），《英国蓝皮书有关义和团运动资料选译》，胡滨译，中华书局 1980 年版，第 81 页。

④ 《总理各国事务衙门致直隶总督裕禄电报》（1900 年 5 月 31 日），故宫博物院明清档案部编：《义和团档案史料》上册，中华书局 1959 年版，第 110 页。

⑤ 《直隶总督裕禄致总理各国事务衙门电报》（1900 年 5 月 31 日），故宫博物院明清档案部编：《义和团档案史料》上册，中华书局 1959 年版，第 111 页。

⑥ 李文海等编著：《义和团运动史事要录》，齐鲁书社 1986 年版，第 122、123 页；吴景平：《从胶澳被占到科尔访华》，福建人民出版社 1993 年版，第 73 页。

⑦ 《盛京堂来电》（1900 年 6 月 3 日到），顾廷龙、戴逸主编：《李鸿章全集》（27），电报 7，安徽教育出版社 2008 年版，第 46 页。

⑧ 相蓝欣：《义和团战争的起源》，华东师范大学出版社 2003 年版，第 218 页。

也没有考虑此时洋兵人京是否有必要，更没有人考虑此举的严重后果如何"①。

考察上述过程，可以看清问题的本质。其实，在各国调兵前，义和团没有大规模地进入北京，使馆区没有面临遭围攻的威胁。义和团大规模地开进北京，是在6月10日后。对各国调兵起决定作用的，不是义和团对使馆区的直接威胁，而是清政府试图抵制的态度和顽固派的仇视。列强调兵进京，完全是由其侵略本质决定的。它们看到，清政府对义和团的政策在剿、抚之间摇摆，甚至招抚之策占了上风，指望不上靠清政府来消灭义和团。于是，列强决定直接动用军队来保护其侵略权益，镇压义和团，压服清政府，强化对中国的统治。调兵之举，不仅是为保护使馆，而有更重要的政治、外交意图。

5月底、6月初来北京的各国卫队，把使馆区变成了雄厚而野蛮的武装营区。他们并不把义和团和清政府放在眼里。这支八国联军的先遣队登城放枪，或成群结队上街逞凶，攻击、杀害义和团民和无辜群众。美国公使康格在6月15日给国内的电报中说："我们仅仅力图保卫我们自己直到增援部队来到之时，但是，各国使馆驻军早已枪杀了差不多有一百个拳民。"② 使馆不是进行正常外交活动之地，而是对华实施侵略的军事据点。列强早已践踏了国际法和国际关系的基本准则。它们的暴行激起了中国军民的极大义愤。在使馆区的英国人辛普森在6月17日写道：义和团的斗争就似1871年巴黎公社和1789年法国大革命混合一起的反抗运动，外国人"贪黄人之利益，颠倒东方生计之平衡，故致如此之狂剧也"③。

随着义和团运动在京、津地区进一步发展，各国公使认为清政府中的保守派明显同情排外运动，决定继续向北京增兵。如俄国驻华公使格尔思电告国内："公使们拍电至天津，一有可能，将北京每一使馆的陆战队增加七十五人。我认为此种增加是不够的，因为中国军队站在义和拳方面是无可怀疑的了。政府决定不对他们有所行动……只有列强有力坚决的合作

---

① 相蓝欣：《义和团战争的起源》，华东师范大学出版社2003年版，第218、219页。
② 转引自牟安世《义和团抵抗列强瓜分史》，经济管理出版社1997年版，第334页。
③ ［英］普特南·威尔：《庚子使馆被围记》，冷汰、陈诒先译，上海书店出版社2000年版，第34页。

才能制止运动。"① 6 月 10 日，英、美、奥、意、德、日、俄、法八国组成的联军开始了更大规模的侵华行动。8 月 15 日，联军侵占北京。

1900 年 6 月 20 日至 8 月 14 日，在清政府"宣战"的名义下，清军和义和团围攻北京东交民巷外国使馆。这一事件震动了世界。按国际法，"国使至外国者，自进疆至出疆，俱不归地方管辖，不得拿问。缘国使既代君国行权，即当敬其君以及其臣，而不可冒犯"②。清政府顽固派别有用心，煽动盲目排外和仇杀。围攻使馆，使中外关系更加复杂，给列强扩大侵华以口实，清政府的国际信誉受严重损害，造成了其在政治上的极大被动。但更应看到，使馆之围是帝国主义侵略中国、中国军民奋起反抗的结果。使馆区域驻军和驻军逞凶，早已违反国际法在先。一次次侵略战争中，列强对中国野蛮到极致，从来不守国际法。列强和中国之间侵略和反抗侵略的斗争是事实，中国军民反抗侵略是正义的。有人把外国卫队进京和其屠杀中国军民的行为看作是自卫性质的，既不符史实，也毫无道理。

列强几次以保护使馆为名进军北京，都是无任何条约依据的野蛮行径。虽然规模不等，但其本质同一。列强知晓外国公使常驻北京的权利是怎么得来和维持的，即"在炮口之下获得派遣外交代表住在北京的权利，并且违反那个政府的意愿把这项权利维持下去……继续这样的交往，不过是在背后用武力把在前面用武力开始做的事进行下去罢了"。而中国始终有抵制的力量存在，"如果中国是有力量的话，毫无问题，她不把每一个外国人驱逐出境，也会把外国人的交往范围限在各口岸以内"。因此，"不去硬行索取条约所允许的一切权利并且保有武力去维持着它们，这个政策是不会产生我们在中国所愿望的结果的"。第二次鸦片战争中"枪炮的威力已经迫使他们尊敬外人"③，以后清政府不得不几次同意列强派兵入京，也是后者强力威胁的结果。以护馆为名进军北京，是压服清政府和中国人民的有效手段。联军占领北京后，各国在讨论议和大纲时，决定由奥匈和

---

① 《驻北京公使密电》（1900 年 6 月 7 日），《红档杂志有关中国交涉史料选译》，张蓉初译，生活·读书·新知三联书店 1957 年版，第 218 页。

② ［美］惠顿：《万国公法》，［美］丁韪良译，何勤华点校，中国政法大学出版社 2003 年版，第 148 页。

③ 《劳文罗斯对于美、英商人所递公函的答复》（1869 年 7 月 17 日），［美］马士：《中华帝国对外关系史》第 2 卷，张汇文等译，上海书店出版社 2006 年版，第 464、467、470 页。

意大利公使及法国使馆秘书起草一个前言，"前言中将详细说明中国政府方面对国际法的违犯，从而使联军有必要进行登陆，并开往北京"①。列强要在北京建起武装化的区域，将其自第二次鸦片战争以来的行为以合法的形式固定下来。对列强来说，"所有强加给一个很不自愿的政府的条约（例如所有与中国订的条约都如此），惟有用相似的手段来维护"②。所以，使馆区特权的出现不是偶然，而是列强长期对华侵略的必然结果。以条约为依据，建一个特殊的使馆区，可以从根本上解决列强驻兵北京的合法性问题，进一步驾驭清政府，而"清廷成了列强的军事人质和财政支付人"③。从《辛丑条约》的后果看，列强确实达到了目的。清政府付出了巨额赔款，大沽到北京的武备被废除，列强在北京使馆区驻军、设警，架炮于北京南城墙上，随时可以粉碎北京，而积渐形成太上政府。不平等条约"是起于鸦片战争以后南京、虎门、中法、中美、北京、天津种种条约的。不过有了辛丑条约，那些条约更添了一层保障就是了"④。《辛丑条约》"不但于过去帝国主义者加到中国的不平等条约作有力的保证，而且更进一步的与中国以严重的桎梏"⑤。由于它的签订，"中国的国际地位已一落千丈，包括治外法权、协定关税及通商口岸租界的一切不平等条约，至此已发挥得淋漓尽致，一切不法与不合理的行为也从此全有了条约的根据了"⑥。

其次，列强认为，面对当时的形势，必须巩固和加强使馆区的防卫力量。清政府和中国民众中始终存在着从各种思想观念和利益角度出发试图挣脱列强束缚，反对、抵制外来侵略的斗争。如果说1894—1895年、1898年主要是清政府反对列强调兵入京，那么1900年的义和团运动中，则进一步发生了清政府公开支持民众，在"宣战"的名义下官军和民众一起反抗列强侵略军的斗争，甚至还敢于围攻外国使馆。日本外务大臣青木周藏

① 《萨道义爵士致索尔兹伯理侯爵函》（1900年11月8日），《英国蓝皮书有关义和团运动资料选译》，胡滨译，中华书局1980年版，第398页。

② 《阿礼国爵士致斯坦利伯爵文》（1869年2月5日），中国第一历史档案馆、福建师范大学历史系编：《清末教案》第6册，中华书局2006年版，第280页。

③ ［美］周锡瑞：《义和团运动的起源》，张俊义、王栋译，江苏人民出版社1998年版，第358页。

④ 《九七国耻纪念拥护关税自主大会筹备会补志》，《来复》第457号，1927年9月11日。

⑤ 剑超：《从九七纪念谈到废除不平等条约》，《思想月刊》1928年第4期。

⑥ 《将成历史陈迹之不平等条约》，桂林《大公报》1942年10月11日第3版。

以天皇名义通过中国驻东京公使答复清政府："任何国家对国际法的最严重的侵犯，就是攻击各国外交使节。"① 英国驻华公使窦纳乐向国内报告：义和团的行动是得到清政府支持的，"中国政府方面没有试图制止它"，慈禧太后赞同和支持义和团运动，"而我对这个信念常常予以注意，认为它是局势的一个最危险的特点"，"他们的部分纲领是：凡是带有外国来源或与外国有关连的一切东西都不应继续存在而不受破坏"②。他还报告：清政府总理衙门在一封给英国使馆的信中，借民众力量来威胁各国使馆，说"人民中间的仇恨是这么强烈和难以压抑，以致除了消灭各国使馆之外，没有其他办法可以满足它……如果我们选择继续留住北京，可能接踵而来的任何灾难将由我们负责"③。列强认为，"中国政府不仅致力于消灭各国使馆和使馆内的居民以及根绝内地的外侨，而且要毁灭天津各国租界并完全断绝所有各国同该国各个地区的贸易关系"④。从这一认识出发，列强要与中国"缔结包括适当的赔偿规定和为今后的安全提供保证的新条约"⑤。重整使馆区之际，列强认为，"目前最重要的是，各使馆在勘定和扩大使馆区时，须着眼于击退可能出现的进攻的需要，勘定馆界须考虑到万一出现必要情况，尽量能易于防御"⑥。而且，"这个防御方案完全依靠一支可以信赖的、经常驻扎在北京并由两千人组成的卫成部队"⑦。

再次，列强需要通过实施新的办法，来为巩固和强化不平等的中外关系提供更有力的保障。在义和团运动中，列强认为，慈禧太后及清政府中

① 《怀特赫德先生致索尔兹伯理侯爵电》（1900 年 7 月 18 日），《英国蓝皮书有关义和团运动资料选译》，胡滨译，中华书局 1980 年版，第 136 页。

② 《窦纳乐爵士致索尔兹伯理侯爵函》（1900 年 9 月 20 日），《英国蓝皮书有关义和团运动资料选译》，胡滨译，中华书局 1980 年版，第 93 页。

③ 《窦纳乐爵士致索尔兹伯理侯爵函》（1900 年 9 月 20 日），《英国蓝皮书有关义和团运动资料选译》，胡滨译，中华书局 1980 年版，第 107 页。

④ 《萨道义爵士致索尔兹伯理侯爵函》（1900 年 11 月 8 日），《英国蓝皮书有关义和团运动资料选译》，胡滨译，中华书局 1980 年版，第 397 页。

⑤ 《代理国务卿致美国驻柏林、维也纳、巴黎、伦敦、罗马、东京和圣彼得堡外交使节的电令》（1900 年 8 月 29 日），天津社会科学院历史研究所编：《1901 年美国对华外交档案》，齐鲁书社 1984 年版，第 19 页。

⑥ 《康格致海函（536 号）》（1901 年 2 月 16 日），天津社会科学院历史研究所编：《1901 年美国对华外交档案》，齐鲁书社 1984 年版，第 87 页。

⑦ 《柔克义致海函（32 号）》（1901 年 3 月 2 日），天津社会科学院历史研究所编：《1901 年美国对华外交档案》，齐鲁书社 1984 年版，第 106 页。

的保守派对排外运动明显同情，如此，"在没有一个或一个以上国家对北京进行武装占领的情况下"，结果将会是：城内发生起事，终于出现无政府状态，它在各省可能引起叛乱。"我们通常对中国政府施加压力的方法失去作用，因为普遍认为，而且他们自己也承认，总理衙门无力说服朝廷采取严厉的镇压措施。"① 既然原来的办法失去效用，列强的新政策是要"谋求一项解决办法"，"保护条约和国际法赋予各友好国家的一切权利，并为世界各国保卫与中华帝国各个地区进行平等与公平贸易的原则"②。八国联军占领北京后，列强在北京建立一个完全独立控制并且能形成对清政府强力威慑的使馆区，在京津沿线作出永久性的军事部署，就是它们采取的新的手段和办法之一。赫德在当时就指出："各条约国当前首先需要解决的是如何议和的问题，因为中国正在与各国交战，以及硬性规定些什么条件以保障未来，因为过去的条款已经受到藐视并且被破坏了。"③ 列强提出的议和大纲的各项要求，被认为是恢复与中国的"正常关系所必需的"④。它们眼中的"正常关系"，当然指的是受到义和团运动强烈冲击的不平等的中外关系。从以后的实际情况看，使馆区特权制度的运行，确实对清政府、民国北京政府以及各路军阀构成了极大的震慑力，直接影响着中国政局和中外关系。正如研究者所说："通过《辛丑条约》这一新法规的制定，对外关系在中国的地位被提高了。在受到危害的情况下，这一关系将迅速地得到强大的武力支持。"⑤《辛丑条约》签订前，中国已被迫订立了许多不平等条约，列强已经获得了许多特权，"但为这一切条约作有力的保证，而且进一步给中国人民以空前的无理负担，剥夺中国的一切自卫权的，还要算辛丑条约"⑥。

---

① 《窦纳乐爵士致索尔兹伯理侯爵电》（1900 年 6 月 6 日），《英国蓝皮书有关义和团运动资料选译》，胡滨译，中华书局 1980 年版，第 27 页。

② 《国务卿海致在华合作各国的通告照会》（1900 年 7 月 3 日），天津社会科学院历史研究所编：《1901 年美国对华外交档案》，齐鲁书社 1984 年版，第 8 页。

③ 《北京使馆——一次全国性的暴动和国际事件》，［英］赫德：《这些从秦国来——中国问题论集》，叶凤美译，天津古籍出版社 2005 年版，第 31 页。

④ 《美国赴华专使柔克义的报告》（1901 年 11 月 30 日），天津社会科学院历史研究所编：《1901 年美国对华外交档案》，齐鲁书社 1984 年版，第 3 页。

⑤ ［美］何伟亚：《英国的课业：19 世纪中国的帝国主义教程》，刘天路、邓红风译，社会科学文献出版社 2007 年版，第 282 页。

⑥ 子毅：《辛丑条约对于中国的影响》，《向导》第 128 期，1925 年 9 月 7 日。

第二节 列强在华使馆区特权制度的确立

《辛丑条约》标志着列强用以统治中国的不平等条约制度体系发展到了高峰，其中的使馆区特权制度是这一体系中新增的重要内容。在议和谈判中，列强共同将使馆区特权制度强加给中国，清政府不得不完全接受有关使馆区的范围和驻军等要求。通过《辛丑条约》，列强在中国首都确立了一个独立于中国管辖外的武装的行政区域，完全由其统治。

一 使馆区特权的提出

在残酷镇压了中国又一次轰轰烈烈的反帝斗争后，帝国主义列强考虑进一步强化对中国政府和人民的控制，在中国首都建立一个完全由列强控制的区域。各国以使馆曾遭围攻，安全没有保障为借口，要求在东交民巷建立使馆保护区，并在京津一线建立安全的通道。1900 年 9 月 30 日，法国外交大臣德尔卡赛致电法国驻英、德、奥匈、意大使和驻日公使，要求他们将一份照会递交给驻在国政府。这份照会涉及列强将向清政府提出的谈判条款，其中的第 4、5、6 点分别为：在北京设立一支永久性的使馆卫队；拆毁大沽炮台；对北京至天津间的两三个据点实行军事占领，以便当各国使馆希望前往沿海或者各国军队从沿海前往北京时能始终保持道路畅通。法方称："上述合理的条件由列强集体提出，加之国际部队的支持，似乎不可能不在短时期内为中国政府所接受。"[1] 这个方案的意图很险恶，所以，英国《图片报》的一篇文章认为，这些严苛的条款无异于"完全军事占领"了天朝上国。[2]

法国提出的方案，得到各国重视。各国从自身利益出发，提出了一些意见。意大利只是想对确保有效占领北京与大沽之间的某些据点而不求助

---

① 《外交大臣德尔卡赛致法国驻英、德、奥匈、意大使和驻日公使的通电》（1900 年 9 月 30 日），《法国外交档案文献有关义和团运动资料选译》，葛夫平摘译，载国家清史编纂委员会编译组编《清史译丛》第 10 辑，齐鲁书社 2011 年版，第 247—248 页。关于法国方案提出的背景，参阅李嘉谷《〈辛丑条约〉与沙俄帝国主义》，《社会科学战线》1978 年第 4 期；张海鹏主编、马勇著《中国近代通史》第 4 卷，江苏人民出版社 2013 年版，519—522 页。

② ［英］查尔斯·洛：《法国的极端提案》，《图片报》1900 年 10 月 13 日，载赵省伟编《遗失在西方的中国史：海外史料看庚子事变》下，侯芙瑶、邱丽君译，重庆出版社 2018 年版，第 521 页。

于国际军事占领的权宜之计的困难提出意见。英国则对占领天津与北京之间的两三个据点问题表示：1. 这些防御据点由国际军队占领，由此可能会导致在各国军队或者政府之间产生分歧的危险。因此，重要的是所占领的据点数量应与有关的国家数量一样。2. 这些据点应靠近海边，位于大沽至天津间胜过位于天津至北京间。① 美国从其对华所谓"门户开放"政策和"保持中国领土和行政完整"的原则出发，提出了修改意见。10 月 10 日，美国政府照会法国驻美代办：关于使馆卫队，"美国政府在未经立法部门授权以前，不能对这类问题做任何永久性的保证。但是，在目前的紧急情况下，我们已经在北京驻有一支适当的使馆卫队"。关于拆除大沽炮台，"总统在未收到有关中国局势的进一步报告之前，保留对这一措施提出他的看法"。关于京津之间若干地点的占领，美国不能长期参与这种占领，但是总统"以为各国可以希望从中国政府得到保证：各国有权保卫他们在北京的公使馆，在必要时有权设法不受限制地进入使馆"②。可以看出，美国提出的"以上各点都仅仅是对法国照会的详细评论，而不是谴责"③。总之，各国提出了意见，但是在侵华问题上有共同利益，所以没有提出实质性的改动。综合各国意见，10 月 16 日，法国在修改原方案的基础上，向各国提出了一份新的建议，并立即得到了一些国家的赞同。

10 月 26 日，驻北京的外交使团开会，进一步确定了设立和保卫使馆区的条款。它们几乎是在随心所欲地决定中国的命运，满足自己的要求：

> 第 4 条——使馆防卫问题。现修改为："所有列强都有权为各自驻京使馆组织一支永久性的卫队，并将使馆区置于防卫状态。中国人无权在使馆区居住。"这一提法可以使我们随意使用或者不使用该权利，同时它也满足了美国提出的保留意见。最后，它还提供了我们一

---

① 《法国驻意大利代办布龙岱尔致法国外交大臣德尔卡赛》（1900 年 10 月 5 日），《法国驻英大使保尔·康邦致法国外交大臣德尔卡赛》（1900 年 10 月 9 日），《法国外交档案文献有关义和团运动资料选译》，葛夫平摘译，载国家清史编纂委员会编译组编《清史译丛》第 10 辑，齐鲁书社 2011 年版，第 249、250—251 页。

② 《国务卿致法国驻美代办的备忘录》（1900 年 10 月 10 日），天津社会科学院历史研究所编：《1901 年美国对华外交档案》，齐鲁书社 1984 年版，第 28—29 页。

③ ［美］克莱门茨：《义和团之乱——政治及外交回顾》，路遥主编：《义和团运动文献资料汇编》英译文卷，下，山东大学出版社 2012 年版，第 238 页。

致认为对有效保卫使馆区必不可少的工具。

第 5 条——大沽炮台的拆除问题。外交团更喜欢下面的表述："大沽炮台和其他一切可能阻碍北京与沿海自由通行的炮台将被夷为平地。"这一提法给列强的军事当局留有更大的余地，因为大沽炮台并不是唯一防守北京交通的炮台。

第 6 条——军事占领问题。法国的表述被采纳，只是做了些许改动："为了确保北京与沿海的交通畅行无阻，对于列强一致决定的某些地方有权实行军事占领。"①

12 月 24 日，列强在西班牙使馆，将经多次协商的《议和大纲》，作为"由各国酌拟惩前毖后所必须定而不移之要款施行"，交给清政府议和代表。其中，第七款是"各国应分自主，常驻兵队，护卫使馆，并各将使馆所在境界自行防守，中国人民概不准在界内居住"。第八款是"京师至海边须留出来往畅行通道，故与其有碍之大沽等炮台，皆须一律削平"。第九款是"为京师至海边畅道不使有断绝之虞，由诸国应分自主，酌定数处，留兵驻守"。联军仍驻在中国。大纲并威胁，所有条款"若非中国国家允从，足适各国之意，各本大臣难许有撤退京畿一带驻扎兵队之望"②。

列强提出的条款是非常严酷的。12 月 27 日的上海《新闻报》说，列强"所交条款诚所谓削绝中国新机，塞尽中国生路"③。而清政府已经被列强吓怕了。就在 27 日，在西安的以慈禧太后为首的清政府却发出上谕："览所奏各条，曷胜感慨！敬念宗庙社稷关系至重，不得不委曲求全，所有十二条大纲，应即照允。惟其中利害轻重，详细节目，仍照昨日荣禄等电信各节，设法婉商蹉磨，尚冀稍资补救。该王大臣等力为其难，惟力是视可耳。"④ 统治者为了保全政权而出卖了国家利益。清政府对《议和大

---

① 《法国驻华公使毕盛致外交大臣德尔卡赛》（1900 年 10 月 26 日），《法国外交档案文献有关义和团运动资料选译》，葛夫平摘译，载国家清史编纂委员会编译组编：《清史译丛》第 10 辑，齐鲁书社 2011 年版，第 253 页。

② 《全权大臣奕劻李鸿章电报》（1900 年 12 月 24 日），故宫博物院明清档案部编：《义和团档案史料》下册，中华书局 1959 年版，第 839、840 页。

③ 《条款书后二》，《新闻报》1900 年 12 月 27 日，路遥主编：《义和团运动文献汇编》中文卷，下，山东大学出版社 2012 年版，第 631 页。

④ 朱寿朋编：《光绪朝东华录》第 4 册，中华书局 1958 年版，第 4590 页。

纲》"尚冀稍资补救"的各款中，对第七款提出的是，要求制定管理这些卫队的规章制度，并且确定卫队人数，免致越界滋事。对第八款提出的是，大沽炮台可否将炮位兵丁撤去，仍留空炮台，以防中国海匪窃发，不致茫无措手。对第九款提出的是，京、津沿途设卡，须议定地方及兵数，专为保护各国往来官商之用，不得于中国地方及行旅有所干预。①

清政府官员看到了议和条款的危害性。1900 年 12 月 25 日，湖广总督张之洞指出：议和条款中以"大沽撤台，津、京沿途设洋兵卡，使馆永远扎卫队，专供战务之材料禁止进口数条最狠"，"无论最小之国，随时随事任便恫喝，无论何事中国永不能自主矣"。不过，清政府自身已无抵抗之力。他提出，务祈再恳美国电商各国，"将使馆卫队、沿途卡兵人数均减至极少，年限须近，务将'永远'二字删去"②。1901 年 1 月 9 日，有官员上奏朝廷，从国际公法的角度指出列强所提条款的无理和对中国的直接危害："公法从无使馆驻兵之例。遣使所以修好，使馆驻兵，是遣使挑衅，非遣使修好也……且使臣有管辖馆内之权，无管辖馆外之权。万国公法，使权惟行于馆内，不得于馆外复立界限驻兵防守禁止华人。"另外，"设险守国，中外通义，大沽乃中国要口，炮台乃中国守备，中国自主之权未亡，外人即不得干预中国设险守国之事。且各国方欲留通道，驻重兵，而反责中国以平毁炮台，喧客夺主，各国有兵而我无兵，京师无安枕之日矣。地球万国从无此例"③。但是，清政府已经无任何抵制的勇气。1 月 15 日，奕劻、李鸿章在《议和大纲》十二款议定书上签字画押，盖"钦派全权大臣之印"，并按照使团要求，将盖有御宝的上年 12 月 27 日谕旨通过公使团领袖分送至各国使馆，以示和约大纲正式生效。④

所谓的议和谈判，主要在各国之间展开，清政府代表没有主动权，甚至没有参与权。1901 年 1 月 23 日，奕劻写信给荣禄："第七、第八、第九

---

① 《军机大臣致全权大臣奕劻李鸿章电信》（1900 年 12 月 25 日），故宫博物院明清档案部编：《义和团档案史料》下册，中华书局 1959 年版，第 842 页。

② 《致华盛顿伍钦差、俄京杨钦差》（1900 年 12 月 25 日），苑书义等主编：《张之洞全集》第 10 册，河北人民出版社 1998 年版，第 8459、8460 页。

③ 《工部学习主事夏震武折》（1901 年 1 月 9 日），故宫博物院明清档案部编：《义和团档案史料》下册，中华书局 1959 年版，第 872 页。

④ 《驻北京公使穆默上帝国首相布洛夫伯爵公文》（1901 年 1 月 17 日），《德国外交文件有关中国交涉史料选译》第 2 卷，孙瑞芹译，商务印书馆 1960 年版，第 182 页；中国人民大学清史研究所编：《清史编年》第 12 卷，中国人民大学出版社 2000 年版，第 238 页。

三款，极有关系，愚意亦早虑及。先是外边传言前门东一带衙署官地均须圈入租界。昨义使来言，愿将现居之堂子让出，可为不占官地之据。京、津畅道驻兵，应由各国妥为约束，以免附近该处居民惊惧。并声明中国力任保护各国人民由京师至海边不使有断绝之虞，如果保护得力，一、二年后，各国亦可酌量情形撤去驻守兵队。大沽炮台，昔为要区，今成虚器。通海畅道既有洋兵留守，我虽有坚台巨炮巍然排立，亦属徒具外观。似不如化险为夷，使彼人无所猜忌，冀可暂图目前之安，徐筹自强之策。"① 从言语之间可以看出，清政府无奈屈从，乃至寻找接受的理由，寻求自我安慰。不过，列强已定的态度是："当然可以肯定的是中国的反对将没有任何重要性，如果列强团结并决心坚持忠实履行"②。从谈判的实际过程看，清政府对第七、八、九条"置而不争"，并没有据理力驳，"反斤斤于庇护载漪等诸元凶"③，这也可看出清王朝对国家核心利益的态度。任由列强在紫禁城边建立独立的武装的使馆区，充分暴露了其软弱无能。

二　使馆区范围和驻军的议定

《议和大纲》第七款要求建立一个由列强自行防守的使馆区。关于其范围，1901 年 3 月 1 日，西班牙公使葛络干代表各国照会清政府，"除粘送图纸明晰绘画外，合将四至开列于后：西面之线，由城根起，有西国字母 ABCD 四字；北面之线，亦系 DEF 三字母，直至皇城根，另有在 FG 二字间之线；东面之线亦系 HS 二字母，此线画在崇文门大街之东；南面之线，系 HA 二字母，紧靠大城墙之外，沿城垛凸凹而画"④。奕劻致信荣禄：葛使送来界图，"北至皇城根、霞公府，南至城根，东至崇文门大街，西至棋盘街，将东长安门及各项衙署尽行划去。现与极力磋商，未知能否争回？惟堂子为祀典所关，前已商明义使让归，谅不至再生异议"⑤。要迁

---

　　① 《奕劻札》，杜春和等编：《荣禄存札》，齐鲁书社 1986 年版，第 8 页。

　　② 《驻北京公使穆默上帝国首相布洛夫伯爵公文》（1901 年 1 月 17 日），《德国外交文件有关中国交涉史料选译》第 2 卷，孙瑞芹译，商务印书馆 1960 年版，第 183 页。

　　③ 金兆梓：《现代中国外交史》，商务印书馆 1930 年版，第 88 页。

　　④ 《照录日使葛络干照会》（1901 年 3 月 1 日），故宫博物院明清档案部编：《义和团档案史料》下册，中华书局 1959 年版，第 1103 页。

　　⑤ 《奕劻札》，杜春和等编：《荣禄存札》，齐鲁书社 1986 年版，第 11 页。所引该札无具体时间。

出的有兵部、工部、鸿胪寺、钦天监、翰林院、理藩院、詹事府、太仆寺、庶常馆及銮驾库、太医院等。堂子在长安左门外御河桥东，即台基厂大街北口路西一带，是皇室祭神之处。划界时，堂子被圈入意大利占地范围内。清政府希望意方能够让出。

列强起初说不过略扩面积，还说须彼此勘定界址，将有关公所衙署划出。实际上，"乃该使等自行会议数次，并未彼此会同勘议，辄用照会绘图核定……拟令迁移，悍然不顾"①。清政府被排除在磋商之外。奕劻、李鸿章向各国公使提交备忘录，希望列强不要扩大使馆区地盘："堂子为皇上祭祀重地，既已列入界中，宗人府、吏部、户部、礼部、兵部、工部、理藩院、翰林院、詹事府、太仆寺、鸿胪寺、钦天监各衙门，銮驾库、四译馆、庶常馆各公所，亦俱在所划界线之内。以上各处均属办公要地。自北京建都以来，正阳门内附近皇城左右，分设各署，环列拱卫，不独办公近便，实属观瞻所系，体制所关，自元明以来，五百余年，未尝更改。且工程浩大，员役众多，若令迁移，别无位置之地。"② 各国利益不同，就使馆区东、北、西界线位置长时间争论。

4月22日，奕劻、李鸿章与代表各国的法、奥、意三国公使会谈。双方在使馆西界划定、衙署留置、北面皇城城墙及理藩院处置等问题上达成一致。奕劻、李鸿章奏报：先前使团领衔公使西班牙公使送来的界图，开明东至崇文门大街以东，南至大城根，西至前门迤东，北至长安街迤北，包括堂子及十数处衙署公所。现改为东至崇文门大街西10丈，西至距前门60丈，对方让出宗人府、吏户礼三部，其余兵工部各衙门及北首地界，对方不肯让。长安街南应拆去屋15丈，堂子须拆，作为列强的防备之地，仅留南半截空地一段，欲以海关公所抵换。奕劻、李鸿章说："各使每言，第七款奉旨批准，有自主防守之权，其扩界拆房皆为防守地步，直是无理可说。"③

5月1日，在西安的清政府回电说，使馆区占地太多，"且和约大纲并

① 《全权大臣奕劻等电》（1901年3月7日），中国史学会主编，翦伯赞等编：《义和团》（4），上海人民出版社、上海书店出版社2000年版，第312页。

② 《照录致各使说帖》（1901年3月1日），故宫博物院明清档案部编：《义和团档案史料》下册，中华书局1959年版，第1103—1104页。

③ 《全权大臣奕劻李鸿章电报》（1901年4月23日），故宫博物院明清档案部编：《义和团档案史料》下册，中华书局1959年版，第1053—1054页；中国二十世纪通鉴编辑委员会编著：《中国二十世纪通鉴》第1册，线装书局2002年版，第23页。

无扩充之语，辄以扩界拆房为防守地步，未免强词夺理"。但面对对方的蛮横，清政府也只得顺从，堂子择地重建，空地不值互换。长安街及兵部街均被划入界内，东华门至前门的道路受阻隔，希望向各使切实商办。① 5月4日，各国公使出具"会衔告示"，强行标明使馆界址四至为：南面之线顺城根由前门至哈德门（即崇文门）止，所有挨此两门口及靠城根南面之房屋亦在内；东面之线由哈德门顺大街至东单牌楼以北80公尺；西面之线由前门东一带棋盘街北顺盘城往东至长安门迤北南皇城根；北面之线由南皇城根往东至皇城拐角往北20公尺后一横线往东至东单牌楼以北80公尺。② 5月5日，奕劻、李鸿章回电清政府：长安街已经议明，仍作为公共道路，出东华门沿城根，顺东长安街出前门，不会产生阻隔。③ 中方仍有东长安街的道路通行权和治安管理权。5月11日，奕劻、李鸿章照会葛络干，称除了堂子已由皇帝颁布谕旨同意放弃，并经正式照会意大利公使萨尔瓦葛侯爵外，关于使馆区界址及其他事项已达成的协议，现在正式备函奉告。④

清政府不得已，由奕劻主持，择地另建堂子。办理修建事务的张百熙，苦于无建筑材料。"适闻洋人将拆堂子正殿三楹木料琉璃瓦片等物，估价变卖。深恐其展转别移作他用，有亵二百余年列圣昭事上天之故物……因即随遣工程处司员带同翻译暨木厂商人与该洋人面商，令其让还，以资改建。洋人始以业经别售为词，继则高抬价值，磋磨再四，乃得以京二两平足银七千两售还……督同司员逐加拣择，除糟朽之料不计外，大梁柱托斗料各件，多楠木黄松，为近时所不易得者。铜驼荆棘之日，犹能见业于开国之初，固列圣在天之灵，所默为呵护也。"⑤ 堂子可以重建，但是皇朝的颜面已经扫地矣。

关于使馆区的设防问题，由各国驻军派出军官组成的委员会讨论并提

---

① 《军机处致全权大臣奕劻李鸿章电信》（1901年5月1日），故宫博物院明清档案部编：《义和团档案史料》下册，中华书局1959年版，第1075页。

② 中国二十世纪通鉴编辑委员会编著：《中国二十世纪通鉴》第1册，线装书局2002年版，第24页。

③ 《全权大臣奕劻李鸿章电报》（1901年5月5日），故宫博物院明清档案部编：《义和团档案史料》下册，中华书局1959年版，第1092页。

④ 中国二十世纪通鉴编辑委员会编著：《中国二十世纪通鉴》第1册，线装书局2002年版，第25页。

⑤ 单士元：《故宫营造》，中华书局2015年版，第220页。

出报告。1901 年 2 月 16 日，美国的康格公使致电海约翰国务卿，报告各国讨论的情况："尽管我觉得使馆区的全部面积比它所需要的或恰当的范围要大得多，但我认为最好不在这件事上和我的同僚们发生争论……您将看到这一设计方案，实际上是要在此大城市的正中，紧靠皇城墙，建造一个真正的堡垒。如果实行此方案，将会毁掉一大片中国人的私有财产。"

各国任命了一个军事委员会，讨论确定了使馆区的界址、兵力配置、组织形式、保障措施。2 月 19 日，各国军事代表提出了一个设防报告。其中提出的使馆卫队数目见下表。

国名	人数	炮	榴弹炮	机关枪
奥匈	250	2—4		6—8
法国	250	2		2
德国	300	3—4	2	6
英国	200—250	4	2	4—6
意大利	150—200	2		2
日本	300—400	4—6		若干
俄国	350	2		4
美国	100	2		2—3

各国代表组成的军事委员会还建议：通向保定的铁路终点车站将建在内城城墙外前门的西面。由于铁路交通在军事上非常重要，有必要同中国政府达成一项协定，铁路线的终点站要永远设在中国城内；各使馆间应建立空中电话通讯，地下电话线也需埋设；应为驻北京的部队贮备不少于 3 个月的给养，并应贮存充足的武器弹药；关于各国部队如何部署的详细安排，应通过由各使馆卫队指挥官组成，并以高级军官担任主席的委员会来拟定。当使馆区受到攻击时，担任主席的高级军官应负责指挥全体卫队；建议各国轮流委派一名不低于中校的高级军官在一定时期内担任战时指挥官，任期可为 1—3 年；使馆区设防事宜须尽快着手进行，以便在中国政府迁回前取得良好的进展，并于雨季到来前完工。[①]

---

① 《军事委员会关于计划中的北京使馆区设防的报告》（1901 年 2 月 19 日），天津社会科学院历史研究所编：《1901 年美国对华外交档案》，齐鲁书社 1984 年版，第 92—93、94 页。

各国为驻兵数量问题展开争论。美军指挥官沙飞认为，目前只需要一个连队足以充当美国使馆卫队。美国赴华专使柔克义也认为，根据中国的情况，目前并无需要加倍派驻卫队，这样做是失策的，"特别是某些国家可能会利用这种情况来扩充他们已经很庞大的卫队"①。英国建议把以上军力缩减到最大限度。3月20日的各国公使会议上，英国公使提出，应建议各国政府同意一个最高限额。德国已将近建成容纳300人的营房，其公使认为不便于限制人数。俄国公使赞成人数越少越好的原则。法国公使赞成限制人数的原则，但认为把此问题推迟一下为妙，因为现在还没有决定同它有关的其他军事部署。② 这反映了列强之间的矛盾。

4月6日，各国军队司令官举行会议，商定在联军撤出中国后，将在天津驻兵2000人，山海关——秦皇岛一线驻兵1500人，其他驻兵点每地派驻300人。对使馆兵员数达成了协议，总数不超过两千人，分别是：美国150人，德国300人，法国300人，英国250人，日本300人，意大利200人，奥匈200人，俄国300人。③ 4月17日的使团会议上，许多国家的代表都"强烈要求不许任何一个国家比其他国家拥有更多的卫队。德国公使认为，假如某个国家撤回它的卫队，别国应当有权将北京驻兵总数补充到规定的数目。这种观点在会议上没有得到支持"④。这是列强之间利益冲突的表现。

三　《辛丑条约》与使馆区特权的确立

在确定使馆区界线的同时，关于界内华民迁徙，由何方赔偿损失的问题，列强提出由清政府出资赔偿。清政府起初坚持应由列强各国赔付："以地为何人所用，地价即应由何人付给，房屋由何人令其迁移，迁费即应由何人补偿，乃一定之理。"列强坚持原立场。英国公使指出，议和以

---

① 《柔克义致海函（37号）》（1901年3月8日），天津社会科学院历史研究所编：《1901年美国对华外交档案》，齐鲁书社1984年版，第112页。

② 《萨道义爵士致兰士敦侯爵电》（1901年3月20日），《英国蓝皮书有关义和团运动资料选译》，胡滨译，中华书局1980年版，第448—449页。

③ 《陆军元帅瓦德西伯爵致葛络干函》（1901年4月6日），天津社会科学院历史研究所编：《1901年美国对华外交档案》，齐鲁书社1984年版，第170页。

④ 《柔克义致海函（70号）》（1901年4月17日），天津社会科学院历史研究所编：《1901年美国对华外交档案》，齐鲁书社1984年版，第174页。

赔款最重要，"不值因此细故争论，转致迟延增费"。清政府提出国际公法问题："以照公法，战胜之国占用私产，理应付价与原地主。此次所画界内华民地基房屋为使馆留用者，自应由使馆付价。"但是，列强竟声称八国联军侵华不是"战争"，不能按照国际法关于战争法的规则来对待。清政府议和代表"据情理以争，而彼不论情理，执公法以争，而彼亦不论公法。是各使馆所占地产，欲其付价，势断不能"①。最后，清政府只得自行酌给失产之人补偿，以示体恤。候选道联芳、总理衙门章京瑞良在东华门外纱帽胡同设立办理扩充使馆事务局，限 1901 年 5 月 4—25 日内，各业主持契纸赴局禀报明晰，等候核酌补偿。② 来局呈报的有 1400 余所，共计民房 16000 余间。此项房价，上等房间 30 两，中等 20 两，下等 10 两。奕劻等奏："各国使馆所占民房，议定给价，请饬拨的款银三十五万两。"8 月 18 日，得旨："著户部迅速筹拨。"③ 即清政府出钱买地，送给列强。但所给价钱远不及应给实价。后来《申报》报道，各业主自 11 月 5 日起各持契据赴局领银，"每房一间给银二十两"④。

5 月 30 日，清政府与各国签订《增改扩充北京各国使馆界址章程》。同日向葛络干发出《北京各国使馆界址四至专章》。新划的使馆区约 1000 亩。界内原有官产无偿迁出，民居由清政府出银收购，送给外国。

界址章程规定："界内民产以契据为凭，凡业主持有契据者，自晓谕后，立即呈出，交本公所挂号，先行发给印收，听候查验房、地是否相符，以凭办理"；"凡有契据者，呈验查勘相符，应将印收缴回，换给领价凭单，须俟特行出示，另定日期，以便持单领银"；"凡契据失毁无存者，准将四至开明，取具近邻切实保结，呈报挂号，听候勘验明确，再行发领凭单，以便持单依限领取价银"；使馆区四至之内，所有房产契据，凡由上年公历 6 月 20 日，即阴历五月二十四日以前所立的，方作为确据；为防守使馆起见，四周留出空地，不得有房屋，空地内房基，应行合价，自长

　　① 《全权大臣奕劻等咨》（1901 年 5 月 8 日），故宫博物院明清档案部编：《义和团档案史料》下册，中华书局 1959 年版，第 1102 页。
　　② 《详述扩充使馆事》，《申报》1901 年 5 月 28 日第 1 版。
　　③ 魏开肇、赵蕙蓉辑：《〈清实录〉北京史资料辑要》，紫禁城出版社 1990 年版，第 547—548 页。
　　④ 《示领房价》，《申报》1901 年 11 月 18 日第 2 版。

安街以北所展宽80迈当①之内，"所有房产契据，亦应呈送界务局查核，以凭办理"；"所定界内，如有华民以私产或租、或典与各国官商者，即应将合同情形、欠银数目，报明本局，以便清楚经理"；房间、院落有已为各国圈入围墙之内的，一律铲平，"或已起造新房者，以致某某界限无基，应先将所圈之地，统行丈量清楚，俟与各户所呈契据四至汇总核明相符，听候划清给价"；界内所占官署公所，应一律查明四至登记，以免牵混。②

界址专章规定："东界至距崇文门十丈为止，其城门旁西首登城马道不在界内"；"西界至兵部街为止，街西宗人府、吏部、户部、礼部四衙门均还中国，并可在衙门后建筑墙垣，但不宜过高。衙门旁民房，本多毁坏，其现在尚存者，一律拆为空地。无论中国人、外国人，不得建造房屋。各使馆服役之中国人原有房屋，在界内者，另行拨给地段，令其盖屋居住"；"南界至大城根为止，其靠使馆界之城上，许各使馆派人巡查，但不得建造房屋"；"北界至东长安街北八十迈当为止，使馆界墙在东长安街南约十五丈，自界墙外至东长安街北界线以内之房屋，均拆为空地，惟皇城不得拆动。其空地内，以后彼此均不得造屋，东长安街一带仍听车马任便行走，作为公共道路，由中国设立查街巡捕，建造巡捕房，为该巡捕等办公之地"。

专章末尾说："以上四至界限并议定各节，系照是日面谈叙述。为此照会贵大臣，请烦转致诸国全权大臣查照备案，并希见复。"后附《声明北京各国使馆界址四至详细专条》，对东、西、南、北界线的定位和有关问题的处理作出说明。专条末尾也说："以上各节，统希贵大臣转致各国大臣查照为荷。"《国际条约大全》在这两份条件的后面还写有："原定使馆界址专条于光绪二十七年四月十三日（注：即公历5月30日）接准日国公使葛照会声复各节，复增订末附条件，嗣于六月十四日（注：即公历7月29日）奉到来文作为允行之据。"③ 意思是，议和双方已经达成了一

---

① "迈当"是"米"的法语译音。

② 《增改扩充北京各国使馆界址章程》（1901年5月30日），王铁崖编：《中外旧约章汇编》第1册，生活·读书·新知三联书店1957年版，第990页。

③ 《北京各国使馆界址四至专章》（1901年5月30日），商务印书馆编译所编纂：《国际条约大全》（1925年增订），下编，卷一，商务印书馆1928年版，第2—3页。

致。由于各国意见不一，后来列强没有完全承认专条的有效性。正式订约时，《辛丑条约》的附件十四《使馆界线说帖》规定的使馆区范围，实际上又有扩大。①

使馆区就在紫禁城附近，列强驻兵设炮，显然让清政府十分不安。朝廷几次谕令奕劻、李鸿章查明使馆区和京津沿线外军数量，磋商阻止各国在使馆区界址内修筑炮台，并要求火车站须设在京城之外，勿许直驶入京。但是，这些要求并不为列国所在意，更是参与议和的奕劻、李鸿章所不能改变的。他们在谈判过程中作过一些争辩，但基本无效。

圈地及新建使馆和兵营等工作，早已开始。西班牙使馆在原地整修。美国、意大利、日本使馆择地另建。其他各国使馆在原来的位置上向外延展。清政府翰林院侍读学士恽毓鼎在 4 月 13 日上奏：都城近日景象迥非昔比，东交民巷一带"筑城垣，挖濠沟，置炮台，隐然巨防，如临大敌"②。《申报》报道："现办开辟地基等事，每日雇用民夫数千人，由各国自行拨给工价。"③ 这番对东交民巷地区的彻底改造，前所未有。仲芳氏的《庚子记事》在 6 月 30 日记曰："东交民巷一带，东至崇文大街，西至棋盘街，南至城墙，北至东单头巷，遵照条约，俱划归洋人地界，不许华人在附近住居。各国大兴工作，修盖兵房、使馆，洋楼高接云霄，四面修筑炮台以防匪乱，比前时未毁之先雄壮百倍，而我国若许祠堂、衙署、仓库、民房俱被占去拆毁矣。伤心何可言欤！"④ 使馆区外围的东单头条房屋被拆毁，这个地名就此在北京地图上消失。另一些传统地名，如抬头庵、宗人府后胡同、牛圈胡同、史家胡同、户部北夹道、鞑子馆、鸡鹅馆、药库等，在庚子后，自然全没有了。⑤

7 月 28 日，葛络干照会奕劻、李鸿章，称各国代表要求必须拆毁京津、山海关沿线 12 处工事，其中 7 处由列强在天津的军事殖民机构负责拆

---

① 进一步的具体研究，可参阅郑鑫《〈辛丑条约〉使馆界四至谈判研究》(《清史研究》2024 年第 3 期)。《章程》《专章》《专条》间的关系和细节问题，待以后继续探讨。

② 《翰林院侍读学士恽毓鼎折》(1901 年 4 月 13 日)，故宫博物院明清档案部编：《义和团档案史料》下册，中华书局 1959 年版，第 1025 页。

③ 《扩充使馆》，《申报》1901 年 5 月 18 日第 1 版。

④ 仲芳氏：《庚子记事》，中国科学院历史研究所第三所编辑：《庚子记事》，科学出版社 1959 年版，第 76—77 页。

⑤ 邓云乡：《燕京乡土记》，上海文化出版社 1986 年版，第 328 页。

毁，5 处交由清政府负责拆毁。奕劻等上奏：拆毁炮台及京师至海通道酌定数处留兵驻扎，均系按照和约第八、九款办理。中国驻兵须距天津 20 里，系免彼此相遇滋事。列强提出的要求，"据称，已将格外要求情事一概删除，无可再减"①。

9 月 7 日上午，清政府代表奕劻、李鸿章在东交民巷西班牙公使馆中，与 11 国代表在最后议定书上签字，西人称《北京议定书》。因此年按干支纪年为辛丑年，它又称《辛丑条约》。外国代表是（按法文为序）：德国代表穆默、奥匈帝国代表齐干、比利时代表姚士登、西班牙代表葛络干、美国代表柔克义、法国代表鲍渥、英国代表萨道义、意大利代表萨尔瓦葛、日本代表小村寿太郎、荷兰代表克罗伯、俄国代表格尔思。条约共 12 款，另有 19 个附件。关于列强在华使馆区特权制度，条约规定：

> 第七款　大清国国家允定，各使馆境界，以为专与住用之处，并独由使馆管理，中国民人，概不准在界内居住，亦可自行防守。使馆界线，于附件之图上标明如后（附件十四）：东面之线系崇文门大街，图上十、十一、十二等字；北面图上系五、六、七、八、九、十等字之线；西面图上系一、二、三、四、五等字之线；南面图上系十二、一等字之线，此线循城墙南址随城垛而画。按照西历一千九百零一年正月十六日，即中历上年十一月二十六日文内后附之条款，中国国家应允，诸国分应自主，常留兵队，分保使馆。

> 第八款　大清国国家应允将大沽炮台及有碍京师至海通道之各炮台，一律削平，现已设法照办。

> 第九款　按照西历一千九百零一年正月十六日，即中历上年十一月二十六日文内后附之条款，中国国家应允，由诸国分应主办，会同酌定数处，留兵驻守，以保京师至海通道无断绝之虞。今诸国驻守之处系：黄村、廊坊、杨村、天津、军粮城、塘沽、芦台、唐山、滦

---

① 《外部奏照录各使交还天津照会进呈御览折》（1901 年 7 月 28 日），王彦威、王亮辑编：《清季外交史料》（6），李育民、刘利民、李传斌、伍成泉点校整理，湖南师范大学出版社 2015 年版，第 2818 页。

州、昌黎、秦皇岛、山海关。①

条约的附件十四《使馆界线说帖》划出了使馆区的界线，② 总面积为原各使馆面积的 20 倍，即东至崇文门大街，西至正阳门及棋盘街，北至长安街，南至城墙的地带，除宗人府和吏、户、礼三部外，全划为使馆区。使馆区占地面积大约 11.25 平方千米，约占北京内城面积的 4%。③

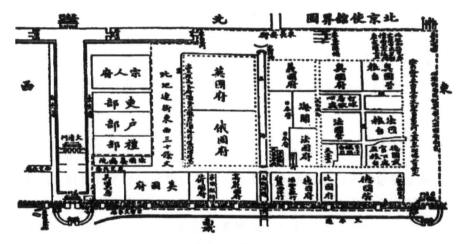

东交民巷使馆区

资料来源：张复合《北京近代建筑史》，清华大学出版社 2004 年版，第 70 页。

9 月 17 日，奕劻和各国驻京使臣带译员到午门核对约章。和约共 12 份，校对无讹后各携一份。《辛丑条约》以法文本为准。"迨各使回至东交民巷府第，相与奏乐鸣炮，以表庆忱。"④ 掠取到了空前巨大的权益，列强不由得要"凯歌高奏"了。

列强把使馆区街道改为外国名称，用外文书写。

---

① 《辛丑各国和约》（1901 年 9 月 7 日），王铁崖编：《中外旧约章汇编》第 1 册，生活·读书·新知三联书店 1957 年版，第 1006—1007 页。郑鑫的论文《奉系军警查抄苏联大使馆事件再认识——以使馆界制度为视角》（《北京党史》2022 年第 3 期第 32—33 页）说，"使馆界"一词源于法语短语。

② 《附件十四》，王铁崖编：《中外旧约章汇编》第 1 册，生活·读书·新知三联书店 1957 年版，第 1017—1018 页。有的研究者认为，这个《说帖》可能是外方自己单方面的产物。

③ 宗绪盛：《老北京地图的记忆》，中国地图出版社 2014 年版，第 9 页。

④ 《核对约章》，《申报》1901 年 9 月 30 日第 1 版。

原街名	改后街名	现名
东交民巷	使馆大街	东交民巷
兵部街	李尼微支路	（天安门广场东侧）
西河沿	街河西路（英国街）	正义路
东河沿	明治路	正义路
台基厂	马可·波罗路	台基厂
洪昌胡同	南怀仁路	台基厂（南头）
台基厂头条胡同	赫德路	台基厂头条胡同
台基厂二条胡同	俱乐部路	台基厂二条胡同
台基厂三条胡同	拉布司路	台基厂三条胡同
崇内大街北口	克林德路	东单北大街
东长安街	意大利路	东长安街

资料来源：北京市东城区地方志编纂委员会编《北京市东城区志》，北京出版社 2005 年版，第 896 页。

不平等条约始于 1842 年中英南京条约，"而至一九〇一年辛丑条约集其大成"①。正是在这个集其大成的条约中，"东交民巷之奇异地位，自是为始"②。一项近代列国皆无的使馆区特权制度，在中国的首都诞生了。

第三节　列强在华使馆区特权制度对中国主权的侵害

列强在华使馆区特权制度，就其内容看，在列强原来所获得的租界、租借地等特权的基础上，有进一步的延伸和深化，体现了列强集体强权的巩固和强化。列强在华使馆区特权制度进一步侵犯中国主权，大大扩充了中外不平等的条约制度体系，充分反映了中国的半殖民地化和国际地位的低下。

一　奴役中国的新举措

跟随八国联军进攻北京的脚步，记下所见所闻的英国记者乔治·林

---

① 居正：《解除了百年的桎梏》，桂林《大公报》1942 年 10 月 22 日第 2 版。
② 张季鸾：《辛丑议约之回顾》，《国闻周报》1924 年第 1 卷第 6 期。

奇说："在每本描写中国的书里都会提到我们在那里的'权利'。它们通常被称为'条约权利'，其实是'强盗权利'。如果一个盗贼破门而入，将一个男人在自家的门厅里打倒，摁在地上，扼住他的喉咙，直到他承诺还会放他进来。对这种行为，西方或许有各种叫法，但以这种方式在东方索取到的承诺就被称为'条约权利'了。"① 被写入《辛丑条约》的列强在华使馆区特权制度，就是以上述方式强加给中国的赤裸裸的"强盗权利"。

条约是两个或两个以上国际法主体依据国际法确定其相互间权利和义务的一致的意思表示。② 《辛丑条约》同样规定的是中国与其他 11 国之间的法律权利和义务。然而，"国际法有这样一项公认的习惯规则：与普遍承认的国际法原则冲突的义务不能成为条约的客体"③。《辛丑条约》规定的外国享有的权利和中国应尽的义务，与国际法基本准则是完全违背的，是一个不平等条约。所谓不平等条约，"乃是国际条约之包含有些条文，造成种种法律关系，超越一般国际法所许范围之外，片面的侵害或限制对方缔约国的主权的"④。对此，王铁崖也指出："不平等条约制度的主要特色是武力和不平等。条约是武力所迫订的或是在武力威胁下所订立的，目的在于为外国人及其国家勒索权利和特权，公然侵犯中国的主权和独立，而完全否定了平等概念。"⑤ 从《辛丑条约》签订的背景和过程看，列强是用政治强压和武力威逼的方式强迫中国清政府订立该条约的。帝国主义者和我国签订不平等条约用的手段，"都是武力与诈术，这岂是讲国际信义的国家所应为的吗?"⑥ 从具体内容看，《辛丑条约》完全是一个不平等条约，其中规定的使馆区特权制度，就是列强强化奴役中国的新举措，严重侵害了中国的主权。

---

① ［英］乔治·林奇：《文明的交锋》，［美］王铮、李国庆译，国家图书馆出版社 2011 年版，第 221 页。

② 王铁崖主编：《国际法》，法律出版社 1995 年版，第 293 页。

③ ［英］劳特派特修订：《奥本海国际法》上卷，第 2 分册，石蒂、陈健译，商务印书馆 1972 年版，第 323 页。

④ 周鲠生：《不平等条约十讲》，太平洋书店 1928 年版，第 10 页。

⑤ 《中国与国际法——历史与当代》，邓正来编：《王铁崖文选》，中国政法大学出版社 2003 年版，第 255 页。

⑥ 种因：《不平等条约的概说》，《兴华》1929 年第 26 卷第 32 期。

（一）使馆区特权进一步侵犯中国的独立权

"国家的独立权就是国家可以按照自己的意志处理其对内和对外的事务而不受任何其他权力的命令强制，不受外来的干涉的权利。"① 正如研究者指出："《辛丑条约》的签订，大大发展了不平等条约制度体系，将其推进到一个新的阶段，在中国近代的不平等条约史上具有重要的地位。尤其是，在这个新阶段，列强由攫取条约特权进而对中国实施全面控制，在政治、经济、军事、思想等方面加强了对华奴役，这是半殖民地最为突出的特征，亦是《辛丑条约》最基本的特征。"② 而使馆区特权制度，是其中的一个重要体现。比如，"南京条约未撤镇海之炮垒，北京条约亦未尝干涉北方之国防"，而《辛丑条约》规定，允许各国在北京驻兵，建立使馆区，界内不准中国人居住，削平大沽炮台，北京至海通道允许各国留兵驻守等等，"遂使中国门户洞开，首都绝无屏障，世界各国，无此前例……于是在中国首都，添了一处外国的武装行政区域，一旦有事，首感威胁。所以自辛丑条约以后，中国外交内政，动辄由外人操纵……" 上述特权，都是以前的中外所订条约中所没有规定而新增的条款，这一条约"已把各国对华的种种特权，次第规定得很结实，很完备"③，具体地对中国进行控制，北京使团俨然成了中国的太上政府，"于是中国失去了独立国家的实际，中国人民益陷于贫穷奴隶的地位了"④。《辛丑条约》是中国完全沦为半殖民地的重要标志。有学者指出，这一条约的重要条款，一是赔款，二是划定使馆区，"使馆区域内，不但中国不能行使主权，而反于首都之内，树立各帝国主义共同组织之敌国，为世界独立国未有之奇局，且其势力延长于天津、山海关，割尽中国之国防"⑤。被套上了这样的枷锁，中国哪能称得上独立自主呢？

---

① 周鲠生：《国际法》上，武汉大学出版社 2009 年版，第 160—161 页。

② 李育民：《义和团运动与不平等条约》，载苏位智、刘天路主编《义和团运动一百周年国际学术讨论会论文集》，山东大学出版社 2002 年版，第 1054—1055 页。

③ 叔谅：《九七国耻第二十四周年纪念》，《爱国青年》1925 年第 9 期；钱亦石：《中国外交史》，生活书店 1938 年版，第 105、108 页。

④ 健夫：《九七国耻纪念与反帝国主义运动》，《学生杂志》1924 年第 11 卷第 9 期。

⑤ 刘彦：《最近三十年中国外交史》，太平洋书店 1932 年版，第 28 页。

（二）使馆区特权进一步剥夺中国的行政权

在一个主权国家内，不得有别国或任何其他权威行使主权的任何权利，主权的完整性是不容侵害的。没有任何权威可以剥夺或削减国家的主权。① 民国时有人即指出："一国领土之内，该国有绝对管辖之权。惟该国有使用之权，所以不许他国使行行政权及司法权也。"② 而《辛丑条约》规定"大清国国家允定，各使馆境界，以为专与住用之处，并独由使馆管理"。虽然没有规定对北京东交民巷地区进行割让或租借，然而使馆区特权制度下，中国在这一地区的主权实际上被剥夺了。各国公使代表本国政府在使馆区行使行政管理权。根据条约，"外人有使用、管理、防守驻兵之权，而中国人民连居住的权也没有，行政权更无从说起……他们可以征税，以充警察及道路费用。在使馆界内各国公使组织委员会，管理区内一切行政事务。界内警察完全不受中国官吏管辖。这样一来，中国首都的土地，变为一个国际共管的区域。其损害中国领土主权，和国家荣誉真非浅鲜"③。这对北京城的统一管理和发展建设也带来极大不便。例如，在涉及界线之处，北京地方政府即使遇修路之事也必须通知并经使馆区当局同意。

列强甚至将行政管辖权伸到使馆区外。如1913年"二次革命"发生后，袁世凯政府担心外国人私自协助革命党人，而向公使团提出要求：一是使馆区内不准藏庇革命党人；二是书信电报除发自使馆银行者外，皆须受中国检查；三是使馆区外的外国人须一律遵守中国戒严令。公使团答复：第一项已经规定于《辛丑条约》中，即中国人除受外国雇佣者外，不准住在使馆区内；第二项不能允从，"惟外人商电，允在戒严期内，由公使检阅，加盖印信"。第三项中国如需执行戒严法于在使馆区外的外国人，须先得到公使同意。④

而且，北京使馆区拥有的权利没有具体的期限，形同可以永久地享有。中国政治中枢附近长期存在一个独立实施行政管理权的"国中之国"。1926年举行的法权会议上，北京政府就曾向列强提出意见："北京使馆地

---

① 周鲠生：《国际法》上，武汉大学出版社2009年版，第150、151页。
② 邱祖铭：《中外订约失权论》，商务印书馆1927年版，第17页。
③ 周鲠生：《不平等条约十讲》，太平洋书店1928年版，第122—123页。
④ 刁敏谦：《中国国际条约义务论》，商务印书馆1925年版，第6—7页。

界，由各使馆派员组织委员会管理之。赋税之征收、桥梁之修筑及警察、行政悉归该委员会董理之。使馆界内定有种种章程，对于中国人通过该地之自由多方束缚，使馆境界几完全成为外国领土矣。"① 在租界、租借地、北京使馆区等特别区域内，"行政及警察之职权，皆由外人特设之机关行使之。是项行政机关，或为工部局，或为使馆界事务管理局，而此种行政及警察职权之被外人行使，即中国之管辖权被消灭"②。列强则长期熟视无睹。

（三）使馆区特权进一步损害中国的平等权

平等原则是国际关系的基本准则。"主权国家在相互关系上必须彼此作为平等者对待，而不容以任何、即使是表面上合法的方式，侵夺他方的主权的权利，或者以优越者自居对别国发号施令，以一方的意志强加于他方。"③ 当然，国家有大小强弱之分，"所谓平等者，法律上之平等耳"④。"所以我们如果根据世界国际法言之，无论强弱大小的国家，国际法上一律处以平等地位，因为非是则不足以确定各国的主权，而维持各国的独立自由以及公理正义等等了。"⑤ 使馆区特权制度的内容，订立在条约文本中，似乎是合法的。但是，中国和外国所订的条约，"有许多条文在通常国际法规或惯例所许范围之外，片面的妨害中国的主权，侵犯中国的地位，构成不平等的关系"⑥。

《辛丑条约》规定，列强有权在中国首都划出一个区域，长期驻军，设置统治机构，独立行使权利。它对中国发号施令，而中国不可能去对方首都行使同样的法律行为。有人就指出：义和团的盲目排外行为当然是错误的，然而这种行为各国也何尝没有呢？1881 年美人排西班牙人的暴动，1914 年美人排德意志人的暴动，他们侨民所受的损失也不少。1923 年的日本大地震之后，更有屠杀华侨 200 多人的事。但是，"试问有哪一国因

---

① 《中国委员对于在中国治外法权现在实行状况之意见书》（1926 年 3 月 23 日），章伯锋主编：《北洋军阀》第 5 卷，武汉出版社 1990 年版，第 132 页。

② 《中国委员对于治外法权现在实行状况之补充意见书》（1926 年 4 月 26 日），章伯锋主编：《北洋军阀》第 5 卷，武汉出版社 1990 年版，第 136 页。

③ 周鲠生：《国际法》上，武汉大学出版社 2009 年版，第 180 页。

④ 邱祖铭：《中外订约失权论》，商务印书馆 1927 年版，第 18 页。

⑤ 张天百：《不平等条约问答》，中央图书局 1928 年版，第 5 页。

⑥ 周鲠生：《不平等条约十讲》，太平洋书店 1928 年版，第 10 页。

此订了和辛丑条约同样性质的条约？"① 以驻军来说，"外国军队除在战争时有特殊协定外，通常不许通过一国境内也。至于平时强要别国划出特别地域，作为永久之驻屯地，更绝无仅有之事"。但是《辛丑条约》允许各国从海口至北京沿途交通要地驻扎军队，使馆区驻兵设防，"此非危险我国人民之举乎"②。使馆区和驻军长期设立，"此固侵害中国之体面与主权已达极点"③。陈鸿年回忆他在北平求学时的经历："等到读高小的时候，心理就不对了，已然知道鬼子兵，可以扛着枪，拉着小钢炮，在北平的街上走，时而在城外头，叮当地去打靶。而我们的军队，得绕着交民巷走。更知道，伦敦、巴黎、尤其小日本儿的东京，绝没有'交民巷'，也绝没有中国兵来驻扎！""再每上历史课，看见'交民巷'，心里总有点热辣胡拉的冒着火儿！"④ 这是民众感受到的中外关系的极端不平等。

当时，平等权作为国家的基本权利之一已经在国际法中确立起来。国际法上强调平等，是为了防止大国、强国将自己的意志强加给小国、弱国。而在《辛丑条约》中，列强恰恰将其意志强加于中国，它们在中国设立的使馆区特权制度就是重要的表现。正如有人指出："至于使馆界在国际间更是绝无仅有的一个组织。各国驻外的公使馆，散居各该驻在国京城的各处，除去享有治外法权而外，既无所谓公使团的组织，更无所谓使馆界的名称。而使馆界在中国竟享有独立行政权，驻军权，设置战权，这岂是一个有完全主权的国家所应有的现象？所以我们为保持我们的主权，取得国际间的平等，这种奇形的组织，是刻不容缓要使它消灭。"⑤

（四）使馆区特权进一步摧残中国的自保权

保卫自己的生存和独立是国家最切要的权利，是它的神圣义务和职分。自保权的内容一般包括两个方面：一方面是国家有使用它的一切力量从事国防建设的自由，如设置海陆空军备，维持它自认为必要的、适当的武装力量，建设要塞或其他防御设备以及缔结军事互助同盟条约等；另一

---

① 张廷颢讲演、高尔松笔记：《不平等条约的研究》，光华书局1927年版，第55—56页。
② 杨明栋：《不平等条约与中国》，《中华实事周刊》1930年6月7日第3版。
③ 王世蒲：《不平等条约与惯例》，《时事评论》1925年第9号。
④ 陈鸿年：《北平风物》，九州出版社2016年版，第160页。
⑤ 章熊：《北平使馆界》，《认识周报》1929年第1卷第4期。

方面，对于外来的侵犯国家绝对有进行自卫的权利。① 对这个问题，有人指出："国家之防卫权，正如个人之防卫权，遇他国之行为有危害自国存立之时，则自国自有防卫之权。如抵抗侵略，制止攻击，皆国家应有之权利也。""国家为自卫起见，当然筹预防之术，所以整顿海陆军，设立兵工厂，开办军事学校，筑建炮台军港，又规定形势险要之地，不准外人测绘及摄影，或竟拒绝游历，又制定平时惩罚条例，以保国防，皆一国应有之权利。"②

　　而《辛丑条约》则是一个将中国解除国防武装的条约。此前，列强已经在华拥有领水驻泊军舰特权和在租借地驻扎军队的特权，前者主要为"保护贸易"，后者主要是护卫地方。而《辛丑条约》规定列强在北京使馆区有权"常留兵队"，在京津沿线交通要点"留兵驻守"，北京至海的防御阵地被"一律削平"。在1902年的往来照会中，列强进一步对中国军队在京津沿线的驻扎和阵地设置作出严格的限制性规定。从其驻军目标看，是直指中国政府和中国人民的，即是为了控制中国政府和中国人民，有效地镇压中国政府和中国人民的反帝活动。1900年9月磋商对华议和条件之初，沙俄的议和条件就提出：委托各国驻华代表制定对华要求草案，并依他们的意见指出在目下时机最适宜并且真正能保证中国政府此后不致破坏此类义务的一切措施。③ 后来法国拟定的条件和列强共同通过的议和大纲，是沙俄条件的具体化。驻军制度的目的性变化，"反映了这一制度在列强的大规模侵犯之后已发展为对中国的军事控制了"④。从其驻军地点看，外国军队驻屯地非中国普通一般之内地可比，"而为压迫中国首都之关系也"。此前外国驻军的租借地主要在中国沿海，而现在却进一步深入中国内地，中国京畿地区门户洞开。从其驻军时限看，因为使馆区特权制度没有规定时间期限，所以列强的驻军，即对中国的永久性的军事占领。租借地条约"殆完全承认该地域为租借国军事之区"，无论租借99年、25年都一样，尚有一定期限。对比之下，《辛丑条约》规定的驻军，"殆为永

① 周鲠生：《国际法》上，武汉大学出版社2009年版，第167页。
② 邱祖铭：《中外订约失权论》，商务印书馆1927年版，第14—15页。
③ 《代理外交大臣致巴黎密函草稿》，《红档杂志有关中国交涉史料选译》，张蓉初译，生活·读书·新知三联书店1957年版，第242页。
④ 李育民：《近代中国的条约制度》，湖南人民出版社2010年版，第274页。

久驻屯之性质也"①。从其对中国自保权和自卫权的限制看，京津地区的防御体系被全部摧毁，几乎被全面解除自保权和自卫权。中国丧失了国防能力，列强却可以随心所欲地动用军事力量来达到各种目的。以后有的国家还以既有据点和军队为基础，进一步增进军事实力，扩大侵华势力，乃至发动以灭亡中国为目的的侵华战争。

（五）使馆区特权进一步破坏中国的司法权

通行的国际法规则只承认使馆外交特权和豁免，将这一外交特权扩展至使馆区，是没有正当依据的。而在中国，这一外交特权的非法扩展，是非常严重的："各国驻外使馆本应享治外法权，不受驻在国搜索侵犯；但若将使馆以外附近地带一并划归使馆管理，不许本国人民居住，且允许外人留兵队保护，这种在国都中间俨然另建一国的情形，却是中国的一大屈辱羞耻。"② 国人对此无不感到愤懑。因为按国际法，"须知驻在国对于使馆的保护，原为特别保护外国使节而起，至于使馆界内的一切人民，当然要受驻在国的管辖。若使节掠夺这种特权，是不合法的。因为这种特权，并不是外交官应有的不可侵犯权利，而且也不是外国使节所应享有的治外法权的一部。总而言之，这种畸形的使馆界的特权，可谓是强暴国家剥夺弱国法权的恶迹。"③ 正因如此，1926 年举行的法权会议上，北京政府即指出：外国租界、租借地、北京使馆区，"皆足使一部分领土不受领土主权者之支配，此皆显而易见者也。是项特别区域，乃依据中国与各国所订条约而成立，固属事实，然此等区域之特殊地位之有大影响于中国司法管辖权，亦为非常重要之事实，不容掩饰者也"。"且在此等区域之内，中国法庭之传票或拘票，非得外人机关或行政官吏之协助不能执行。中国之不能于此等区域内完全施行法权，实为明显之事。"④ 这一地区的司法权属各国使馆，实际上属各国政府。

在现实中，"使馆区域划定，外国人从此可以包庇罪恶，容许中国失

----

① 刘彦：《被侵害之中国》，（台北）文海出版社 1987 年版，第 285 页。
② 国民革命军总司令部政治部编：《革命史上几个重要纪念日》，1926 年，第 11 页。
③ 杨熙时：《现代外交学》，民智书局 1931 年版，第 180—181 页。
④ 《中国委员对于治外法权现在实行状况之补充意见书》（1926 年 4 月 26 日），章伯锋主编：《北洋军阀》第 5 卷，武汉出版社 1990 年版，第 136 页。

意军人、政客之躲藏，或竟暗下送之国外，以助长中国的内乱"①。如此，使得相互火拼的军阀如果一仗败了，"便可躲藏在外国人家屋内……而我行政司法权遂不能达其逮捕搜查审判之目的。因之军阀之生命遂得无限延长，甲来乙去，甲去乙来，使我之循环式内乱愈演愈烈"。"帝国主义则根据不平等条约以达其压迫榨取之目的。军阀则靠此不平等条约以酿成此循环式之内乱"，所以不平等条约"实为我之酸心疾致命伤"②。

二 从租界、租借地到使馆区：属地管辖权的再扩张

属地管辖权是一国对其国土范围内的所有人和物进行管辖的权力。在华使馆区特权确立前，列强在租界和租借地内，已行使属地管辖权。租界制度是列强在中国一些通商口岸的外国人居住、贸易区域中，通过侵夺中国的行政权和司法权，设立独立于中国政权体系的管理机构而实施统治权的制度。这一制度源于通商口岸制度，始于上海，后推至其他口岸。租借地制度是列强通过与中国签订不平等条约，而在中国"租借"一部分领土，在一定年限中拥有属地管辖权的制度。使馆区特权制度在管理形式和内容上与租界和租借地有相似之处，但在对中国属地管辖权的侵害方面，却是有过之而无不及的。

（一）以订立条约的方式明确获得管辖权

列强在华获得的租界特权，起源于其以非法方式的掠夺，长时期内并无明确的条约规定。1845 年英国领事和上海道台商定的《上海租地章程》，双方都没有签字，而仅由上海道台单方面公布。它乃"不过道台与领事间关于土地租借及租钱等往来公函之结晶耳。由上海道台以华文颁布，经两江总督同意。其形式与内容均为中国式的，西人所接阅者为麦特赫斯脱之译文"，因此"其形式殊不合于正式文件"③。1854 年订立的《上海英法美租界租地章程》，规定三国领事可以召集立法会议，成立市政机关，设立警察，租界出现了独立的自治政府。但是，这个章程的确定过

---

① 徐国桢编著：《中国外交失败史》（1840—1928），知识产权出版社 2015 年版，第 67 页。
② 漆树芬：《经济侵略下之中国》，光华书局 1926 年版，第三版序，第 2、3 页。
③ 徐公肃、丘瑾璋：《上海公共租界制度》，国立中央研究院社会科学研究所专刊第 8 号，1933 年，第 33 页。

程，中方并没有参与。"此次章程纯为西人间自行订立之约章，中国政府未曾参与。盖认此为西人间私事，无庸与中国官吏商议，仅以'既成事实'通知而已。"① 1869 年的《上海洋泾浜北首租界章程》公布后，工部局成为具有各种职权的自治政府，上海租界制度定型。"该章程虽经有约各国代表之批准，但未经中国政府正式承认。""各国公使已表示暂时同意，即准其即日施行，未尝提交北京之中国政府，亦未曾由领事团与上海道台会商，只于公使团批准后，由领事团通知道台而已。"② 总之，租界制度的形成和发展，是由于"中国政府软弱不振，租界当局遂乘机侵权，无所不至"③ 的结果。直到 1896 年中日签订《公立文凭》，才在中外条约中明确了租界行政权的独立性。而使馆区特权制度，一开始即由中外不平等的《辛丑条约》明文规定："大清国国家允定，各使馆境界，以为专与住用之处，并独由使馆管理，中国民人，概不准在界内居住，亦可自行防守。"驻兵、削平炮台以及使馆区等，"均以此为始，可谓集不平等条约之大成"④。

（二）没有确认中国政府对使馆区的主权

虽然列强的蛮横行为，使得租界和租借地基本上脱离了中国的管辖，但从法律上看，租界和租借地都不是割让地，仍然是中国领土。并且，列强在法律上也不得不承认这一点。如 1864 年英国公使在致各领事书中提到："在华通商口岸，英国政府在租赁贸易之租界内，英国政府之管辖权，范围如何，本公使甚欲明定，以免误会。租界地与英国政府，并不容许其管辖该地，该地仍属于中国之主权。"⑤ 租借地也是如此。1898 年 3 月的《胶澳租界条约》规定，中国"允许离胶澳海面潮平周遍一百里内，系中国里，准德国官兵无论何时过调，惟自主之权，仍全归中国"⑥。同月签订

---

① 徐公肃、丘瑾璋：《上海公共租界制度》，国立中央研究院社会科学研究所专刊第 8 号，1933 年，第 38 页。

② 徐公肃、丘瑾璋：《上海公共租界制度》，国立中央研究院社会科学研究所专刊第 8 号，1933 年，第 39 页。

③ Vee Esse：《在华外国租界问题之解剖》，《东方杂志》1928 年第 25 卷第 21 号。

④ 王芸生编著：《六十年来中国与日本》第 4 卷，生活·读书·新知三联书店 1980 年版，第 34 页。

⑤ 赵炳坤编：《中国外事警察》，商务印书馆 1935 年版，第 37 页。

⑥ 《胶澳租界条约》（1898 年 3 月 6 日），王铁崖编：《中外旧约章汇编》第 1 册，生活·读书·新知三联书店 1957 年版，第 738 页。

的《旅大租地条约》规定：中国允许将旅顺口、大连湾暨附近水面租与俄国，"惟此项所租，断不侵中国大皇帝主此地之权"①。1899 年的《广州湾租界条约》也规定，中国将广州湾租与法国，定期 99 年，"惟在其租界之内，订明所租情形于中国自主之权无碍"②。租界和租借地的领土主权无疑是属于中国的。但在《辛丑条约》中，对使馆区的归属问题，却没有任何类似上述的声明，也没有规定列强对使馆区的管辖年限，实际上形同无限期的占领。研究者指出："本来公使馆在国际法上是有其特殊地位的，非所在国的主权所及，但这却只以馆内为限，其旁近及街道并不包括在内。中国的使馆情形不同，它是构成了一个特殊地带，周围有城墙，随处设炮台，俨然是一个小城一般。在它的范围以内，一切主权都操于外人之手，华人不但不能过问，而且禁止在内居住，比一切租界、租借地、殖民地的侵略我国主权，还要厉害。"③

（三）彻底剥夺中国政府对使馆区的管理权

在名义上，中国政府曾有在租界内向华人征税权。如 1862 年 7 月上海道台拟向租界内的华人征税，函请领事协助，但遭到英国领事的反对。而英国驻华公使卜鲁斯则训令英国领事："查条约并无容许吾人干涉此类事项之规定。道台当有权征收华人捐税；该税在界外之城内外居民均已照缴，吾人殊无反对之理由。"1863 年 4 月 8 日，英国外相也通知卜鲁斯："英租界内之土地属于中国无疑。不能以华人居住于租界内故，而免除其对该国之固有义务。"④ 1918 年 8 月 21 日，中国政府通告外交团，中国向租界华人征收印花税，并得外交团之文书承认。⑤ 虽然实际上没有执行，但是中国名义上的征税权还是存在的。20 年代后，中国政府逐渐在租界向华人征收各种国税。在租借地，中国也保留着某些权利。如对租借地范围内某些城市的治理权，中国的兵、商船均可"享用"租借地的港口，中国

---

① 《旅大租地条约》（1898 年 3 月 27 日），王铁崖编：《中外旧约章汇编》第 1 册，生活·读书·新知三联书店 1957 年版，第 741 页。

② 《广州湾租界条约》（1899 年 11 月 16 日），王铁崖编：《中外旧约章汇编》第 1 册，生活·读书·新知三联书店 1957 年版，第 929 页。

③ 钱实甫：《租界与租借地》，广西民团周刊社 1939 年版，第 23 页。

④ 徐公肃、丘瑾璋：《上海公共租界制度》，国立中央研究院社会科学研究所专刊第 8 号，1933 年，第 12—13 页。

⑤ 顾器重：《租界与中国》，卿云图书公司 1928 年版，第 34 页。

有对华人的司法管辖权，中国方面在胶州湾租借地的青岛和旅大租借地的大连有一定的关税征收权。① 而对于使馆区特权制度，《辛丑条约》明文规定：使馆区"独由使馆管理，中国民人，概不准在界内居住"，从而完全排除了中国对使馆区域的行政、司法管辖权。与租界不同，不仅中国人在使馆区无居住权，甚至连中国人通行使馆区也受到种种限制。如此，"北京使馆成变相之外国领土"②。当代史家言："辛丑以前，中国已经有了列强享受种种特权的租界，《辛丑条约》则将这种制度发展到形成一个中国人不得进入的武装使馆区，这是真正意义的'国中之国'"③。

（四）深化了列强在华驻军特权

中外条约给予了列强在租界里设置维持治安的警察的权利。后来，列强在此基础上，进一步行使起所谓自卫权。一些租界在警察武装外，建立被称为义勇队的军事力量。义勇队是异于警察的军事力量，但大多还不是常备军。列强还不时以各种借口，派遣国家正规军进驻租界，设立兵营。但其进驻租界，没有任何条约依据。只是到了 1901 年《辛丑条约》订立以后，天津各国租界才获得驻军权。而在《辛丑条约》中，明确规定："中国国家应允，诸国分应自主，常留兵队，分保使馆"，即明文规定外国正规军可以驻扎于使馆区。"独立国之首都中，可容他国兵士驻扎者，舍我国外，无此例矣。"④ 并且京师至海通道之各炮台，一律削平，铁路沿线要地由外国驻军，驻军还拥有多种特权。正如有人指出的，《辛丑条约》最严厉最狠毒的是帝国主义"能自由驻军我国，北方国防的大沽炮台被其毁销，首都使馆地域变为其领土，筑城垒，设军警，俨为敌国，从此北京政府即在其包围支配之中！"⑤ 列强通过中外条约，"合法地"对中国实施永久性的军事占领，行使起了本一个国家才具有的自保权。《辛丑条约》就如一副最大的锁链，"把我们牢牢缚住而动弹不得"⑥，标志着列强侵略中国行动的大大的深化。

---

① 李育民：《近代中国的条约制度》，湖南人民出版社 2010 年版，第 246、247 页。
② 彬如：《纪念九五万县惨案与九七辛丑条约》，《时闻旬报》1933 年第 1 卷第 10 期。
③ 张海鹏、翟金懿：《简明中国近代史读本》，中国社会科学出版社 2018 年版，第 153 页。
④ 向炳峰：《辛丑和约的存废问题》，《弘毅月刊》1926 年第 1 卷第 6 期。
⑤ 硕壎：《九七纪念与五卅运动》，《中国学生》1925 年第 6 期。
⑥ 成湘：《九七与中国学生》，《中国学生》1925 年第 6 期。

（五）开辟了一个列强共管的区域

发端于 19 世纪 40 年代的租界制度，多数为一国的专管租界。上海公共租界为 1863 年由英、美租界合并而成。鼓浪屿公共租界则于 1902 年为中国自开。租借地亦是一国专有。而根据 1901 年《辛丑条约》确立的使馆区特权，其区域为列强共同管理。"以前各项交涉的失败，都不过是中国和任何一国单独缔结的一种耻辱的条约；而辛丑条约呢，就是中国对一切国际帝国主义者的卖身契约"。"从前的外国帝国主义者，多半是单独行动，各自为战。我们在条约上的吃亏，只是单纯对任何一国的关系。一到辛丑条约，就是对其他一切帝国主义者吃亏，向以说是瓜分、共管的先兆"①。可以说，独立的东交民巷使馆区的出现，是列强各国的联合行为，代表的是它们的整体利益，是列强共同统治中国的一个区域，对中国主权的侵害尤为厉害。从国际上看，"按一国首都土地而供国际共管，丧权辱国，实开国际未有之例"②。《辛丑条约》"是为世界各国共同对我享优越权利之根据。——此项条约于诸不平等条约中，最为苛酷，盖实城下之盟也"③。1927 年，美国纽约外交政策协会调查部发表了一个外人在华利益的调查，其中说：北京"东交民巷以内的行政以外交团为董事会，实权在公使团手中，行使辛丑条约所载的权利"④。

辛丑议和之际，一位俄国政治家说："支那人占黄种之多数，其地富，其种优，其智强，固将为我白人之大蠹。若此大簇之人民，非轻易胜也。今际其内政颠倒，自以衅与人，骤得败其军，陷其京，此实非容易得之机也。吾人得此难得之好机，宜勿轻易失之。必设法使之不能复振，庶无虑有死灰复燃之一日，则黄种从此可衰。然此方策将何出，最妙则莫如置支那于列国共治之下，政权兵权财权，皆掌之自我白人，支那可长此无反侧之虑。"⑤ 这是西方世界的一种典型的帝国主义言论。中国人也感叹："以武力为先导强迫缔结不平等条约，政治与经济等的侵略即随之并进，必使其国为附庸，民为奴隶而后已，这是各国帝国主义侵略落后民族最惨酷最

---

① 《"九五""九七"纪念宣传大纲》，《革命政治》1927 年第 4 期。
② 王卓然、刘达人主编：《外交大辞典》，中华书局 1937 年版，第 557 页。
③ 向炳峰：《辛丑和约的存废问题》，《弘毅月刊》1926 年第 1 卷第 6 期。
④ 倪文宙：《外人在华利益的调查》，《东方杂志》1927 年第 24 卷第 7 号。
⑤ 《文明国人之野蛮行为》，《清议报》全编，卷 18，第 5 集，外论汇译，论中国下。

巧妙的方法。中国是各国帝国主义目为落后民族之一，又兼地广民多，财富与膏血，可供无穷之榨取，更是彼等所垂涎，自然无法脱离这种劫运。"① 列强在华使馆区特权制度的确立，其种种具体内容，可以说在很大程度上是实现外国列强上述梦想的体现。而这一特权制度的确立，又为其从中国进一步攫取更多利益提供了前提条件。正如有论者指出："辛丑和约，是中国从有条约以来最残酷的条约，也是世界各国所罕见的，中国的国防、财政、主权、制度，没有一件不破坏干净，辛丑和约以后的中国，岂但是半殖民地，简直是国破家亡、民穷财尽的地位了。"②

---

① 龙池：《废约运动与九七纪念》，《向导》第170期，1926年9月10日。
② 程中行：《各国对中国的不平等条约》，世界书局1927年版，第113页。

第二章 列强在华使馆区特权制度的主要内容

《辛丑条约》"建立起一种新型对华关系，这一关系授权一些新的物质结构和制度结构来维持西方在华势力"①。而列强在华使馆区特权制度，就是其中的重要内容。这一制度涉及行政管理、土地、驻军、司法警察等多方面，并衍生出特别的外交团制度。它们由列强共同实施，且长期存在，充分体现了这一区域"国中之国"的状况，也是其他半殖民地国家所无的，反映了列强对华侵略的深重程度。

第一节 行政制度

在北京东交民巷使馆区这个独立于中国管辖主权之外的袖珍"小国"，列强实行各国公使共同管理的行政体制。使馆区行政机构在各国公使的领导下，从事包括税务、治安、道路、卫生等方面事务的管理工作，办理与北京地方管理机关的交涉。

一 使馆区的行政管理制度

北京东交民巷的外国使馆，本为各国驻华外交代表机关，各国公使是外交官员。"以法理言之，公使自身，既无行政之权力，何有行政管理之区域？"② 但是，各国公使却滥用权利，堂而皇之地在使馆区这一中国地面

---

① ［美］何伟亚：《英国的课业：19 世纪中国的帝国主义教程》，刘天路、邓红风译，社会科学文献出版社 2007 年版，第 268 页。

② 赵明高编：《国际法纲要》，东北大学出版部印，1935 年，第 183 页。

上行使起了行政管理权。

起初，使馆区没有统一的管理机构。使馆区分成三个部分：御河以东为东公使馆区域，由日、意、西、比、德、奥、法等国公使馆共同管理；御河以西为西公使馆区域，由美、荷、俄等国公使馆共同管理；中使馆区，由英国公使馆单独管理。① 各区的管理制度和办法有不同。例如，东区设有各使馆所派代表组成的委员会，负责市政事务，还制定了一些法规。如1905年12月19日，法国驻华公使吕班致函清政府外务部，送上《各国在使馆界章程》，要求华人一体遵守。② 有关开支由各国依其在使馆区所占面积，按比例分担。"所支办土木、卫生、警察之课税，无一定之标准，常袭用其初任意所定者。及欲改时，屡起纷议。又对于怠纳者，无一定强制之方法，但依赖其人所属公使馆之催告。"③ 西区则没有统一的管理机构。以违警罚款来说，"东区善用此规，西区及英国区并不行使"④。关于全区之事，须经使团全体议决而施行。

1904年6月13日，《辛丑条约》签字国公使开会，订立《使馆界议定书》，确立使馆区域土地关系、防御办法等事项。其中第七条规定建立公共行政制度，经各国政府承认，即可施行。但是公共行政法案起草、讨论日久。

民国成立前后，各国担心中国将来可能要求取消使馆区特权，而共同确定了新的行政管理体制，即所谓使馆区"自治制"。1911年5月27日，各国使节首次开会讨论使馆区的统一管理问题。⑤ 结果议而未行。1912年12月25日下午，各国公使在日本使馆开会，讨论使馆区管理问题。1911年时，法国公使曾提议将三个区域合而为一，以省经费。荷兰公使反对，认为各区统一不利行政，愿另筹办法。此次在日本使馆商议，是因为东区行政费亏空至8000余元，拟暂令各国居民居留使馆区者，各按所得征收

---

① 任志：《东交民巷北京使馆界》，载《列强在中国的租界》编辑委员会编《列强在中国的租界》，中国文史出版社1992年版，第511页。

② 《法国驻华公使吕班为咨送〈各国在使馆界章程〉事致外务部函》，《历史档案》2010年第3期。

③ [日] 今井嘉幸：《中国国际法论》，张森如译，商务印书馆1915年版，第172页。

④ 章玉和：《东交民巷杂谈》，（伪）《中和月刊》1944年第5卷第6期。

⑤ M. J. Pergament, *The Diplomatic Quarter in Peking：Its Juristic Nature*, Peking：China Booksellers Ltd., 1927, p. 48.

租税，以为行政费之补助。一俟各区统一，再行停止。① 某些国家的政府没有发出使馆区统一管理所需的授权。有一次，法国官员愤愤地说，虽然作出合并的决定已经过去一年多了，但一切仍然像以前一样分开。直到1913 年 8 月 21 日，所有的授权才最终收到。② 1913 年 9 月 11 日，《申报》转路透社电：“外交团定于本月十五日举行使馆界内之市政选举，计选使馆代表四人，侨民三人。”③ 这表明统一的市政管理机构即将成立。

1914 年，各国签订《北京公使馆区域规则》，成立管理使馆界事务公署，组成 5 人管理委员会，作为区内最高行政机构。这个机构设在东交民巷东端大华街南口，管理区内包括警察事务、市政建设、财务等在内的行政事务。因管理使馆界事务公署要直接与北京政府内务部直属的京师警察厅打交道，1 月 16 日，北京政府外交部致函内务部，告知该机构的建立和工作人员情况，署内 “有总办一员、副办四员，又有提调一员，专办该署往返文函。现任总办系奥斯马加国署理钦差德福尔君，提调为多默思君”。奥斯马加国，就是当时的奥匈帝国，德福尔为其驻华代办。公函要求，“若将来凡使馆界内事务由该署与警厅及北京地方官直接来往，则与速办事件，殊有裨益。兹各国大臣嘱代为陈明，应请转行地方官一体知照”。内务部将该函转给京师警察厅，后者又转告各警队。④ 可见，北京政府完全承认了使馆区独立的行政管理机构的设立。

这样，1914 年 1 月 1 日起，名义上各使馆不再分区管理，整个使馆区由使馆界管理委员会统一管理。它在外交使团的监督下工作，每年轮流一国值年，由值年国公使主持工作。“公使馆和居民私人缴纳土地税，以维持这个微型的行政机构。”⑤ 所谓自治制度，基本要点是：

一、区域内行政委员会，由公使团选定委员三名，及住民选定委

---

① 《使馆界问题》，《时报》1912 年 12 月 26 日第 5 版。

② M. J. Pergament, *The Diplomatic Quarter in Peking: Its Juristic Nature*, Peking: China Booksellers Ltd., 1927, p. 49.

③ 《特约路透电》，《申报》1913 年 9 月 11 日第 2 版。

④ 《京师警察厅行政处关于使馆界内设立事务公署的公函》，1914 年 2 月，北京市档案馆藏，资料号：J181 - 018 - 03488。

⑤ ［美］费正清编：《剑桥中华民国史》上卷，杨品泉等译，中国社会科学出版社 1998 年版，第 177 页。

员二名成之。委员长由公使团选定之委员任之。

二、有不动产若干或年纳二十五元以上之税者，皆有选举权。但年纳五十元以上者，有两票选举权。年纳百元以上者，有三票选举权。

三、道路、沟渠、城墙、操场、卫生及其他地方行政事宜，皆由委员会执行，惟直接受公使团之监督。虽经委员会议决而未经公使团承诺者，无效。

四、行政经费以历来所定之土地税、房屋税、营业税充之。得公使团许可，亦得执行其他税收。①

5 名代表任期 1 年，可连选连任。委员会的决议，通过投票的方式以简单多数决定。如果当选代表认为委员会过半数通过的措施违反其选民的利益，可就该事项向公使团团长提出上诉。委员会指定一名财务主管以及负责管理道路和警察的人员。他们不必是委员会的成员，但他们有权以协商身份出席委员会会议。委员会设立一个常任秘书办公室，并指定一名官员（非 5 名代表中产生）担任常任秘书，为日常事务的实际管理者。按照惯例，委员会成员中有一位商人（通常是银行家）担任名誉财务主管，尽管其账簿实际上由常设秘书保管。② 英国人多默思从 1914 年至 1938 年长期担任常任秘书。③ 1929 年 2 月 1 日，《申报》报道："使馆界现操于英法美日四国之手，荷使不过空有领袖虚名。英法美日各派一参赞值班，常务秘书汤姆斯系英人，使馆界警务即掌于汤氏。"④

统一的管理机构产生不久，第一次世界大战就爆发了。使馆区内的协约国和同盟国代表处于对立状态，使馆区的统一管理难以推行。1917 年中

---

① 刘彦：《被侵害之中国》，（台北）文海出版社 1987 年版，第 261 页；[日] 今井嘉幸：《中国国际法论》，张森如译，商务印书馆 1915 年版，第 171—172 页；Robert Moore Duncan, *Peiping Municipality and the Diplomatic Quarter*, Department of Political Science, Yenching University, Peiping：Peiyang Press, Ltd., 1933, pp. 104 – 105.

② Robert Moore Duncan, *Peiping Municipality and the Diplomatic Quarter*, Department of Political Science, Yenching University, Peiping：Peiyang Press, Ltd., 1933, p. 106.

③ 李潜虞：《民国北京东交民巷往事（一）》，《世界知识》2014 年第 14 期。多默思，又译为汤姆斯、多玛思、多马思等。

④ 《平使馆界现状一斑》，《申报》1929 年 2 月 1 日第 8 版。

国对德、奥宣战，使馆区的市政管理系统才再次与实际需要协调。行政委员会直到 1919 年才收到正式通知，即所有有关政府决定授权对其国民执行使馆区的行政规章和条例。但是，使馆区的管理权主要操纵于《辛丑条约》签字国，特别是主要大国。一些国家在华特权被废除，一些国家一直为非《辛丑条约》签字国，它们虽然有使节驻在使馆区，但话语权很小，德国代表会被非正式的征求意见，丹麦和葡萄牙会为影响到它们利益的事项被通知进行非正式协商。①

北京使馆区的管理制度与上海等地的外国公共租界大致相同，但也有较大区别。北京使馆区与上海等地的外国公共租界相比，其政治性和排他性更强。

华人在使馆区的地位与上海公共租界不同。上海公共租界内不仅允许华人居住和营业，华人也可以在界内租地。界内华人有一定的参政权。北京使馆区内不允许中国人居住，更不许可中国人有土地权。还规定，中国人被雇于外人，必居于雇主家，或一时宿于旅店，此外不许独立居住。②结果，使馆区"除了在外国机构任职的人或洋车夫，很少见到中国人"③。所以，所谓的自治制度，完全是外国人的"自治"。随着公共事务的需要，界内也招了一些中国人，如各国使馆雇佣的专司起草誊录中文的文案人员、使馆翻译和专教使馆随员华语的教师，④并准许住在使馆区，但他们仍然无权利。

使馆区行政机构的地位与上海公共租界的工部局不同。上海公共租界工部局拥有较独立的行政权，其领导机关董事会可自行处理重要行政事务，不受领事团的干预。工部局与领事团的关系，主要是受后者的监督。而管理使馆界事务公署则是在公使团的直接控制和领导下工作的。从以上规定看，5 名委员中超过一半的 3 名是由公使团推举的，委员长由公使团指定，其余两名也由有产者选举产生，选举权的大小与财产的多寡成正比，这就保证了该委员会的权力实际上操纵在代表各国利益的公使团手

---

① Robert Moore Duncan, *Peiping Municipality and the Diplomatic Quarter*, Department of Political Science, Yenching University, Peiping: Peiyang Press, Ltd., 1933, p. 105.

② ［日］今井嘉幸:《中国国际法论》，张森如译，商务印书馆 1915 年版，第 173 页。

③ ［俄］司格林:《北京　我童年的故乡》，于培才、刘薇译，东方出版社 2006 年版，第 33 页。

④ 章熊:《北平使馆界》，《认识周报》1929 年第 1 卷第 4 期。

中。管理使馆界事务公署每次会议的记录要交给公使团代表，预算计划要交公使团审查。管理使馆界事务公署本身无权力，"对每件事只能就外交团或几个外国使馆馆长会议一致决议所授予的特定权力范围内，采取行政措置"①。公使团认为必要时，对公使馆区域规程，有修正其全部或一部之权。所谓"自治制"没有改变由公使团控制整个使馆区的实质，公使团是这一区域的最高权力机关。使团权力大，也因为此区域以使馆为中心的官有土地占大部分，"普通人之利害关系为少故也"②。

使馆区住民拥有的权利比上海公共租界住民小。上海公共租界内有一定财产资格的西人组成立法机构——纳税人会议，可以选举工部局董事和地产委员，通过批准工部局所提的行政法规，通过预算捐税、核准决算与临时支出，批准任期 3 年以上的工部局职员的任用等等。因而这一制度体现一定的民主性。而使馆区并无类似的由纳税人组成的立法机构。上海公共租界工部局领导机关董事会的董事，都由选举产生。而使馆区行政委员会 5 名委员中，只有两名委员由住民选定。

管理使馆界事务公署虽然有统一管理使馆区公共事务的职责，但是在实际工作中需要各国的协调统一。而且，区内各国行事一直有很强的独立性，遇事也直接与北京地方当局打交道。

二　使馆区行政管理机构的主要职能

管理使馆界事务公署承担的日常工作主要有以下几项。

（一）使馆区的财政工作

管理使馆界事务公署执掌使馆区收支预算的编制，决定税目及征税方法，执行课税免税等事务。其主要收入来源，一是土地税，无论使馆所有还是个人所有的土地，没有建筑的土地每平方米每年收税 1 美分，有建筑的土地每平方米每年收税 9 美分；二是营业执照费，每年 25 美元至 500 美元不等；三是对不动产征收 6% 的交易税，1921 年开始征收，占使馆区财政机构这一年总收入的 18.54%，1924 年占 3.98%，1927 年占 2.54%；四

①　［美］威罗贝：《外人在华特权和利益》，王绍坊译，生活·读书·新知三联书店 1957 年版，第 314 页。

②　［日］今井嘉幸：《中国国际法论》，张森如译，商务印书馆 1915 年版，第 171 页。

是每年5%的租金税，1927年开始征收。这是一项稳定的收入来源。[1]各项收入中，土地税所占的份额最大，其次是营业执照费。

土地税、营业执照费、租金税占总收入比重（%）[2]

年份	1920	1921	1922	1923	1924	1925	1926	1927	1928	1929	1930	1931	1932
土地税	57.54	45.10	52.57	48.37	46.63	48.74	46.93	39.38	40.97	41.57	42.22	42.42	42.16
营业执照费	27.85	23.02	26.35	28.24	28.01	30.87	32.41	26.91	28.37	26.24	27.59	25.22	25.67
租金税	—	—	—	—	—	—	—	12.71	14.42	14.32	12.59	13.41	13.72

此外，使馆区有一笔车捐收入。1906年8月起，使馆区内实施人力车车捐制度。法国使馆参赞端贵拟订车捐章程，凡准在界地内往来出入的人力车，均应每月完纳捐款洋银5角，并领上捐执照。否则不能在界内行走。车捐章程于8月1日起实施。"按使馆公地，非商埠、租界可比。辛丑订立画界条约，亦并无准其自由收捐明文。今忽有此举，而外务部并不诘问阻止。恐日后由车捐推而广之，则工部局巡捕房亦将接踵而起。宫廷之侧外权迭侵，虽有智者，无以善其后矣。"[3]

使馆区还有一笔北京地方政府给的修路费。1909年，京师内城巡警总厅与管理使馆界事务公署拟订合同，每年补助使馆区修路费5000元，以车辆通行界内及撤销使馆区征收车捐为交换条件。[4] 1911年9月，管理使馆界事务公署借口车马繁杂，取消合同。1917年12月，管理使馆界事务公署又以汽车通行界内日渐增加，向北京政府外交部提议补助修路费。京都市政公所会同警察厅商定，每年由车捐项下拨款补助2000元，分1、7两个月拨交警察厅转交。[5] 1924年，经外交团请求，又增加1000元，共计3000元，每年分1、7两个月分别交付。[6] 这成为一笔常规性的收入。1929

---

① Robert Moore Duncan, *Peiping Municipality and the Diplomatic Quarter*, Department of Political Science, Yenching University, Peiping: Peiyang Press, Ltd. , 1933, p. 108.

② Robert Moore Duncan, *Peiping Municipality and the Diplomatic Quarter*, Department of Political Science, Yenching University, Peiping: Peiyang Press, Ltd. , 1933, pp. 109 – 110.

③ 《憾事》，《通学报》1906年第2卷第2—3期；《使馆界开收车捐》，《山东官报》1906年第90号。

④ 《收回使馆界内交通权》，《大同报》1909年第12卷第21期。

⑤ 京都市政公所编纂：《京都市政汇览》，京华印书局1919年版，第103页。

⑥ 《公使团议请增加补助使馆界修路经费请查核办理并见复以凭转复函》（1924年1月15日），《外交公报》第35期，1924年5月。

年7月，管理使馆界事务公署致函北平市工务局："贵局每年补助敝公署修路经费叁千元，分一、七两月拨交，历办在案。兹又届七月之期，应拨下半季补助费洋壹千伍百元，祈早为送署。"而市财政局呈文市政府：因本年全市修路费开支甚大，财政拮据，付给使馆界的补助费，拟请市政府转饬工务局设法统由养路费项下搏节，财政局不另筹拨。①

在各项支出中，使馆区道路维护之费占了相当部分，其次是警务工作、行政管理支出。另外还有街灯、公共卫生等方面的支出。1929年2月，《申报》曾报道：路灯、卫生等事，"每年各使馆摊付二三千元不等，共计每年消费三万元"②。

街道维护、警察当局维持费占总支出比重（%）③

年份	1920	1921	1922	1923	1924	1925	1926	1927	1928	1929	1930	1931	1932
街道维护	55.54	30.04	47.85	47.02	36.96	32.52	37.27	35.68	34.95	36.59	36.45	29.96	33.14
警察当局维持	23.89	34.24	29.90	24.17	23.50	19.78	27.17	24.70	27.99	28.59	29.19	31.96	31.30

使馆区管理的统一，对改进财政收支工作是有益的。1917年，前此1907年东部公使馆区为街道建设而签订的贷款和1911年西部公使馆区签订的类似贷款已全部偿还。从那时起，即收即用的政策一直在实施。④

1941年年底日本全面占领北平使馆区后，管理使馆界事务公署名义上一度继续存在。以1942年为例，管理使馆界事务公署的收入有以下各项：建筑物税10000圆、房屋租金税3700圆、营业税23000圆、土地借用税7000圆、人力车税5300圆、各国分摊费47000圆、伪政府下附金3000圆、

① 《令拨使馆界协助路款及偿还土沥青欠款请饬工务局由养路费内设法补还乞鉴核由》（1929年7月25日），《市政公报》1929年第5期。

② 《平使馆界现状一斑》，《申报》1929年2月1日第8版。

③ Robert Moore Duncan, *Peiping Municipality and the Diplomatic Quarter*, Department of Political Science, Yenching University, Peiping: Peiyang Press, Ltd., 1933, p. 111.

④ Robert Moore Duncan, *Peiping Municipality and the Diplomatic Quarter*, Department of Political Science, Yenching University, Peiping: Peiyang Press, Ltd., 1933, p. 118.

其他各项 52000 圆。①

（二）使馆区的道路交通工作

使馆区确立之初，就建立了比较规范的道路交通管理制度，并不断地完善。如 1923 年 11 月 29 日，管理使馆界事务公署发出布告，指出汽车司机、拉车的人、骑自行车的人行经本界，时常故意不遵守本界管理往来通行之巡警章程，妨碍本界公共交通安全。公署将章程择要开列：一、骑马人、骑自行车人以及汽车司机、人马车夫，并各种车夫人等，行经本界内，须要慢行，不准疾驰，以免发生危险，尤须听从巡捕指挥；二、每日日落后半点钟时，所有电汽车、马车、洋车、自行车，暨电汽自行车等，必须点灯，更须靠马路左边行走。若在后之车，欲开向他车之前，应由右边开过；三、凡各种车夫并骑车骑马人等，如遇巡捕令其慢行时，倘不听从指挥者，必当扭送本署查办；四、电汽车车前面须点灯两盏，后面须点一盏红色玻璃之灯。如有人故意违反本界章程，必向其人之本国法庭起诉。② 1924 年 1 月，使馆区重新颁布车辆穿越界内的有关规定。而一些不谙新章程的车夫、司机，仍驱车疾驰，"或于夜晚不将车灯燃齐，致被沿途守望巡捕查见，立将扭获罚办。其有不及阻止者，该巡捕亦报告总巡捕房，立用电话照会内左一区署，请查传不遵章之司机等，以便照章罚办。因此该区署关于此项案件，日必有数十起之多，大有不胜其繁之慨，亦足见巡捕房对于交通之整顿如此认真"③。

（三）使馆区的治安工作

这是一项重要工作。除了一般的社会治安事务，华北特别是京津地区的局势直接影响到使馆区的治安状况，而使馆区也往往对外界的局势变化随时作出反应。1933 年 3 月 4 日承德沦陷后，北平震动，商民悲愤不安。北平市面顿形冷寂，东交民巷却又复热闹。富绅搬移贵重物品及迁往该巷各饭店者络绎不绝。3 月 6 日，使馆区管理委员会开会，讨论维持治安办法。④ 又如 1933 年 5 月 22 日晨，美国使馆旁一住宅楼发生大火，浓烟突

---

① 章玉和：《东交民巷杂谈》，《中和月刊》1944 年第 5 卷第 6 期。
② 《使馆界之布告》，（伪）《顺天时报》1923 年 11 月 30 日第 7 版。
③ 《保卫界整顿交通》，《顺天时报》1924 年 1 月 18 日第 7 版。
④ 《平津市面冷寂》，《申报》1933 年 3 月 7 日第 6 版。

起，火光冲天，势极猛烈，意大利兵营消防队、界外公安局消防队闻讯赶到。为了防止不法分子乘机作祟，北平内一区署和使馆区管理委员会约定，在使馆区内由美国士兵严密保护，东交民巷外由公安局保安队及卫戍司令部士兵负责保护。当时附近居民多在睡梦中，惊醒之下，异常恐慌。① 有关保护措施有积极作用。时局紧张之际，东交民巷各饭店大有人满之患。使馆区管理委员会"除令巡捕局每日向保卫界内各饭店慎密稽查外，昨日起又令各岗巡捕严密检查入界行人车辆。虽箱笼包裹，亦须开启检视。其原因闻系防止不逞之徒欲藉保卫界为根据地，图谋不轨"②。

（四）使馆区的卫生工作

除了行使一般的公共卫生职能，使馆区还建立了良好的卫生防疫制度。如确立了传染病管理规章制度。1902 年，"天津时疫流行，洋人染疫而死者甚多。此信传至京师，故凡华人有至各国府第者，亦加意防范，不准带病人擅入"③。1911 年初，东北疫症蔓延，1 月 14 日公使团开会，决定于使馆区内实行禁绝交通及其他防卫之法，以免传疫。④ 使馆区还建立了专门的疫情监测机关。1918 年初，山西发现鼠疫。1 月 5 日，公使团及各国医官两次召开会议，"拟将京城内外划作两道防御线，并设专报此项消息机关，俾迅知传播状况，厉行消灭方法"⑤。1919 年 8 月，驻京各国医官因华北防疫问题，"曾开会讨论并列举议案，函劝政府注意。兹以所议各节业见采纳，日前又复开会一次，结果决定函请政府赶即在丰台车站组织设备完全之检疫所一处，以便各路遇有染疫者送往疗治"⑥。部分是因为 1921 年发生天花病，1922 年起使馆区对公共健康的需求明显增加。使馆区有一名卫生官员负责这一工作。每年都会发出健康通知，并在这个城市发生流行病时采取特别的预防措施。⑦ 日常生活中也要求注意卫生防疫。1924 年，外国的足口病蔓延至北京。使馆区内行政委员特发通告称，京中

---

① 《平使馆界昨晨大火》，天津《益世报》1933 年 5 月 23 日第 3 版。

② 《战区难民麕集平津》，《申报》1933 年 5 月 27 日第 8 版。

③ 《禁止往来》，《申报》1902 年 6 月 28 日第 2 版。

④ 《满洲疫患续志》，《申报》1911 年 1 月 17 日第 1 张第 6 版。

⑤ 《专电》，《申报》1918 年 1 月 7 日第 2 版。

⑥ 《京华短简》，《申报》1919 年 8 月 24 日第 6 版。

⑦ Robert Moore Duncan, *Peiping Municipality and the Diplomatic Quarter*, Department of Political Science, Yenching University, Peiping: Peiyang Press, Ltd. , 1933, p. 120.

母牛已发现有足口病，某西人亦染及，"务望居民注意日用牛乳有煮沸之绝对需要"①。

作为北京市区一个完全独立的单元，在市政建设、治安管理等公共事务方面，管理使馆界事务公署与界外的市政府机构有密切的互动往来。现举几例。

1919 年，京都市政公所致函管理使馆界事务公署：前次派员商修 Bul Goselee 道路，请将英国使馆西界之栏杆向东迁移。管理使馆界事务公署复函：英国长官已允照办，"并请立中西文界石，担任栏杆迁移费用，及请将与连络之路一并铺平，留出重载大车通行路线"②。

1922 年 6 月，京都市政公所拟展宽崇文门内马路，通过北京政府外交部致公使团领衔公使葡萄牙驻华公使符德礼："崇文门内路西前德国操场设有铁栏杆一道，与应展便路有碍。特绘具该操场应行退让丈尺草图，请函转和兰使馆依式退让，以维路政。"此案提出，经使团同意，"允让该操场一段作为展宽马路之用。但须声明，使馆界址一仍一九零一年九月七日条约之规定，毫不变更，并须遵守该约文中所规定之一切条件。请查照通知市政公所与使馆界行政公署接洽，再由该署会同和兰使馆司令官办理一切细目"③。

1927 年，京师地方审判厅请北京政府外交部转交致当时住在东交民巷前奥国使馆的霍尔瓦特和卜郎特传票。外交部将传票等件函送首席荷使欧登科转交。欧登科复函称，已将该项文件送至管理使馆界事务公署秘书多马思，并说以后如有中国法庭文件应送到住在使馆区内归中国法庭管辖的人，请北京政府外交部直接送管理使馆界事务公署。北京政府外交部为便利起见，趁机提出，此后中国法院向居住在使馆区里隶属中国法权管辖的人送法律文件，迳由该管法院送至管理使馆界事务公署转交。这一提议，得到了首席公使的同意。④

---

① 《足口病已蔓延至京》，《申报》1924 年 6 月 10 日第 14 版。

② 《本公所复北京管理使馆界事务公署函为准函称前次商议迁移英使馆栏杆一节已允照办所有函开附带条件本所亦允照办请查照由》，《市政通告》1919 年第 23 期。

③ 《前德国操场有碍路工一段使馆业经同意允让但须声明条约规定各条件仍应遵守请查照办理函》（1922 年 7 月 25 日），《外交公报》第 21 期，1923 年 3 月。和兰，即荷兰。

④ 《法厅遇有法律文件一律迳送管理使馆界事务公署转交令》（1927 年 10 月），《司法公报》1927 年第 240 期。

1933 年 9 月，管理使馆界事务公署致函北平市社会局称：原巴西使馆第 720 号汽车，因车主离开北平，由现居奥国使馆的一俄人拉女士乘坐。该车不悬挂号牌，任意在本市行驶，请查照办理。此事由北平市社会局致函市公安局办理。[①]

1934 年 2 月 21 日，北平市财政局函告管理使馆界事务公署：本市汽车捐章程于上年 12 月修正公布后，关于各国使馆暨各国兵营公用汽车，经本局呈准，仍按旧例免捐。按新修正章程，无论免捐与否，均应悬挂捐识牌，以资识别。本局已将 1934 年全年免捐捐牌制就，希望各国使馆克日备函，并将车牌号码附注，来局领取。[②]

1939 年 12 月 9 日，伪北平市工务局致函管理使馆界事务公署：本市城内外各冲要道路，行人车马往来如织，关于交通指挥，时感困难。为免除危险起见，须先禁止行人横越路口。由本局在王府井大街南口及东单牌楼等八处各冲要路口，安设混凝土栅栏，以便指挥籍保安全。王府井大街南口及东单牌楼施工与使馆区有关系，而向管理使馆界事务公署提供平面图。[③]

如果说列强在华使馆区特权制度是束缚中国的一种法定制度，那么，管理使馆界事务公署的作为就是这种法定制度的具体体现。这一机构的设立，进一步强化了使馆区脱离中国管辖的地位。

第二节　土地制度

对北京使馆区土地的完全占有和利用，是列强获得的重要权益。使馆区列强对土地按自己的用途进行分割和利用，建成了各国使馆、兵营，以及银行、洋行、饭店、教堂等各方面的建筑物。设在使馆区土地上的及其周围的外国产业，在特权保护下，对华进行经济掠夺和剥削。使馆区俨然

---

① 《函北平市公安局：为准管理使馆界事务公署函以俄人拉女士不悬汽车号牌任意行驶等由转请查照取缔由》（1933 年 9 月 27 日），《社会周刊》1933 年第 54 期。

② 《函请转知各使馆克日备函来局领取汽车免捐捐牌由》（1934 年 2 月 21 日），《市政公报》1934 年第 237 期。

③ 《函管理使馆界事务公署：为禁止行人横越路口拟在王府井大街南口等处安设混凝土栅栏检同平面图请查照以便施工由》（1939 年 12 月 9 日），（伪）《市政公报》1939 年第 70 期。

就是列强独立经营土地、创造土地利润的王国。

一　使馆区的土地制度

1900 年义和团运动和八国联军侵华战争期间，各国使馆建筑基本被焚毁破坏。八国联军占领北京后，各国纷纷在东交民巷地区大肆圈占土地。"使馆区内的土地，不论是私人的或属于中国政府的，均系使馆被围后由此地的各国代表立即夺占的，他们不顾实际的或最终的需要，只打算以后把这些土地转让给他们认为合适的本国公民。"[1] 意大利驻华公使萨尔瓦葛乃至曾在半夜先发制人，赶在其他国家之前给自己的新使馆大楼圈出一大片地方，把总税务司赫德最喜欢的玫瑰花园也圈了进去。[2] 面对乱局，1900 年 11 月 5 日，使团会议决定：为阻止土地抢夺和假的土地买卖，"根据俄国提议，决定不承认自使馆被围以来所成交的使馆区内中国土地交易。设立委员会决定使馆区的范围"[3]。

1904 年 6 月 13 日，除中国外的《辛丑条约》有关签字国订立了一份议定书。在这份议定书中，"制定了关于使用和占有'使馆区'内土地和道路及其周围的城垣斜坡的一套章程，并声明各国代表将进行制定警卫和管理此地区内道路的一般治理方案，提请各该国政府批准，而且，他们将采取步骤以获取必要的权力，以对其本国人民执行此等章程，并令他们缴纳为维持警察和保养道路而征收的税捐"[4]。这个议定书，对界内土地、道路、警察、捐税等项问题，做了具体规定：

　　一、各国公使馆，税关，各国公司及个人，于公使馆区域内有土地者，各须登记，以确定其所有权。

　　二、在防御障壁，与使馆界界线间之区域，为防御起见所置之隙

　　① 《柔克义致海函（30 号）》（1901 年 2 月 26 日），天津社会科学院历史研究所编：《1901 年美国对华外交档案》，齐鲁书社 1984 年版，第 102 页。

　　② ［英］朱莉娅·博伊德：《消逝在东交民巷的那些日子》，向丽娟译，商务印书馆 2016 年版，第 61 页。

　　③ 《驻北京公使穆默致外部电》（1900 年 11 月 5 日），《德国外交文件有关中国交涉史料选译》第 2 卷，孙瑞芹译，商务印书馆 1960 年版，第 146 页。

　　④ ［美］威罗贝：《外人在华特权和利益》，王绍坊译，生活·读书·新知三联书店 1957 年版，第 313 页。

地，及道路，沟渠，桥梁，下水道，树木，及其他一切建筑物，视为附属于公使馆区域之共有财产。

三、在 1900 年 6 月 20 日（即开始包围北京之日）以前，于空地内属于个人之土地，认为旧所有人之权利，此项土地，应例外处理，即如戈德曼氏所有德国公使馆基地，及该基地对面之俄华银行基地，法国公使馆对面之空基，即美索戛斯德派传教公司所有之地，奥国公使馆对面之空基，即帕利斯戈氏所有地是。

四、在空地内除现有建筑物外，非经关系国（1901 年 9 月 7 日各关系国代表所签订之和约）全体代表之承认，不得建设任何建筑物。

五、空地为共有财产，其防备事务，则依接近各公使馆之地域，归各该国管理之，但关于防备事项，应由各国守备队长协议行之。

六、各国公使馆与中国税关公司及个人，不许侵犯空地道路桥梁沟渠。

七、在公使馆区域所行警察及公路之一切规程，应经各本国政府之承认，而适用于该各国人民。凡居住公使馆区域内者，概须纳税，以充警察道路费用。①

《辛丑条约》第七款规定，使馆区给外国"以为专与住用之处"。"然所谓'住用'一语，酒限于使用而止，则公使团对于公使馆区域，只有使用权，并非享有土地所有权，而公使馆区域，依然为中国之领土也明甚。" 1904 年 6 月 13 日各国订立的议定书对于区域内的土地"概认为公使馆区域之共有财产"，这"就辛丑和约第七款而言，实属非法"②。但是，使馆区的土地权实际上完全由外国掌握。

根据所有者和用途不同，使馆区的土地分为各国专有土地、个人专有土地，以及作为各国公共财产的土地。

各国专有土地的面积很大。苏联列宁格勒国立大学教授米哈尔·亚库

---

① 方文政：《北平公使馆区域之外国军警问题》，《新纪元周报》1929 年第 1 卷第 9 期；章玉和：《东交民巷杂谈》，（伪）《中和月刊》1944 年第 5 卷第 6 期；M. J. Pergament, *The Diplomatic Quarter in Peking：Its Juristic Nature*, Peking：China Booksellers Ltd.，1927, pp. 14 – 16.

② 方文政：《北平公使馆区域之外国军警问题》，《新纪元周报》1929 年第 1 卷第 9 期。

维什·佩尔加门特指出：每一个公使馆对分配给它的土地以及位于同一土地上的任何东西，都拥有独立所有权。所有这些都是有关使馆的财产，而且完全是使馆的财产。这里根本不存在共同所有权。在这方面，大家的意见是一致的。在这其中，有以下的推论——每个公使馆在其院落内是完全的主人。①

一些国家则试图将毗邻其使馆的缓冲地归为自己的财产，而共管原则剥夺了它们的一些特权，或者限制、妨碍它们的行动自由和处置权。在1904年1月12日的会议上，比利时代表不顾一切讨论和争论，坚持自己立场，"无论如何，我国政府将坚持保留它在缓冲区上占有的那块土地的使用权，只要这种占领是必要的，就会这样做"。意大利官员赞同比利时的观点，他说：应该记住，公使馆所在的许多土地也只不过是"以同样任意的方式"被占领的产物。每个公使馆只保留其以武力夺取的土地，并以既成事实为依据予以保留，而不是"所有公使馆之间的真正谅解，该谅解本来将构成该区土地分配的唯一合法依据……"同一次会议上，英国驻华公使欧内斯特·萨道义试图让他的某些同事理性地对待这一问题，并减少他们的过度胃口。他指责他们说，目前被公使馆占领的地区比他们1900年以前拥有的地区大10倍。因此，真的不应该有无足够空间的印象。② 后来苏联驻华大使加拉罕，因以前美国使馆占用俄使馆附近的旷场，向美国驻华公使舒尔曼提出抗议，说该地是俄使馆的财产，他国不得任意动用。为此，其他各国照会加拉罕，称该旷场虽在俄使馆附近，但按照《辛丑条约》的规定，实为使馆区内公共的地方，不得认为是俄使馆独有的财产。该地既为公产，应共同设法保护。处置之法，亦必公开。③

使馆区外的隙地，即东、北、西三面的空地，也是各国共有的土地，其管理与防备，由各国分任之，"非经公使团全体之承诺，无论何国人不得于隙地内有何工作"④。但美国私自圈占了使馆区西部的一块地，建起房

---

① M. J. Pergament, *The Diplomatic Quarter in Peking: Its Juristic Nature*, Peking: China Booksellers Ltd. , 1927, p. 19.

② M. J. Pergament, *The Diplomatic Quarter in Peking: Its Juristic Nature*, Peking: China Booksellers Ltd. , 1927, pp. 20 - 24.

③ 《使馆界旷地案》，《顺天时报》1925年2月28日第2版。

④ 刘彦：《被侵害之中国》，（台北）文海出版社1987年版，第262页。

屋，后来说得到过管理使馆界事务公署的同意。

列强一直牢牢地守住使馆区地盘。如上一节所提到的，1922 年，北京市政公所拟拓宽崇文门内马路，请将德国使馆操场让出一段，以便应用。使团经过讨论，同意让出该操场一段，作为拓宽马路之用。但声明，使馆界址仍按 1901 年 9 月 7 日条约之规定，毫不变更。①

1924 年 8 月，《顺天时报》报道，因时有关于东交民巷使馆界线的纠葛发生，北京政府内务部"现已从事于此项界线之整理"，对界线不明之处，根据有关约章查考，此事正与外交部协同办理。② 这说明，北京政府对于列强按有关约章对使馆区地面范围的控制，一直是承认的。后北平市政府曾在东单拐角处设人力车夫罩棚，"竟被使馆界干涉，便是因为触犯了'使馆界址四至专章'"③。

二　使馆和兵营土地利用

使馆和兵营的地皮，为各国专有土地。利用中国的赔款，各国大兴土木。除西班牙使馆外，其他使馆都扩大了地盘。清翰林院编修华学澜在 1901 年 6 月 19 日的日记中说，他在路途中看到"东城划归洋界处衙署房屋均拆毁。一片空阔，弥望无际"④。两三年内，东交民巷建筑物面貌发生根本性变化。如清朝大学士徐桐的住宅及周围的大片民居，都被划归使馆区域，"本年正月中旬各使馆已次第修复。徐荫轩相国旧第在玉河桥迤东，近由德人改建洋房，以便将来驻兵保护使馆。玉河桥北肃亲王府，由日本人大加修葺。玉河桥西达子馆地址，本与英俄两使馆接壤，现经两国划分。至东交民巷附近地基，亦归各国分占"⑤。各使馆渐次开工，需用木石砖瓦石灰为数颇多，"各厂窑无不利市三倍"⑥。1903 年 8 月的《申报》报道，"东交民巷英、美、日各使馆刻均大兴土木。日本使馆官厅前毁于火，

---

① 《前德国操场有碍路工一段使团业经同意允让但须声明条约规定各条件仍应遵守请查照办理函》（1922 年 7 月 25 日），《外交公报》第 21 期，1923 年 3 月。

② 《整理使馆界线》，《顺天时报》1924 年 8 月 14 日第 2 版。

③ 孔由：《北平使馆界之不平等条约》，《小日报》1937 年 1 月 17 日第 3 版。

④ 华学澜：《辛丑日记》，商务印书馆 1936 年版，第 41 页。

⑤ 《沧桑志感》，《申报》1901 年 3 月 28 日第 1 版。

⑥ 《凤阙祥晖》，《申报》1902 年 3 月 6 日第 2 版。

兹亦将次修竣。美国新圈入之地亩，则坚筑闸□。意大利国板桥炮台尚未告竣。英国使馆楼房已鸟革翚飞，仅未彩画耳"①。这些拔地而起的欧式的建筑物楼层不高，造型多样。各国使馆以两层砖（石）木结构为主，一般有一层地下室，内外装饰较为讲究，水暖、电气设备较为完备。②

东交民巷最西边的是美国使馆。义和团运动后，美国重建使馆。1901年12月的《申报》报道，驻京美国公使曾发出通告："美国使馆扩充地址，东至荷兰使馆，西至正阳门内棋盘街，南至城根，北至交民巷。凡四至以内民房房主曾经报案验契者，兹定于十月二十一、二十二、二十三三日内，各将执照亲赴纱帽胡同扩充使馆公所内领取偿价，毋得逾限自悮。"③ 美国新使馆建筑，是在拆掉了原会同馆、庶常馆、巾帽胡同和貂皮巷一带几条胡同的基础上建立的，使馆南墙直抵北京内城的南城墙。"建造使馆房屋的材料是从美国运来的，政府还特意派了一个建筑师来监造。"④ 使馆西部是美国兵营。使馆内有3座巨大的地下室，是美军粮库。

美国使馆的东侧是荷兰使馆。其原址在东交民巷西段路南的巾帽胡同。《辛丑条约》签订之际，荷兰使馆用地在原址向东移，"自棋盘街而东，其最南者，为正阳门内东城根。昔日有怡贤亲王祠、庶常馆、四译馆，今已为美国兵营、美国使馆、荷兰使馆地"⑤。

英国使馆除占有原来的梁公府外，还大加扩展，将其北面的翰林院、銮驾库及其西边的兵部署、工部署（包括存料场）、蒙古内馆、鸿胪寺之一部等都包括在内，比原址扩大两倍多。⑥ 英国使馆占地面积为各国之最，北面的围墙直到东长安街南侧，东临御河。使馆西部是英国兵营。

俄国使馆占据了原鸿胪寺的南半部和钦天监，南墙临东交民巷，东墙临御河。俄国兵营占了太医院，练兵场占了原礼部和工部的一部分。⑦

① 《尧阶蕢叶》，《申报》1903年8月28日第3版。"□"处原文字迹不清，后同。
② 北京市地方志编纂委员会编著：《北京志·建筑卷·建筑志》，北京出版社2003年版，第166页。
③ 《扩充使馆示言》，《申报》1901年12月14日第1版。
④ ［美］保罗·S. 芮恩施：《一个美国外交官使华记》，李抱宏、盛震溯译，商务印书馆1982年版，第23页。
⑤ 陈宗蕃编著：《燕都丛考》，北京古籍出版社1991年版，第176页。
⑥ 陈平、王世仁主编：《东华图志》上卷，天津古籍出版社2005年版，第543页。
⑦ 陈宗蕃编著：《燕都丛考》，北京古籍出版社1991年版，第174页；陈溥、陈晴编著：《紫禁逝影：东城》，中国社会出版社2009年版，第144页。

法国使馆在原纯公府地面的基础上，又强占了太仆寺及附近民房，扩建使馆占地4.8公顷。其兵营建在台基厂东侧。兵营东为法国粮库，其东墙直达崇文门内大街。[①]

意大利扩大用地，另建使馆，据有东起台基厂、西抵御河、北临东长安街的大片地区，包括堂子全部及总税务司以北、肃王府的一部分及其东部的民宅。兵营设在使馆西部。1903年天津《大公报》曾报道："前门内北御河桥义大利国使馆界，兴工已越三月矣。所有砖砌炮台及木桥、沿河围墙等，业已渐次告成，往来行人仍照常经过云。"[②]

比利时使馆原位于崇文门内大街路东，1901年后迁入使馆区内，在东交民巷路南。使馆占据了原大学士徐桐故宅，又向东扩充至法国兵营处，西至红厂胡同，南至南城墙根。[③]外墙上装饰着花纹线脚的地方，开了很多射击孔，孔上装上花格铁算子或铁纱作为掩盖。

奥匈帝国使馆面积增了数倍，北面到东长安街，南面到台基厂头条，西面到台基厂北侧，东面占了原裕亲王府、经版库、昭忠祠等地。其西部是使馆，东部是兵营。1901年4月，奥国使馆发布告示，其所占地面内的住房和铺面，限于5月10日前一律腾清，愿将木料拆去的，均听其便，勿庸呈报。[④]

位于东交民巷路北的日本旧使馆，在义和团和清军围攻使馆区时未被破坏。但在《辛丑条约》订立后，日本借口原址狭小，不敷使用，迫使清政府将西面的詹事府、肃王府及部分民宅，划为新使馆用地，南部建使馆，北部为日本兵营。陈宗藩的《燕都丛考》记载："肃王府已为日本正金银行、日本使馆及日本兵营占用。"[⑤]詹事府还保存着诸多讲述明朝的史料，"这也是不再特意向观光者介绍的原因所在"[⑥]。

1862年，德国在东交民巷路南、洪昌胡同西设立公使馆。1900年后

①　陈溥、陈晴编著：《紫禁逝影：东城》，中国社会出版社2009年版，第144页。

②　陈平、王世仁主编：《东华图志》上卷，天津古籍出版社2005年版，第551页；《义界工竣》，天津《大公报》1903年10月3日第4版。

③　陈平、王世仁主编：《东华图志》上卷，天津古籍出版社2005年版，第541页。

④　曹宗儒：《辛丑条约第七款实行之经过》，（伪）《中和月刊》1942年第3卷第12期。

⑤　陈宗藩编著：《燕都丛考》，北京古籍出版社1991年版，第174页；陈平、王世仁主编：《东华图志》上卷，天津古籍出版社2005年版，第556页。

⑥　[日]胁川寿泉编著：《北京名所览记》，李蕊、卢茂君译，知识产权出版社2017年版，第45页。

重建时又占了牛角湾、白家胡同、头条胡同、二条胡同、广成木厂等地盘。① 在东交民巷东口边建了兵营。1935 年由北平经济新闻社社长马芷庠编成的《北平旅行指南》提到，德国兵营"建于庚子以后，原系广成木厂以及附近民房之地基"②。

《辛丑条约》签订前后北京各国使馆面积变化　　　单位：英亩

	英国	法国	俄国	德国	西班牙	意大利	奥匈	日本	荷兰
签约前	12	6	5	2.5	—	1	不足 2	1 英亩多	—
签约后	36	20	19	25.5	2	12 英亩多	约 10	14 英亩多	2

资料来源：［奥］莫石、［美］莫苇芝《城门内的外国人：北京使馆区》，叶凤美、［德］丹尼斯·霍克梅译，北京联合出版公司 2020 年版，第 250、260、261、269 页。

英、美、法、意、日等国还不顾中国政府的禁令，在使馆设立电台，践踏中国电信主权。

外国使馆由于其荣耀的地位，而被人们称为"府"。"譬如美国使馆为'美国府'，英国使馆为'英国府'，于是一些布满了枪眼的外国建筑，又披上了一件中国封建式的补服。在使馆里位置较高的洋人，官瘾尤大，喜欢人称他做'老爷'或'大人'。"③

三　其他土地利用

使馆区划定后，各国除建使馆和兵营外，还将其余部分土地擅自出租，借以赢利，土地俨然为其使馆所私有。北京政府时期，德国、奥地利和苏联放弃了在使馆区的特权，它们没有再派遣卫队，其余国家的卫队也多少削减了人数。一些兵营的房屋被改为商业用途。而使馆区边的开阔地，也逐渐修建了各种营业性建筑，"与这块缓冲地是列强共同拥有的财产这一理论背道而驰的是，个别国家颁发建筑许可证——在有偿的条件下"④。《申报》曾报道：使馆区"……公产地带不许新建筑之规定，亦常

---

① 张复合：《北京近代建筑史》，清华大学出版社 2004 年版，第 76 页。

② 马芷庠：《老北京旅行指南》（《北平旅行指南》重排本），吉林出版集团有限责任公司 2008 年版，第 98 页。

③ 吴桢：《在华的洋人》，《西风》1944 年第 71 期。

④ ［美］费正清编：《剑桥中华民国史》上卷，杨品泉等译，中国社会科学出版社 1998 年版，第 176 页。

在破坏之中"①。这是违反 1904 年使馆区列强签订的议定书的行为。

19 世纪 90 年代，外国在华银行纷纷开始进入北京。至 1913 年，北京的外资银行及中外合资银行已有 10 家。重要银行的地址设于东交民巷。汇丰银行于 1865 年开业，总行设香港，在上海、伦敦设有分行。1885 年汇丰银行在北京设立分行，首任经理熙礼尔。这是外国在北京设立的第一家银行，也是北京有史以来第一家近代意义上的银行。北京的存户以清政府和北京政府为大户，其次是大官僚、大商人。② 银行大楼位于东交民巷路南、德国公使馆西侧。天津《大公报》曾报道："东交民巷汇丰银行，动工一载有余，刻始竣工。门首高筑，楼房上安三面时表，十分壮观。"③横滨正金银行成立于 1880 年，总行设于日本横滨，在国际各大商埠均设分行或代理店。该行北京分行（支店）设于 1902 年，东交民巷银行大楼建成于 1910 年秋。④ 花旗银行为美国商业银行，1812 年创办，1865 年改为纽约城市银行，由洛克菲勒、摩根等财团组成。1902 年来华开业，在上海设分行，在东交民巷的北京分行设于 1909 年，首任经理为梅诺克，分行职工 50 余人。东方汇理银行成立于 1875 年，总行设于巴黎，在东交民巷的北京分行设立于 1907 年 7 月，建筑物于同年完工。⑤ 德国德华银行1889 年设总行于上海，1905 年在北京设分行，1907 年在东交民巷建新楼。华俄道胜银行成立于 1895 年，总行设在彼得堡，北京分行建立于 1897 年。麦加利银行于 1853 年创办，为英国皇家特许银行，专门经营东方业务。地址在东交民巷的麦加利银行北京分行设于 1901 年。⑥ 为展示富有，招徕商户，外国银行都建得高大而威严。

各国银行多建于本国使馆附近。它们经营存汇款业务，投资中国实

---

① 《北京使馆界之条约根据已自行破坏》，《申报》1928 年 6 月 17 日第 9 版。

② 北京市地方志编纂委员会编著：《北京志·综合经济管理卷·金融志》，北京出版社 2001 年版，第 90—91 页。

③ 《银行落成》，天津《大公报》1903 年 11 月 24 日第 2 版。

④ 杜恂诚：《日本在旧中国的投资》，上海社会科学院出版社 1986 年版，第 334 页；张复合：《北京近代银行建筑考略》，《华中建筑》1999 年第 4 期；北京市地方志编纂委员会编著：《北京志·综合经济管理卷·金融志》，北京出版社 2001 年版，第 92 页。

⑤ 陈溥、陈晴编著：《紫禁逝影：东城》，中国社会出版社 2009 年版，第 146 页。

⑥ 北京市地方志编纂委员会编著：《北京志·综合经济管理卷·金融志》，北京出版社 2001 年版，第 90—92 页；张复合：《北京近代建筑史》，清华大学出版社 2004 年版，第 90、91、92、94、95、96、99 页。外国银行在北京设立分行和其建筑完工的具体时间，各种资料有不同。

业，办理高利贷贷款，发行纸币、操纵汇价，控制中国的财政金融。"外国银行之能影响中国，主要是由于它们是外国的，既享有特权，又常常很蛮横。"① 如在 20 年代的北京银行汇兑业务中，"外国汇兑，各银行专营之者甚少，其重心咸在东交民巷各外银行。各外银行之中，又以汇丰银行为首，盖汇丰银行资格最老，居远东金融之首席，故享有优越之地位"②。特别是清末与北京政府时期，外资银行北京分行以办理对中国政府的借款为首要业务。汇丰、德华、华俄道胜、横滨正金、东方汇理、花旗六家银行代表本国银行团组织国际银行团，对清政府和北京政府进行巨额贷款。清末民初进行了 4 笔大借款，即 1895 年的俄法借款，1896 年的英德借款，1898 年的英德续借款和 1913 年的善后大借款。4 笔借款合计金额为 5700 万英镑和 4 亿法郎，折合中国白银 5.58 亿两。通过该 4 笔大借款，中国的关税、盐税两大税收的存储保管权均被上述外国银行取得。③ 总之，"在经济上，自从前清之铁路国有大借款，民国之善后大借款，以及各宗大小借款，莫不以使馆界之'银行团'为中心。英之汇丰，法之汇理，日之正金，皆于中国金融界占绝大势力，那些大楼，亦都巍然高耸在东交民巷里"④。它们是帝国主义侵略中国的重要工具。而一些外国银行家，与北京外交使团、中国政府都有密切关系，深度介入中外关系和中国内政。如1891—1924 年担任汇丰银行北京分行经理的熙礼尔，被"公认为是通晓中国政府及其官员财政、经济行事方式的第一专家"⑤。外国银行积极支持其本国商户扩展在华业务，推进对华商贸。

设立洋行，是列强经济侵华的重要措施。1902 年 2 月 2 日，法国使馆将部分土地租予法商莫罗博乐塞公司（又名大丰公司，由莫罗和博乐塞合开），租期 99 年，租金纹银 600 两，系空地一块。1903 年，该公司又原样租予桂乐第法国进出口公司，租期仍 99 年，租金纹银 600 两。又如 1902年 9 月 16 日，法使馆将一地皮租予德侨维诺，租期 99 年。1903 年 4 月 28

---

① ［美］费正清编：《剑桥中华民国史》上卷，杨品泉等译，中国社会科学出版社 1998 年版，第 221—222 页。

② 无邪：《北京各银行之汇兑营业》，《银行月刊》1924 年第 4 卷第 4 号。

③ 北京市地方志编纂委员会编著：《北京志·综合经济管理卷·金融志》，北京出版社 2001 年版，第 89 页。

④ 《东交民巷总结账》，《申报》1948 年 1 月 5 日第 9 版。

⑤ Arnot Reid, *From Peking to Petersburg*, London: E. Arnold, 1899, p. 15.

日，由维诺转租予法侨叟爱，租期 99 年，于此处建楼房一所。法侨米乐如于 1932 年 10 月 12 日用银元 1 万枚由叟爱手中购得此块土地及房屋。德侨雷兹格之夫欧托·雷兹格，于 1912 年从德国公使馆租得土地约 2 分余，盖平房一所，开设骏利马车行，每月租金 25 枚银元，后增至银元 50 枚。1925 年欧托又继租 4 分余地，重新厘订租约，租期 45 年，租金每月 100 银元，每 3 个月交付一次，契约规定期满后，土地房产无偿归还德国使馆。①

洋行在使馆区和附近区域扩张很快，有的规模很大。著名的有瑞金大楼、利威洋行、利格洋行、播威洋行、顺和洋行、亿记洋行、祁罗弗洋行、美利洋行、增茂洋行、利满洋行，福隆洋行、毛兰洋行、瑞士百纳公司、中法实业洋行、亨达利、怡和洋行、乌利文洋行、大丰公司等。② 大洋行多属分号、支行，以订货销售为主。德商祁罗弗洋行建于 1874 年，为北京第一家西方贸易公司，1907 年重建。英国怡和洋行被称为"洋行之王"，在北京的分行设于东交民巷，1911 在德国使馆西侧建了新建筑，③ 专门倾销英国的重工业产品。设于东交民巷的法商大丰洋行，以昂贵的价格推销法国的名酒和食品罐头。华隆洋行经营保险业。万隆洋行经营女西服洋货。金荷花洋行收古玩。维利勾那洋行经营烟酒。志诚洋行经售零件货物。东交民巷内外还有很多个体经营的小洋行。

洋行的经营特性是垄断和掠夺。利用中外不平等条约赋予的政治、经济特权，它们一方面倾销外国的工业品，一方面低价收购我国的古玩和土特产品。④ 北京民间散落有非常多的文物、古玩及精美的工艺品。"有的洋行便以廉价进行掠夺性的收购。英、美、德、日、法等国洋行的商人，成为北京二百多家古玩店和古绣庄的主要主顾，夏、商年代的青铜器，唐、宋年代的名瓷，明清年代的字画，以及铜石佛像、古旧地毯、锦绣估衣、

---

① 《东交民巷各国使馆非法出租土地情况调查》（1949 年 11 月 4 日），《北京档案史料》1997 年第 3 期。

② 任志：《东交民巷北京使馆界》，载《列强在中国的租界》编辑委员会编《列强在中国的租界》，中国文史出版社 1992 年版，第 512 页。

③ 张复合：《北京近代建筑史》，清华大学出版社 2004 年版，第 107—108 页。

④ 郭仲义：《北京的洋行》，杨洪运、赵筠秋主编：《北京经济史话》，北京出版社 1984 年版，第 238 页。

珠宝翡翠等等，通过洋行大量流向国外。"① 随着洋行的扩展，北京有许多专门经销或附代销售洋货的店铺，为洋行扩展业务而获利。

1900 年，外国人在清政府太仆寺旧址的一部分上筹建六国饭店。陈宗蕃的《燕都丛考》言：太仆寺"今为六国饭店、比国使馆地"②。饭店由新瑞和洋行设计，1902 年建成。1905 年，由英国人主持，重新募集资金建造，英、法、美、德、日、俄合资，因而名为六国饭店。当时六国饭店地上 4 层，地下 1 层，有客房 200 余套，为北京最高的洋楼之一。清末日本人所编的《北京志》载：在当时北京的旅馆业中，六国饭店是规模最大的，位于东交民巷御河桥畔，"巍峨耸立，乃北京最壮美之建筑物。房费一日八美元"③。改建期间，御河两边的道路得到整修，建成林荫道，饭店的整体环境得到优化。饭店主楼的屋顶上，高挂各国旗帜。各国外交官、军人以及从事各种行业的外国人，中国的达官贵族、军政要人、学界名流，来此地消费、娱乐。

本来中国人是不能在使馆区内居住的，但英国方面从维护六国饭店的收益出发，反对逐出中国人。这得到了其他国家的附和。住在六国饭店的官僚、政客乃至逃犯等各式人物享受着西方现代的物质文明的同时，进行各种政治的、经济的交易。此地非一般的餐饮住宿场所。"六国饭店在中御河桥边，建筑壮丽，陈设华美，较之沪上汇中，殆过无不及。从前为外交团俱乐部，光、宣之交，满清贵族群学时髦，相率奔走于六国饭店，为外人点缀风景。实际上，则昔之间接以金店为纳贿机关者，一变而直接以六国饭店为交易所矣。民国以来，政客达官宴集寓宿，均以六国饭店为大本营。实则六国饭店在京颇有政治上之集合势力，非仅图哺啜已也。无论何项调停疏通事件，比至六国饭店，则无不迎刃而解，何其遭际之幸也！"④ 这是六国饭店作用的真实写照。

---

① 郭仲义：《北京的洋行》，杨洪运、赵筠秋主编：《北京经济史话》，北京出版社 1984 年版，第 239 页。

② 陈宗蕃编著：《燕都丛考》，北京古籍出版社 1991 年版，第 176 页。王大正认为，六国饭店开业于 1903 年 7 月，创建者兼经理为前德使克林德的夫人阿克法女士，原址的主要占地是前庆丰木厂而非太仆寺（王大正：《老北京六国饭店考》，《北京档案史料》2010 年第 2 期）。

③ ［日］服部宇之吉主编：《清末北京志资料》，张宗平、吕永和译，北京燕山出版社 1994 年版，第 418 页。

④ 胡朴安编著：《中华全国风俗志》下，上海科学技术文献出版社 2011 年版，第 334 页。

国际俱乐部又名"西绅总会""万国俱乐部"，也叫"北京俱乐部"。内有图书室、餐厅、球场等设施，是使馆区外国人休息、娱乐、社交的重要场所。1900 年之前约在台基厂之南的红厂胡同路西，东交民巷以南，法国使馆附近。1900 年 6 月被义和团焚毁。后在台基厂头条胡同与二条胡同之间的西部民宅重建，1912 年建成。俱乐部大门开在台基厂大街上，并因之将二条胡同命名为俱乐部路。① 东交民巷内的六国饭店、国际俱乐部（及北京饭店），是最地道的英法式西餐馆。② 每年春、秋季，俱乐部组织在北京西郊举行赛马会。

为了满足使馆区外国人宗教生活的需要，教堂建立起来。使馆区围墙之内，"工人昕夕不遑建造税关，人数尤众。德人在围墙之顶建造一屋以驻护兵，更欲在墙内建一教堂，为戍兵听讲之所。计京津两处刻有随营德教士三人。法人亦欲在使署对门建一天主堂。英国则只在使署中择地，备各兵听讲。并闻天主教会欲在俄使馆旁、美使馆对门，建一极大公共医院，专备洋人入此疗疾。美以美教会及汇文书院则各将地址开拓，自城墙起直至使馆界址之旁"③。

东交民巷圣弥厄尔教堂，由法国传教士高司铎主持修建，1901 年完工，后来又由法国人斩利国扩充。教堂中供奉的圣弥厄尔，在《圣经》中是保护以色列子民的总领天使，因而称圣弥厄尔教堂，也称为东交民巷天主堂。教堂规模较小，坐北朝南，南北进深 14 间，东西面阔 3 间。建筑极其精美，是典型的哥特式风格。④ 教堂最初是为使馆区的外国人而建的，后来附近参加了教会的中国职工也可随时进入该堂祈祷。⑤

外国教会在东交民巷设立了医院。1901 年，意大利基督教会建立了意大利医院。1902 年，东交民巷西口的法国医院建立，有一个门诊部、放射科、电疗室和药房。1905 年，德国基督教会设立德国医院。⑥ 它们为外国

---

① 余贵棠：《故都旧使馆区史迹鳞爪》，《旅行杂志》1947 年第 21 卷第 6 期；陈平、王世仁主编：《东华图志》上卷，天津古籍出版社 2005 年版，第 563 页。

② 参见朱家溍为赵珩《老饕漫笔——近五十年饮馔摭忆》一书写的序，生活·读书·新知三联书店 2012 年版，第 2 页。

③ 《大兴西教》，《申报》1901 年 11 月 17 日第 2 版。

④ 陈溥、陈晴编著：《紫禁逝影·东城》，中国社会出版社 2009 年版，第 145 页。

⑤ 谭伊孝编著：《北京文物胜迹大全》东城区卷，北京燕山出版社 1991 年版，第 186—187 页。

⑥ 左芙蓉：《北京对外文化交流史》，巴蜀书社 2008 年版，第 189 页。

使馆人员提供医疗卫生服务。后来法、德两家医院也接受中国人就医，由于费用昂贵，基本上没有普通民众去看病。"但在北京的上层社会，德国医院和法国医院可以说在民国一代最为著名，不但可以占据病房小病大养，甚至成为政治避难所。"① 另外，美国美以美会在崇文门内大街办了眼科诊所，后在东交民巷东口购地扩建，发展成为著名的同仁医院。这些医院设备较好，医术也较先进，对推动北京医学卫生事业的发展有积极作用。

使馆区内建有文化教育机构。如位于北京饭店内的北京法文图书馆曾是北京地区最负盛名的外文出版机构和私人图书馆，从事图书销售、借阅、出版、代售、代购业务。1925 年 1 月，法文图书馆（北京饭店）与另外一家书店合并成为中国图书公司，最初的地点在东交民巷。② 1914 年，使馆区德国兵营设立了德语学校，招收德国籍学生。

马克思指出："法的关系正像国家的形式一样，既不能从它们本身来理解，也不能从所谓人类精神的一般发展来理解，相反，它们根源于物质的生活关系"③。使馆区特权制度作为一项法律特权，根源于、也服务于帝国主义对华"物质的生活关系"。北京东交民巷使馆区土地的占有和利用，也是这一"物质的生活关系"的体现。使馆区特权制度之下，在东交民巷地区，"人们可以找到几乎所有传统的欧洲或美国建筑——教堂、银行、商店、医院、俱乐部和饭店宾馆。每一个建筑师都试图把自己国家的一个片断带到海外，这样，美国、荷兰、意大利和日本的建筑就肩并肩地耸立在一起……"④ 这个区域内，"可以看到商业企业、店铺、教育机构和大批非外交人员——虽然中国从没有打算把北京开辟为另一个外国人居住和贸易的中心"⑤。它的建设完全是一个独立小城市的规模，1912 年形成欧洲风格街区。东交民巷使馆区不是一般的城市区域，它代表着列强对华强烈

---

① 赵珩口述审订，李昶伟录音采写：《百年旧痕：赵珩谈北京》，生活·读书·新知三联书店2016 年版，第 202 页。

② 雷强：《亨利·魏智及其北京法文图书馆》，（台北）《图书资讯学刊》2013 年第 2 期。

③ ［德］卡·马克思：《〈政治经济学批判〉序言》（1859 年 1 月），《马克思恩格斯选集》第 2卷，人民出版社 2012 年版，第 2 页。

④ Juliet Bredon, *Peking: A Historical And Intimate Description of Its Chief Places of Interest*, Shanghai: Kelly & Walsh, Limited, 1922, p. 36.

⑤ ［美］费正清编：《剑桥中华民国史》上卷，杨品泉等译，中国社会科学出版社 1998 年版，第 176 页。

的侵略性和殖民性，"既从物质形态上破坏了古都北京的整体传统格局、风貌和城市肌理，又在形式上表现了其强势的'高人一等'的姿态"①。

第三节　驻军制度

驻军制度是列强在华使馆区特权制度的支柱。各国在北京东交民巷使馆区及北京外的延伸地区，长期设立兵营，驻扎军队，安置战备，将京师至海的交通要道牢牢控制在手中，从而可以非常方便地派兵入京，保卫使馆区。并以此为基础，屡屡干涉中国内政，给中国造成严重危害。这是列强在华使馆区特权制度不同于其他特权制度的重要方面。

一　使馆区各国驻军

《辛丑条约》的签约国中，主要列强均在各自的使馆周围建立了兵营。"兵部、工部各地，今俱夷为英俄两国操场，太医院则今日之俄国兵营也"②，"旧日之詹事府、肃王府已为日本正金银行、日本使馆及日本兵营占用"③。"自棋盘街而东，其最南者，为正阳门内东城根。昔日有怡贤亲王祠、庶常馆、四译馆，今已为美国兵营、美国使馆、荷兰使馆地。"④"台基厂之东有昭忠祠，今亦为奥国兵营地。"⑤各国常驻军队共两千多人，包括步兵、炮兵、工兵等兵种。兵营和使馆门前各设士兵门岗。

在各地段，各国分别安排了防卫阵地：

……英国公使馆的西边对着兵部街方向修筑高十丈，宽一尺五寸的墙（其他各面均有相同形状的墙），在可能两面受敌之处配备机关枪或速射炮，并修筑炮台。大墙下掘外壕沟，深一丈至一丈五尺。拆毁兵部街与大墙之间的房屋，留下百米宽空地，以防备敌之进攻。对着东长安街的英国使馆的北面，亦修筑高墙，墙外挖壕沟，留有防敌

---

① 王亚男：《1900—1949年北京的城市规划与建设研究》，东南大学出版社2008年版，第58页。
② 陈宗蕃编著：《燕都丛考》，北京古籍出版社1991年版，第174页。
③ 陈宗蕃编著：《燕都丛考》，北京古籍出版社1991年版，第174页。
④ 陈宗蕃编著：《燕都丛考》，北京古籍出版社1991年版，第176页。
⑤ 陈宗蕃编著：《燕都丛考》，北京古籍出版社1991年版，第186页。

进攻的空地等，与其他各处相同。

同样，面对北面长安街，御河桥西岸，英意两国亦修筑伪装的炮台，以防备来自东华门方向敌人的攻击。

由此往东为意大利、奥地利的防御区，崇文门内大街东部为奥地利、德意志、法兰西防御区，四面筑墙，掘壕沟，留空地，其防御办法与前述英国区域相同。唯有公使馆通崇文门内大街通道，即防御高城的关门用铁板修筑坚固的城门，一旦有事可紧闭城门，以防备敌人进攻。

另外，南城墙属于德、美两国区域界处，有御河流入外城水闸门，开此门可自由通往外城。因此，一旦受到包围，亦将很困难，因为容易由此出入外城。自公使馆南部城墙的正阳门至崇文门之间，是各使馆防御的至关重要地方……美德在各自区域修筑炮台，以防从东西方向袭击的敌人。

自兵部街与公使馆街相交部分以西至正阳门，为美国防御区，这一带由于城墙上修有美国炮台，均在炮击范围之内，如能据此炮台，此地域毫无危险之虑，故不设防御工事。

日本、荷兰、比利时等国因夹在各国防御区域内，故无直接防御区，仅守卫各自区域，一旦发生变乱，即作为后备队，到必要的防线上协助防御。①

为保卫使馆区，列强修筑了一丈多高的界墙。界墙上面建炮台和碉堡，下面挖有壕沟，墙上设瞭望孔和枪眼。有人描述：使馆区"周界有八堡，各置铁门。八堡位置，一在大城根东头，二在交民巷东口大和街南口外，三在台基厂北口，四在明治路北口，五在西河沿北口，六在东公安街中间新大路口外，七在交民巷西口美兵营北墙外，俯瞰'敷文'牌楼，八在大城根西头，美兵粮库西方。除此八堡外，使馆界之界墙，高几两丈，雉垒连绵，枪孔不断。复有红漆之钢顶炮塔，点缀其间"②。1905 年 11 月20 日，英国驻华使馆二等秘书嘉奈特在一封家信中说："整个使馆区占地面积很大，像个堡垒一样，每一面城墙下、每一扇门旁都有不同国籍的岗

①　[日]服部宇之吉主编：《清末北京志资料》，张宗平、吕永和译，北京燕山出版社 1994 年版，第 74 页。

②　章玉和：《北京使馆界之沿革》，（伪）《中和月刊》1942 年第 3 卷第 4 期。

哨把守；白天里，军号频频吹响，放眼望去四处都有军官和士兵走来走去。昨天，连教堂里也全是士兵和军官。"① 使馆区是一座封闭性的国际兵营。1908 年 11 月 13 日，住在北京的德国人约翰·拉贝在一封家信中写道："大约有两千名装备精良的欧洲士兵驻守在使馆区（数字并不一定准确），我们形成了一个国中之国。"② "国中之国"，在外国人口中是不用讳言的。

使馆区的南部有城墙和护城河，东、北、西三个方向的界墙外是几十丈的无遮拦的地面，竖着写有"保卫界内，禁止穿行"的木牌，平常作为各国驻军的操场。其中，西面的操场为钦天监、太医院、鸿胪寺、工部等署旧址；北面操场为兵部署、銮仪卫、翰林院、堂子等之旧址，迤东一带原有庙宇、胡同、祠宇尽遭拆毁，"即今东单牌楼附近俗称'东大地'之处也"③。练兵操场也是列强的专用地。

部分国家兵营

兵营国别	地点	土地面积（亩）	房屋面积（平方米）
美国兵营	东交民巷 22 号	34.308	10124
英国兵营	兴国路副 1 号	89.647	13290
法国兵营	台基厂三条 1 号	33.817	7819
俄国兵营	东交民巷 18 号	约 40	约 200 间
德国兵营	东交民巷 42 号	20.408	413.5

资料来源：北京市地方志编纂委员会编著《北京志·政务卷·外事志》，北京出版社 2012 年版，第 422—423 页。

外国驻北京军队兵力一览表（1908 年调查）　　　　　　单位：人

国别 \ 数量 \ 区分	队号	将校	准士官下士卒	备考
日本军	步兵队	12	300	
	骑　兵		5	
	通信兵		4	
	宪　兵		4	

---

① ［英］朱莉娅·博伊德：《消逝在东交民巷的那些日子》，向丽娟译，商务印书馆 2016 年版，第 61 页。

② ［德］约翰·拉贝：《我眼中的北京》，邵京辉等译，东方出版社 2009 年版，第 205 页。

③ 余贵棠：《故都旧使馆区史迹鳞爪》，《旅行杂志》1947 年第 21 卷第 6 期。

续表

国别 数量 区分	队号	将校	准士官下士卒	备考
法国军	步兵队	8	240	速射炮37寸2 山炮80寸2
	炮兵		3	
	电信队		2	
	宪兵		3	
德国军	驻屯队本部	5	11	机关枪6 野炮3 野战重炮3
	步兵第1、2中队	8	210	
	炮兵小队	1	44	
英国军	驻屯队本部	3	18(含印度准士官下士卒2)	后装5寸榴弹炮2 十二斤速射炮2 303寸马式炮6
	第2大队	6	175	
	要塞炮兵队	3	50	
美国军	海军兵	5	126	机关枪30寸6 野炮23寸4 野炮37寸4
意大利军	海军兵	9	220	机关炮5 野炮1 野炮45寸3 野炮31寸3
奥国军	海军兵	6	172	机关炮8寸6 野炮66寸7
俄国军	军司令部	1	10	野炮75寸2 野炮31寸2
	公使馆护卫	2	103	
合计		69	1700	

资料来源：北京市地方志编纂委员会编著《北京志·军事卷·军事志》，北京出版社2002年版，第564页。

使馆区驻军的警备区域，不止于界墙内。根据自己的需要，列强将警备权实施于使馆区外。1922年4月第一次直奉战争发生后，4月29日下午3时，列强在葡萄牙公使馆召开紧急会议，参加的有英、法、美、意、日、德等共15国公使。其决议有：第一项，东交民巷保卫界由各国军队分段设防。对于居住该区域内的外人采取适宜的保护方法；第二项，不单对侨居的外人，即一般治安问题也采取适当的手段；第三项，因有前两项的必要，决定各国急行增派驻兵，以厚兵力。根据上述三项，日本驻扎在天津的军队，及美国海军陆战队，英国之印度兵，法国之安南兵，均已次第增加，"且与我国军警合同保护各城门，并时派外兵游行市内"。有人评论，"从前有事，仅限于东交民巷区域者。此次根据第二项之议决，将其范围扩大，而及于一般治安及城厢内外。今两军在北京附近已无作战之事，外兵当然即行撤回。然在国家，则已增加一层束缚。盖其保卫区域扩大后，此后外交团必援例而行。嗣后无论何事，北京均将为特别区域也"①。

另外美军长期设岗于正阳门。"按正阳门位居北京中央，竟令外人驻守卫护，是不啻开门揖盗。帝国主义以此作要求，其欺压中国，可谓至矣甚矣。"②

使馆区是禁止中国军队通行的，甚至不准佩带武器的中国军人出现。1911 年 8 月 16 日，《申报》报道："前日，内城巡警总厅警官张清澄因事前往使馆界内，身穿制服。该处巡捕复欲扣留佩刀，始准放行。内城总厅以巡警官吏佩带指挥刀，原为制服上定式，经行使馆界内，均系因公前往。查阅约章，亦无禁止官警经行明条。该处巡捕无故拦阻，殊属非是。"③ 1926 年 6 月 26 日，即张作霖进京之日的下午，其属下任警卫的镇威军士兵 10 名和粉红帽箍的宪兵 3 名，由巡警随同登上使馆区南城墙巡察片刻，旋即退下，并未误入美国使馆界内之城墙。而《辛丑条约》各关系国公使，认为此事虽属细微，应转请京畿卫戍总司令部注意。8 月 4 日，京师警察厅训令：使馆区来函所称的进入美国使馆界内之城墙虽非事实，"惟以外交攸关，自应格外慎重"，要求所属各区队一体注意，禁止武装士兵进入使馆区内。④

二　京津沿线的驻军

为了限制中国的自卫权，列强通过《辛丑条约》，一方面，禁止中国在京师至海的通道上设置防御阵地和驻扎军队。1902 年 7 月 15 日订立的《天津督署还津条款》规定，列国都统议定，将炮台尽行拆毁；中国政府

---

① 《外交团在直奉战时之行动》，《申报》1922 年 5 月 12 日第 7 版。
② 郑国琛：《帝国主义侵略中国史》，第 73 页。
③ 《咄咄使馆界内之巡捕》，《申报》1911 年 8 月 16 日第 1 张第 4 版。
④ 《禁止武装兵士入使馆界》，《顺天时报》1926 年 8 月 5 日第 7 版。

须保证不在天津再筑炮台，又北京、大沽、山海关之间亦不再筑炮台，并不在以上各地内预埋地雷；天津街市不得再筑城垣；距联军占领的天津街市 30 基罗迈当以内，中国不得置守卫兵；天津街市及都署所占境内，中国可设立警察兵，但不得超过 2300 名；距北京、塘沽、山海关铁路 30 基罗迈当以内，中国不得再增守备兵；交还京榆铁路一事，若非联军都统会议允洽，不能照办；中国兵不许至距天津 30 基罗迈当以内。中国不论何时在大沽及闩洲上所驻中国兵舰不得逾两艘以上，大沽、秦皇岛及山海关等处不得有埋设水雷及在海底安设炸药之事。[1] 而根据《辛丑条约》，将大沽炮台及有碍京师至海通道之各炮台一律削平之事，"交与统辖驻津各国军队各武官承办……至所需各费，应由都统衙门公库中尚存之款筹拨"[2]。从 1901 年 11 月至 1902 年 6 月，共削平了天津、大沽、芦台、北塘及山海关等处 25 座炮台，费用为 177475 美元。[3] 这样，中国首都周围的重要防卫体系被摧毁。

另一方面，外国军队驻扎中国京师至海全线要地。如前所述，《辛丑条约》明确规定列强可以在京津铁路沿线的黄村、廊坊、杨村、天津、军粮城、塘沽、芦台、唐山、滦州、昌黎、秦皇岛、山海关拥有驻军权。在这 12 个地点，各国通过协商，分驻军队。1901 年 4 月 6 日，瓦德西主持召开联军指挥官会议，确定由法、英、意、日、德负保护铁路交通之责。[4] 其驻兵名额为：天津 2000 人，山海关、秦皇岛 1500 人，其余 9 处各 300 人。其中，英、法、德、意、日驻军天津，日、英、德、法、俄驻军山海关和秦皇岛，意大利驻军黄村，德国驻军廊坊、杨村，法国驻军塘沽、军粮城，英国驻军唐山和芦台，日本驻军滦州、昌黎。各国军队总数不得超过 6200 人，不包括使馆卫队在内。[5]

---

① 《天津督署还津条款》(1902 年 7 月 15 日)，王铁崖编：《中外旧约章汇编》第 2 册，生活·读书·新知三联书店 1959 年版，第 61—63 页。

② 《各国公使照会》(1902 年 7 月 12 日)，王铁崖编：《中外旧约章汇编》第 2 册，生活·读书·新知三联书店 1959 年版，第 59 页。

③ 杨遵道、叶凤美编著：《清政权半殖民地化研究》，高等教育出版社 1993 年版，第 441 页。

④ [德] 瓦德西：《瓦德西庚子回忆录》，秦俊峰译，福建教育出版社 2013 年版，第 156 页。

⑤ 《陆军中将嘎仕礼爵士致印度部电》(1901 年 4 月 6 日)，《英国蓝皮书有关义和团运动资料选译》，胡滨译，中华书局 1980 年版，第 475 页；《挑起战争的真正祸首——日本华北驻屯军》，载李云汉编《抗战前华北政局史料》，(台北)正中书局 1982 年版，第 367 页。

山海关历来是军事要地。1901 年 6 月 3 日，联军各国代表在山海关召开国际委员会会议，出席的有德、奥、英、意、日、俄等国将领。会议由英国的里德少将主持，主要讨论将山海关的土地、炮台及房屋分配给将组成该城半永久性驻防军的联军部队。① 山海关南濒海地带，先后有英、法、日、意、德、俄侵略军计 1500 人左右，所建军营侵占了东至长城，西至石河口，南至渤海岸，北至铁路线，总面积约 9 平方千米的地方。侵略军中，德、俄两国于第一次世界大战中撤走，英、法、意国的兵营在第二次世界大战期间被日本占领，日本侵略军在中国抗日战争胜利后才撤走。②

又如，唐山也是列强驻军的重要据点。1901 年，在唐山驻有英军分遣队 300 人，在滦州驻有日军分遣队 300 人。1903 年 8 月，各国对驻军进行了彼此冲减。当时，在唐山驻英军分遣队 329 人，在滦州驻日军分遣队 40 人。1906 年 12 月，日本驻军把驻滦州之分遣队调归塘沽分遣队。在唐山、滦州之英、日军分遣队均隶属于驻天津外国联军司令部。③

1902 年 7 月 12 日列强向清政府发出的照会和 7 月 15 日订立的《天津督署还津条款》，还规定了列强驻军的有关特权。关于操练权："各国军队在其占据之街市得以自由通行，又其左近，即三十基罗迈当之半径内，操练打靶及野外大操，无须预先照会中国政府。"关于对华人的管辖权："各国驻京大臣与中国全权大臣内有贵亲王往返公文内，彼此相允，顺京至海通道应设各军队之管带官，所得弹压治罪之权，延至距铁路两旁二英里之远。""在各国军营服役之中国人，如有犯罪情事，交该军营将校处罚，亦可通融送交中国衙门审判。所有在各国军营服役之中国人均有华字腰牌，交执为据。"关于免税权：天津都统衙门裁撤后，"各国军队应需粮食、衣被等，添补军装各件，概免一切赋税"。关于房产占有权："中国北省各国兵驻屯处所现在所占公私房屋，中国政府应确保其军事占领之权利。"关于避暑权："各国军队夏令避暑，可在北戴河及北京西方高原之处扎营，并有自由之权。"关于一定的外交权：各国军营"与中国地方官有直接交

① 中国二十世纪通鉴编辑委员会编著：《中国二十世纪通鉴》第 1 册，线装书局 2002 年版，第 28 页。

② 秦皇岛市地方志编纂委员会编纂：《秦皇岛市志》第 7 卷，天津人民出版社 1994 年版，第 315 页。

③ 中国人民解放军河北省唐山军分区编：《唐山市军事志》，1997 年，第 141—142 页。

涉之权，而关涉天津街市特别情事，可由联军都统与直隶总督互相商办"①。这些都是《辛丑条约》确立的列强驻军权的延伸。清政府只求顺利接收天津，而全盘接受了上述要求。② 后来，列强各国特别是日本在这基础上，进一步扩大驻军和权利。

总之，各国军队不仅合法化地驻扎于中国，其犯罪行为不受中国法律管辖，并且驻军还对中国人行使司法管辖权，直接镇压中国人民。西方法学家巴顿认为，所谓国际法承认在驻军地点范围内或在值勤中所犯的罪行，或是对于军队同事或他们的财产所犯的罪行，免除当地法院管辖的规则并没有根据。③ 而列强在华驻军拥有的特权，已经远远超越了一般国际法。

控制铁路运输，是京津外国军队行使驻军权的重要一环。1902 年 4 月 29 日，中英签订的交还关内外铁路章程规定，英方愿将京津、津榆并续筑至通州、正阳门及永定门内之各铁路交还中国北方铁路督办大臣。主要条文有：一、因该铁路本系最重要的通道，"中国国家允许，在于京津、津榆各铁路，凡各国留驻兵队，并保护使馆卫兵及马匹、炮位与各类军实等件，均应在各类货物之先，按照附件所开章程运办"。二、在第一条所述留兵驻守各处之时，督办大臣允留武员会同总办并武官两员，帮同办理各国运载军实各事宜。凡为各国兵队需运之故，或运载军实，或修办工程，自应预先由武员、总办与督办大臣商定，由督办大臣转饬照办。其会同总办即派英武官，帮同两员可由德、日本国军门统带各派一员。三、凡各国军队军官认为紧要的铁路车站，均可派兵暂时驻扎，"以便转赍音信往来简易"，所有该武员办理各本营事宜，中国铁路人员应竭力相助。该武员遇有事件，应迳达英国会同总办之武员。④ 同日，中英订立的《山海关至

① 《各国公使照会》（1902 年 7 月 12 日），《天津督署还津条款》（1902 年 7 月 15 日），王铁崖编：《中外旧约章汇编》第 2 册，生活·读书·新知三联书店 1959 年版，第 59—60、61—63 页；《挑起战争的真正祸首——日本华北驻屯军》，载李云汉编《抗战前华北政局史料》，（台北）正中书局 1982 年，第 367—368 页。

② 《外务部照会》（1902 年 7 月 18 日），王铁崖编：《中外旧约章汇编》第 2 册，生活·读书·新知三联书店 1959 年版，第 61 页。

③ 周鲠生：《国际法》上册，武汉大学出版社 2009 年版，第 188 页。

④ 《交还关内外铁路章程》（1902 年 4 月 29 日），王铁崖编：《中外旧约章汇编》第 2 册，生活·读书·新知三联书店 1959 年版，第 44—45 页。

北京铁路上军事运输章程》，对军事运输的程序和价目做了规定。[1] 不过，1912 年 10 月起，各国军队声明，根据北京使团和驻津各国军队司令官议决，北京至山海关沿线各国军队不再缴运费。运费长期积欠，程度不同。[2]

对于列强来说，京津路线的重要不言而喻，所以每每动用重兵驻守。如 1926 年 8 月，为了护卫北京至山海关一带地域的"安全"，日、美、英、法、意五国司令开会，议决各国驻兵额数及区域：日本定额为 800 名，警备区域为由山海关至滦州地段；英国定额为 980 名，警备区域为由杨村至北京地段；美国定额为 1400 名，警备区域为由滦州至芦台地段；法国定额为 1600 名，警备区域为由大沽至杨村地段；意大利定额为 380 名，警备区域为由芦台至大沽地段。日本为"保护"山海关至北京的交通与侨民之"安全"起见，决定增加约两个中队 250 名步兵和步兵炮、平射炮、山射炮，扩充兵舍，并增加经费 110 万元。[3] 1927 年冬末到 1928 年春，为防国民党军北伐，各国在京津一线采取戒备。1928 年初，北京、天津、秦皇岛几个地区的外军达到了 12000 人。例如，美国派了斯梅德尔·巴特尔准将率领的海军陆战旅入驻天津。部队至少有 4000 人，配坦克和野战炮，还有一支包括 20 架飞机在内的空军部队。《纽约时报》驻华记者哈雷特·阿班与巴特尔常见面，"我听巴特尔说过，他们在接到报警后十四分钟内，就可以组织好一千六百人的部队并立即赶往古都北京。陆战队的士兵们，早已经把北京和天津之间的公路修整得完好无损了。他们把原本破旧不全的桥梁进行了加固，现在要开过一辆坦克已经不是问题。空军部队也在时刻准备着，他们在收到命令五分钟后就可以起飞开往北京"[4]。

三　驻军的严重危害

外国学者指出："军事力量使外国在华开创的事业成为现实，它在中国国土、河流和沿海水域的不断部署，象征性地（有时实际上）构成了作

---

① 《山海关至北京铁路上军事运输章程》（1902 年 4 月 29 日），王铁崖编：《中外旧约章汇编》第 2 册，生活·读书·新知三联书店 1959 年版，第 48—51 页。

② 同柏：《北平保护使馆之驻军违约不付北宁路运费之记述》，《外交月报》1935 年第 6 卷第 1 期。

③ 《列强要在华增兵》，《民国日报》1926 年 8 月 12 日第 3 版。

④ ［美］哈雷特·阿班：《我的中国岁月》，寿韶峰译，译林出版社 2015 年版，第 67—68 页。

为形式上正当的外交措施后面的有力支持。"① 列强在北京使馆区和延伸线的驻军，给中国造成了严重的危害——"外军外警，驻扎中国内地，有害于内政此其一，有损于主权乃其二，其他如扩张列强势力等，更为余事耳!"②

（一）驻军是列强干涉中国内政的重要工具

1911 年 10 月，部分国家在北京的驻军人数为：俄国 25 人，德国 125 人，美国 129 人，日本 153 人，英国 270 人，法国 290 人。③ 武昌起义发生后，列强立即展示出对中国反清革命力量的反对。

日本是干涉中国局势的急先锋。1902 年日本驻军京津时，总数为 1650 人，其中 300 人为北京使馆驻兵，1350 人为沿京奉路（1928 年后改称北宁路）各地的驻兵。④ 1911 年 11 月 2 日，俄国驻东京代办勃罗涅夫斯基致电代理外交大臣尼拉托夫：日本陆军省通过俄国驻日本陆军武官通知他，鉴于中国局势发生重大转折，"万不得已时，拟征得俄英两国同意，从关东派遣一个步兵旅团经海路前往大沽或山海关，占领天津或北京以及山海关至天津或北京的铁路"⑤。同日，俄国驻日本陆军武官萨莫伊洛夫致电俄军总参谋部总军需司：昨晚日本陆军省内务局长田中少将前来，交我一份中国最新消息的译文，并表示："万一形势需要，拟征得俄英两国同意，先从关东派第五师团平时编制一个步兵旅团，走海路经大沽或山海关，占领天津或北京以及山海关至天津或北京的铁路。该旅团随时准备出发。"田中询问，倘俄国部队开赴北京，则可指望铁路给以协助。倘有此种打算，则日本人想知道俄国拟向北京派遣何种部队。"我问道，何种情况能使日本出兵北京，田中少将答称，为支持中国皇帝，可能出兵，但仍须征

---

① ［美］费正清编：《剑桥中华民国史》上卷，杨品泉等译，中国社会科学出版社 1998 年版，第 168—169 页。

② 张天百：《不平等条约问答》，中央图书局 1928 年版，第 67—68 页。

③ 《法国在中国的军事力量及其与列强军力的比较——外交部长致陆军部长》（1912 年 2 月 15 日），章开沅、［法］白吉尔编：《辛亥革命史资料新编》（7），湖北人民出版社 2006 年版，第 254 页。

④ 《挑起战争的真正祸首——日本华北驻屯军》，载李云汉编《抗战前华北政局史料》，（台北）正中书局 1982 年版，第 368 页。

⑤ 《驻东京代办致代理外交大臣尼拉托夫》（1911 年 11 月 2 日），《俄国外交文书选译（有关中国部分 1911.5—1912.5）》，陈春华等译，中华书局 1988 年版，第 160 页。

得俄英两国同意。"① 从这些言语看，《辛丑条约》规定的列强驻军权，成为列强出兵中国的极好工具。列强看到革命形势发展迅猛，清王朝确实已行将就木，但又不愿意看到一个追求国家独立的中国新政权的出现，于是把袁世凯作为其在华利益的新的代理人。列强调兵遣将，为袁世凯撑腰，而对革命派和南京临时政府进行军事威吓。

1911 年 11 月 23 日，北京使馆区外交团会议决定支持袁世凯。会议指出："希望保障袁世凯的地位并使他有可能起作用，并且认为，倘袁氏下台或故去，则可能发生武装冲突，使外国人及使馆界受到威胁……"，"故决定派外交团领袖同袁世凯私下谈判，并就最妥当的方式进行磋商"，"还决定采取措施，加强使馆界卫队，应在精神上给汉人和满人造成印象，并且向他们表明，他们的袭击将被击退。为此目的，各国公使应请求本国政府将一支不超过三百人小部队派往公使馆，使现在的一千二百人的卫队增至二千人"②。

列强增兵防卫京津地区。1911 年 12 月 14 日计，使馆区的驻军总数为 2098 人，其中美国在北京使馆卫队军官 11 人、普通士兵 310 人，拥有 2 门 3 英寸口径海军炮、2 门 2.3 英寸口径格林炮、6 门 6.3 英寸口径柯尔特炮。俄国军队近 400 名，英、法、日也各有约 300 余名。③ 为了保障北京和天津之间交通畅通，列强驻军指挥官还拟定了白河封冻前维持京津交通的计划：英国人——占领自北京至万庄以南 6 千米处（共 71 千米），驻守丰台、黄村、安定、万庄等据点；日本人——占领自廊坊以北 5 千米处至张庄以南 5 千米处（共 35 千米），驻守廊坊、落堡、张庄等据点；法国人——占领自杨村以北 6 千米处至天津以东（共 35 千米），驻守杨村、塘沽等据点。各国应安排对它所分管的那段铁路进行适当巡逻，并且保护桥梁。英国人打算派 200 人驻丰台，30 人驻黄村，30 人驻安定，30 人驻万

---

① 《驻日本陆军武官致总参谋部总军需司》（1911 年 11 月 2 日），《俄国外交文书选译（有关中国部分 1911.5—1912.5）》，陈春华等译，中华书局 1988 年版，第 160、161 页。

② 《驻北京公使致代理外交大臣尼拉托夫》（1911 年 11 月 24 日），《俄国外交文书选译（有关中国部分 1911.5—1912.5）》，陈春华等译，中华书局 1988 年版，第 208 页。

③ 《朱尔典爵士致格雷爵士函》（1911 年 12 月 19 日），《英国蓝皮书有关辛亥革命资料选译》上册，胡滨译，中华书局 1984 年版，第 216 页；丁名楠等：《帝国主义侵华史》第 2 卷，人民出版社 1986 年版，第 343 页。

庄，总共约 300 人。他们还正在派遣 120 人前往唐山。① 1912 年 1 月 3 日，滦州革命党人领导驻军起义，成立北方革命军政府。1 月 4 日，英、美、德、法、日等国军队指挥官开会，决定援引《辛丑条约》第九款的规定，向京奉铁路京榆段（北京至山海关）沿线派驻军队。1 月初，一支 500 人的美军进守唐山至滦州段铁路。② 而 1 月 11、17、19 日，南京临时政府外交总长王宠惠三次要求美国等国承认南京临时政府，列强都置之不理。

北京使馆区的态度，是袁世凯抵制南方革命党人要他南下就职的重要筹码。1912 年 2 月 25 日，张謇告诉袁世凯，对革命党人要他南下，"一面有北数省人民，一面有在京外交团，皆可与南使言之"，"解此题者只有二法：一从在京外交团着手；一从北数省人民着手"③。2 月 27 日，蔡元培等到北京，以迎接袁世凯南下。2 月末 3 月初，袁世凯策动北京及附近地区兵变。即将出任袁世凯政府内阁总理的唐绍仪避于使馆区，在 3 月 2 日致函使馆区外交团，请求协助维持北京治安。④ 各国公使开会，决定由附近各口岸调兵入京震慑。会议决定从天津再调来 1000 人，作为对使馆卫队的增援，并且每天在街道上武装游行，"以便对现存统治当局给予道义上的支持。" 会议还认为，为保持与大沽的无线电报联系进行安排是可取的；日本公使答应促使他的政府为该项目的而派遣一艘船只前往该处。⑤ 3 月 3 日，英、美、法各从天津调入 200 名，德国从青岛调入 100 名，共 700 人的军队 4 日在北京市区列队示威。⑥ 同在 4 日这一天，张謇致电唐绍仪："为今计，惟有利用外交团，以非正式公文劝告南北两方，并声明不能听

① 《朱尔典爵士致格雷爵士函》（1911 年 11 月 13 日），《英国蓝皮书有关辛亥革命资料选译》上册，胡滨译，中华书局 1984 年版，第 102—103 页。

② 《法国在中国的军事力量及其与列强军力的比较——外交部长致陆军部长》（1912 年 2 月 15 日），章开沅、[法] 白吉尔编：《辛亥革命史资料新编》（7），湖北人民出版社 2006 年版，第 255 页。

③ 《致袁世凯电》（1912 年 2 月 25 日），李明勋、尤世玮主编：《张謇全集》（2），函电（上），上海辞书出版社 2012 年版，第 319、320 页。

④ 《专电》，《申报》1912 年 3 月 4 日第 1 版。

⑤ 《朱尔典致葛雷函》（1912 年 3 月 3 日），王建朗主编：《中华民国时期外交文献汇编》第 1 卷，上，中华书局 2015 年版，第 365—366 页。

⑥ 韩信夫、姜克夫主编：《中华民国史大事记》第 1 卷，中华书局 2011 年版，第 333 页。[美] 阿尔弗雷德·考尼比斯的《扛龙旗的美国大兵：美国第十五步兵团在中国》（刘悦译，作家出版社 2011 年版，第 37 页）写道，1912 年 3 月 3 日，由 6 名军官和 221 名士兵组成的美军分遣队从天津前往北京，并于 3 月 11 日返回天津。

项城南下，致生变故。"① 3 月 7 日，美国又从马尼拉增派 700 名兵员。② 据 3 月 22 日法国驻华公使馆武官向国内报告，守卫北京使馆区的外国军队约 2500 人，另约有 1100 人分布于北京至山海关之间的铁路沿线，在天津还驻有约 6300 人。列强拉出了行将进行武装干涉的架势，以"有力地支持现政府重建秩序"，"在北京的外交使团将努力选择适当的时机"③。

列强对南方革命派的武装恫吓，对袁世凯窃取辛亥革命的果实起了重要作用。北上迎接袁世凯南下就职的蔡元培等人害怕引起帝国主义干涉。1912 年 3 月 2 日，蔡元培致电南方："……北京兵变，外人极为激昂，日本已派多兵入京。设使再有此等事发生，外人自由行动，恐不可免。培等睹此情形，集议以为速建统一政府，为今日最要问题，余尽可迁就，以定大局。"④ 3 月 6 日，他又致电孙中山："北京兵变，扰及津、保。连日袁君内抚各处军民，外应各国驻使，恢复秩序，镇定人心，其不能遽离北京，不特北方人民同声呼吁，即南方闻之，亦当具有同情。"⑤ 本为来请袁世凯南下就职的代表团，反而赞成袁世凯在北京就职。而列强则指出："袁世凯的威信在很大的程度上是外国人所造成而被他们所大加吹嘘的"⑥。

（二）驻军是帝国主义扩大对华侵略的重要力量

在这方面，日本是个典型。据日方资料，1901 年 4 月，日本除了在北京使馆驻扎卫队，还在天津、山海关、秦皇岛、滦州、昌黎等地有驻屯军，共计 1650 人。⑦ 这支军队被称为清国驻屯军，司令部设在天津，首任司令官是大岛久直中将。1912 年，通过与各国签订《防护铁路协定》，日

---

① 《致唐绍仪电》（1912 年 3 月 4 日），李明勋、尤世玮主编：《张謇全集》（2），函电（上），上海辞书出版社 2012 年版，第 322 页。

② 《珍田驻美大使致内田外务大臣》（1912 年 3 月 7 日），《日本外交文书选译——关于辛亥革命》，邹念之编译，中国社会科学出版社 1980 年版，第 147 页。

③ 《外国在中国的兵力——高拉尔德致陆军部长先生》（1912 年 3 月 22 日），章开沅、[法] 白吉尔编：《辛亥革命史资料新编》（7），湖北人民出版社 2006 年版，第 416、417 页。

④ 《致南京临时政府及参议院电》（1912 年 3 月 2 日），高平叔编：《蔡元培全集》第 2 卷，中华书局 1984 年版，第 142—143 页。

⑤ 《致孙中山电》（1912 年 3 月 6 日），高平叔编：《蔡元培全集》第 2 卷，中华书局 1984 年版，第 145 页。

⑥ 《驻北京公使致外交大臣紧件》（1912 年 5 月 11 日），《红档杂志有关中国交涉史料选译》，张蓉初译，生活·读书·新知三联书店 1957 版，第 382 页。

⑦ [日] 中国驻屯军司令部编：《二十世纪初的天津概况》（原名《天津志》），侯振彤译，天津市地方史志编修委员会总编辑室出版，1986 年，第 158 页。

本获得了自山海关至滦州一段 61 千米铁路的防护权，配置了 599 名的防护兵员，① 实际上增加了驻屯军人数。清国驻屯军改名为中国驻屯军。因为其驻屯范围主要在华北，司令部设在天津，故亦称华北驻屯军。

1931 年九一八事变前后，驻北平的日军屡屡无视《辛丑条约》和中国政府，扩大活动范围。1 月 27 日，日本公使馆驻军在东长安街迤南操场武装越界演习。国民党北平市党务整理委员会呈请中央执行委员会，要求国民政府外交部提出抗议。此案经国民政府外交部核查属实，"已照请日本代办转知该驻兵长官，对于指挥者加以严重告诫，此后不得再有此类举动……"② 不过，日方并不会把中方的照会放在眼里。中方除了以外交照会抗议或劝阻外，也无力制止。6 月 1 日，日本使馆卫队一百二三十人，径赴朝阳门外野操。中方警察拦阻，而对方不听。经派员交涉，日本使馆参赞称，已有函致卫戍司令部。"此时操演将毕，即派人赴城外阻止亦恐无及。"国民政府外交部指示，"嗣后日军操演如未得地方该管官厅许可时，仍应随时注意接洽阻止"③。但没有什么实际有力的办法。九一八事变发生后，日军的行动更加猖狂。10 月 1 日上午 10 时，日军 40 余人在东长安街大地及树林内演习，"持枪描射冲锋对垒，情态逼真。攻击时竟越界至东单牌楼。一时交通断绝，我国人民均极愤慨"。北平市公安局派秘书吉世安调查，日军此种行动是挑衅行为，"我国虽迭向日使馆交涉制止，而日军竟又越界，于人烟稠密中野战，其居心可知"④。

日军的行为成为惯例。1932 年上海一·二八事变前后，北平日军多次上街演习、示威。3 月 11 日上午 9 时，"东交民巷忽出日兵百余名，全副武装，荷枪实弹，蜷伏御河桥两旁，演习巷战。有军官佐多名指挥，如临大敌。我商民忍辱远避"⑤。3 月 18 日，北平日军 100 余名荷枪实弹并携大炮，经东长安街出地安门，游行示威。3 月 22 日，北平日军 100 余人全副

---

① 《挑起战争的真正祸首——日本华北驻屯军》，载李云汉编《抗战前华北政局史料》，（台北）正中书局 1982 年版，第 369 页。

② 《外交部 1931 年 3 月份工作报告》（1931 年 3 月），王建朗主编：《中华民国时期外交文献汇编》第 5 卷，上，中华书局 2015 年版，第 340 页。

③ 《外交部 1931 年 6 月份工作报告》（1931 年 6 月），王建朗主编：《中华民国时期外交文献汇编》第 5 卷，上，中华书局 2015 年版，第 408 页。

④ 《北平东长安街日军演习野战》，《申报》1931 年 10 月 2 日第 3 版。

⑤ 《北平日兵演习巷战》，《申报》1932 年 3 月 12 日第 7 版。

武装，在东单、王府井南口一带演习巷战。① 3 月 31 日下午，北平日军 50 余名，由两名武官率领出东交民巷，在王府井大街各冲要街衢游行示威，"各兵手提机枪，队后带钢炮二。警察极力维持秩序，幸未肇事"②。4 月 18 日上午 9 时，北平日军 130 余人在东长安街演习。这些挑衅动作，配合了日军在上海发动的进攻战。8 月 26 日，北平日军 170 余人于晨 3 时由东交民巷兵营至东单、王府井大街等处越界露营演习，5 时始回。③

　　日本华北驻屯军不再被限于《辛丑条约》规定的保护公使馆和京津交通要道的职责范围，而积极在华北策划、实施分裂中国的阴谋。日军侵占东北后，又继续向华北进逼，"在山海关的东门外五眼井一带强驻有关东军，又利用不平等条约在南门外和车站驻有秦榆守备队，使山海关的东南两门都在日军严密监视和控制下，只有西门和北门才是我军控制的地区。另外，隐藏在城里的敌军谍报人员，以日、韩侨民的身份为掩护，在治外法权和日本驻军的庇护下，随时随地都在搜集我军的情报。因此我军任何军事行动，即使是微小的调动，也很难瞒住他们的耳目，致使我军处境十分不利"④。

　　实际情况正如何柱国所言。1933 年 1 月 1 日，华北驻屯军配合关东军制造"山海关事件"，3 日日军攻占了山海关。对于中方的抗议照会，日方声称有关行动是为保护日侨，同时依据了关于交还天津换文所确定的弹压治罪权。中方指出：日本侨民在该处原无侨居权，纵日侨至该处，也应由中国地方官厅负责保护，日军不得越俎代庖。日方滥引所谓弹压治罪权占领中国领土，显然背情违理。日军占领山海关后，又在多处袭击中国军队，并在北平等处，"时于人烟稠密地方持械游行及举行作战演习"。"凡此举动，不独违反国际公法及中国迭次指出之重要国际公约，即对于 1901 年各国约定之条款，日方亦复积极破坏。"⑤ 日方坚持上述谬论，又称：北

---

① 韩信夫、姜克夫主编：《中华民国史大事记》第 6 卷，中华书局 2011 年版，第 4112、4115 页。

② 《北平街上日兵游行示威》，《申报》1932 年 4 月 1 日第 7 版。

③ 韩信夫、姜克夫主编：《中华民国史大事记》第 6 卷，中华书局 2011 年版，第 4133、4221 页。

④ 何柱国口述：《何柱国将军生平》，施文淇等整理，中国文史出版社 1992 年版，第 73 页。

⑤ 《外交部致有吉明照会》（1933 年 1 月 22 日），王建朗主编：《中华民国时期外交文献汇编》第 6 卷，上，中华书局 2015 年版，第 290—291 页。

平等处行军演习，"乃根据惯例及条约，并无若何违法之处"①。为配合山海关日军行动，1 月 8 日，驻北平的两百余名日军在东长安街演习战术。驻天津日军举行大检阅，并邀请各国武官参观。② 据前日本陆军一一七师团师团长铃木启久回忆："日军利用华北驻屯军各部每年换防的机会，不断增加若干兵员，以压制抗日势力；并在'八国联军'事件时划归日本占领的秦皇岛附近地区，利用'修补境界铁丝网'的规定，每年都向外扩张境界线。"③ 所以，《辛丑条约》规定的驻军权，极大便利了日军的侵略行动。

1936 年 4 月，日本广田弘毅内阁决定增兵华北。其增兵后的新编制为：中国驻屯军司令部，步兵旅团司令部，步兵第一、二联队，战车队，骑兵队，炮兵联队，工兵队，通讯队、宪兵队及驻屯军医院、仓库等。6 月上旬完成新编制后，总人数达 5774 名。中国驻屯军司令部、步兵第二联队和军直辖各部队驻天津，步兵旅团司令部及步兵第一联队主力驻北平和丰台，其他一部步兵部队分布于塘沽、滦州、山海关、秦皇岛等地。④ "华北驻屯步兵第一联队和同名第二联队"的特别称号，示其永驻华北地区之意。驻屯军司令官职别由少将级提升到中将级，并改军部任命为天皇亲授。日军不断进行军事演习，制造事端，寻找侵略借口。日军挑起卢沟桥事变，即以辛丑议定书第九款和 1902 年中国与各国关于交还天津的照会第四条为辩护依据，而丰台和卢沟桥根本不在《辛丑条约》规定的驻军地点内。

（三）驻军严重危害地方社会治安

外军经常向中国人挑衅和制造事端。1904 年的一天，一小队意大利兵在北京东交民巷的东北隙地操演步法，当时有清军姜桂题部士兵两人杂于大众之中观看。"正在哗笑之际，义国巡捕出而喝阻，该兵置之不理。巡捕怒挥以手，该兵亦奋力相捕。巡捕正在不支，义军见其势危，遂分军士十人相助，姜军乃弃而奔。及义军赶到，该二兵已入本营。"随后，意大

---

① 《有吉明致外交部复照》（1933 年 2 月 2 日），王建朗主编：《中华民国时期外交文献汇编》第 6 卷，上，中华书局 2015 年版，第 291 页。

② 韩信夫、姜克夫主编：《中华民国史大事记》第 6 卷，中华书局 2011 年版，第 4298 页。

③ ［日］铃木启久：《我在冀东任职期间的军事行动》，载中国人民政治协商会议河北省委员会文史资料研究委员会编《河北文史资料选辑》第 12 辑，河北人民出版社 1983 年版，第 113 页。

④ 韩信夫、姜克夫主编：《中华民国史大事记》第 7 卷，中华书局 2011 年版，第 5123—5124 页。日军在中国华北多地驻扎的情况，可参阅《华北日驻军调查》，《申报》1936 年 9 月 22 日第 5 版。

利兵进入姜桂题部营区开枪，"军门亟出弹压，义军始恨恨而退。继由外务部牒请义使究惩，竟置不理"。外务部电咨直隶总督袁世凯派遣水师提督叶祖珪来京调处。① 抢劫案也是经常发生的案件。1904 年，华人陆某经过东交民巷，被美国卫兵拦路截劫，抢去银元等物。陆某当即赴工巡局报案。工巡局即派巡兵带陆至美国营房诉明缘由。"美兵官谕各兵排队，令陆指认，幸陆将该兵面目记认清楚，立即指出。美兵官查问无误，即将原赃追还。并以此举大损彼国名誉，从重处罚。除夺去一切利益外，并罚充苦工五年，以示惩儆。"② 外军经常闹事。曾在美国驻北京公使馆任《公使馆卫队新闻》编辑的埃文思·福代斯·卡尔逊说：公使馆卫队战士对中国人或漠不关心，或持敌对态度。"中国只是一个岗哨。他们唱醉了酒，就在街上追逐中国人。每天都有士兵因争吵而被抓起来。"③

驻军存在种种丑恶现象。各国练兵操场内原有多间小房屋。外军进驻使馆区后，小屋遂有妓女出现，公然招揽洋兵在内饮酒高歌，昼夜不绝，连英国公使朱尔典也认为"荒唐丑怪之至"。此种妓馆更公然依屋建围墙，扩充营业。④ 崇文门内东交民巷附近，设有多家外国妓馆，"往来各西人之好作狭邪游者趋之若鹜。上月中，有德兵因与俄兵捻酸起衅，致被殴伤三人。德兵啣之，当将伤者舁回营中，号召同侪欲与俄兵一决胜负。事为他国闻知，急往劝阻，颇费唇舌……"⑤ 在北城东南，紧邻东单牌楼有几家外国妓馆，大多数妓女是日本人。船板胡同西边也有几家妓院，妓女有俄国人、法国人、奥地利人以及其他欧洲国家的姑娘，这些姑娘大多是犹太人，其中也有中国姑娘。这些外国妓院主要供洋人寻欢作乐，经常光顾此地的大多是使馆警卫。外国妓院的存在完全违犯中国法律，但因为它们同外国人有来往，中国警察不敢招惹它们，只好听任其存在。⑥ 邓力群回忆他在北京汇文中学就学时看到的情景："东交民巷有各国的军队，我们上学经过的几条街，都是外国军队。现在的东单公园当时是外国兵营的操

① 《中外交涉汇志》，《东方杂志》1904 年第 1 卷第 10 期。
② 《中外交涉汇志》，《东方杂志》1905 年第 2 卷第 8 期。
③ 中国国际友人研究会编：《中国之友卡尔逊》，辽宁人民出版社 1996 年版，第 26 页。
④ 章玉和：《东交民巷杂谈》，(伪)《中和月刊》1944 年第 5 卷第 6 期。
⑤ 《德俄龃龉》，《申报》1903 年 5 月 9 日第 1 版。
⑥ ［美］西德尼·D. 甘博：《北京的社会调查》上，邢文军等译，中国书店 2010 年版，第 261—262 页。

场。汇文中学在崇文门，出来就见外国军队耀武扬威。有妓院，去那儿嫖妓的，各国的人都有，搞得乌烟瘴气。经常见到外国人打我们的车夫。大同医院旁边是日本兵的驻地。电车道旁也是外国军队的一条跑道。天天亲眼目睹这些情景，稍有一点爱国心的人，都会受到刺激，感到愤慨。"①

九一八事变后，日军日益骄横。如1934年7月30日上午10时许，东交民巷日军突然在王府井大街、长安街一带，全副武装、演习巷战，如入无人之境，"行人因未明究竟，多逃避，交通秩序一度混乱。当由内一区署派出外务署员率同长警维持交通，以免误会。至十一时许，日兵始整队返营"②。日军时而越出界墙外的练兵操场，"由天安门东行到东单牌楼，沿马路长凡两里余，为他们演习集中地，有时且跨马路而过，在长安街槐林树中吹集合号，行路侧目，无敢如何"。"一次，笔者由平安影院出，见人力车夫狂奔，作鸟兽散。询之，才知某国兵操演方毕，戏弄华人为余兴，以手榴弹置于人力车篷斗之内，其恶作剧如此。"甚至日军进行巷战演习时，"却向北自栖凤楼至东四大街的青年会，长安街至灯市口，都圈入范围。凡此数处，皆北平的繁盛区，随便演习，他们目无中国人……"③

各国驻军，"就法理言，为他国政治权力侵犯中国主权，实为国际法所不许。就实际言则在华外军之目的，原在保护侨民，但其结果反足以酿成无谓之事端，损害中外人民之生命财产"④。京津铁路沿线的外国军队也是如此。根据《辛丑条约》，1901年日本步兵开始驻扎在昌黎县城东关和火车站。⑤1913年9月11日晚9时30分，昌黎火车站的铁路巡警杨桐秋值勤，发现一个驻扎在车站的日本兵正在站前抢夺卖果人的水果，卖果人不给，杨桐秋怕日本兵殴打卖果人，便劝说卖果人。而日本兵竟怀疑他祖护卖果人，便用枪把子打杨桐秋。这时，另一个日本兵也上来，揪住杨便打。杨急忙吹警笛求援。巡长刘长忠闻声带领巡警刘玉兴、刘焕文来到现场，见杨已逃脱，便一同回到驻所。不多时，日军官佐野哲太郎带领全队把警察驻所包围。闯进院后，用战刀刺死巡长刘长忠，并命令日兵向里面

---

①　《邓力群自述》，人民出版社2015年版，第29页。

②　《驻平日军武装演习巷战》，《申报》1934年7月31日第3版。

③　逐客：《因丰台苑平而联想到使馆界》，《星华》1937年革新第10号。

④　徐公肃：《日人在沪建筑兵营与外国驻军问题》，《外交评论》1933年第2卷第11期。

⑤　昌黎县地方志编纂委员会编著：《昌黎县志》，中国国际广播出版社1992年版，第207页。

打排子枪，当场又杀死巡警王学儒、刘金铭、杨桐秋。另一名巡警刘秉俊身负重伤，次晨也死在医院。日本侵略者杀死 5 名中国铁路巡警后，又威逼县知事王芝田在歪曲事实真相的文稿上签字。① 凶残横暴的侵略军，罪行滔天！

列强在中国的首都建立兵营、常驻军队，目的就是为其对中国的深入侵略提供军事支撑。"这些措施不断地被运用，以维护外国人的条约权利和确保他们人身和财产的安全。"② 列强在华驻军权的获得，严重损害了中国的主权，"像长江的炮舰那样，所有这些外国士兵和警察也许也不是难以对付的军事力量。即使他们的存在在中国被迫同意的国际协定（如辛丑和约）中，有一定的法律根据，但他们仍赤裸裸地损害了中国的主权……比这种外国军事占领形式上的法律根据（这也许是可以争辩的）更加重要的是，人们了解到外国在中国国土上驻军意味着什么：有治外法权的列强能够并决心在必要时使用武力，以支持它们单方面认为它们已经取得的权利"③。实际上，外军的行为和作用远远不止这些。外军深度地介入了中国内政、外交事务和社会生活。

第四节　司法警察制度

外国列强在北京使馆区拥有完全的治外法权特权，有完全的警察权。因使馆区是各国共管之地，各国按属人的原则来确立司法制度，同时建立了一套正规的警察制度。列强将使馆区变成了中国的法外之地，这是对中国主权的严重侵犯，是其"国中之国"地位的又一重要体现。

一　使馆区的司法警察制度

列强各国驻华公使和领事都有权行使司法特权，开庭审问本国在华侨

---

① 《昌黎日兵惨杀路警调查详记》，《申报》1913 年 9 月 27 日第 6 版；昌黎县地方志编纂委员会编著：《昌黎县志》，中国国际广播出版社 1992 年版，第 220 页。

② ［美］费正清编：《剑桥中华民国史》上卷，杨品泉等译，中国社会科学出版社 1998 年版，第 169 页。

③ ［美］费正清编：《剑桥中华民国史》上卷，杨品泉等译，中国社会科学出版社 1998 年版，第 171 页。

民。各国一般在华都设立领事法庭。法国"在北平领事区内之诉讼，不由驻平领事，而由法使馆中之参赞任之"①。

管理使馆界事务公署没有设立法庭。在使馆区，"诸外国及中国之裁判权以属人的行之。以是犯罪人之处分，大体同于上海，惟不专属于共同行政机关之警察吏。对于外人，普通委于其各本国警察官吏之手。他国官吏捕得现行犯时，交付于其本国官吏。中国犯人，亦逮捕后交付于中国官吏"②。即使馆区的司法管辖制度是属人的。对界内的外国人，无论哪种违法行为和人犯，都由界内警察拘捕，再交给人犯所属国家的官员处理。

1915年3月2日晚，奥国兵3人喝醉后闯入八宝胡同山本医院内滋闹，该医院日本人将他们逐出。恰巧中国警察也在该处。3个奥兵见有警察，即逃入八宝胡同第2号妓馆内。该医院的日本人一面在妓馆门前监守，一面电请日本兵营派宪兵来。不久有日本人六七名及日宪兵两名到山本医院。这时东城左一区邓区长也已到场，与日本宪兵等在山本医院内晤谈。结果，日本人和日宪兵等均返回；酒醉奥兵3人由邓区长电请奥国兵营派奥国宪兵两人前往妓馆拘捕，邓区长派警察20余人一同护送回东交民巷奥兵营，依法惩治。③ 此事虽然发生在使馆区外，但奥国兵的行为仍然由其本国官员处理。

对使馆区内的中国人的违法行为，则由警察将其拘留、审查，再交由界外中国警察机关处理。北京内左一区警察署为京师警察厅分属机关，原设于石牌坊大街西总布胡同东分厅旧署，1917年移至崇文门内大街三条胡同西口外，王府井大街路东。该署处于交通要冲，地带繁华，署内"各处院中均清洁异常，电灯、电话设置悉备，洵为城内外区署之模范"④。

1913年8月，比利时驻华公使馆翻译官魏克年丢失钱，怀疑是厨役和仆役所偷，于是通过使馆区巡捕房把他们两人移送至京师警察厅。京师警察厅认为证据不足，将其释放。魏克年认为结果不公，强调"本人官厅别

---

① 孙晓楼、赵颐年编著：《领事裁判权问题》，商务印书馆1937年版，第185页。

② ［日］今井嘉幸：《中国国际法论》，张森如译，商务印书馆1915年版，第173页。

③ 《奥兵与日医院冲突纪》，《申报》1915年3月7日第6版。

④ 丁德荣：《内左一区警察署记》，《京师街巷记》内左一区卷二，林传甲总纂，琉璃厂武学书馆，1919年，第1、2页。清末北京始设区一级机构。但清末民国所设之区与1949年后北京所设之区的性质不同。1949年后北京所设之区为国家的一级行政建置，而清末民国所设之区实为警政区，非一级行政建置（《北京志·综合卷·建置志》，第68页）。

无他人出入，且只有这二人知道我放钱的地方"，因此要求警察厅再审。①

又如1924年5月22日，陕军第一师副官的马弁在使馆区内，与岗兵发生口角冲突，被拘送警区。缘由是，第一师副官何绶的母亲病重，令马弁田桂山、赵廷玉用布睡床抬往法国医院治疗。到六国饭店门前，马弁因抬远疲倦，将布床暂时放在街上休息。该处站岗巡捕上前阻止，称此处是通行大道，布床不宜随意停放，致碍交通。双方"初仅口角，继至用武，六国饭店门口之巡捕，闻声亦赶往加入战团，二马弁颇有受伤。旋即互扭至巡捕局"。巡捕局查问原因，将两马弁送交内左一区警署。②

当然，有关人员是否送使馆区外由中方处理，如何处理，使馆区各国也有主动权。1913年8月16日，丹麦使馆方至北京政府外交部，告华人杂役吉顺等人聚众赌博，希望外交部转告京师警察厅派人前来处理。第二天，使馆方又致函称：本拟将该吏开除，特念其工作多年，不无劳碌，拟罚款50元以示薄惩，请警厅派人去面商。于是，北京政府外交部要求京师警察厅按此办理，派人前往使馆区处理。③

使馆区内建立了脱离于中国警务管理系统的正规化的警察制度。区内警察制度，分为普通警察和各国驻军之警察兵两种形式。④使馆界事务公署下设有巡捕局，巡捕局设局长一人，文书一人，差役两人，三道巡捕（相当巡官）三人，二道巡捕（相当巡长）六人，巡捕（相当巡警）60余人，分三班值勤。局内建有一间拘留室，两间平房为办公室，房后为巡捕集体宿舍。巡捕局对各国操场及城根实行巡查，由三道巡捕带班出勤，流动巡逻。巡捕头戴大檐帽，身着制服，足登土黄色咔叽布面的靴子，左臂佩有黑底红边缀有红色数字的圆形臂章，腰带短木警棍和口哨（无枪械）。使馆区内，多处设立巡捕交通岗位，如东交民巷东口和西口、美国公使馆、荷兰公使馆、花旗银行、御河桥、汇丰银行、台基厂南口、德国医院、六国饭店、利通饭店、南水关、正义路北口、台基厂北口、西绅总会

　　① 《京师警察厅内左一区区署关于比国使馆翻译官魏克年因丢失洋银控告王宪章问题的呈》，1913年8月，北京市档案馆藏，资料号：J181 -019 -00351。

　　② 《使馆界行凶案》，《顺天时报》1924年5月23日第7版。

　　③ 《外交部关于丹麦使馆服役吉顺聚赌拟请罚办的函》，1913年8月，北京市档案馆藏，资料号：J181 -018 -01243。

　　④ 刘彦：《被侵害之中国》，（台北）文海出版社1987年版，第262页。

等处。未设固定岗的地方，如城根、东单练兵场及瑞金大楼、奥国公使馆等处，实行巡查或夜巡。遇有华人在界内违章犯法，拘留审查后备文，连同犯人一并送内一区警察署。① 一般的警察人员雇用华人来充当，"由使团委任外籍警官指挥监督之"②。总之，"界内之警察权，除东长安街之北方一隅，地甚偏僻，各国不便越路执行，委托中国警察外，概由外国警察行使"③。

北京使馆洋界巡捕章程④

一、各国卫队统带日后互商，分定区域若干段，每段各由本国巡捕兵稽查一切。

二、各国卫队统带应遵现定章程，各在本段设立保安局。

三、每三个月由卫队兵官内轮派一人办理巡捕事宜。

四、巡捕兵之右膊上带有红色布圈，上写 P 字。值班之时，只许用木棍步行，不许持枪。设该卫队统带因夜内有缉察责任，须令巡捕兵携带手枪，亦可照办。巡捕兵巡夜时，两人为一排。

五、巡捕兵查访犯罪之人暨违犯规条之人，届时须先查其人为何如人，或中或外，先将姓名、履历问清，然后拿获，再行申禀。

六、设所拿之人为各国兵营中人，即交该本国队官核办，倘系别项外人，即送至各本国使馆；设为华人，即交值班之巡捕官，该员当速设法转交中国巡捕局办理。

七、巡捕兵使用军械须遵各本国军律，不得随便佩带。凡巡捕兵，除因自卫外，概不准擅自殴人。

八、卫队统带须将二十四点钟之内本段所出之事报知巡捕官，巡捕官每月月底汇报办事处。

有不平等条约和特权制度保护，北京使馆区 "外交使团及其在条约口

---

① 吴逸民：《昔日之东交民巷》，载北京市政协文史资料研究委员会编《文史资料选编》第 39 辑，北京出版社 1990 年版，第 250—251 页；北京市地方志编纂委员会编著：《北京志·政务卷·外事志》，北京出版社 2012 年版，第 420 页。

② 王卓然、刘达人主编：《外交大辞典》，中华书局 1937 年版，第 557 页。

③ 谢彬：《国防与外交》，中华书局 1926 年版，第 339 页。

④ 《清末北京使馆洋界巡捕道路规章史料》，《历史档案》2010 年第 3 期。

岸的领事馆的属员实际上可以认为是中国政府的组成部分，具有对在华外国国民民事和刑事的排他性的裁判权。公使们借故生端地警惕着一切违反条约的真实的或想象的情况——不但指字面上的违反，而且指精神上的违反……每当外国人的地位及其利益可能受到中国政府某些行动的影响时，列强就几乎会断然对外交部或其他部门施加足够的压力。它们声称受到直接损失而百般进行交涉，而且很少同意适度的赔偿"。这是对外国在华特权实施的直白写照。而 1906 年美国前驻华公使田贝说："在欧洲国家，如果他试图做这些事情中的一小部分，他就会拿到护照离任。"①

使馆区的华捕，在待遇和地位上都较有优越性，更有外国特权制度的背景，在执勤岗位上盛气凌人。他们在"冬境天，穿着黄布棉大衣，黄布靴子，老喇嘛似的。要是遇见拉洋车的进交民巷，错了上下辙儿，手里提的木警棒，上去就是几棒子，这种不讲理的劲儿，真是好孙子啦！"② 有人谈及："东交民巷一带，俨然外国租界。迩以鼠疫故，断绝交通。界内巡警狐假虎威。江南某名士偶过其地，思欲一觇使馆门前冷落之情形。该巡警竟横加拦阻。名士始则理喻，继以谩骂。巡警老羞成怒，几为所窘。适某侍郎因事前来，停车查询。获悉之下，深怒巡士无礼，立饬亲随持片至领袖公使处诘责。当经该公使，将巡士斥革。是虽细故，亦足见该处巡警恃势蛮横之一班矣。"③

军队也时常协助，承担警戒的任务。每逢北京政权更迭，"恐有变乱之际，外兵警备，常越崇文门大街而东，北至东长安街之北，而号称'保卫界'焉"④。又如 1926 年 10 月 2 日的天津《益世报》报道：北京连日发生抢劫案，前日宝成金店又在东交民巷被劫。驻京各国公使深为骇异，昨天开会，讨论今后维持保卫界治安的办法，论及北京治安问题。"闻其结果，除对于保卫界内添派武装巡捕加岗防守外，并将于必要时，酌调海军陆战队保卫使馆云。"⑤

---

① ［美］费正清编：《剑桥中华民国史》上卷，杨品泉等译，中国社会科学出版社 1998 年版，第 180 页。

② 陈鸿年：《北平风物》，九州出版社 2016 年版，第 160—161 页。

③ 《京师近事》，《申报》1911 年 3 月 6 日第 1 张第 5 版。

④ 吴昆吾：《不平等条约概论》，商务印书馆 1933 年版，第 61 页。

⑤ 《使馆界设武装巡捕》，天津《益世报》1926 年 10 月 2 日第 4 版。

警察权对维系使馆区特权制度的运转非常重要。日本的今井嘉幸评论：使馆区"然警察关系颇为严格。设有特别役员，又雇中国人为巡捕。各国驻屯警察兵亦干与普通警察之事，无所遗憾"①。

二 典型的案件

在一些案件中，因使馆区的特殊性，以及外人拒绝配合或者强力干涉，中国方面的警察、司法机关难以实施具体调查，案件的侦察和审理往往处于尴尬状态，甚至附和外方提供的证据和处理意见，以息事宁人。

1924 年 4 月 6 日，北京政府陆军部卫兵李义元（直隶宛平人）到正阳门东面使馆区城墙边，准备登城墙游览，遭外国巡捕的阻拦。李义元被告知，该处系外国租界，华人不得上去。李义元即与之理论，巡捕不容辩解，将其逮捕，后把李义元转送左一区警署交还所部兵营。所部长官得知情况，责以军棍，并革退其军职。该兵受刑冤愤，遂起抗强复仇的念头。13 日，李义元在崇文门大街与意大利人嘉斯台利尼、美国人扑摩尔发生冲突。同日李又至使馆区水关附近，欲登城堞，与英人康培尔斗殴，被英兵捆交巡捕房。次日，荷兰公使欧登科照会北京政府外交部，对李义元殴击外人一事提出抗议。英国公使麻克类亦致函北京政府外交部，要求在审判李义元时观审，并要求对被殴外人给予赔偿。意大利公使也致函要求观审。随后，美国公使也致函外交部，要求告之审讯办法。李义元被非法扣留了 6 天，英方甚至提出，中方要先答应允许派人观审，才能放人。上述案情中，李义元自己也是有过错的。而且，李义元的斗殴行为是否有过错，程度如何，是可由中国警察和司法机关调查认定的。但是，列强干涉中国司法权的用心也是明显的。天津《大公报》的评论指出："夫外人在华之领事裁判权，但许其管辖各该国之侨民，并无干与中国司法之权。今乃任意监禁华人，此英意当局拘禁李义元之根本不法也。"②

4 月 19 日，外交总长顾维钧令京师警察厅将李义元从使馆区领回。并允许英使观审，"一面又不愿在新式司法机关中任外人观审，丧失主权"③。

---

① ［日］今井嘉幸：《中国国际法论》，张森如译，商务印书馆 1915 年版，第 173 页。
② 春木：《李义元案平议》，天津《大公报》1924 年 4 月 30 日第 2 版。
③ 南雁：《李义元案的小题大做》，《东方杂志》1924 年第 21 卷第 10 号。

此案的观审问题，颇让北京政府为难。顾维钧与北京政府司法部次长薛笃弼商定，按清末中英、中美等条约中地方官与领事会同办理审案的规定，将该案交付大兴县办理，而避免有外人干涉司法的名义。因为，"大兴县固地方官，而又兼理司法。对审李义元而言，该县为司法官，固可审理。对三使派员观审而言，该县为地方官，又合条约之所规定，不侵及审判独立"①。4 月 22 日的北京政府内阁会议，作出了此案交地方审理并由外人观审的决定。② 这一作法仍然是容许外国干涉中国的司法权，是对中国参加华盛顿会议主旨的倒退。当时的舆论即批评顾维钧允许外人观审的作法，"但当局的用心虽苦，而使团治外法权行施到首都的话，却已传遍全国了。"4 月 23 日，在京国会议员在中央公园召开国民对英外交会议，决定通电中外，请英国工党内阁召回英使麻克类，并向北京政府外交部建议：（一）英使对中国兵不先交中国政府办理，竟擅行拘辱数日，此实侮辱中国国体，英使须向我国外交部道歉；（二）凡英人住在中国名胜地，以后必须允许中国人游览；（三）英使须声明以后对中国国民不得为无理之侮辱；（四）中国政府不得过分处罚为国受辱的士兵；（五）外交部须向英使交涉，对于该英人应受同等的裁判。③ 有人指出：美国人在热河建平县枪毙巡警事件，凶手为喀克加特等，"经我政府向美使提出抗议，美使已允抚恤"。与此事相比，李义元不过与外人斗殴，而英、美、意竟如此强硬，"欲蹂躏我国法权"④。

5 月 3 日，北京政府内阁会议召开。外交总长顾维钧报告，驻京英使麻克类多次照会外交部，催问李义元案办理情形。会议决定，催促主管机关迅速办理。⑤

李义元殴击意、美、英人案，于 6 月 9 日在大兴县知事公署审理，意人嘉斯台利尼、美人扑摩尔、英人康培尔到场。意使馆派兰博士、美使馆派卓斯麟、英使馆派卑德本观审，审理中他们无异言。6 月 14 日，29 岁

① 《北京通信》，《申报》1924 年 4 月 29 日第 4 版。
② 《李义元案决许外人观审》，《民国日报》1924 年 4 月 23 日第 2 版。
③ 南雁：《李义元案的小题大做》，《东方杂志》1924 年第 21 卷第 10 号。
④ 隐庐：《国际平等之原则安在》，天津《大公报》1924 年 5 月 3 日第 2 版。
⑤ 韩信夫、姜克夫主编：《中华民国史大事记》第 3 卷，中华书局 2011 年版，第 1931 页。

的李义元被处以 3 个月 3 天的徒刑。① 7 月 1 日，北京政府外交部将判决结果通知英、美、意公使。② 李义元的遭遇得到了人们的同情。后来，其被释放之日，"集署迎者数千人"③。

　　使馆区列强干涉中国司法权，引起了中国人的义愤。《向导》周报评论：李义元有过失之处，然而李义元的气愤是谁激起的？中国人在中国自己的都城上不能行走，纵算我们自认晦气！"但'在中国境内，殴击华人'，或是'逼死华人'，'强奸华人'，不更较'使馆界内'更为无礼么？'英人威比德抗税，殴伤巡士'，'英人某在二十四间房夺用中国国会议员张益芳的马车，殴伤马夫'，'校尉营英兵强奸民妇，殴伤巡长'，中国协会对于这些事又将怎么说法呢？李义元不过是一个中国未受教育的平民，较之堂堂大日本帝国驻扎汉口的司法机关，逼死田仲香何如？较之大日本帝国商人鸟羽逼死贾邦敏又何如？我们若把受害华人总数，列为'详表'，怕不更其'阅之令人震惊'！"④

　　使馆区内的警察依仗特权，在界外抗拒中国方面的管辖。1913 年，使馆区内的华捕越出界外，殴打行人，在棋盘街石路中间被警察拿获，送内城巡警总厅转送地方检察厅问讯办理。检察官以该华捕殴人见血，当即收押，移送审判厅判罚。正在讯办之时，使馆区洋人警察长亲自到检察厅，请立刻予以领回，"谓使馆界之华捕，在一千九百零一年即前清光绪二十七年订有条约，中国认使馆界内巡捕有治外法权。此次忽被拘捕，显系违背条约"。检察长尹朝桢说，1901 年的条约当然有效。然而该捕在使馆区外殴人见血，非执行警务之时，"本厅以其即系华民，在华界被捕，中国有自行审理之权，与条约毫不抵触。往返辩论约三小时，该洋员始悻悻而去"。后检察厅又电话询问外交部采取什么办法，外交部回电，仍请送回内城总厅，照华民越界违警，用行政处分判罚了结。然该洋员等仍纠缠不

　　① 《大兴县公署华洋诉讼刑事判决》（1924 年 6 月 14 日），《外交公报》第 40 期，1924 年 10 月。

　　② 《李义元殴击外人一案现经大兴县依法判决检同原判决书送请查照函》（1924 年 7 月 1 日），《外交公报》第 40 期，1924 年 10 月；中国二十世纪通鉴编辑委员会编著：《中国二十世纪通鉴》第 2 册，线装书局 2002 年版，第 1517 页。

　　③ 傅琴心：《记李义元事》，《申报》1930 年 3 月 5 日第 17 版。

　　④ 楚女：《对于"中国协会年会"底批评》，《向导》第 66 期，1924 年 5 月 21 日。田仲香、贾邦敏案，可参阅武汉地方志编纂委员会主编《武汉市志·外事志》，武汉大学出版社 1991 年版，第 91—93 页。

休，"誓必由检察厅领出方为如愿"①。总之，外人的干涉，使得中方很难独立行使警察权和司法权。

还有性质更为恶劣的案件。1926 年 9 月 24 日，京师卷烟吸户捐总局工作人员么文华在使馆区西口外查问运有卷烟的车辆，这本属于其正常职责范围。不料，使馆区内协和烟草公司的外人和区内巡捕竟强行把么文华拖入使馆区内，并加以拘禁。第二天，么文华被移交于北京内左一区警署，并受到使馆区"擅入保卫界内，揪扭某甲，欲行带回捐局"的指控。这完全是颠倒黑白。京师卷烟吸户捐总局两次致函京师警察厅，说明盘查无凭证的卷烟为其履职行为，请京师警察厅向管理使馆界事务公署作出交涉。京师警察总监李寿金却屈服于使馆区的权势，说什么"么文华对于职务上发生错误，非寻常疏忽可比，应予革除，免滋事端"②。此案件中，使馆区方面的行为完全是在特权下的流氓行径，根本无任何依据可言。又如1936 年 12 月 4 日下午 5 时许，有人"藉某方之势，骑自行车，不购捐牌，行至东交民巷口，被值岗警宪查觉，发生争执。旋有某国兵一名出而助之，竟将宪兵带走。该警质问何以捕我宪兵，讵警亦从而被带去。经当局向某方交涉，当晚始行释出"③。正因为有特权为后盾，使馆区人员才敢如此嚣张地将中国人任意劫入中国法律管不到的使馆区内。

三 特殊的日本警署

另外，日本在北京使馆区内还单独设有警务机构。天津日本总领事馆派遣警察官员在北京公使馆内执行公务，其机构如同一个正式的日本警察署，专管日侨、韩侨事务。这是使馆区其他国家所没有的。

日方从天津派遣警察官到北京公使馆，以 1900 年 9 月 1 日为开端。当时有 6 名巡查执勤人员，尚不能执行一般警察事务，只从事修整战乱后荒废的公使馆区域。后至 1902 年 1 月，又派来警察，从事各种公务。除一般警察事务外，也能办理民事及户口等事务。警察的定员，一时曾达 9 人，

---

① 《使馆华捕越界殴人之交涉》，《申报》1913 年 1 月 18 日第 3 版。
② 《京师警察厅内左一区分区呈送管理使馆界事务公署指控么文华擅入保卫界捕人请从重科罚一案卷》，1926 年 9 月，北京市档案馆藏，资料号：J181－019－49425。另可参阅李潜虞《民国北京东交民巷往事（一）》，《世界知识》2014 年第 14 期。
③ 《浪人在平纷设赌局》，《申报》1936 年 12 月 7 日第 4 版。

后减至 6 人。① 这是一个具有相当独立性的警察机构了，而且其职能远远不限于民事工作。在华盛顿会议上，日方表示：日本驻警于中国，对防止日本在华侨民犯罪极有作用，而不干涉中国和其他国家人的日常生活，"日本警察对于中国警察不能保护之社会，且时加保护焉"。这完全是野蛮者的一番狡辩。要防止日本人犯罪，当从根本上禁止无赖日人移居中国，"不能事后派遣侵害中国主权的警察于中国"。而且日本警察对日人并不严加约束，"中国警察因有日警故反不得执行职权"②。所以，不法日人的行为只会更加嚣张。

日本警察常常在使馆区外从事公务行动。1919 年 3 月下旬，日本警察在使馆区外逮捕 5 名韩人，送交日本公使署。③ 1924 年 3 月 6 日晚，日本警察以及中国警察 10 余名，包围东四北魏家胡同 19 号，捕去韩国学生金钟、金建等 5 人。第二天正午，"即诬为杀人犯，引渡于日本使馆。"这个案件中，"照惯例说，如果韩国学生真是杀人犯，日本公使应当通知中国外交部，请求代为捕捉、引渡。无论如何，外国警察不能在本国领土内擅自捕拿罪犯。对于政治犯，各国皆当保护，已成惯例，尤其不能擅自捕捉并不能引渡"。日警在中国首都捕人，"而所捕的不是寻常罪犯而是政治犯，并不听见外交当局说一句抗议的话，真是咄咄怪事！还有更怪的，即日警并带同中国警察十余名，这十余名警察，到底是奉谁的命令呢？当然是奉长官的命令。但是长官呢？难道奉了内务部转来外交部的命令吗？难道奉了日本公使的命令吗？"该文作者哀叹，韩国学生不去美国、苏联，"为什么偏要跑到无用的中国来呢？"④

又如，1927 年 5 月 24 日凌晨，东交民巷日本警察署派出 7 人，均着便服，到东单苏州胡同三元巷尹家酒店，逮捕两位已入中国籍的韩人。当时这两个人在饮酒，日本便衣警察突然进屋，灭了电灯，用手枪威吓，并用绳子紧紧结其脖子，用被包着两人，坐汽车往东交民巷而去。这两个人，一姓张，一姓崔，均是韩国独立运动人士。这是越界捕人，"当时我

---

① ［日］服部宇之吉主编：《清末北京志资料》，张宗平、吕永和译，北京燕山出版社 1994 年版，第 246 页；［日］丸山昏迷：《北京》，卢茂君译，北京联合出版公司 2016 年版，第 215 页。
② 盖平、周守一：《华盛顿会议小史》，河南人民出版社 2017 年版，第 263、264、265 页。
③ 《日人拘捕在京韩人》，《民国日报》1919 年 3 月 30 日第 2 版。
④ 张法权：《驻京日警逮捕韩人案》，《政治周报》第 2 号，1924 年 3 月 21 日。

国警察无一知道发生此重大事件"①。1933 年 6 月 23 日上午，日本侦探在宣内参政胡同首善公寓，逮捕韩国人李永祥，"日人在李先生箱内搜去委任状信件多种。双方以日语互辩，最后始架上汽车，赴东交民巷某处"。李为韩国独立党要人，主张韩国应脱离日本，成为独立国家，生平著作甚多，曾在上海、辽宁宣传独立运动。② 对于日本方面要捕的人，日警是绝不会顾及中国主权的。

对日本警察的上述行为，陈独秀指出："各国的治外法权，不出使馆以外。就是对于可怜的中国，扩充一点，向来也不能出租界以外。现在日本使馆，竟公然在北京捕拿朝鲜人；无论所拿的是政治犯或是窃犯，不请求中国警察代拿，都是侵犯中国的主权。试问东京的中国使馆，若有这样行动，日本的政府应该怎样对待呢？"③ 日本警察在中国的蛮横，又是半殖民地中国身上的深深的烙印。

日本警察甚至拟在使馆区外围巡逻。1933 年 5 月，日方曾向北平市军警当局请求，拟在保卫界外、东长安街毗连日使馆兵营的地方，设置巡逻的士兵 20 名。北平军警当局回答，长安街是中国警察保护的区域，日兵勿庸再在保卫界外添设巡逻士兵，免生误会。④

北平非通商口岸。"查侨居内地之外人，无论其有无领事裁判权，对于驻在地之警章均应一律遵守"，"而外交部复有逮捕为警察权范围，外领不得藉口侵越之令"。但是，外国人有领事裁判权的延伸保护，且日本警察对在北平的日本人有管辖权，这都使得北平的警察机关在行使职权时颇有疑虑。领事裁判权属于司法方面的权力，警察权属于行政方面的权力。对外国侨民的警察权旁落，实在有损中国的尊严。1934 年 11 月 7 日，北平市政府发出密令，重申中国对外国侨民的警察权："……乃近时各区署办理日籍侨民及鲜人事件，以恐有被人讹诈情事，辄商请日使署人员会同搜捕，冀以减轻责任而免纠纷，不知无形之中即默认外人行使警权，所全者小而所损者甚大。此种恶例万不可开。推其原因，皆由各区署对于警察权与裁判

① 《东交民巷日警越界捕人》，天津《益世报》1927 年 5 月 27 日第 7 版。

② 《李永祥在平被日警架走》，《申报》1933 年 6 月 26 日第 8 版。

③ 《日本人可以在中国随便拿人吗？》（1919 年 3 月 30 日），生活·读书·新知三联书店编辑：《陈独秀文章选编》上，生活·读书·新知三联书店 1984 年版，第 371 页。

④ 《战区难民麕集平津》，《申报》1933 年 5 月 27 日第 8 版。

权之差异未尽明悉，以致中无成见，畏葸却顾。亟应及时纠正，以祛积习。"① 但是，外人既有特权制度保护，中方已形成的积习，也难以去除。

四　庇护所和避难所

由于使馆区是中国法律和政府管辖不到的地方，是中国各种势力都不敢惹的地方，这里成为一个非常特殊的"安全区域"。

例如，使馆区成为中国各路失意军阀、政客和罪犯们的最好的庇护所。

国际法规定，外交使节的馆舍，非经有关使节特别允许，驻在国的司法、警察、税收人员及其他官吏都不得进入。但是，外交使节应尊重驻在国的法律，使馆馆舍不得以与使馆职务不相容的方式加以使用。《维也纳外交关系公约》规定："在不妨碍外交特权与豁免之情形下，凡享有此项特权与豁免之人员，均负有尊重接受国法律规章之义务。此等人员并负有不干涉该国内政之义务。"并且，"使馆馆舍不得充作与本公约或一般国际法之其他规则、或派遣国与接受国间有效之特别协定所规定之使馆职务不相符合之用途"②。

以外交豁免权为掩护，在使馆内庇护驻在国要逮捕的犯人，是违反驻在国法律、侵犯一国主权的。1724 年西班牙首相穆特逃往英国使馆、1746 年瑞典商人施柏林格逃入英国使馆，驻在国都派军警直入英国使馆逮捕。③《万国公法》即言："若非国使自许，则巡捕、关吏不能进其住屋，但不可恃以庇匿罪犯。从前国使曾有藏匿罪犯者，故现今此权少减。"④ 可见，一般来说，使馆无庇护权是国际通例。《奥本海国际法》也说：在没有确实的法律根据（如条约或确立的习惯提供的根据）的情况下，必须根据请求将避难者交给领土当局，如果拒绝交出，可以采取强制措施迫使它交出来。⑤

① 《北平市政府密令》（1934 年 11 月 7 日），《北京档案史料》2003 年第 4 期。

② 《维也纳外交关系公约》（1961 年 4 月 18 日），载中国人民大学法律系国际法教研室编《国际法学习参考资料》，1981 年，第 247—248 页。

③ 刘彦：《被侵害之中国》，（台北）文海出版社 1987 年版，第 268 页。

④ ［美］惠顿：《万国公法》，［美］丁韪良译，何勤华点校，中国政法大学出版社 2003 年版，第 151 页。

⑤ ［英］詹宁斯、［英］瓦茨修订：《奥本海国际法》第 1 卷，第 2 分册，王铁崖等译，中国大百科全书出版社 1998 年版，第 495 页。

国际法院在庇护案判决中指出，外交庇护"包含着对该国主权的损害。它使罪犯不受当地国家的管辖，因而是对专属该国权限的事项的干涉"①。1928 年哈瓦那第六届泛美会议上签订的关于庇护的公约，提到"于使馆内、军舰上、军营内或者军用飞机上赋予政治犯的庇护"②，但只适用于作为缔约国的南美洲国家，无国际普遍性。

由上可知，国际法对使馆的外交庇护权的规定是清楚的，各国驻华使馆本无例外。况且，北京东交民巷使馆区"即按原来立约的意思，亦只以保护各国公使为目的，决无保护地方逃犯的权限"③。但在旧中国，有关国家驻华使馆根本无视国际法，也不尊重中国法律，完全从自己的利益出发恶意曲解和行使庇护权。中国各路军阀、官僚、政客等等下野、失意之际，北京使馆区成了其最好的藏身地。而作出保护的举动，各国是有直接的目的性的，以利用他们继续影响中国政局。

1917 年，张勋复辟帝制失败后，即逃入使馆区避难。7 月 9 日，外交团照会京师步军统领衙门，要求一面解除张勋所部武装，一面让段祺瑞承诺担负保护张勋及其所属安全的责任。④ 7 月 11 日，段祺瑞派汪大燮往晤荷兰驻华公使，请其转告外交团，对张军将予武力解决，但战斗区域一定设法限制，不致危及外人。⑤ 7 月 12 日，张勋由荷兰驻华公使馆派一名荷兰人带着两名德国人保护，进入荷兰公使馆。协约国各公使在法国公使馆开会，"此事群愤，激有主张将勋引渡者"⑥。7 月 14 日，段祺瑞政府下令通缉张勋等复辟人犯。7 月 24 日，荷兰方面拒绝引渡张勋。8 月 14 日中国向德国宣战后，使馆区德国兵营由荷兰公使代管，后来张勋与家人又由荷兰使馆转移到德国兵营。9 月 21 日，北京政府外交部致荷兰公使贝拉斯节略，提出解决张勋问题的两个办法：请将张勋交出，中国政府保全其生命；或准其离开中国，安置于一个地点。9 月 24 日，贝拉斯提出：中国政府必

---

① 王铁崖主编：《国际法》，法律出版社 1995 年版，第 277 页。
② 《第六届泛美会议上签订的关于庇护的公约》（1928 年 2 月 20 日），载外交学院国际法教研室编《国际公法参考文件选辑》，世界知识出版社 1958 年版，第 191 页。
③ 燕树棠：《政治犯与公使馆》，《现代评论》1926 年第 3 卷第 72 期。
④ 韩信夫、姜克夫主编：《中华民国史大事记》第 2 卷，中华书局 2011 年版，第 858 页。
⑤ 韩信夫、姜克夫主编：《中华民国史大事记》第 2 卷，中华书局 2011 年版，第 859 页。
⑥ 《国内专电》，《时报》1917 年 7 月 16 日第 2 版。

须声明担保张勋的财产、家眷安全，才能安排张去荷兰或其他中立国。①
10 月 30 日，北京政府外交部照会英国公使朱尔典，请其领衔向使团会议提
出，按中国所提办法，将张勋、万绳栻一同安置于法属雷佑宁小岛，由法国
监视。② 11 月 27 日，英公使朱尔典照会北京政府外交部，告知驻京各使决
定将张勋护送出中国领土以外。③ 只是段祺瑞政府对此事并不积极，张勋
安然居住于使馆区。1918 年 10 月，徐世昌就任大总统后，即特赦了张勋。

1920 年 7 月，直皖战争发生。7 月 29 日，徐世昌下令通缉安福系祸首
徐树铮、曾毓隽、段芝贵、丁士源、朱深、王郅隆、梁鸿志、姚震、李思
浩、姚国桢等，要求由步军统领衙门、京师警察厅一体严缉，务获依法讯
办。除李思浩外，其他 9 人均躲藏于日本使馆。这些人被定内乱罪，为刑
事犯。对于该问题，外交团开会时并没有达成一致意见，"英美法三国公
使以安福之所为已成中国全国之公敌，不欲照国事犯例而保护之"④。北京
外交部致函外交团领袖法使柏卜，指出中国祸首 10 人，匿居东交民巷使
馆区内，请领袖公使转达各国公使，将徐树铮等 10 人"切实查缉引渡，
以便归案讯办"⑤。柏卜接得公文后，即通告各国使署，并请各使对于此事
自行办理。

日本驻华公使馆最为顽固。日本公使小幡酉吉表示，"本公使馆顾念
国际上之通义，及中国许多之事例，认为事出不得已，决定对于以上诸
人，予以相当保护，收容公使馆护卫队营内"⑥。日方以被通缉者是政治犯
为理由，拒绝引渡，只表示给予严密监视，不使他们逃亡。"据闻日使对
于收容祸首态度颇强硬，无论如何决不交出。其所持理由，谓在国际公法
上收容他国政治犯之权实神圣不可侵犯。并谓今次举动系按数年来前例办
理云云。又据外人官场方面之意见，以为此问题终必归于因循敷衍，延长

---

① 《和贝使面交汪总长节略》（1917 年 9 月 24 日），沈云龙主编、前北京政府外交部编：《外交
文牍》，近代中国史料丛刊第 87 辑，（台北）文海出版社 1973 年版，第 2 页。

② 韩信夫、姜克夫主编：《中华民国史大事记》第 2 卷，中华书局 2011 年版，第 864、878、
890 页。

③ 韩信夫、姜克夫主编：《中华民国史大事记》第 2 卷，中华书局 2011 年版，第 902 页。

④ 《外交团与安福祸首》，《申报》1920 年 8 月 2 日第 6 版。

⑤ 《外交部致领衔法使照会底稿》（1920 年 8 月 7 日），载中国科学院近代史研究所近代史资料
编辑组编《近代史资料》1962 年第 2 期，中华书局 1962 年版，第 140 页。

⑥ 《日本小幡公使照会译文》（1920 年 8 月 9 日），载中国科学院近代史研究所近代史资料编辑
组编《近代史资料》1962 年第 2 期，中华书局 1962 年版，第 140 页。

时日，使人淡然忘之。诸祸首遂得逍遥法外，安然无恙。"① 江苏省教育会等 14 个团体致电驻京外交团领袖法使："徐树铮、曾毓隽、丁士源、朱深等均系侵吞国币，畏罪构乱，荼毒民生，国民公意不能承认为政治犯。想各公使洞明国际公法，亦断不曲为袒庇，致拂国民公意，以伤睦谊。应请逐出使馆界址，并转达各贵国政府，该罪魁等如逃至国外，托庇贵国，亦请即日驱逐，以固邦交而伸公道。"② 实际情况是，徐树铮在日本兵营住了 3 个月，后由日本人帮助逃离北京。11 月，北京政府要求日本方面道歉，惩罚看守，引渡其余 8 人，③ 日使一概拒绝、不理。

该案中，徐树铮等人是否为刑事犯，是日本方面自己制造的一个借口。日本使馆之所以收留徐氏等人，"不畏中国根据欧西各国先例，派军警直入使馆逮捕者，非能恃公使馆之治外法权也，实恃东交民巷为条约上之特殊区域，为中国军警不能到之区域，而出此也"④。谭锡庠指出，北京东交民巷外国使馆滥行庇护，"然以弱国故，亦无如之何也"⑤。这是问题的根本原因所在。有人指出："这几年北京因政变而入东交民巷的逃犯，不是自己杀人，放火，骗财，拐款，便是教唆他人干这无法无天的勾当，性质上实系普通犯，并不是政治犯。东交民巷的使馆没有庇护他们的特权，东交民巷界内更无收藏他们的权限。"⑥ 不过，某些国家一直我行我素。

复辟派人士也在这个中国的法外之地活动。1924 年 11 月，被冯玉祥赶出紫禁城的溥仪逃入了东交民巷日本公使馆。他在回忆录中说："使馆区"和"租界"正是"好客"的地方。我进了日本公使馆才知道，我并不是惟一的客人，当时还住着一个名叫王毓芝的人物，他是贿选大总统曹锟的心腹谋士。曹锟没有来得及逃往使馆区，被国民军软禁了起来。王毓芝的腿快，做了这里的客人。后来溥仪的家人和太监、宫女也来了，日本使馆特意腾出了一所楼房供他们使用，"在日本公使馆里，'大清皇帝'的奏事处和值班房又全套恢复了"。"这些表示骨气的，请安的，送进奉的，

---

① 《关于祸首问题近讯》，《申报》1920 年 8 月 17 日第 7 版。

② 《声请外国勿护罪魁之两公电》，《申报》1920 年 8 月 5 日第 10 版。

③ 韩信夫、姜克夫主编：《中华民国史大事记》第 2 卷，中华书局 2011 年版，第 1302 页。

④ 刘彦：《被侵害之中国》，（台北）文海出版社 1987 年版，第 267—268 页。

⑤ 谭锡庠：《平时国际公法》，光华商店 1933 年版，第 106 页。

⑥ 燕树棠：《政治犯与公使馆》，《现代评论》1926 年第 3 卷第 72 期。

密陈各种'中兴大计'的，敢于气势汹汹质问执政府的遗老遗少们，出进日本使馆的一天比一天多。"①

由于使馆区的特殊地位，局势混乱之际，这里也成为中国人的避难所。

1917 年张勋复辟时，记者看到："钱市因之停开，银行家均不进出，大商号如晋和祥、浙江兴业银行等均将现金及贵重押品寄存东交民巷……闻津浦、津汉均已断绝，故搭客多有回车者，致交民巷所余之一二空屋（皆行商腾出作投机事业者）登时租罄。"② 1926 年 3 月，冯玉祥的国民军与奉系军阀开战，并发生"三·一八"惨案。4 月 6 日的《晨报副刊》描述了上月的情形：因谣言盛行，北京人心不安，"于是富翁财主避居东交民巷者，络绎不绝。三十日晨报，谓于二十六日晚间，东交民巷某外国饭店，骤添二十余户住客。又某外国医院，竟有人预付房金，看定病室，声言拟来住院。又二十七日某饭店之单床小屋，亦卖至二十四元一天。此外，以箱件寄存于使馆界，更不计数。某洋行谓近数日收藏货物室，已无空地，租价每方尺每日数元。租价虽高，而寄存物品者仍源源不断的来"③。对富翁来说，东交民巷是避难天堂。

1931 年 11 月，日本在天津制造一连串挑衅事件。北平"军警当局为防患未然计，不得不严重警戒。虽未正式宣布戒严，而戒备情形实较往时更为严紧"。每日晚上 8 时后，全市即断绝交通。各冲要街衢，宪警林立，盘查追问，不肯放行。各商铺于 7 时半左右即相继闭门。人力车一到 8 时，已无处可觅。外城各门，提前于 7 时关闭，早晨也延迟至 6 时开门。北平"一切充满冷落萧条气象。今日朔风陡起，气候转寒，如吼风声，益增惨厉"。与此形成鲜明对比的是另一个歌舞升平的世界。11 月 18 日晚，记者于北风凛冽中赴各冲要街市绕行一匝，察看情况。"惟可怪者，则保卫界内之东交民巷，竟仍可任人通行。六国饭店，琴声悠扬，正摩登男女深歌酣舞意兴方浓之际，外人之往来尤众。设与保卫界外相较，真有如世外桃源也。"④ 1933 年 1 月 3 日，日军攻陷榆关，平津震动，"一时惊惶他迁者

---

① 爱新觉罗·溥仪：《我的前半生》，东方出版社 1999 年版，第 190—192 页。
② 金戈：《围困中之北京窘状》，《申报》1917 年 7 月 11 日第 6 版。
③ 许仕廉：《北京谣言中的东交民巷》，《晨报副刊·社会》1926 年 4 月 6 日，第 25 号。
④ 《津变后北平戒备严重》，《申报》1931 年 11 月 22 日第 12 版。

甚众"。富厚之家大多迁往深山穷谷之晋豫一带，"其不能远走者，如北平市民，则迁入东交民巷之房屋"。由此，"租价飞涨，平时仅值六元者，此时非六十元以上不可得。虽马棚倭屋，亦为租净，而且为中等之人所屈居。当此天寒岁暮，仓皇迁徙，其游离痛苦的景象，可想见矣"。然而，因东交民巷本年为日本值年，所有治安均由日本巡捕维持，"不图使馆界事务管理局忽通令界内各国侨民，不准收留华人寄居界内，其已迁入者，则不负保护之责云……日本巡捕，即从而驱逐华人。因此一般已迁入界者，大起恐慌，是诚倒霉极矣"[1]。卢沟桥事变发生后，东交民巷六国、利通等饭店连日住客均满，每人每日租金达12元。[2]

另外，使馆区外还出现了"第二东交民巷"。"自崇文门内以东至东城墙北至东单牌楼，此区域俗呼'保卫界'，又名'第二东交民巷'，既非租界，亦非使馆界，虽在中国警权之下，而外国住宅，洋行，医院，报馆，饭店，妓院，各国人散居各巷，因之洋气十足。且因此区在使馆界之东，僻在一隅，故虽城郊有兵事，亦有'洋紫禁城'为之屏障，住户可以'高枕无忧'。此区之房宅地皮价目比他处繁华区更贵四五倍，出售或出租之广告，特别标出'保卫界内'字样，以为索取重价之理由。乱时找房者，房主之居奇勒索，与租界无异。"[3] 总之，中国人的生命财产安全须寄于使馆区的屋檐下，才更有保障。使馆区特权制度对北京社会生活的影响深度，可见一斑。

第五节　特殊的外交团制度

按国际惯例，驻一国的外交团本仅有外交礼仪方面的功能。但在《辛丑条约》签订前后，在列强特权的作用之下，驻北京外交团（民国时期通常称为公使团）发展成为一个极具政治功能的实体性的外交团体，强烈地影响和支配着中国的内政、外交。[4] 它是列强在华使馆区特权制度的衍生

---

① 《东交民巷日本值年》，《东方日报》1933年1月23日第2版。

② 《平东交民巷饭店客满》，《新闻报》1937年7月15日第10版。

③ 《东交民巷总结账》，《申报》1948年1月5日第9版。

④ 这方面近年的研究成果，可参阅李育民主编、尹新华著的《近代中外条约关系通史》第4卷，中华书局2022年版，第118—120页。

物。在这个意义上，本书姑且称之为"特殊的外交团"。

一 在华外交团职能的异化

驻在一国的各国外交使节按惯例组成外交团，而以到职最先的一位大使或公使（如无大使）为团长，在天主教国家则认教廷大使为团长。外交团的作用主要在礼节方面，特别是在驻在国举行典礼或宴会的场合，由外交团团长代表全体使节致词；它不具有任何法律的职能。[①] 外交团团长可以应接受国政府的请求，向外交团成员通知一些事情或传达一些意见，也可以向接受国政府转达外交团成员在一些日常事务方面的请求。[②] 外交团团长的作用是在上述范围内的。

外交团不是实体性的外交代表机关或组织，也不是某种国际组织。它没有任何法律性质的职能，不得违反接受国的法律，不得从事政治性的活动，更不能干涉接受国的内政事务。在国际上，"以外交团全体成员的名义对具有政治内容的事务采取联合步骤一般不大可能发生"[③]。

有的研究者推论，在北京的外交使团成立时间应在 1864 年初左右。[④]外交团具有礼仪功能。但是，在列强侵华的大背景下，它逐渐更积极地行使起了政治功能。

外交团职能的变化，与列强侵华的深入直接有关。要让清政府屈服，一个重要办法就是列强之间的联合，这是鸦片战争以后列强总是能压服清政府的经验。帝国主义瓜分中国的狂潮，既不是它们之间的一场决斗，也不是它们之间的一场零和游戏，"最典型的例子是，当某个帝国主义'先锋'主动进犯时，其他列强的常见反应是：它们并不是对犯事者——不管是日本、俄国还是德意志帝国——予以抵制，而是一道向中国政府索要'赔偿'"[⑤]。在共同利益面前，在北京的各国外交代表很容易走向联合协

[①] 周鲠生：《国际法》下，武汉大学出版社 2009 年版，第 462 页。

[②] 王铁崖主编：《国际法》，法律出版社 1995 年版，第 270 页。

[③] ［英］戈尔—布思主编：《萨道义外交实践指南》，杨立义等译，上海译文出版社 1984 年版，第 235 页。

[④] 黄文德：《北京外交团的发展及其以条约利益为主体的运作》，《历史研究》2005 年第 3 期。

[⑤] ［德］于尔根·奥斯特哈默：《中国与世界社会（从 18 世纪到 1949）》，强朝晖译，社会科学文献出版社 2019 年版，第 252 页。

商，确定对策。到了19世纪末，外交团功能重心的转移已经十分明显。

1901年的《辛丑条约》没有规定给予外交团任何直接的、实际的权力。但是条约签订国利用外交团这一外交惯例，将其发展形成了一个政治性、组织性极强，协调各国立场、联合干涉中国事务的外交团体，在中外关系中起着非常重要的作用，扮演重要的角色。

第一，《辛丑条约》划定东交民巷为使馆区，各国在这一地区拥有独立的管理权，为外交团行使政治性职能提供了良好的条件。按国际法，只有各国在华外交官和使馆拥有外交特权，"而北京则公使馆地域以内，均有治外法权。各国公使间组织一外交团，推资格较老之公使为领袖，开会时为主席，对外为代表。其始尚仅就使馆地域内之公共行政事务，或中国外交有公共之关系者，开会议决表示一多数之意见。近则凡事干涉，遇中国内政外交，无论其为直接的、间接的、单独的、全体的，皆以外交团一致之名义，向北庭提起抗议。而北庭有重大之事件发生时，亦必先在外交团方面试探空气，以定从违。外交团俨然一共管机关，公使馆地域，几非我国之领土矣"①。外交团在使馆区内实际行使着权力机关的职能，对外则以集体组织的名义行事。

第二，《辛丑条约》签字国的外交代表，基本上都驻在使馆区内，为外交团特别职能的运行提供了良好条件。该约是以中国为一方、其他11国为另一方而签订的。这11国是个整体，在条约利益上是一致的。使馆区特权制度确立前，各国使馆不在一处，"其压迫中国之力量小"。这一制度确立后，使馆区成为十分独立的区域，"各国公使既集于一区，又因种种共同事务之故，遂联合而成一种特殊势力之外交团，以为压迫中国之无上机关"②。1901年《辛丑条约》签署之后，为了监督中国履行条约义务，确保条约的执行，他们自然而然地在原来合作的基础上，形成了更有组织性、目的性的团体。透过使馆区的建立，"驻北京的外国公使们从此组成一个有力的外交使团，有时其作用超过了满洲朝廷而成为太上皇政府"③。

---

① 《北京外交团俨然共管机关矣》，《民国日报》1924年6月25日第3、4版。

② 刘彦：《被侵害之中国》，（台北）文海出版社1987年版，第263页。

③ ［美］费正清、［美］刘广京编：《剑桥中国晚清史》下卷，中国社会科学院历史研究所编译室译，中国社会科学出版社1985年版，第129页。

外交团往往以《辛丑条约》共同签字国的身份，与中国政府交涉，以涉及《辛丑条约》权利义务为根据，对中国进行压迫和勒索，共同支配中国的命运。这在晚清、民国前期曾经习以为常。其他一些小国则往往附和大国的意志，起到了集体行动的作用，从中分取利益。"于是使馆联成一气协以谋我；有事共提要求，互分其利。凡所以侵剥中国，虽同时仍有强者占优之事实，而联合侵略已为常见之事例。"① 中国在对外关系上，面对的是以外交团名义存在的整个资本主义国家集团。

第三，列强之间在华地位的基本态势和较量也影响到外交团的作用。中国有广袤的国土，众多的人口，悠久的历史和文化，坚强的民族韧性。中国虽然沦为西方列强的半殖民地，但没有被瓜分，因为"中国太大，任何一个强国不能独吞；它似乎又是极其令人眼花缭乱的战利品，不可能进行满意的分赃"②。《辛丑条约》确定了中国的"国际共管之势，此为本条约之最大特征"③。即中国处在多个帝国主义国家的共同支配和控制之下，而形成了列强在华"均势"制衡的局面。在使馆区的列强代表们在侵略中国的问题上既有共同的利益，一致压迫中国，又彼此相互争斗，冲突不断，从没有停止过。列强之间既要突出本国的目的和利益，又需要相互协调立场和政策。"均势体系是总体国际秩序的基础；特别的均势将会产生一特定的制度，通常体现出总体和平的设置。"④ 在华外交团的工作形式和职能，在一定程度上与这一局面相适应。其在政治问题上执行各国一致的原则，是这一局面的体现。

曾经长期任外交团领袖的荷兰驻华公使欧登科说过，因为中国政局混乱，外交团才不得不干涉一些属于中国内政的事。⑤ 从外交团职能演变看，这是颠倒因果关系。

对比当时的西方世界，以外交团的名义向驻在国政府提出通牒、警告

---

① 叔谅：《九七国耻第二十四周纪念》，《爱国青年》1925 年第 9 期。

② ［美］费正清编：《剑桥中华民国史》上卷，杨品泉等译，中国社会科学出版社 1998 年版，第 147 页。

③ 郑瑞梅、汤增扬编著：《百年条约史》，光华出版社 1944 年版，第 87 页。

④ Martin Wight, "The Balance of Power and International Order", in Alan James, ed., *The Bases of International Order*, London: Oxford University Press, 1973, p. 103.

⑤ William J. Oudendyk, *Ways and By-Ways in Diplomacy*, London: Peter Davies, 1939, pp. 326 – 327.

或抗议的事件，在欧美各国屈指可数。1870 年驻德国外交团因德军进攻巴黎时打死驻法各国侨民而向德国提出抗议；1898 年驻美国外交团因美西问题向美国政府劝告和平。"前者外交团各国都有关系，后者是以极友谊的态度向驻在国劝告。除此以外就很少了。"而在清末和民国北京政府时期，"在中国的外交团今天向我们政府提警告，明天提抗议，最近简直提出最后通牒了，这种事情在中国是家常便饭"①。除了保护在华外侨人身和财产安全，外交团强力干涉中国内政，增进列强在华权益。结果，"凡东交民巷对于中国之议决，远胜于中华民国之法律。领袖公使之通知，殆不啻中国皇帝之上谕"②。

因此，在国际外交界来说，这个在华外交团的职能是非常特别的。它不是《辛丑条约》规定的列强在华使馆区特权制度的内容，却是这一特权制度的重要延伸。

二　特殊的外交团的运行

之所以将这个功能特别的外交团列入"制度"的范围考察，是因为它确有一番行事规则。

除了外交礼仪活动外，驻华外交团主要的活动形式是召开由各国公使组成的外交团会议。按参加人员的范围，分全体会议和关系国会议。开会的地方，一般是在领衔公使（又称领袖公使、首席公使）所在的使馆或官邸。民国初年，外交团由英国、美国、法国、比利时、瑞典、俄国、德国、葡萄牙、丹麦、荷兰、西班牙、意大利、奥匈帝国、巴西、日本共 15 国公使组成。有资格与会的，主要是《辛丑条约》签字国或在华享有特权的国家，其他国家很少被邀。《辛丑条约》的签约外国一方共有 11 国，"而在中国，像在全世界那样，施加真正影响的英国、日本、俄国、美国、德国和法国是其中的佼佼者"③。因此，外交团的集体意志和行动，实际上操纵在少数国家的手中。各国又由于国际事务、对华事务上有不同的利益

---

① 砚畦：《打破在中国外交团的特殊地位》，《晨报副刊：社会》1926 年 3 月 30 日，第 24 号。

② 刘彦：《被侵害之中国》，（台北）文海出版社 1987 年版，第 264 页。

③ ［美］费正清编：《剑桥中华民国史》上卷，杨品泉等译，中国社会科学出版社 1998 年版，第 112 页。

关系而有不同的组合，如国际银行团关系国、协约国集团关系国、拉丁列强、九国公约签字国等。20 年代后，有些国家放弃了在华特权，与中国订立平等新约，也被外交团有关会议排除在外。

外交团内，各国代表根据本国政府的立场和指示表明意见。一般来说，决议需要各国代表一致同意。这一规则起初是针对使馆区缓冲地带的使用问题而提出来的，具有临时性，但后来成为外交团的议事规则。[①] 如果能达成一致，即形成决议，由领衔公使出面对华交涉。领衔公使广泛活动于中国外交界。如曾长期任这一职务的荷兰公使欧登科言："我能够骄傲地说，我成为了中国人的密友，他们会带着他们的问题和麻烦来找我帮助。"[②] 如果其中一国有异议，则不能形成外交团决议，需要后续的协商讨论。如果牵涉大多数的国家利益，必须排除反对意见的阻碍，最常见的妥协方式是按多数国家的意见形成决议，发出照会，惟在照会中声明某些国家的保留意见。[③]

不过，各国利益不同，在华钩心斗角，外交团内经常有不能达成一致意见的时候。这种情况在严密的使馆区建立前就存在，1914 年第一次世界大战爆发后则更为明显。1914 年 8 月 6 日（《辛丑条约》订立后外交团第 133 会议）至 1917 年 8 月 23 日（外交团第 134 次会议）之间，外交团没有召开过全体会议。[④] 1917 年中国对德奥宣战后，德奥两国在华财产均委托荷兰代理。于是，荷兰驻华公使贝拉斯命令荷兵进占德奥使馆和兵营。贝拉斯被认为是亲德国的。部分国家对荷兵进占德奥兵营不满，认为中国已经对德奥宣战，德奥从《辛丑条约》中获得的特权即已失去，停战之后也不可复得，而荷使的措施，显系为德奥维持权益之举，其实此权益已不应存在。如果要保护使馆和兵营及什物文书，用钉封之法即可，也可派使馆区警察或中国听差。荷使提出：使馆和兵营应视为一体，互有关联。谈到责任，即指全体不动产而言。荷兰既负责代理德奥财产，难言只管使馆

---

① M. J. Pergament, *The Diplomatic Quarter in Peking*：*Its Juristic Nature*, Peking：China Booksellers Ltd. , 1927, pp. 51 – 53.

② William J. Oudendyk, *Ways and By – Ways in Diplomacy*, London：Peter Davies, 1939, p. 327.

③ 黄文德：《北京外交团的发展及其以条约利益为主体的运作》，《历史研究》2005 年第 3 期。

④ M. J. Pergament, *The Diplomatic Quarter in Peking*：*Its Juristic Nature*, Peking：China Booksellers Ltd. , 1927, p. 4.

楼房不管其他。最后，各国代表投票表决。结果，比、法、英、日、葡、俄成为一方，认为使馆和兵营大有区别；荷兰为一方；其余国家未投票。因无法达成一致，决定各向本国政府请示。而各国训令久久不至。1917 年下半年，因德国使馆地址空闲无用，有使节提议将馆后草地改建为网球场。这一提议也讨论久久，委决不下。主持人宣布，因为不能达成一致意见，这一问题停止讨论。① 进入 20 世纪 20 年代后，外交团更为分化。苏联方面接管前俄使馆时，曾发现外交团开会的详细记录并公布之。"据其内容，各公使每值讨论关于使馆界全部利益之原则之任何问题时，往往意见不一致。结果则各自为政，互相矛盾。"②

当然，外交团的活动是十分活跃的，涉及对华大大小小多方面的事务。曾任美国驻华公使的芮恩施回忆："在北京的外交使团经常开会，因为这个使团比在其他国家首都的同样团体的事务要广泛而复杂得多。外交方面的日常公事只是一种次要的问题。外国侨民由于治外法权制度，不受中国法律的管辖，而只服从本国的法律，因此外国在华使节时常参与中国内政。中国政府制定任何立法影响及于外国侨民者，必须得到外交使团的谅解：如果某一位最拘泥细节的公使发现某一立法措施违反了外侨绝对不受当地法律约束的规定，就会提出反对；外交使团要是对这类问题表示认可，则必须得到使团内全体成员的一致同意。而要做到这一点是非常困难或不可能的。"他还谈到外交团对中国内政的深入程度："上海公共租界以及外国在北京和京奉铁路沿线驻兵的制度也产生许多问题，这些问题现在都提交外交使团来解决。又如，从涉及承认中国政府本身到上海官厅对犯人施笞刑是否适当等所有大小问题，这个使团似乎都得过问。"③

总之，外交团的事务非常具体而繁忙。1900 年 10 月 26 日至 1920 年 5 月 21 日，外交团举行了 219 次正式会议。"外交官们在一起无休止地考虑印花税、货币流通、货币危机和其他财政事项；考虑商业、航行和条约港口等问题；考虑租界的事务；考虑上海的会审公廨；考虑外交人员和领事

---

① 章玉和：《东交民巷杂谈》，（伪）《中和月刊》1944 年第 5 卷第 6 期。
② 《北京使馆界之条约根据已自行破坏》，《申报》1928 年 6 月 17 日第 9 版。
③ ［美］保罗·S. 芮恩施：《一个美国外交官使华记》，李抱宏、盛震溯译，商务印书馆 1982 年版，第 94 页。

馆工作人员的权利和特权；考虑辛亥革命及其余波；显而易见还要考虑公使馆区本身的管理问题。"①

外交团干涉中国内政、施加强大压力的手段是多种多样的。主要列强在华的军事力量，是执行外交团决策、达到外交团意志的重要工具。各国在使馆区驻扎军队，设置战备，"所以使馆周围大小城堡上，在前清则向皇宫设置大炮，在民国则向总统府国务院设置大炮，预备一旦有事，则中国政府在彼等一声之下也"②。芮恩施回忆："中国很少有什么事情只由一个官员决定的。为了使中国政府同意一项建议，必须和许多人商量，并且还要使他们赞成。心急的外国公使靠着本国武力的支持，常常想简化这种手续，他们面对着一位他们需要其同意的官员，'拍着桌子'，不获许诺不罢休。他们有时逼得中国官员神经紧张，使这位官员感到除了答应之外，别无他法可以保全安宁。"③ 在一些重大事件中，外交团每每请求各国政府动用军队进行威慑和压迫。如此之下，"东交民巷之各国公使馆，不啻变成北京政府之太上政府，在此种现象下，中国安得谓为独立国家耶"④。

对中国政府的承认问题是外交团干涉中国内政的有力手段。"外交团承认中国哪个政权，哪个政权就获得了特权。"⑤ 历届北京政府，莫不需要外交团的承认才能确立自己执政的合法性。如 1924 年北京政变后，于 11 月 24 日成立了中华民国临时政府，段祺瑞就任"临时执政"。这个临时政府特别需要得到北京外交团的承认。但是临时政府和"临时执政"系"新定名称"，"为前此所无，则外团方面或恐因不明真相，而发生疑义，故京津两方均有派人向使团解释，并请其承认执政府"⑥。11 月 24 日当天，外交部即照会驻京各国大使、公使，通告段执政就职，并附就职时的宣言。11 月 25 日，外交团在荷兰使馆开会，讨论应付之策。对于执政府的照会，

---

① ［美］费正清编：《剑桥中华民国史》上卷，杨品泉等译，中国社会科学出版社 1998 年版，第 180 页。

② 刘彦：《被侵害之中国》，（台北）文海出版社 1987 年版，第 260 页。

③ ［美］保罗·S. 芮恩施：《一个美国外交官使华记》，李抱宏、盛震溯译，商务印书馆 1982 年版，第 95 页。

④ 吴金堂编：《帝国主义侵略中国史》，中央陆军军官学校政治训练处印行，1934 年，第 77—78 页。

⑤ William J. Oudendyk, *Ways and By - Ways in Diplomacy*, London: Peter Davies, 1939, p. 324.

⑥ 《请外交团承认执政府》，《顺天时报》1924 年 11 月 22 日第 3 版。

"决以非公式答复业已收受。其对执政府，似暂持不即不离之态度"①。11月28日上午苏联驻华大使加拉罕，下午荷、法、德、意、西、比、挪、瑞、英、日、美等驻京各国公使分别谒段，祝贺其出任"临时执政"，对临时政府表示了非正式承认。12月9日下午，外交团领袖公使荷使欧登科到北京临时政府外交部递交美、比、日、英、意、法、荷七国公使署名的联合照会，表示承认北京临时政府。时人认为，"据一般观测，承认问题自前此外交团谒见段执政后，文书已彼此往来，在事实上已承认政府。至于正式承认，则以今日之无宪法、无国会，正式政府尚未组织，外交团尚不能遽尔定议。故今日之会议，其程度至多止于以'执政政府此时若得尊重对外条约之了解，则各国当于精神的支持现政府'之旨之觉书，决定交付中国耳"②。

控制中国财政收入也是重要的手段。辛亥革命时，列强担心革命党人扣押用来支付外债和庚子赔款的税收，在宣布独立的几个省的港口的税务司，直接控制了税收并把它存入银行。1912年后北京政府被迫承认了这一作法，"并在一份北京外交使团强加给中国政府的协定中表达了出来"。"直到1921年，缔约列强有权决定在偿还外债之后，是否有'净存税项'，并有经其批准后才能将任何资金交给北京政府的权利。它们对可以产生的净存税项的估计是谨慎的，使历届北京政府都不满意，但无可奈何。"③列强将关税扣除赔款后的余额交与中国政府，即为"关余"。作为中国重要财政收入的关税和盐税由外国银行保管，北京的外国使节，"因与中国有条约关系，当时颇认为中国关税之安全与关政之完整，与各国有深切影响，故声言中国政府应经过征求公使团同意之正式手续，方可动用关余"④。如此，则即能直接干涉中国的财政收入和分配，并强烈地影响着中国的政治舞台。正如有外人评论：对关税和盐税盈余资金的控制，给了外交团对北京的政治家和统治者一个可怕的影响力。⑤

---

① 《外交团昨日会议之内容》，《顺天时报》1924年11月26日第2版。

② 《外交团会议承认执政问题》，《申报》1924年12月11日第7版。

③ [美]费正清编：《剑桥中华民国史》上卷，杨品泉等译，中国社会科学出版社1998年版，第203页。

④ [英]魏尔特：《关税纪实》，郭本校阅，海关总税务司公署统计科印行，1936年，第635页。

⑤ "The Passing of the Diplomatic Corps", *The North - China Herald and Supreme Court & Consular Gazette*, Aug 30, 1924, p. 355.

由于外交团的强势地位，中国社会各界自觉不自觉地将外交团作为中外交涉间的重要单位。1920 年 7 月 24 日，湖南全省国民大会在长沙召开，主题是声讨安福系。会议揭露了安福系的祸国罪恶，提出国人应行推翻安福系的原因和办法，其中要求 "通电北京外交团，请各陈明本国政府，请设法制止他国对华行动，勿以械款供给此违反民意之内争，致伤国际之亲善，破坏世界之和平"①。长沙《大公报》报道，此次大会决定，通电北京驻华外交团领袖公使，说明中国内乱频仍，安福系实为祸首，"近更利用边防军队，以谋内乱"。要求各国公使告知本国政府，"主张人道，扶植正义……"② 1922 年 3 月，湖南省有关团体 "以前次通电南北军阀请予息争，其结果仅得吴（佩孚）张（福来）之两复电，南方之有实力者除洪兆麟曾为笼统之答复外，其余殆皆置之不理"，于 26 日开联席会议，"讨论良久，决计吁恳外交团出而劝阻。因即函致驻湘英美各领事，具言北伐南征之足以增加湘民痛苦，足以妨碍华洋商务，请即转达各该国驻京公使，提向外交团征求同意，劝告南北当局止息兵争，重开和会"③。

这样的情况同样发生在北京。1922 年 4 月，北京各团体以奉直双方增兵，深恐时局破裂，特联合起来呈请政府阻止两方军队入京，以免危及京都秩序，并致电请奉直勿派兵入京。各团体担心向政府请求没有效果，而奉直又不听忠言，故拟从外交方面着手，运用外部力量进行阻止活动。21日，万兆芝作为代表赴美使馆。他提出：听说使馆根据《辛丑条约》对于塘沽的形势已提出警告，并有维持彼处秩序的消息。对于北京的秩序，使馆方面持什么态度，是否也将提出阻止任何军队入京，以保安宁？美国驻华公使舒尔曼答称："塘沽提议，中国政府已有答复，使团颇为满意。关于军队入京一节，昨日午时使馆有所会议，是否提出此层，尚难决定。"万希望使馆提出勿使军队入都扰及秩序。美国公使说，中国政府的命令已不出都门，各方面均不服从。使团方面提出，或似比政府稍为见效。如果各方不听从，则将来无论谁胜，使团可以不承认。④ 这就是外交团对中国

---

① 《湘省国民大会纪》，《申报》1920 年 8 月 3 日第 7 版。
② 《通电北京外交团》，长沙《大公报》1920 年 7 月 25 日第 6 版。
③ 《湘省弭兵运动之近讯》，《申报》1922 年 3 月 27 日第 10 版。
④ 《京人力阻奉直军队入城》，《申报》1922 年 4 月 26 日第 7 版。

社会的强大影响力。

上述情形，只会愈加强化外交团在中国的地位。北京政府驻荷兰公使王广圻曾致电上海各报馆：近来国内团体因内部政争，各自向驻京外交团并各处领事团函电。"查各国外交团驻在我国，不应有过问我国内政之事，我国尤不可授以口实……国内近年虽属多故，然对外究系独力御侮，界限尤宜认明。否则无裨内政，徒招侮谤，稍一不慎，流弊多，滥费巨，幸设法宣传"①。也有人评论："国民信托他人主持公道，而自己不能主张公道，其失败原因即在此。"②

三 临城劫车案：外交团干涉中国内政的案例

在近代，"所谓中国问题者，中国不能自卫其国家，各国对于中国分灭之乎，抑保全之乎之问题也"③。在"分灭"和"保全"之间，北京的外交团代表列强，行使着"太上政府"的权力。中国政府欲办一事，"国会可不必咨问，民意可不必采纳，而使团方面，则不能不往请命焉。使团曰可，则可之，曰否，则否之。是故使团者，实不啻我之太上政府也，其束缚我国之行政，为何如乎？"④

1923 年 5 月 6 日凌晨，山东省峄县段铁路的沙沟和临城两车站之间，发生一起土匪绑架火车旅客案。200 多名被掳乘客中，有外国男女 26 个人，英国人罗斯门被匪徒当场开枪击毙。⑤ 这 26 个人，分别是英国、美国、法国、意大利、墨西哥人，以美国人为多。

本案发生后，国际社会高度关注，有关国家极为紧张。"英、美、法、意、葡五国公使馆昼夜办公，极形忙碌。而各使馆所接本国及各地领事馆之电报，日必百数十封。"⑥ 各国公使在葡萄牙使馆开紧急会议，决定用书面形式向北京政府提出要求：（一）限期将被掳外人完全救出。（二）死亡之外人从优抚恤。（三）惩戒肇事地方文武官吏。（四）将来外人生命

---

① 《驻外使劝勿诉内政于外交团》，《兴华》1922 年第 19 卷第 5 期。
② 《外交团觐贺事》，《民国日报》1923 年 10 月 17 日第 11 版。
③ 刘彦：《最近三十年中国外交史》，太平洋书店 1932 年版，第 1 页。
④ 向炳峰：《辛丑和约的存废问题》，《弘毅月刊》1926 年第 1 卷第 6 期。
⑤ 韩信夫、姜克夫主编：《中华民国史大事记》第 3 卷，中华书局 2011 年版，第 1727 页。
⑥ 陈无我原辑，史实整理：《临城劫车案纪事》，岳麓书社 1987 年版，第 94 页。

财产之安全保障。领袖公使葡萄牙驻华公使符礼德于 5 月 8 日下午 1 时，向北京政府提交抗议照会和上述要求。此外，"英、美、法各有单独行动。闻美使单独致短简于外部，促起注意，请迅筹适当方法救护外人。英、法两使署同日亦有非正式之质问"①。5 月 9 日，五国公使发表声明，限北京政府 3 天内救出全部外国人质，逾限则依时要求赔偿。保护外国侨民生命财产安全，自是中国应负责任，北京政府全力营救。当北京政府正在积极努力时，5 月 15 日，英、法、意等国驻华公使因前给中方规定的限期已过，又向北京政府提出严重抗议。意大利驻华公使指出：中国官员对案件并未切实办理，以致被掳外人仍未释回，"照此情形，中央似无能力办理此事。如果中央无此能力，则我等可以无政府之国待之，直接与匪人谈判"②。

在外方压力下，北京政府对案件以抚为主，通过谈判，在一定程度上答应土匪的要求，以救人质。6 月 2 日，外交团派出由英、美、法、意等七国组成的武官团，赴枣庄调查此案。6 月 12 日下午，土匪释放了所有外国人质（25 日释放中国人）。此案以偿付赎金、人质获释、匪部被编为官军而结束。

临城劫车事件并非中国发生的仇外排外事件。比起华人华侨在外国受到虐待而得不到保护，可以说北京政府尽了最大努力来保护外人的安全。

列强却有意将其比作义和团事件，企图通过此案来获取利益。案件发生地所在的津浦铁路，被认为主要是英国的势力范围。英国的反应最为强烈，妄图控制中国的护路权和路政，进一步勒索中国铁路沿线的权益。其他列强也想从劫车案中攫取可能的权益。8 月 9 日，驻京外交团召开大会，各国公使全部参加，对通牒案，各国公使全部签字。8 月 10 日，外交团向北京政府提出要求：（一）外交团为该案被害者向中国政府要求赔偿损失；（二）外交团认为将来必须采用之保障，即各督军及其他官吏之责任并各铁路之保护办法；（三）惩罚：即在此案内不能尽职或通匪之官员。第（一）项包括：（甲）当劫车时，被掳者之行李与物件因被窃或遗落致失

---

① 陈无我原辑、史实整理：《临城劫车案纪事》，岳麓书社 1987 年版，第 92—93 页。
② 《各国公使再提严重抗议》（1923 年 5 月 15 日），王建朗主编：《中华民国时期外交文献汇编》第 2 卷，下，中华书局 2015 年版，第 731 页。该书作 5 月 13 日，似误。

去者，及在被拘期内每人所用之医药费。（乙）外人被土匪拘留中所受生活或自由之拘束，及种种困乏与苛待。（丙）接济被掳者之一切费用。第（二）项是列强要获得的最重要的权益。"外交团所施之调查及派往临城国际军官委员团之报告，其结果已证实中国护路办法之组织未臻完善。外交团认为中国目下护路之改良刻不容缓。故甚愿尽其责任赞助中国政府，协同办理。外交团所拟改良护路之办法，即主改组特别中国警察，以保护中国各铁路，此项特别路警由外国武官监督之。外交团俟详加研究此问题后，保留于最短期内，得将其核定之计划书，提交中国政府之权。"这是要控制中国的铁路警察权。第（三）项要求惩办官吏和津浦路局职员。

这份照会表露了列强企图进一步控制中国铁路的野心。它不仅指出中国护路中存在的问题，要求"赞助"权、"协同办理"权和监督权，还要替中国拟定"计划书"。照会还引用列强联合签署的 1901 年《辛丑条约》的第 10 章及附件第 16 节的规定，要求处分有关中方官员。照会的末尾，有驻华 16 国公使代办的署名。[1] 北京政府外交总长顾维钧认为："外交团所提的要求是很不公正的。联合照会提及了《辛丑条约》，这个条约是义和团动乱所产生的结果。照会所提要求的方式和《辛丑条约》内各项要求的方式有些相似，特别是关于惩办省和地方与事件有关的负责官员。"他认为，"外交团采取的立场似乎是很严重的，因为这是整个外交团第一次联名照会"[2]。

北京政府注意到了这一联合照会的严重性。9 月 24 日，北京政府外交部答复外交团说：关于临城劫车案，8 月 10 日领衔公使面交外交团来照，"除已照复阅悉外，兹经本国政府详加考虑，本照经外交团全体署名，其人民幸未波及之诸国，亦与其列，益增本国政府之重视焉"。对于赔偿，基本答应了外交团的要求；对于"保障"，"深望外交团重加考量"；对于"惩罚"，应由中国政府依照中国法律办理。外交团所提中国改良护路办法，与中国政府的方针适相符合，"交通部并将原有维持车站、列车治安

---

① 《驻北京外交使团致外交部》（1923 年 8 月 10 日），王建朗主编：《中华民国时期外交文献汇编》第 2 卷，下，中华书局 2015 年版，第 748—751 页。

② 《顾维钧回忆录》第 1 分册，中国社会科学院近代史研究所译，中华书局 2013 年版，第 312—313、314 页。

之特别路警，力加改良，决定于必要时聘用外国专门人才，以资襄助"。但是，"对于外交团所拟提议之计划，义难承受"①。可见，对涉及主权的问题，北京政府采取了慎重拒绝的态度。而10月4日，外交团再次提出警告照会，声明"外交团不得不维持八月十日联衔照会所注意之各点及办法，全部相应照请贵国政府仍按照上述照会内所指定各项办法施行为荷"②。

10月5日，曹锟以贿选手段当选大总统。这遭到了中国社会各界的强烈反对。曹派"盖彼等迷梦武力，欲举外债以达其目的。若外交团不予承认，或不觐见，是其对外资格既未取得，则其梦想中之借款计划以及武力阴谋，自难实现。故曹派认此事最为重要"③。孙中山曾致电北京外交团，要求外交团否认曹锟的当选资格。④ 有舆论称，临城为曹锟所辖范围，以事实论，"可见曹锟第一无统治能力，第二无尊重外交团之诚意，第三无肃清土匪之方针"。而曹锟政府急于得到列强的承认。

承认曹锟当选的合法性问题，成为外交团要挟北京政府的良机。外交团接到曹锟当选的照会后，曾开会主张暂不答复，仅葡萄牙驻华公使符礼德以领袖公使的身份，"间接声明以未奉有本政府训令为词，不予觐见。并请于总统就职时，勿设外宾签名簿"⑤。10月10日曹锟就职当天，外国公使均未参加。上海《民国日报》报道了《字林西报》上的一则通信：在曹锟就职前数日，使团之不能承认曹氏，势已必然。"当时各使馆对于贿选各种情形，均极厌恶。彼此均谓北方之现状及其发生之种种事件，悉皆由于官场漠视对外条约及义务而来……而曹锟为此漠视对外条约义务辈之首领。故中国推厥种种罪恶之由来，其首先应负责者，即为曹氏。渠虽被选来京，但其在外交上之身价，并不能因此抬高。即不言外人方面之利害，而就中国言，若十六国公使径进觐曹氏，与彼交换政见及握手，加以承认，则在中国人目中，将视列国有意对中国人民为非友谊之举动。"⑥ 这

① 《外交部致驻北京外交使团》（1923年9月24日），王建朗主编：《中华民国时期外交文献汇编》第2卷，下，中华书局2015年版，第753、754页。

② 《驻北京外交使团致外交部》（1923年10月4日），王建朗主编：《中华民国时期外交文献汇编》第2卷，下，中华书局2015年版，第758页。

③ 《曹锟当前之难关》，《民国日报》1923年10月14日第3版。

④ 《孙大元帅致外交团电》，《民国日报》1923年10月14日第3版。

⑤ 《曹锟当前之难关》，《民国日报》1923年10月14日第3版。

⑥ 《使团态度变化之经过》，《民国日报》1923年10月20日第3版。

种舆论，对曹锟形成了极大压力。

最后，曹锟不得不以变通的办法，答应了外交团对于赔偿和惩罚的要求。10月15日，北京政府复文外交团："对于九月二十四日去照所开意旨及保证之声明，未能使贵外交团变更其旨趣，殊以为怅。"惟为看重贵外交团意愿起见，对赔偿问题，"愿本优厚精神给予公平之偿恤"，且原则上赞同个人"附带赔偿"，性质及数目留待日后讨论。并告知已免山东督军田中玉之职。对于外交团提出的改良护路计划，"虽难承受，但对于外交团之关怀路警问题及其襄助之盛意，深为纫感"①。10月15日上午，驻京各外国公使及代办并教皇代表等觐见曹锟。②

总之，从临城劫车案解决的过程看，使馆区外交团的联合压力，对北京政府特别是其当政者形成了极大的作用力。英国等国利用外交团这一形式，在一定程度上实现了自己的利益和目的。时人评论外交总长顾维钧："以外交上非常的屈辱交换元首怀仁堂的一握手。可怜轰轰烈烈的青年外交家，为维持中国国际地位而就职的外交总长，竟办成如此屈辱外交！"③

外交团的行径没有法理基础，但却在中外关系中活生生地长期存在。"又如金佛郎案关系者，止法希比三国，而辛丑和约之国均加入。因金佛郎案牵连于关税会议案，虽有赞成之国家，亦不得不一致拒绝。又如收回上海会审公廨案，关系者仅英法美三国，而英主张推广租界最力，以使他国公使亦缄默不言。又如智利国民裁判案，智利与我订约，本无领事裁判权之规定，而外交团竟不许上海智利人民归我裁判，仍欲其受会审公廨之裁判。而最近之交还俄国使馆问题，外交团把持不交，尤为强词夺理焉。"④ 总之，中国"首都之内，成一各帝国主义共同压迫中国之非法机关，实世界被压迫各弱小国未曾有之事实也，而中国受此种非法机关之压迫，其有形无形之事实，不可胜纪"⑤。

一个在外国纯为礼仪功能的外交使团，到中国竟变为至高无上的外国

---

① 《外交部致驻北京外交使团》（1923年10月15日），王建朗主编：《中华民国时期外交文献汇编》第2卷，下，中华书局2015年版，第758、759页。

② 《外交团觐见曹锟情形》，长沙《大公报》1923年10月22日第2版。

③ 南雁：《临城劫车案的对外屈服》，《东方杂志》1923年第20卷第21号。

④ 《外交团内容之调查》，天津《大公报》1924年6月27日第2版。

⑤ 刘彦：《被侵害之中国》，（台北）文海出版社1987年版，第264页。

干涉中国内政的机关。"这种特殊地位,不独是中国的不利,也是国际习惯所不许的。"① 这本身也说明了列强对华关系的强势和中国外交的弱势。"外交团、领事团者,条约外之产物,国际法上无根据之名辞也。夫各国为导达政府意见、保护侨民商务之故,而设置外交官、商务官,则其责任自亦只限于关系己国之事。而自民国成立以后,外交团、领事团之名称乃见于国际正式之文牍,其权限实超过于各本国政府委任之职守,而形成协力敌一之形势。其至关系一国之事,而必动以涉及列国利害为口实,必使经由外交团之程序以解决之。此诚不平等条约之外,所横加之不平等事实也。"② 这又是近代中国国际地位低下的一个重要象征。

---

① 砚贻:《打破在中国外交团的特殊地位》,《晨报副刊:社会》1926 年 3 月 30 日,第 24 号。
② 梁敬錞:《英案解剖敬告国民及南北当局》下篇,《甲寅周刊》1927 年第 1 卷第 41 号。

第三章　使馆区的市政建设及影响

各国按西方近代标准，有计划地在使馆区开展市政建设，让北京呈现出不同于其传统的西洋式风貌，对清末和民国初期北京的城市改造和建设起着某些示范作用。作为封建统治中心的北京城出现了近代化的趋势。当然，使馆区新鲜事物的出现，具有列强侵华特权的背景。使馆区作为帝国主义侵略势力的物质载体，使得北京深深地打着半殖民地社会的印记。使馆区及其周边所谓的兴盛，是脱离北京社会大众生活的畸形的繁荣。

第一节　使馆区的市政建设

与拔地而起的西方式建筑群相对应的是，使馆区开展了西方近代化的市政建设，包括道路、交通、电力、用水、环境、卫生等方面，并且建立市政管理制度。这些建设和管理具有先进性，在北京树立了一个新的城市格局。但是，使馆区的新文明具有封闭性，它是为使馆区内的外国人服务的。而且，与特权制度紧紧相连的使馆区也存在阴暗的一面。

一　新的市政建设

与先进的西方城市相比，北京传统的市貌是相当落后的。例如道路，"按北京之沟，与各国不同。外国各城，街道极为洁净，偶尔落雨，沟内亦不致太脏。北京则各处皆系沙土，谚曰：'无风三尺土，微雨一街泥。'又曰：'不下雨象个香炉，下了雨象个墨盒。'故一经落雨，则地面之土，尽行冲入沟中。有时土比水多，沟内安能不受淤塞"①。北京街面的脏乱，给外国人留下了不良印象。曾在华活动的英国人吉伯特·威尔士和亨利·诺曼记载了这样的情景："在一阵暴雨过后，你几乎没有办法出门，因为在北京的街道上你根本无处下脚。街道上泥泞不堪，一脚下去就有三英尺深，而街道的中央比街道两边通常要高上几英尺。而另一个方面，如果不下雨的话，北京的街头尘土飞扬，这就是沙暴。只要你经历过北京的沙暴一次，这种可怕的记忆将令你终生难忘。在干旱的日子里，街上的尘土有脚踝那么深。每当日落的时候，就用城市里的排水系统来给街道洒水。这样一来街道上全是半湿半干的污泥。"② 苏珊·汤利的丈夫曾任清末英国驻华公使，她在《我的中国笔记》中说："北京是世界上公认地最脏最臭的城市……一个诙谐的外国人所称的'气味浓烈的北京'真是个恰当的绰号。"③ 在八国联军总司令瓦德西看来，北京城在各种旅行笔记中，常被认为是世界第一污秽之城市，可谓一点不错，"北京街上之污浊，真是令人可怕，城中并无公家清道夫之设，所有一切残物皆随意抛在街头，以听犬鸟前来为之扫除"④。

列强将东交民巷地区确立为北京城内一个独立的区域后，比较全面、完整地进行了西式的市政建设。对于传统而古老的北京来说，东交民巷使馆区呈现出了崭新的物质文明。

使馆区内街道修筑平整。文廷式《闻尘偶记》云："京师惟东交民巷中段路稍平，雨后泥亦不深，则以各国使馆所在，自行修理故也。闻修理之费，每尺几及百金。盖工人聚议争价，有私减者，则群殴之。京师木厂、石工均有积习，牢不可破，外人亦无如之何。"⑤ 不管怎么样，使馆区的路面，比外面的世界平整得多。在建立使馆区的过程中，道路得到了进一步修整。1901年6月，《申报》曾报道："东交民巷自玉河桥迤西，现

---

① 齐如山著、鲍畡埠辑：《故都三百六十行》，书目文献出版社1993年版，第78页。
② ［英］吉伯特·威尔士、［英］亨利·诺曼：《龙旗下的臣民——近代中国社会与礼俗》，刘一君、邓海平译，光明日报出版社2000年版，第227页。
③ Susan Townley, *My Chinese Note Book*. London: Methuen & Co., 1904, p. 234.
④ ［德］瓦德西：《瓦德西拳乱笔记》，王光祈译，上海书店出版社2000年版，第83—84页。
⑤ 文廷式：《闻尘偶记》，载中国社会科学院近代史研究所近代史资料编辑组编《近代史资料》总44号，中国社会科学出版社1981年版，第45页；邓云乡：《增补燕京乡土记》下册，中华书局1998年版，第487页。

由俄美及荷兰三国兴修道路。巷之西口，日派洋兵轮流驻守，禁绝车马往来。"① 英国公使在一个报告中说："租界区建立了一个道路委员会，希望能够清理与平整公馆与外国海关民居周围那些污秽之极的道路。这是非常值得称道的。我们购买了一辆洒水车，当它首次在北京街头出现的时候，还真引起了不小的轰动。"② 使馆区内道路总共约 9 英里长，铺设约 14 英寸深度的碎石，再浇灌 2 英寸厚的沥青混凝土混合物。区内有 3 座交通信号灯和 130 盏街灯。③ 1915 年，使馆区铺设了北京第一条沥青路，这是北京道路交通史上的新的重要一页。

从崇文门西侧的东交民巷东口，到前门东侧的东交民巷西口，是使馆区最整洁的主干线。沿路共装有路灯 40 盏，其中从西门到东门共 35 盏，另 5 盏在东门外。门外的马路仍为石子路，门内为水泥路。有人回忆：东交民巷 "路灯装置悉当街心，不如中国街市路灯之设竿于两侧也。灯形均一铁盖，下系灯泡二个，或作八字形，或垂直并列。有数处丁字及十字形街口，如御河楼、台基厂等，则为一五百支之烛巨形白泡。予数数过东交民巷，尝亲数之，故得其街灯之总数"。他还说到，每次驱车入巷，"在其东口门外仍觉车声辚辚，一如中国马路之颠簸。及一入门，则顿觉耳根清净，安适非凡，可以促人入睡。但一出西口，顿时如遇极巨之地震，不觉低徊而又唱惊梦之句矣"④。还有人回忆少时的经历："记得读初小时，就会骑自行车了，因为住在东外城，一进哈德门便是东交民巷东口了。彼时爱上交民巷骑车绕弯儿，所有的道路，是那么平，那么干净，那么清静！"⑤ 哈德门即崇文门。

使馆区也重视环境的美化。"美国公使馆亦购得松树数本，堆于后门东城地方。""东交民巷俄公使馆前，拟种树十数株。刻已挖出界限，并派买办在彰仪门购得松柳树数十本，堆积使馆门首，大约一半日栽植云。"⑥

---

① 《京师近事》，《申报》1901 年 6 月 5 日第 3 版。

② ［英］吉伯特·威尔士、［英］亨利·诺曼：《龙旗下的臣民——近代中国社会与礼俗》，刘一君、邓海平译，光明日报出版社 2000 年版，第 227—228 页。

③ Robert Moore Duncan, *Peiping Municipality and the Diplomatic Quarter*, Department of Political Science, Yenching University, Peiping: Peiyang Press, Ltd, 1933, pp. 118–119.

④ 求幸福斋主：《东交民巷琐记》，《紫罗兰》1926 年第 1 卷第 8 号。

⑤ 陈鸿年：《北平风物》，九州出版社 2016 年版，第 160 页。

⑥ 《使馆栽树》，天津《大公报》1903 年 4 月 1 日第 2 版。

日本使馆在府门两旁种柳树约有七八十棵，"俟来年开春，发生枝叶，门首两旁更有一番风景矣"①。又比如流经东交民巷的御河两岸，风景秀丽。"玉河桥在东城根者曰南玉河桥，在东江米巷者曰中玉河桥，在东长安街者曰北玉河桥。水自皇城内南箭亭流出，南穿城归正阳桥城河。玉河桥东西两岸俱植柳，垂荫水面。"② 1902 年 4 月，东交民巷"英日二国人复在御河桥两岸添砌砖栏杆，并就附近建造两桥，以便行人来往。既又将肃王府及詹事府署圈入界中，大约须阅二三年全工方能告藏也"③。20 年代中期，御河改砌为暗沟。《顺天时报》报道：使馆区的御河，在水关以北、御河桥以南的部分，由使馆区工部局填为平地。后工部局又向汇丰银行借款 3 万元，作为填筑桥北御河之用。所填之处，仍留一沟，为排泄秽水之用。之所以需填筑，是因为河水秽浊，有碍卫生，且蝇蚊滋蕃甚盛。④ 这是比较科学的改进卫生状况的办法。同时，"芳草时卉，杂植其上"，原御河流过之处，成了美丽的街心公园，洋人往来其间，"俨若异国"，为北京市内一处独特的景观。⑤《燕都丛考》也记载，东交民巷一带御河改筑马路，"砌为暗沟，碧草平铺，杂草间植，为西人妇孺散步之所"。而"昔日垂垂之柳，久已无存"⑥。

每个使馆的建筑物都做了精心设计。譬如，比利时使馆的办公楼坐北朝南，官邸分列东西两侧，中央为大片绿地。绿地中央有一大水池。办公主楼为尼德兰地区商业城市的建筑传统，"其特点是正面很窄，进深很大，山墙临街，山花彼此相接，里面为楼阁，并以哥特式小尖墙等作装饰，形成华丽而复杂的轮廓。主楼在中央两侧二开间及东西两侧墙都做成阶梯状山墙，山墙端部都做有碉楼式竖向装饰。外墙用暖色清水砖砌筑，并以石材做门窗套及墙转角处隅石，以此显示其本国建筑的风格特点。入口大门廊进深较大，采用壁柱为塔司干式三个等开间同高的券柱式，增强了建筑

---

①《署前种树》，《顺天时报》1903 年 10 月 14 日第 2 版。

②（清）吴长元辑：《宸垣识略》，北京古籍出版社 1981 年版，第 83 页。

③《使馆工程》，《申报》1902 年 4 月 9 日第 2 版。

④《使馆界填河工事》，《顺天时报》1924 年 7 月 2 日第 7 版。

⑤ 张宗平：《清末北京使馆区的形成及其对北京近代城市建设的影响》，《北京社会科学》1995 年第 1 期。

⑥ 陈宗蕃编著：《燕都丛考》，北京古籍出版社 1991 年版，第 29、174 页。

立面的气势。正面大台阶两侧有宽大的坡道，车可直抵门廊下。"① 又如一位中国官员回忆：荷兰使馆"于前清光绪二十六年后，始创立于东交民巷路南。层楼峻宇，画栋雕梁，竹木交柯，花草夹道，宛然一欧洲小小公园也。余供职外部时，曾赴该使馆茶会，偕同二三僚友，散步塔前，有赞其为城市山林者，有夸其空气清洁者。旁有一老馆役莞尔而笑曰，此馆原地址，乃毁并铺店两家而为之者也。一系石工厂，一系洗澡堂，其狭隘秽恶，直令人见而欲呕，一旦焕然改观，夫岂当日之逆料所及哉"②。美国公使的官邸朴素而美观，"是一种庄严的美国初期文艺复兴式的建筑，它的内部将办公用的接待室所需要的宽敞与一个真实家庭的舒适令人赞赏地结合起来"。离公使官邸四周的围墙不远的地方，"在中央广场前面，有一座真正的小村庄，那里另外有一些房子是秘书、随员、见习领事和办事员的住宅。这是一座风景如画的中国式村庄，里面有一座古庙和许多疏疏落落的房子，每家人家都有围着高墙的花园。使馆区都是清一色的西式房子，只有这是唯一保留下来的一点点古老中国的痕迹"③。

东交民巷是北京较早使用电力的区域。光绪初年北京即有煤气灯，设于东交民巷御河桥南头路西，只有几个使馆使用。④ 1899 年，经清政府批准，天津德商瑞记洋行经理包尔在北京东华门外大纱帽胡同 5 号开办"电气灯车公司"，包尔任总经办人。发电后，曾向东交民巷各国驻华使馆、中外银行、外商洋行和外国人住宅供电，后扩大范围，并开始建永定门至马家堡一段有轨电车，扩大灯车运营业务。《申报》曾报道："客冬电灯机器到京后，先在台基厂街头植立灯竿。新正以来，东交民巷一带亦已挨次植立。各洋行及各国驻京使馆暨海关、邮政各局，每晚必大放光明。"⑤ 义和团运动期间，该公司发电设备和灯车设备被毁。1903 年，清政府准该公司在东交民巷使馆区内办电灯业务。4 月 27 日，成立电气灯公司，包尔续任经理，在清政府商部注册。初期安装发电容量为 80 马力（59.68 千瓦）

---

① 陈平、王世仁主编：《东华图志》上卷，天津古籍出版社 2005 年版，第 541 页。

② 傅槐隐：《东交民巷》，载王彬、崔国政辑《燕京风土录》上卷，光明日报出版社 2000 年版，第 281 页。

③ ［美］保罗·S. 芮恩施：《一个美国外交官使华记》，李抱宏、盛震溯译，商务印书馆 1982 年版，第 23、24 页。

④ 齐如山著，鲍畋埠辑：《故都三百六十行》，书目文献出版社 1993 年版，第 112 页。

⑤ 《辇毂要闻》，《申报》1900 年 3 月 6 日第 2 版。

卧式煤气引擎机 3 座，共计 240 马力（179.04 千瓦）。1909 年，由德国购进 150 马力（111.9 千瓦）煤气引擎机 1 座。发电方式是直流三线式，直接向厂外用户供电。^① 除了为 3 个交通信号站和 130 盏路灯提供照明外，该公司还为除法国公使馆以外的所有公使馆以及外国银行、北京俱乐部和几家旅馆（包括两家位于使馆区外的旅馆），使馆区内和附近地区的一些其他业务，提供服务。^② 1903 年后，东交民巷道路照明用上电灯。^③

1908 年上半年，京师自来水股份有限公司开始筹建，1910 年 3 月向北京城内供应自来水。1911 年 2 月 13 日，使馆区领袖公使朱尔典代表外交团与北京自来水公司签订合同，由德国瑞记洋行担任自来水公司与使馆区的中介，在东交民巷安装自来水总水管和支水管。并在界内安装 12 个消防水龙头，救火龙头、钥匙交巡捕官收存管理。公司供应住户和个人用水，每千加仑按 1 元作价。^④ 2 月 20 日，自来水公司与德国瑞记洋行订立在东交民巷安装水管的合同。自来水公司允认瑞记洋行作为代表人，代理在使馆区安装、售水一切事宜，并收取各项账款。自来水公司应给瑞记洋行售水收入的 10% 和设备出售收入的 5%。^⑤ 各国在东交民巷修建的重要建筑物，室内安装了有上下水道的卫生设备。

另外，使馆区建有多种体育运动场所。使馆区周边的缓冲地段为各国公有土地，但后来一些国家独自建设运动场所。英国使馆建了运动场和马球场，意大利人建了使馆体育俱乐部，美国人建了棒球场。^⑥ 各国使馆和驻军也有运动设施。

---

① 《北京工业志》编委会编：《北京工业志·电力志》，中国科学技术出版社 1995 年版，第 44 页。

② Robert Moore Duncan, *Peiping Municipality and the Diplomatic Quarter*, Department of Political Science, Yenching University, Peiping: Peiyang Press, Ltd., 1933, p. 119.

③ 张宗平：《清末北京使馆区的形成及其对北京近代城市建设的影响》，《北京社会科学》1995 年第 1 期。

④ 《自来水公司与驻北京外交团领袖在东交民巷安装水管合同》（1911 年 2 月 13 日），北京市档案馆等编：《北京自来水公司档案史料》（1908 年—1949 年），北京燕山出版社 1986 年版，第 81—82 页。

⑤ 《自来水公司与瑞记洋行在东交民巷安装水管合同》（1911 年 2 月 20 日），北京市档案馆等编：《北京自来水公司档案史料》（1908 年—1949 年），北京燕山出版社 1986 年版，第 82—83 页。

⑥ ［奥］莫石、［美］莫苇芝：《城门内的外国人：北京使馆区》，叶凤美、［德］丹尼斯·霍克梅译，北京联合出版公司 2020 年版，第 304 页。

二　新的管理制度

与近代化的设施配套，使馆区建立了相应的市政管理制度和方法。

比如，为了街面整洁有序，使馆区对摊贩和车辆的经营秩序有严格规定。美国公使发出告示："水关内外地方理宜宽广，以便往来行人。乃近来有作小生意者任意摊摆碍于往来，宽旷之地转成窄路，殊属不成事体。再者东洋车亦在该地方任意停放，终日喧哗。自示之后，凡作小生意摊一律撤去，不准再如前摊摆。至东洋车，嗣后亦须按行停放，一律不准随意停车。违者定行驱逐。如敢不遵，立即惩究。切切特示。"① 使馆区注意整顿市场秩序。北御河桥意大利使馆界，"有各小生意货棚，均用席苇搭盖。近因容留贼匪土娼，各国营房失物均由该处起出。故于十一日，经英义各国派人将各食棚全行拆去，不准复开"②。1903 年，法国使馆作出规定："中国兵队不准经过，乞丐不准经过，空车不准经过，重载不准经过，上下体无衣之人不准行走，不准唱淫腔浪语，无故不准在界内闲游，离界十五丈内不准放枪炮，不准乱摆货摊，人力车须有定所，华人夜行须执灯笼，不准在界内唱齣招集闲人。不准在界内大小便，行车遇有对面来者须向右让。以上各条自示之后，如有违犯者立即究惩云。"③

1905 年 12 月 19 日，法国驻华公使吕班以使馆区东界内有华人违背各国巡警章程为由，向清政府外务部送上各国在使馆界章程，其中以下关于使馆区日常管理的办法。

北京使馆洋界巡捕道路规章④

第一条　道路上凡一切有违号令、风化以及有害公众平安之举动，一律禁止。放烟火、爆竹尤为禁止。

第二条　使馆界内禁止开设赌局、鸦片烟馆、妓馆。又除各兵营内之酒馆外，不准开设小酒铺。如遇此等情形，立由办事处谕令封

---

① 《水关出示》，天津《大公报》1903 年 1 月 22 日第 4 版。
② 《禁搭席棚》，天津《大公报》1903 年 9 月 5 日第 1 版。
③ 《使馆出示》，天津《大公报》1903 年 9 月 5 日第 1 版。
④ 《北京使馆洋界巡捕道路规章》，《历史档案》2010 年第 3 期。

闭，店主绝不得索赔。该管各员应恪守办事处所定各章行事。

第三条　使馆界内禁止乞丐。

第四条　《辛丑大约》因保护使馆，所许之城墙一段不准华人经过其上。中国兵丁非经中国官预先知会办事处者，虽不带军器，亦不准经过使馆界内。惟中国官员赴各使馆拜往者，其随带之人以及护送货币赴银行之兵丁不在此例。

第五条　使馆界内道路一经修整后，凡中国车轮上带钉刺者，不准在界内行驶；重载大车，除所运物件系为界内行户之用者外，均不准入界。

第六条　凡驾车乘马者应各循左手徐行，并不得在太近便道旁沟边行走。日落时，凡轿车、人力车均须点灯；乘马者务须缓行。

第七条　使馆界内不准溜走成群骡马，凡经过界内，应由马夫或牵或骑，至多以两马并行为率，并不准在沿街房屋之旁系留牲口，更不准留至数钟之久。

第八条　一切碎磁、玻璃有伤行人者，均不准抛置路上。明沟内无论坚质流质之物，足以发秽气有碍卫生者，均不准抛入。一切秽物不准置于专为抛置秽物地方以外。

第九条　凡担粪除秽之人切须小心倾运，以防有害卫生。故其担运，夏日不得于晚间九钟以前、早晨七钟以后；冬日早晨不得在八钟以后。

第十条　一切货物材料，非经办事处特许，无论久暂，均不准放置街上。凡经特许，亦必须无碍车行，夜间应点灯火。凡有开沟挖坑之处，日则安设标记，夜则燃灯。

第十一条　（一）禁止在街上挖地；（二）禁止伤毁便道沟渠、路灯电杆以及一切公用之物；（三）禁止盖造廊轩、阶石、护栏侵占官道以及各种有碍行车之建筑。

第十二条　现定之章由警察员弁监视奉行，有违抗者，移送各该国文武官。

第十三条　凡有违犯本章文武人员，应按法律或照各国所定章程罚款。凡有弁兵违犯者，应送交该国武官，按照本国军法、国法惩办。

北京使馆洋界东洋车应行遵守规条①

北京使馆洋界东洋车应行遵守规条开列于左：

一、凡东洋车未在办事处挂号者，概不准在洋界内行走。凡能遵守此规条者，日后可在车场停车。

二、凡请挂号之拉车人，一经具呈，当即发给执照号数，贴在车背之上，以便易于稽察。

三、挂号费每年二元，每半年一元。每次挂号，外加号数牌费三角，凡拉车人肮脏不堪者，不准挂号。

四、凡拉车人衣履蓝缕者受罚，每次不得过二元，且六月以内不准挂号。

五、倘拉车人有拖拉苦力情事，立将号数牌撤去。

六、车价概由办事处妥定章程，注明册内。发价之时，概用洋官发给之小票付给。

这些制度和规则，在明显限制中国的主权和中国人在使馆区内活动的同时，在维护道路安全、环境整洁、活动有序等方面也具有一定的科学性。

总之，一个先进的西式小市镇在北京建立起来。使馆区的商务活动由行政委员会管理，它有自己的警察，自己的电灯，街道整齐、平坦。卫兵来回巡逻，并负责消防工作。使馆区显得整洁有序，"北京的外交官们生活的方式与他们自己的文明相称"②。

三　使馆区的封闭性和阴暗面

必须指出，使馆区是帝国主义侵华行动的产物，且是在中国长期丧失自主权的情况下进行建设的。使馆区的各项建设，是在中国付出的巨额赔款的基础上进行的，所以它首先就浸透着中国人民的无数血汗。使馆区的建设，具有殖民主义的性质。同时，它的建设和管理自成体系，不是从北京城市发展整体性、系统性、长远性的角度来规划和实施的，对北京的城

---

① 《北京使馆洋界东洋车应行遵守规条》，《历史档案》2010 年第 3 期。

② Juliet Bredon, *Peking：A Historical And Intimate Description of Its Chief Places of Interest*, Shanghai：Kelly & Walsh, Limited, 1922, pp. 48 – 49.

市改造和建设具有消极影响。

列强在北京建起一个长期工作、生活的区域，并不是为了进一步建设北京。使馆区是一个相对封闭的城堡，高大的围墙和宽阔的缓冲地带硬生生地将其与外部世界隔离开来。虽然中国政局不稳，北京常有变故发生，但是特权制度的存在使得这种影响对使馆区社会来说是很小的，外国人可以安稳地享受西方文明的便捷和舒适。

马克思指出："英国的工业巨头们之所以愿意在印度修筑铁路，完全是为了要降低他们的工厂所需要的棉花和其他原料的价格。"[①] 这一论断同样可以用来解释北京使馆区的新式的文明。使馆区内先进的市政建设，首先和主要是为使馆区域的外交官、驻军和其他外国人设计和使用的；这里的管理制度，是为了保证使馆区内的外国人有一个优越的工作和生活环境。使馆区围墙上留有射击孔，"永远触目惊心地展示着外国人和中国人之间的鸿沟"——围墙外，北京的一条条胡同里面挤满了穿着破破烂烂的藏蓝色衣衫的中国人，在他们摇摇欲坠的店铺里，猪群蹿来蹿去，人力车挤在一起，满地都是垃圾，气味刺鼻。围墙内，"大楼和银行、保养良好的草坪、铺了碎石子儿的整洁的街道和社会习俗，全都散发着欧洲资产阶级的味道"[②]。对于富有的美国人霍夫曼夫人来说，"她真诚地希望，北京这个没有禁酒令的城市可以立即成为全世界的社交中心"，而"她口中的'北京'当然指的只是外国人居住的地方，特别是生活在使馆区的那些人住的地方。在使馆区内，生活一如既往。对于霍夫曼夫人之类的人而言，那些才是真实存在的世界，而使馆区墙外的北京，只是个污水横流、让人寸步难行的地方"[③]。1926年的一天，北京大学教授彭学沛路过东长安街，发出了这样的感叹——"右边是异邦人的管区，鳞列栉比的都是琼楼玉宇；青青的，回环蔓延的藤萝，细细地，传出悠扬宛转的清歌，可是呀，仍然别望到视平线以下！"[④] 那个"视平线以下"的另一边的社会场景，

---

① ［德］卡·马克思：《不列颠在印度统治的未来结果》（1853年7月22日），《马克思恩格斯文集》第2卷，人民出版社2009年版，第688页。
② ［英］朱莉娅·博伊德：《消逝在东交民巷的那些日子·序言》，向丽娟译，商务印书馆2016年版，第7、8、9页。
③ ［英］朱莉娅·博伊德：《消逝在东交民巷的那些日子》，向丽娟译，商务印书馆2016年版，第173页。
④ 彭学沛：《黄昏驱车过东长安街》，《现代评论》1926年第4卷第84期。

该与使馆区有千差万别吧。

在荒乱的中国，北京的外交官和外侨的生活则显得怡然自得。1926 年的北京和中国战事连连，政治争斗不断，而使馆区人们的生活仍然丰富多彩。《纽约时报》驻华记者哈雷特·阿班于 9 月到北京时，看到 "北京的外交圈和社交圈则继续在北京饭店的屋顶宴饮作乐，歌舞升平"①。1928 年北京政权的更迭对外国人的生活也没有什么影响。他还写道："外币在这里值大钱，因此娱乐活动都是极尽奢华的。北平俱乐部、法国俱乐部、德国俱乐部以及八宝山的高尔夫俱乐部，都是让人流连忘返的所在。京城城墙外数英里处，便是赛马会，更是个快乐无比的地方。"②

为此，使馆区严格限制中国的主权，蛮横地剥夺中国人的权利。根据《辛丑条约》，中国人不能住在使馆区，且在使馆区通行也受到严格限制。一位记者初到北平，和朋友去久闻其名的东交民巷。不料，一到这座小城，就听到中国巡警暴雷似的一声——干什么？不准进去！巡警并指着贴在墙上的布告。③ 仆人和白天在使馆区工作的其他中国人必须持有特别通行证，进门时向卫兵出示通行证方能进入。访问使馆区的中国人必须持有介绍信。④ 使馆区内的道路清洁、整齐，由中国政府承担部分养路费，但中国人却不易享用。就连拉洋人的人力车进入使馆区也有规定：界内专拉洋人的人力车有黄铜质扁圆形车牌，通行界内外，不受北京警察厅管辖。北京警察厅颁发的蓝牌人力车不能进入界内。⑤ 1911 年，使馆区一度禁止中式车辆通行。又如，使馆区的南面有高大的城墙，这里被修成了一个公园式的公共活动空间。"对在北京的外国人来说，这些墙头是极佳的散步场所。而照规矩，中国人是不许上的。它们不仅仅提供了深远的、大部分都是美丽的视野，而且避免了墙下街道上的种种不愉快。因此各国公使馆的人员都乐于登墙散步——当然了，有许多国家的人从来不会仅仅为了愉

---

① ［美］哈雷特·阿班：《民国采访战：〈纽约时报〉驻华首席记者阿班回忆录》，杨植峰译，广西师范大学出版社 2008 年版，第 41 页。

② ［美］哈雷特·阿班：《民国采访战：〈纽约时报〉驻华首席记者阿班回忆录》，杨植峰译，广西师范大学出版社 2008 年版，第 81 页。

③ 飘呆：《东交民巷一瞥》，《社会周刊》1934 年第 1 卷第 28 期。

④ ［奥］莫石、［美］莫苇芝：《城门内的外国人：北京使馆区》，叶凤美、［德］丹尼斯·霍克梅译，北京联合出版公司 2020 年版，第 295 页。

⑤ 北京市东城区地方志编纂委员会编：《北京市东城区志》，北京出版社 2005 年版，第 893 页。

悦而散步——在这儿约会并各自完成傍晚的健身运动。"① 总之，使馆区的建设成果和管理制度提供给外国人享用。这正应对了马克思的论断："当我们把目光从资产阶级文明的故乡转向殖民地的时候，资产阶级文明的极端伪善和它的野蛮本性就赤裸裸地呈现在我们面前，它在故乡还装出一副体面的样子，而在殖民地它就丝毫不加掩饰了。"② 列强在北京移植了一个近代化的社会空间供其享用，对这个空间外的人则实施另一种行为规则。

就使馆区内来说，在特权制度下，表面的整洁、繁荣也掩盖不了其种种黑暗和丑恶的内容。

这里是个可以从事肮脏活动的地方。例如，北京的好赌之徒在选择地点方面"尚有妙法，行所无事"，"今闻有在交民巷租一洋房而赌者，有在某巨名外国银行某买办家赌者"③。某部长、某总办、某买办"以交民巷某饭店、某使馆、某银行为聚赌地，以为警察权力所不及。某肃政得悉踪迹，前往侦察。见门前车马塞途，询之路警，以某显者在内宴客"。对此情况，侦察者"无从下手，怅怅而返"④。《申报》曾报道："东交民巷某国兵营后洋行发现花会聚赌，招集会员，入会者不少，公安局及使馆界正调查中。"⑤ 由于使馆区是中国的法外之地，且有种种特权存在，这种现象亦有很大的活动空间。

又如，使馆区的毒品犯罪活动是个非常突出的问题。1925 年 7 月 6 日，法国使馆公开了一个破获的涉毒案件。近 3 个月来，法国兵营对面的房屋，时有诡秘行动。该房由华法银行租给东方储蓄银公司使用，其经理为华人傅子文。6 月 24 日晚 10 时至第二天 5 时，华人 51 人自该处出来，皆带有鸦片烟味。6 月 30 日 10 时半，法使馆当局得悉有人吸鸦片、赌博及作他种不法行为，遂即至该公司院内，赌徒、烟徒欲谋外逃，也有躲藏在床下和掩伏各处的。法使馆当局因叫不开房内各门，遂叫法兵来，协同捕拿，获烟土、烟枪及其他烟具、麻醉药品、赌具等。这些证据，于 7 月

---

① ［英］阿奇博尔德·立德夫人：《我的北京花园》，李国庆、陆瑾译，北京图书出版社 2004 年版，第 235 页。

② ［德］卡·马克思：《不列颠在印度统治的未来结果》（1853 年 7 月 22 日），《马克思恩格斯文集》第 2 卷，人民出版社 2009 年版，第 690 页。

③ 天幕：《北京豪赌纪》，《申报》1913 年 12 月 16 日第 2 版。

④ 《京师要人之赌兴》，《申报》1915 年 5 月 5 日第 6 版。

⑤ 《东交民巷发现赌窟》，《申报》1934 年 5 月 8 日第 6 版。

6 日下午移交中国警察厅。所逮捕的 40 人中，有一男子身着女子服装。另
有北京政府外交部书记一人。① 1930 年 5 月 27 日，北平内一区警察和使馆
区巡捕在台基厂福乐善货栈大楼内破获一个毒品制造工厂。福乐善之房产
为东长安街顾苏汽车行经理米那（意大利人）所有，其以每月租金 400 元
赁与一张姓租用者。该大楼前面的房屋为便利卖货场，系正当商铺；后面
楼房 16 间为制造金丹、海洛因所在地，分三家（两家制造金丹、一家制
造海洛因）。制毒工厂的股东多为从前军政警各界有名之阔人，资本雄厚，
且有使馆区巡捕暗中保护，已经营多年，所制毒品行销石家庄、山西、河
南各地。之所以要选择此场所，就是利用东交民巷的特殊地位，避免侦探
侦察。因日久风声外泄，才被破获。② 又如 7 月 5 日下午，一辆蓝色大汽
车，从东交民巷驶出，风驰电掣向天津方向开去。该汽车满载违禁品海洛
因、金丹等，系某外国洋行代为包运至天津销售，并在齐化门外东岳庙迤
东撞伤警察，后在魏善庄附近被截住。③

第二节　使馆区市政建设对北京的影响

对古老的中国来说，近代中外关系互动的重要结果就是中国社会由传
统向近代迈进。西方的物质文明、制度、思想文化以各种方式被引入中国
境内，为中国人学习、仿效、推广。北京东交民巷使馆区的市政建设和生
活方式，对北京有较多影响，北京局部地区出现了近代化的面貌。然而，
对这一影响不能有过高的估计。而且，使馆区带动的北京局部地域的兴旺
和富足，是一种畸形的社会状态。

一　思想观念上的影响

清末曾任刑部额外主事、邮传部主事的陈宗蕃在 20 世纪 30 年代撰有
《燕都丛考》一书。其中写道："辛丑签定和约，于是东交民巷左右之地，
无论为民居，为衙署，为祠宇，均圈入使馆界，设铁栅，筑砲垒，四周并

---

① 《法使馆报告法兵捕人案经过》，《申报》1925 年 7 月 9 日第 7 版。
② 《东交民巷破获制毒机关》，天津《大公报》1930 年 5 月 29 日第 9 版。
③ 《怪汽车飞出东交民巷》，天津《大公报》1930 年 7 月 6 日第 5 版。

各留隙地数十丈，以备守望。界内且自置警设署，俨若异国。各使署分地而居，兵营亦各附于使署左右（惟瑞典、挪威等国使署不在界内）。其余银行、商店，栉比林立，电灯灿烂，道路平夷，在城市中特为异观。"① 从这段描述中，可以看到中国人对北京东交民巷使馆区的矛盾认识，其中有对先进事物的向往。庚子之变后的北京，满目疮痍。内忧外患之下，百废待兴，民心思变。新的事物，必然推动人们思想观念的变化。古老的北京经历着新的变革。

庚子之役"创巨痛深，实与亡国无异"，清政府上下不得不"刻苦自励"②，推行新政。无论高层还是基层都有官员主动地提出学习西方。例如，1902 年清政府设立工巡总局（即内城工巡局），督修街道，管理巡捕事宜，肃亲王善耆任工巡总局管理事务大臣。1904 年，顺天府尹上奏：西方国家政治、商务以道路为始基，"道路既治，而后巡警、卫生次第兴办，生机以畅，物产以饶"。各国通商从无给予租界之事，"因我道路不修，故外人得以藉口筹费修路，兼设巡捕，而治外之法权遂以旁落。今通商码头均设会审，则中国人与中国人词讼亦归其判断，其实捕捐、铺捐、车捐何一不出之中国人同一输捐也"。就北京来说，现在东交民巷已成为洋界，使馆区又自筑马路。"若我不兴修，彼必推广、扩一马路，即设一巡警，则直谓之蚕食鲸吞可也。"在他看来，修路有多项益处，"西国街道沟渠市政，各有专司，安插贫民，以免流为盗贼，扫除污秽，以免蕴成疬疫，此皆于居民有迫切之关系，朝夕起居不可须臾无者"。且道路平坦，一日可办三日之事。"各国使馆电报电话瞬息可达，而我由各署以达内廷，雨雪阻滞往返，商榷动辄经旬，警急之事或有限时刻待报者，因此草率误事亦复不少。警察无驻宿之班房，当道有碍行之列肆。"善耆督办修路，于今逾年，人们仍对修路新政有疑忌，而款项亦不免困难。他希望朝廷令五城街道御史并地方各官随同善耆"将应修干路、支路之必不可缓者先行绘图估工，再令分段插标，刻日竣事"，且一并"设立巡警房，以资保卫，设

---

① 陈宗蕃编著：《燕都丛考》，北京古籍出版社 1991 年版，第 187 页。
② 《复张香涛》（1901 年 7 月 12 日），《刘坤一集》第 5 册，陈代湘校点，岳麓书社 2018 年版，第 198 页。

立工程局，购置各项器用，以资修补，添盖篷厂，聚列摊肆，以免阻碍"①。奏折由修路问题出发，言及其他革新事项，内容有进步性。政府思想观念的转变，对形成学习先进事物的社会风气有直接的推进作用。

传统的建筑观念被渐渐打破。齐如山回忆：从前北京房屋的高度有限制，无论住户、铺户，皆不许建楼房。繁华区域的商号，因地基确实不够用，准建两层房屋。"然上层之柱最高不得过三尺左右，名曰重檐，不得谓之楼。其中只可堆存箱笼等物或人睡卧而已，因只能弯腰而行，故不能在其中办事也。此种房式前门、东四、西单等处多有之。若西城自西安门北经西直门大街以至关厢，街面之铺面楼房，乃光绪甲午为点缀万寿，奉旨而建，他处不得援以为例。"之所以不许建楼房，一是因为风水关系，二是不能窥探宫禁。外部力量直接推动了思想上的解放。庚子年后禁令放松，前门外商家的楼房已稍高，而内城尚如旧。"光绪末叶，因洋人自建楼者甚多，乃完全解放，然近于宫苑或王府等处尚有限制。余房在东单牌楼裱褙胡同，一次欲建一楼，先询及警厅之人，据云可随意建筑绝无问题，因距王府太远也。按彼时意大利国使馆因建电台，在御河旁立一高杆，钦天监即奏云，于宫禁风水有碍，当即使外交部与之交涉，彼仍未理。以风水为理由不值外人一哂，而因此举致使国家之地位又低落若干。风水误人，愚官无知，良可概也。然由此更可推想当年官场视风水为如何重要矣。"②

西人房屋的格局也有可借鉴之处。一般的中国人对衣食住的卫生状况不十分讲求，而西方人看重房屋的光线、空气。北京民居内光线不好，且旧屋常有极大的燠炕，占去一室之大半部空间。受西方的影响，中国人对居室环境的认识有了变化。"近年来东城邻近交民巷一带，已经发现两种住屋：其一即就旧式者略加改变，如去燠炕，拆造屋□，改纸糊窗为大玻璃窗之类；其一即约略仿照西式。但形式上仿照反不如第一种调和新旧，就原有物改良者为佳。"③

又比如，东交民巷整洁的马路和优雅的行道树，与界外有鲜明的对比

---

① 《顺天府尹沈奏请饬下直督借款修路片》，《东方杂志》1904 年第 1 卷第 10 期。
② 齐如山著、鲍畹埠辑：《故都三百六十行》，书目文献出版社 1993 年版，第 104—105 页。
③ 钟黛：《京华哭梦余记》，《申报》1919 年 10 月 4 日第 14 版。

性，不能不让中国人向往。黄罕珉指出："我从南方到了北京，最不满意的，就是路政。所谓马路，除了东交民巷使馆界内是洋人修的，平坦光滑，其外就算新华门一段是几万金钱的代价换来的，再不好也太难了。其余，实在是有如人说'无风三尺土，有雨一街泥'，也就不问而知了。"①1922 年夏，一个上海记者在北京住了两个月，觉得"行走道途，深感痛苦。晴时尘沙扑面，雨时泥泞没胫。以京师全城言，除东交民巷、西长安街两路用柏油涂筑外，余均泥道，且极崎岖不平。即如上海之石子马路，亦不可多得"。还有"除西长安街东部中央公园附近有极佳之树林，及东交民巷之列树成行以外，北京各马路之两旁，几无树之所言。赤日行天之时，颇为痛苦。若能加意培养树木，于卫生大有关系。吾亟望市政公所之从事改良。"②另一位人士进一步说："北方本为沙土层，道上积尘甚厚，汽车过处，或大风飘扬，则尘沙腾空，漫不见人。而尘之成分，至秽极杂，有牲畜粪、有燃煤渣、有水之留汇。若在雨后，则泥淖载途，深可没胫。全城清道夫，不下千余人，雨后持耙执铲，从事平道。晴天则汲水泼洒，此洒彼干，无济于事。最好修筑新式马路，仿东交民巷式样，大道用地沥青铺面，小路用碎石，施以机力，两旁铺砖路，以利行人。如是尘沙可减，更无道路不平之弊也。"③后来，北京部分街巷得到整修，也种了许多树。最多的是槐树，"二三十年代以来，讲求路政，修筑马路，路边要种街树。种老式刺槐，自然很好，但是成长慢。有些街道，便种另一种洋槐，易种易活，成长快，夏日开白花，一串串的，像藤萝花一样，还有清香，本是十分好的街树，叶密荫浓，同刺槐一样，远看简直分不出"④。

　　人们希望北京的城市面貌向着整洁、美观进步。不仅应修路、种树，还要改进市民的生活习惯。北平僻街小巷多为煤灰所堆集，宣内东顺城街一带堆土高度与城齐平，以致有"非十二年不能运完"之说。对这一问题，除了继续扫除，"根本尤在急修坚路，取缔随地堆置秽土，庶使东交民巷唯我独尊之骄态不得永迈千古"⑤。

①　黄罕珉：《宁为上海马》，《星期》第 29 号，1922 年 9 月 17 日。
②　NC：《吾对于北京道途观》，《申报》1923 年 1 月 13 日（申报汽车增刊）第 2 版。
③　慕颐：《北京路政亟宜整顿》，《申报》1923 年 10 月 27 日（申报汽车增刊）第 3 版。
④　邓云乡：《云乡琐记》，河北教育出版社 2004 年版，第 224 页。
⑤　赓雅：《凭吊故都古物》，《申报》1934 年 4 月 4 日第 8 版。

使馆区建的外国医院设备先进，技术水平较高，医疗条件较好，引发人们对中国自身医学建设事业的新要求。外国医院技术水平再好，毕竟是外国人办的，而且中国普通大众难以就医。有人提出："图自国独立医学的建树，更是□权力者的义务。……现代可以称为君子的人们，有病时切莫专向东交民巷的医院跑，赶紧设法来造成独立性的医事重心呀。"①

使馆区各国建有文化、体育方面的设施，常举行活动。有人指出：娱乐是人生中的一种必需，"应当与衣、食、住看得一样的重要。所以欧美人足迹到处都带着各种高尚娱乐事业同去，使旅客不感寂寞，不致受居留地恶俗底同化。东交民巷各使馆底卫队中都有音乐会、球会、爱美的剧社之组织，常常借着机会出露头角。号称首都的北京城里住着有四五千年历史的黄色人种数十万口。请问这数十万人中有几种不怕告人的高尚娱乐？"② 例如，一些国家使馆和驻军的球员、球队与北京院校学生开展活动，这促进了北京和华北地区体育运动的发展。1925 年的华北联合运动会球类比赛在北京清华学校举行，"并聘请英美使馆精于各种球戏者作评判员及公正人"③。1933 年 11 月 20 日晚，美国兵营主办的万国篮球赛开始举行，有北平中大、辅大、北大、师大和美军三十八连、三十九连、六十二连、总部等代表队参加。又如，北京的溜冰场所起于日本人所办的跑冰场。后继之而起的有东长安街的日本冰场、东交民巷的法国冰场，"以规模之宏大，设备之周到，故游者均趋之若鹜，反使初创之跑冰场相形见绌。迨后国人亦相率开办，计达十余处之多"④。

在与使馆区相连的京师内左一区，"东西洋杂居区内者数以千计，文化接触尤易"⑤。此地设有销售文化书刊的场所，还举办文化和学术活动，这些都直接影响着中国人特别是知识分子的精神世界。六国饭店就有相关的活动。如 1924 年 4 月 24 日，由美使馆陆军参赞发起，邀请各国驻京人士在六国饭店欢迎来华访问的泰戈尔，各公使、领事、参赞、秘书等到会

① 陈方之：《诊余随笔》，《申报》1933 年 11 月 13 日第 16 版。
② 陈大悲：《爱美的新年》，《晨报副刊》1922 年 1 月 1 日第 3 版。
③ 《华北球类比赛之结果》，《申报》1925 年 4 月 18 日第 11 版。
④ 严荣堂：《颇饶兴味之化装溜冰会》，《申报》1929 年 2 月 19 日第 21 版。
⑤ 林传甲：《京师内左一区街巷记小序》，《京师街巷记》，林传甲总纂，琉璃厂武学书馆，1919 年，第 2 页。

的有百余人。① 有人忆及："回想几于三十年前，我们一群年轻的同学，常常在课堂上或是报纸上听来一种新鲜的洋书，只有六国饭店楼下的书铺中有得卖。我们总是节缩好多次吃点心吃午饭的钱，怀着一种长惧的心，瑟缩地，但又装出大方样子去问价钱。偶然有两次付得起钱，换回一本书，便高兴得比那些投我们以轻蔑目光的洋绅士还神气。"②

东交民巷的管理制度是中国人可以学习的。1903 年，"某观察寓西河沿某店，重九日乘站街之轿车进城。至东交民巷，车夫不敢径行。观察奋然曰何畏，叱驭疾驱"。而没走多远，即被拦住。"幸车夫跪求，遂将观察之帽扣留，释车使去。车夫不肯复载，观察遂徒行而去。"③ 这从一个侧面反映了使馆区内交通秩序的严整。"同是一样的洋车，在别的地方转弯抹角，常常听车夫自由自便，可是一入东交民巷，就是蛮不讲理的车夫，也规行矩步起来了。同是一样的汽车，在别的地方横冲直闯，似乎故意和道旁所竖的每小时不得过多少里的路牌开玩笑，可是一入东交民巷，就是车上坐的是鼎鼎大名的阔老、无法无天的军人，也不能不叫他的车夫暂时收起他那横冲直闯的威风。同是一样的中国人当警察，在别的地方指挥行人，十八九碰钉子，可是一站到东交民巷，他的命令便如同圣旨一段了。"④ 这触动着中国人对公共秩序的重视。

使馆区的存在，多方面地影响着北京人的社会生活，乃至言语。"北平雇车讨价，向来有其特别之单位。民国初年，都讲多少'子儿'，近者三五个'子儿'，远者一二十个'子儿'。所谓'子儿'，即铜元，南方谓之'铜板'、'铜角子'，北方谓之'铜子儿'，省言'子儿'，以此为计数之单位。惟东交民巷之洋车，开口论'毛'，上车起码一毛，即小洋一角。一因拉洋人特别贵族气，坐车掏'毛'钱，不在乎。二则交民巷之洋车比较干净华丽，车夫亦较为精神快捷，大概是承应洋主顾之故。中国人在交民巷雇车，自然亦循洋例，以'毛'计价，故彼时有'毛'与'子儿'两单位……虽然银行或货店计账有几毛几分乃至几厘，但洋车夫则无说

---

① 《太戈尔抵京后之概况》，《申报》1924 年 4 月 29 日第 7 版。
② 潘伯鹰：《北平行》，上海辞书出版社 2013 年版，第 43 页。
③ 《观察狼狈》，天津《大公报》1903 年 10 月 31 日第 3 版。
④ 小巫：《闲话》，《现代评论》1926 年第 4 卷第 104 期。

'分'之习惯，'子儿'之外，就是'毛'。"①

马克思和恩格斯指出：资产阶级，由于开拓了世界市场，使一切国家的生产和消费都成为世界性的了。"过去那种地方的和民族的自给自足和闭关自守状态，被各民族的各方面的互相往来和各方面的互相依赖所代替了。物质的生产是如此，精神的生产也是如此。"资产阶级，由于一切生产工具的迅速改进，由于交通的极其便利，它迫使一切民族"采用资产阶级的生产方式"，"它迫使它们在自己那里推行所谓的文明，即变成资产者"②。包括公众舆论在内的社会各界都认识到了西方文明的先进性，对北京的进步提出了要求，因为"吾国市政，不及外国之讲究，平津各处，事实显然。如北平东交民巷之道路及建筑物，均较其他各处市衢大为整洁"③。而新观念的形成，有力地促进了社会变革。东交民巷的新事物，推动着中国人的思想更新。

二　对北京市政建设的影响

近代化的市政建设和管理，是国家进步、社会文明的重要标志。使馆区给北京带来了西方的新技术和新文明，客观上对北京的近代化进程有推动作用。在这一过程中，北京政府大力倡导西方文明，仿照西方建立市政管理机构，以实际行动推进北京的变革。特别是政府的专门机构在公共工程的规划和建设中起到了非常重要的作用。开明士绅和市民团体也是参与者。北京道路、交通、电力、用水、建筑等市政设施发生重大变化。当然，这一过程是缓慢的、曲折的。

新的经济和社会状况，要求建立新的管理体制。政府出台新的管理体制机制。北京市政管理机构的建立受西方的直接影响。八国联军侵占北京后，列强划区而治，在所占区域建立"安民公所"，维持社会治安，也起了城市行政管理的作用。在此基础上，1901年7月，清政府批准设立京城善后协巡总局。"各国公使屡与庆王言及，京师宜亟修治道路，以免污秽

---

① 《凌霄汉阁谈荟》，《申报》1948年10月12日第8版。

② ［德］卡·马克思和弗·恩格斯：《共产党宣言》（1848年2月），《马克思恩格斯选集》第1卷，人民出版社2012年版，第404页。

③ 一工：《天津杂话》，天津《大公报》1934年8月11日第13版。

薰蒸至生疫疠。庆为外人屡次讽言，于是奏请修造马路。"① 剧烈的社会变迁，强大的外来压力，使得北京近代化的市政管理机构应运而生。1902 年初，工部侍郎胡燏棻奏："京师地面之不靖乃因事权不一，所选巡捕不精所致，故应特派大员专司其事，巡捕应以警务学堂毕业生充任。且京师街道污秽，仍不免受外国人耻笑。宜饬户部筹确款改修街道以壮观瞻。请效仿上海工部局之例，设立工巡局，特别简派大员一面督修街道，一面整顿巡捕事务。"② 而使馆区的管理制度是清政府可以直接学习、模仿的对象。1902 年 4 月，清政府筹办工巡总局（也叫内城工巡局）。该机构"专司京城之工程及巡捕事宜。我国首都之有近代警察局自此始"③，其组织机构、职责功能、运行方式与使馆区管理制度相似，善耆、那桐先后任管理工巡事务大臣。工巡总局下设工程局和巡捕局，是一个集警察、司法、市政管理的职能于一体的机关，而以行使警察的职能为首。如徐世昌所说："伏查京城办理工巡之始，原因各国联军在境，非保任治安，不允交还地面。于是前管理工巡局事务肃亲王善耆、大学士那桐等先后经营，京师始有巡警。马路之筑、街灯之燃，皆于此而肇基焉。"④ 1905 年，又设立外城工巡局，同时裁撤五城御史及街道厅等，改变政出多门的体制。同年 10 月，清政府下令设立巡警部，中国第一个近代意义上的中央警察机构诞生，当时它的职能是多方面的。12 月，巡警部奏请将京师原内外城工巡总局改为内、外城巡警总厅。1906 年，巡警部改为民政部。民国建立后，内务部接手了原民政部的职能。北京市政管理体制变革加快，1913 年内、外城巡警总厅改为京师警察厅，1914 年成立京都市政公所，两者分别负责城市治理的不同内容。京都市政公所强调："鉴于各国市政先例，要以整理市街为入手之计"⑤，对旧城区的整理、新街市的开辟、道路的修展等等作出了一系列具体部署。

---

① 《修治道路》，（横滨）《新民丛报》1902 年 5 月 22 日，第 8 号。

② ［日］服部宇之吉主编：《清末北京志资料》，张宗平、吕永和译，北京燕山出版社 1994 年版，第 230—231 页。

③ 王家俭：《清末民初我国警察制度现代化的历程》（1901—1928），（台北）商务印书馆 1984 年版，第 243 页。

④ 《遵旨议奏并陈明京师巡警办法折》，徐世昌《退耕堂政书》卷 8，中国书店 1984 年版，第 429—430 页。

⑤ 京都市政公所编纂：《京都市政汇览》，京华印书局 1919 年版，第 245 页。

电力事业是物质文明进步的重要标志。"日前刑部司员某君等联名赴商部，呈请集股创设电灯公司。略谓泰西以电灯为当务之急，中国通商口岸亦有安设电灯者，惟京城街市概用煤油路灯，易肇火灾。而东交民巷现由洋人自设电灯，恐将来京电师灯利权渐被外人夺去。职等刻拟集股四万金，创设京城电灯公司，已集有规银八百两购买机器，并在前门内西城根租定民房，设立公司等情，业蒙商部大臣批准立案。旋由步军统领衙门传谕内外城工巡局及五营弁兵，将安设电灯之处一体保护，以免匪徒拆毁，有误要工。"① 推动北京电力事业发展的是清廷记名御史、刑部员外郎史履晋、御史蒋式理和候补同知冯恕等。1905 年，京师华商电灯股份有限公司在正阳门内西顺城根成立。公司被给予了在北京经营电灯事业的特许权，以遏制在使馆区成立的外国人电灯公司的商业扩张。这是北京第一家民族资本的电业公司，"它标志着电气化正式从清朝皇室和外国人居住区扩展到商业和市民社会"。电力对改进人们的生产生活作用极大。由于照明需求日益增加，在整个 20 年代和 30 年代，电灯公司每年都有盈利。②

"铁路是资本主义工业最主要的部门即煤炭工业和钢铁工业的结果，是世界贸易和资产阶级民主文明发展的结果和最显著的标志。"③ 八国联军攻占北京后，天坛成了兵营。法军在永定门城墙上开洞，将卢汉铁路从卢沟桥东偏北方向延展，经西便门，至正阳门（前门）西侧，建立正阳门西车站。④ 1900 年冬开始测量，长 17 千米。1901 年 3 月 16 日，卢保段展筑至北京，首列火车开进北京城。⑤ 同年 3 月，英军将关内外铁路自京郊马家堡延伸到永定门，又打开永定门东侧城墙，经东便门，把铁路修至前门。同时修建北京东便门至通州支线。津卢铁路改称京津铁路，北京至山海关全线开通。是年 11 月，建立京奉铁路正阳门东车站（简称正阳门车

---

① 《蓟都摘要》，《申报》1904 年 11 月 9 日第 2 版。

② ［美］史明正：《走向近代化的北京城——城市建设与社会变革》，王业龙、周卫红译，北京大学出版社 1995 年版，第 235、247 页。

③ 《帝国主义是资本主义的最高阶段》（1916 年 1—6 月），《列宁选集》第 2 卷，人民出版社 2012 年版，第 578 页。

④ 中国铁路史编辑研究中心编：《中国铁路大事记》（1876—1995），中国铁道出版社 1996 年版，第 28 页。

⑤ 金士宣、徐文述编著：《中国铁路发展史》（1876—1949），中国铁道出版社 1986 年版，第 96—97 页。

站，即前门火车站），为关内外铁路北京方向终点。12 月 10 日，正阳门东站开通运营，后发展成为全国最大的火车站。为方便进出东交民巷，又在站东凿城成门，俗称水关，"结果从前要走 3 哩路，现在从北京车站到所有的公使馆只要几分钟了。这样一条展筑线，或者可以说，事实上几乎完全可以这样说，如果不是在战争时期由一个外国军事机构建筑，那是决不能筑成的"①。列强在华修筑铁路，是直接为其军事侵略和经济扩张服务的。但如此新型的交通工具，对北京传统的运输工具和交通路线形成了巨大的冲击，推动着北京交通运输走向近代化，促进了北京与外地的联系、交流，对北京社会经济的发展以至社会风气的改进都有极大的积极影响。1906 年 4 月 1 日，京汉铁路全线正式通车。

西方先进的道路建设和技术，对北京道路修筑有直接影响。"清朝末叶，各公使国屡请在北京各街修筑石子路，奈政府顽固不允。终因使馆请之太急，不得已乃将由交民巷至东堂子胡同之总理各国事务衙门门口之一段筑成，约在光绪二十五年完工。"② 在使馆区建设的影响下，1902 年清政府"命户部拨银二千两，修治前三门外沟渠街道"③。1904 年，内城工巡总局设立行政处，负责道路交通和市政建设。1905 年，工巡总局改为巡警总厅，由警务处交通股负责公共交通修筑。着手将甬道铲平，修成土路或石渣路。分人行道、轻便道、重车道，挖了排水沟，街道两旁种植杨柳树，安装了路灯。④ 这具有了近代化道路的格局。清末北京城内的街道路面，除前门、打磨厂及朝阳、安定、西直门等各瓮城为石板道，前门外西河沿东段为缸砖道外，自 1904 年开始修了十几条石渣路面。1914 年 6 月，京都市政公所成立，推进北京街市改造。1915 年，前门外大栅栏胡同由街道绅商集资，京都市政公所施工，建成了北京第一条沥青路。1918 年，廊房头条商号与政府出资修了廊房头条沥青路。⑤ 从 1912 年到 1918 年 12 月，北京新修或展宽的道路有 34 条。1919 年至 1938 年，新开道路 18 条，大

---

① ［英］肯德：《中国铁路发展史》，李抱宏等译，生活·读书·新知三联书店 1958 年版，第 65 页。

② 齐如山著、鲍畹埠辑：《故都三百六十行》，书目文献出版社 1993 年版，第 112 页。

③ 《清实录》第 58 册、《德宗实录》(7)，卷 497，光绪二十八年三月，中华书局 1987 年影印本，第 564 页。

④ 孙冬虎、许辉：《北京交通史》，人民出版社 2012 年版，第 183 页。

⑤ 北京市公路交通史编委会编：《北京交通史》，北京出版社 1989 年版，第 12—13 页。

部分是石渣路或沥青路。① 这是西方技术的运用。

交通的进步，直接推动着北京的旧城改造。1903 年 9 月 28 日，直隶总督袁世凯奏："永定门迤西、左安门四道垛口迤西、东便门角楼迤南、西便门角楼头道垛口四处城墙，各有火车道豁口，请由铁路局修葺整齐，各留门洞以通火车。所需工款，由局报效。"② "东便门东、西便门东，水关各一，皆三洞，每洞内外均有铁栅。东便门西水关一，内外二层，铁栅如之。自光绪庚子京奉火车自永定门之东辟门而入，其后遂经东便门以达通州，京汉火车亦自东便门而入，于是外城增辟三门。"③ 民国初年，紫禁城东西侧的南北池子和南北长街开通，并于皇城东北角开一门为北箭亭，西北角开一门为厂桥，后又在西南角开辟府右街，通西长安街，以后逐步拆除皇城。1912 年，拆除长安左右门，仅留门洞，打通了东、西长安街。1914 年，拆去正阳门瓮城、东西月墙，仅保留箭楼，正阳门左右各开两个门洞，以便利交通。1926 年，正阳门和宣武门之间增开了和平门，连接南北新华街。1931 年后，景山前街建成，紫禁城和景山之间的路成为东西向的通道。此外还拆除了一些城楼及瓮城，加开城墙豁口。④ 这些措施持续进行，北京的交通条件大为改观。

北京传统的交通工具（车舆驮骑）效率低、人工劳动量大。清末，外来新式的交通工具进入北京社会。人力车因早期从日本输入，而得名"东洋车"，北京人俗称其为"洋车"。1900 年，《申报》曾报道："都中风气日开，东洋人力车推行渐广。贵胄某君，素号识时之俊，曾出重资定制若干辆，请东交民巷广源木厂代为出卖。贫民之自食其力者趋之若鹜，闻一日间能收当十京钱一千二百文，亦可谓独操胜算矣。"⑤ 使馆区的外国人坐洋车出行，洋车通常在北京俱乐部门前、东交民巷和正义路的十字路口、使馆区出口停着等待乘客。⑥ 洋式马车也输入我国。"庚子事件前，北京无一人乘坐洋式马车，事件后有二三乘此车者，但人皆嘲笑之。今日，大官

---

① 孙冬虎、许辉：《北京交通史》，人民出版社 2012 年版，第 186 页。
② 魏开肇、赵蕙蓉辑：《〈清实录〉北京史资料辑要》，紫禁城出版社 1990 年版，第 564 页。
③ 陈宗蕃编著：《燕都丛考》，北京古籍出版社 1991 年版，第 21 页。
④ 北京建设史书编辑委员会编辑部编：《建国以来的北京城市建设资料》第 3 卷，1989 年，第 10 页。
⑤ 《京师珥笔》，《申报》1900 年 5 月 16 日第 2 版。
⑥ ［俄］司格林：《北京 我童年的故乡》，于培才、刘薇译，东方出版社 2006 年版，第 34 页。

或富豪，乘此车者剧增，出租洋式马车的店铺现有三家。"① 这是因为道路改修推动了洋式马车的流行。至民国初年，马车在北京逐渐兴起，大凡官僚、买办、豪门、贵富都争先购买马车。旧式轿车铺出赁买卖一落千丈，营业马车行相继成立。② 另外，更为便捷的交通工具又很快出现于北京。光绪末年和宣统年间，由于和国外通商日渐繁多，进口的汽车数量也不断增加，而乘用者为清朝显贵和接近洋务和外交的衙门。③ 1921 年，北京政府向法国借款并吸收商股，筹资合办北京电车股份有限公司。1924 年 12 月，第一条有轨电车线路由前门至西直门正式通车，全长 9 千米，行驶有轨电车 10 辆，成为当时北京城内的主要公共交通工具。④

使馆区社会的形成，促进了周边地区商业的异常兴盛，客观上推进了北京商业区的开发。邻近使馆区的王府井地段，发展成为一条繁华的商业街，精密仪器、日常杂货、京广百货、古玩旧书、小吃杂耍等等一应俱全。东安市场约有 20 多个行业，600 多户摊商和座商。这一市场集中了代表北京特色的几个行业，如古玩、瓷器、纱灯、项链、象牙、玉雕、古旧书籍、儿童玩具等，市场的进口处还有蜜饯甜食摊。市场里设有不同风味的饭馆和小吃。⑤ 外国人也纷纷来此地开设业务。据 1932 年调查，王府井大街上著名的洋行有 14 家。如英商开的力古洋行位于王府井大街路西，建筑物是一座 3 层红楼，主要经营印度所生产的丝绸，色泽艳丽，颇受女顾客的喜欢。福隆洋行位于王府井大街路东，5 间的大门脸，经营百货，兼营出口业务。⑥ 1934 年 10 月《北平商会会员录》记载，这里正式参加商会的中外商号共 136 家。外商开办的有：花旗银行、东方汇理银行、华俄道胜银行；以经营钟表、钻石、金银器皿为主的亨达利洋行、利威洋行；以经营绸缎、呢绒、鞋帽为主的新华洋行、力古洋行；以经营高级衣料、衬衣、妇女用品、装饰品为主的吴鲁生洋行、福隆洋行；以经营机

---

　　① ［日］服部宇之吉主编：《清末北京志资料》，张宗平、吕永和译，北京燕山出版社 1994 年版，第 414 页。

　　② 北京市公路交通史编委会编：《北京交通史》，北京出版社 1989 年版，第 83 页。

　　③ 北京市公路交通史编委会编：《北京交通史》，北京出版社 1989 年版，第 95 页。

　　④ 北京建设史书编辑委员会编辑部编：《建国以来的北京城市建设资料》第 3 卷，1989 年，第 279 页。

　　⑤ 姚振生：《北京的商业橱窗——王府井》，《北京工商大学学报》1981 年第 2 期。

　　⑥ 袁熹：《近代北京商业格局及商业设施变迁研究》，《北京档案史料》2003 年第 4 期。

器、电机、化学药品和批发电料、理发器具为主的慎昌洋行、西门子洋行；经营拍卖业务的吕德洋行、恒顺洋行；以及垄断华北地区"洋油"贸易的德士古洋行、美孚洋行等等。① 由于北平非开放商埠，这些洋行大多属于支行性质，其营业以订货为主。如吴鲁生洋行为俄商所办，总行在哈尔滨，专门采运美国新式衣服料、化妆品。因邻近使馆区和北京饭店，大多数洋行"多属供给外侨之用品"，"华人前往购买者其属寥寥"②。

西方的建筑理念和样式影响了北京的建筑业。使馆区是一个参照物。清政府新建的资政院、大理院、军谘府、海军部等机构，都没有建成中国传统的官衙格局，而为近代西洋样式的建筑。私人建筑也受影响。很多商铺将大赤金门面拆去，改建洋式。即使是传统店铺，在门面装饰和广告宣传上也都有新变化。又如，1905 年清政府效仿外国陈列和推销商品的百货商场，在前门外廊房头条路北修建了"京师劝工陈列所"，1920 年改为"北京劝业场"。这是一座西式 3 层楼房，楼房的空间模仿欧美流行的大百货商场布局，沿纵深方向设 3 个大厅，四周为 3 层回廊，均设开敞式商店；建筑临街立面为巴洛克式，大门入口处作西洋柱式门罩等。③ 这是北京第一处颇有特色的新型商业建筑物。

公共场所有了新的管理法规。交通管理是一个重要方面。京师内外城巡警总厅警务处下设交通股，警察部门中有了道路交通管理机构。1906年，清政府民政部制定《交通暂行规则》，确立了车辆行人靠左行驶的规则。它是道路交通管理法规的雏形。1908 年，清政府颁布《违警律》，其中第 4 章为"关于交通之违警罪"，对违反道路交通管理的行为，处以拘留或罚金。④ 民国初期，京师警察厅在制定一系列非机动车地方交通法规的同时，于 1914 年制定了北京道路交通管理史上第一部机动车管理法规《管理汽车规则》，对车辆和驾驶员实行牌、证管理制度。京师警察厅巡警

---

① 宗泉超：《繁华的王府井大街》，杨洪运、赵筠秋主编：《北京经济史话》，北京出版社 1984 年版，第 21 页。

② 宗泉超：《王府井大街的兴起和发展》，载北京市社会科学研究所《北京史苑》编辑部编《北京史苑》第 3 辑，北京出版社 1985 年版，第 134—135 页。

③ 袁熹：《近代北京商业格局及商业设施变迁研究》，《北京档案史料》2003 年第 4 期；齐大芝、任安泰：《北京近代商业的变迁》，首都经济贸易大学出版社 2014 年版，第 123 页。

④ 《违警律》（1908 年），戴鸿映编：《旧中国治安法规选编》，群众出版社 1985 年版，第 19—20 页。

负责道路交通管理和交通指挥，同时组建了交通巡逻队。① 王府井大街附近是交通繁忙之地。后来北平市公安局规定，在王府井大街东安市场，"凡赴市场之车辆乘客下车后，汽车、车马暂准在王府井大街马路西道牙顺序停放，人力车则令停放附近巷内，马路上一律不准空车揽座、候座，并不准来往盘旋"②。市民的行为、习惯得到新的规范，社会观念也发生变化。

借鉴西方的都市规划理念和措施，北京开展自己的规划，而使馆区的样式，有直接的参照作用。1914 年，京都市政公所认为"旧日都市沿袭既久，寰圜骈繁，多历年所"，而"则惟有选择相当之地，以资展拓"。新建市区，"使马路错综、若何修筑市房、建造若何规定以及市肆品物、公共卫生，无不力求完备，垂示模型。俾市民观感，仿是程式，渐次推行，不数年间，得使首都气象有整齐划一之观，市阓规模具振刷日新之象，亦觇国之要务，岂仅昭美观瞻已也"。北京市决定建设拥有大片空地的香厂新市区，其规划设计、建筑样式、基础设施和经营方式、管理办法都明显学习西方模式。此地"计南抵先农坛，北至虎坊桥大街，西达虎坊路，东尽留学路。区为十四路，经纬纵横，各建马路，络绎兴修，以利交通。其区内旧有街道尚未整理者，则分年赓续行之，路旁基地，编列号次，招商租领。凡有建筑，规定年限，限制程式，以示美观。"③ 其中的新世界综合游艺场（新世界商场），为当时北京最新型的建筑物之一，外部形状像轮船，共有 4 层，屋顶第 5 层为花园。它的建设，要求"华洋股应注意也"，"停车厂宜设置也"，"防电针宜安设也"，"铁栏铁柱应防电也"，"洋台应缩入也"，"出入门楼梯宜添置也"，"火防宜注重也"，"地盘宜巩固也"，"警察驻所宜设置也"④。香厂新市区是北京思想文化和社会开放推动的结果，是京城新型改造和建设的试点工程，有一定的示范意义。

必须指出，北京向近代社会的转变不是列强的恩赐，而是中国人在探索中作出的积极主动的选择。

---

① 北京市地方志编纂委员会编著：《北京志·市政卷·道路交通管理志》，北京出版社 2000 年版，第 1—2 页。

② 《北平市公安局关于整顿王府井大街等处交通取缔车辆停放规定请鉴核施行的呈》，1933 年，北京市档案馆藏，资料号：J181-020-10675。

③ 京都市政公所编纂：《京都市政汇览》，京华印书局 1919 年版，第 104 页。

④ 《京都市政公所调查科主任签呈》（1917 年 3 月），《北京档案史料》2006 年第 4 期。

三 畸形的兴盛

到民国前期，北京的市政建设有了进步，特别是使馆区外围一带更为明显。如在东长安街，"街道宽阔，清洁异常。若远立南端，遥往北瞻，则楼房林立，高耸霄汉。树路花草，云错其间。夜晚电灯悉明，照耀有如白昼，直有欧风美景"①。在崇文门大街东面，中外商铺栉比，由南至北达300余号，"行人拥挤，买卖发达。晚间电灯悉明，照耀如同白昼。夏间凉棚阴密，且多系楼房，一洗前清之旧观也"②。

不过，这是事物的一个方面。马克思指出："当庸俗经济学家不去揭示事物的内部联系却傲慢地鼓吹事物从现象上看是另外的样子的时候，他们自认为这是作出了伟大的发现。实际上，他们所鼓吹的是他们紧紧抓住了外表，并且把它当做最终的东西。"③ 这就要求，认识事物时要透过现象看本质。

从城市空间结构上说，使馆区是外国列强以武力逼迫的方式，强行嵌入北京城的，它是各国"外交官们的一个创造"④。使馆区的先进的市政建设和设施也具有这样的背景。它们对北京的影响是有限的。清末至民国时期，北京的工业和科学技术很落后，近代经济基础薄弱，能投入建设的公共资金少，人才缺乏，加上政局长期不稳，北京近代化发展的内生动力严重不足，大规模的城市改造和建设无法进行。所以，柏油路、污水管道、自来水、电车、电灯、公共卫生设施等等在北京出现了，其规模却不大，使用范围不广。就以北京道路建设来说，1949年与1912年相比，道路密度和路面质量都有显著提高，但仍未摆脱"无风三尺土，微雨满街泥"的状况。⑤

① 宋世斌：《东长安街记》，《京师街巷记》内左一区卷二，林传甲总纂，琉璃厂武学书馆，1919年，第7页。
② 崔扬名：《崇文门大街记》，《京师街巷记》内左一区卷二，林传甲总纂，琉璃厂武学书馆，1919年，第4页。
③ 吴英主编：《马克思恩格斯列宁斯大林论历史科学》，中国社会科学出版社2014年版，第377页。
④ M. J. Pergament, *The Diplomatic Quarter in Peking：Its Juristic Nature*, Peking：China Booksellers Ltd., 1927, p. 6.
⑤ 曹子西主编，习五一、邓亦兵撰：《北京通史》第9卷，北京燕山出版社2012年版，第165—166页。

而且，近代文明惠及的人群也仅占北京总人口的少数，"公共设施主要有益于那些能支付得起其费用的人，也就是有经济能力之人，包括政府官员、商人和受过西方教育的人……结果，北京城的阶级差异和贫富差别甚至还扩大了"①。

所以，对使馆区的市政建设对北京的影响程度，不能做过高的估计。在旧中国，在旧的社会制度下，先进的文明不可能扩展和惠及社会大众。帝国主义及其支持下的封建主义、官僚资本主义的统治，从本质上讲是与人民群众的利益相对立的。马克思指出："英国资产阶级将被迫在印度实行的一切，既不会使人民群众得到解放，也不会根本改善他们的社会状况，因为这两者不仅仅决定于生产力的发展，而且还决定于生产力是否归人民所有。"他强调："在大不列颠本国现在的统治阶级还没有被工业无产阶级取代以前，或者在印度人自己还没有强大到能够完全摆脱英国的枷锁以前，印度人是不会收获到不列颠资产阶级在他们中间播下的新的社会因素所结的果实的。"② 这些结论，也是完全适用于认识旧北京的社会发展状况的。北京走向全面进步，是在新中国成立之后。

而且，使馆区及其周边的兴盛，是具有半殖民地经济社会性质的畸形的繁荣。北京被深深地打上了殖民主义的烙印。

北京是外国商品的倾销地。北京长期是中国政治中心、商业中心，而近代工业很少。"人拉的东洋车并不需要高深的现代技术，所以中国人能够轻易地改造并使之适应他们的特定需要。"③ 但是，科学技术和工业的整体落后，使得大多数先进的技术设备和商品不得不依赖进口。商品倾销是帝国主义对华掠夺的重要方式。如旧中国没有自己的石油工业，美国洛克菲勒财团的美孚石油公司首先打入中国，在上海、天津、北京等6个城市设立了分公司，组成了一个有6000多名雇员的庞大推销机构，甚至自备油轮在我国内河自由运销。接着英国的亚细亚洋行在东交民巷开设了分

---

① ［美］史明正：《走向近代化的北京城——城市建设与社会变革》，王业龙、周卫红译，北京大学出版社1995年版，第292页。

② ［德］卡·马克思：《不列颠在印度统治的未来结果》（1853年7月22日），《马克思恩格斯文集》第2卷，人民出版社2009年版，第689、690页。

③ ［美］史明正：《走向近代化的北京城——城市建设与社会变革》，王业龙、周卫红译，北京大学出版社1995年版，第279页。

行，美国的德士古洋行在东单开设了分行，它们的石油产品垄断了北京市场。壳牌、铁锚牌、元宝牌、美孚牌、老人牌、幸福牌这些来自外国的"洋油"不但在北京大量倾销，并且经过北京深入华北、西北和东北的穷乡僻壤。[1] 另据 1932 年印行的《北平市工商业概况》介绍：北平市各洋行之货品，"有单纯者，如胜家公司之缝纫机、卜内门之洋碱、英美烟公司之香烟、亚细亚美孚德士古之煤油，皆可屈指而计"。普通服用之物，以英货为最多；钟表、化妆品及女子服饰用具，以法货为最多；钢与机器及颜料，以德货为最多；汽车汽油，以美货为最多；纸张、玻璃及糖与面粉，以日货为最多。而面粉又多系美国出口、由日商转售（三菱公司在天津所设的支店，大批运售美国面粉，一年可至 500 万袋）。[2] 总之，通过银行和洋行，外国资本主义控制了中国的经济。

同时，北京一些满足外国人需求的行业颇为兴隆。相较北京传统的商业，使馆区和其周围为外国人服务的新业态高档、洋化。所售技术设备如此，店家也装饰得较为精致。北京东城"多异邦街房，所以处处都带出点洋味来（素称东城洋化，西城学生化，南城娼寮化，北城旗人化）"，因为东安市场处在洋化区域之地，"所以就得受洋化的传染，市场里的买卖，有的是专为买卖外国人而设的（如古玩玉器等），商人们也都能说两句洋话，来来往往的洋主顾，可占全市场内三分之一，逛市场的中国人，也以西服哥儿，洋式的小姐太太为最多，看来东安市场真是有点洋味和贵族化"[3]。东单的南纸铺变成了洋纸行，最大的永兴洋纸行在东单南面路东。法国人开的第一代北京饭店，在东单。北京市民很少吃黄油和面包，而东单菜市上却天天有新鲜"白脱"应市。法国面包房、鲜花店等也出现在这里。[4] 又如，古玩为外国人喜爱，市场兴隆。"昔年东交民巷洋人多，洋庄盛，时因外人极喜搜罗佛像神像及法器用具，而旧京原是辽金元各代之都会，寺院之多，比'南朝四百八十寺'有过之无不及……因时代变迁，香

---

① 郭仲义：《北京的洋行》，杨洪运、赵筠秋主编：《北京经济史话》，北京出版社 1984 年版，第 238 页。

② 《洋行》，刘娟、李建平、毕惠芳选编：《北京经济史资料》（近代北京商业部分），北京燕山出版社 1990 年版，第 609 页。

③ 云：《东安与西单商场》，《市政评论》1935 年第 3 卷第 15 期。

④ 邓云乡：《燕京乡土记》，上海文化出版社 1986 年版，第 324 页。

火寥落，除特别著名之大刹外，其中偶像供具，大多由住持与商人相勾结，经由古物商而转入洋人手。"小型的偶像、佛器，"既便陈设及运载，且制作有极精妙者（以型小易于施工），实为至高之美术。国人除信仰者请去家庭供奉外，每虑亵渎，不肯轻易购置，洋人则无所不收"①。

　　畸形的市场和消费，远远超越了北京多数人的生活水平。除了达官贵人、军阀、富商、政客，大多数北京人却享受不起高档的生活水平。因为，"真北京人不是住在皇宫里面的，不是住在六国饭店的，不是住在交民巷的，不是住在高楼大厦的，不是住在那些公馆的，也不是常到大栅栏买东西的士女，或常光顾八大胡同的大人先生们。真代表北京人的是那些在北京长大起来的群众。他们的主要部分是占大多数的劳动人民，也就是从前常说的平民。他们是地道的北京人"②。根据当时有关人士的调查，赤贫指那些绝对不名分文、根本没有谋生手段的人；贫穷指那些收入甚至不足以维持家庭成员的最基本生活需要，仍必须靠别人馈赠或政府救济才能谋生的人；中下层人士的收入则刚刚够支付他们的日常生活开支。而大多数北京人属于赤贫、贫穷和中下层，情况最好的中下层也是徘徊在贫困的边缘。1926年，他们占了北京人群的70%以上。③ 而使馆区及其周边则完全是另一个世界："一进了东安市场的门，就感觉到一种特别的滋味。在这里好象是不分春夏秋冬似的，摩登的密斯们已经都穿上了隐露肌肤的夏衣，老太太们却还穿着扎脚的棉裤。""一走到正街上，便拥挤起来了，一个紧挨着一个，往来如梭。商店是一家连接着一家，……卖的东西，都是最时髦的衣料、高等化妆品，就是日用杂货也都是极考究的……"④ 能够享受得起这样消费的，只能是这个城市的少部分人。

　　以上畸形的市场面貌和生活方式，助长了社会上学洋崇洋媚洋的风气。

　　《辛丑条约》对中国的压迫是空前的，它"是中国和各国订立不平等

---

① 《凌霄汉阁谈荟》，《申报》1948年8月1日第8版。
② 见李景汉为张次溪《人民首都的天桥》一书写的序，中国曲艺出版社1988年版，第1—2页。
③ 陶孟和：《北京之生活状况》，转引自［美］史明正《走向近代化的北京城——城市建设与社会变革》，王业龙、周卫红译，北京大学出版社1995年版，第51—52页。
④ 忆永：《东安市场巡礼》，《北平晨报》1933年5月19日。

条约以来最严苛的条约……列国态度的骄横，亦为从来所罕见"①。而对中国人来说，从前轻视外人的心理，"现在已一变而为畏惧外人的感觉了"②。朝廷仿照西方开启新政，北京民间也兴起盲目学习西方的风气。如"庚子巨创以后，都人心理由轻洋仇洋，一变而为学洋媚洋，妇女出门，必衔一香烟以为时髦美观"③。名医丁福保述及1903年至1905年间他在北京看到的吸烟的情况："福保癸卯岁赴京师，见十余龄之男女学生，口衔纸烟者踵相接，因此知京师各学堂尚未设禁烟之律，为父兄师长者，亦未知纸烟之有碍卫生，故一任无知少年恣意吸食。京师为首善之区，而有此不文明之现象，诚非意料所及。"④ 这是当时北京社会学洋风气的一个侧面。洋货遍及日常衣食住行生活各个门类。

新潮时尚的物质享受，使中国消费者在生活观念上也发生变化。如胡适说：物质是倔强的东西，你不征服他，他便要征服你。⑤ 东交民巷使馆区及其周边的西方文明，对中国人的精神世界产生了巨大影响，助长了崇洋媚洋之风，表现在思想文化、社会生活各方面。成书于20世纪20年代初的《中华全国风俗志》提到："北京年来，虽文化未进步，而奢侈则日起有功。元二年间，街市尚有铁轮车，今则无矣。昔者汽车马车尚如晨星，今则月入三五百元之人物，无一不有汽车。甚有汽油由车夫供给，以分润酬应场中车夫所得之饭钱者，薪水虽数月领不到手，而老爷之架子，依然不得不搭……向日请客，大都同丰堂、会贤堂，皆中式菜馆。今则必六国饭店、德昌饭店、长安饭店，皆西式大餐矣。向日政客衣服尚多韦布，今则一律花缎矣。"该书写道："昔日抽烟用木杆白铜锅，抽关东大叶，今则换用纸烟，且非三炮台、政府牌不御矣。昔日喝酒，公推柳泉居之黄酒，今则非三星白兰地、啤酒不用矣。然而人民虽阔绰，政府则外债内债，累积如山。"⑥ 东安市场北门里路东1919年开业的亚美利首饰店，为了迎合富有家庭奢侈生活的心理及社会上阔太太、小姐们在打扮上力求

①　王纪元：《不平等条约史》，中国文化服务社1936年版，第111页。
②　柳克述编：《近世外交史》下卷，中央陆军军官学校政治训练处印行，1931年，第75页。
③　夏仁虎：《枝巢四述 旧京琐记》，辽宁教育出版社1998年版，第116页。
④　《演说纸烟之害》，《协和报》1911年第31期。
⑤　《介绍我自己的思想》，《胡适论学近著》第1集，山东人民出版社1998年版，第502、503页。
⑥　胡朴安编著：《中华全国风俗志》下，上海科学技术文献出版社2011年版，第333、334页。

时髦、争奇斗艳的心理，专门制作假首饰。①

　　作家钱歌川说："惯在北平王府井大街或东交民巷一带走动的人，他们是不会知道人间有地狱的。一朝走到天桥，也许他们要惊讶那是另外一个世界。殊不知那正是我们这个世界的基础，我们这个人间组织的最大的成分呢。"② 北京最大群体的生活状况，显然不是在使馆区过着优越生活的人们所关心的。正如曾任意大利驻华公使的华蕾说：使馆区的外国人"把自己孤立于他们生活在其中的这个国家，并且对于这个国家也缺乏同情心"③。使馆区带来的所谓繁荣，代替不了北京普遍性的社会生活状况。一定意义上说，使馆区的所谓繁荣是建立在北京广大地区的落后的基础上，所谓的近代文明具有寄生性和腐朽性。

---

　　① 北京燕山出版社编：《旧京人物与风情》，北京燕山出版社 1996 年版，第 470 页。
　　② 昧橄：《北平夜话》，河北教育出版社 1994 年版，第 61 页。
　　③ ［奥］莫石、［美］莫莘芝：《城门内的外国人：北京使馆区》，叶凤美、［德］丹尼斯·霍克梅译，北京联合出版公司 2020 年版，第 296 页。

第四章　民国北京政府时期中国废除列强
在华使馆区特权制度的努力

民国时期，中国人民有了进一步的觉醒。北京政府借助变动的国际格局，提出修改不平等条约。期间，在取消使馆区德、奥、俄特权问题上有重要突破。列强在华使馆区特权制度出现裂缝。特别是在 20 世纪 20 年代中期，在中国共产党的领导和影响下，声势浩大的群众性的反帝废约运动强烈地冲击了列强在华使馆区特权制度。

第一节　"一战"前后中国废除列强在华
使馆区特权制度的努力

第一次世界大战前后，国际形势发生重大转变，侵华列强之间发生分裂和战争，这给中国恢复主权提供了一个契机。北京政府利用变动的局势，主动废除了一些国家在华特权，由此开始冲破列强在华使馆区特权制度。但是由于列强的优势地位，中国在前德、奥、俄有关财产的接管问题上困难重重。中国废除了有关国家在使馆区享有的特权，自己却无法恢复行使主权。

一　"一战"期间中国对使馆区德奥特权的废止

清末的最后 10 年，政府在推行新政的过程中，大力学习西方的政治、法律、警务等各方面制度，也提出了修改不平等条约的要求。清政府外务部、民政部等机构提出了收回使馆区警察权的意见。1908 年 8 月 22 日，清政府外务部官员会晤荷兰、德国等国公使，"磋商各使馆移储火药炮弹，以维治安事宜，并谈及使馆界之警察收归民政部办理。某公使谓，中国实行立宪，召集国会，指日可望。是时，法律警察必臻妥善。不但警察当归中国，即领事裁判亦必撤销云云"①。《申报》1909 年 4 月 14 日报道："各国使馆卫兵，业经外务部与各公使议定，准于六月间一律减撤，屡志本报。兹闻梁尚书日前在内廷与肃邸提议，请先期选择高等巡警一百名，认真训练，以备届期派驻使馆界内接防。"② "梁尚书"即为外务部尚书梁敦彦，"肃邸"即为民政部尚书善耆。《国风报》1910 年 6 月 27 日报道："使馆警察权久议收回。外部近会商民政部，预选高等警察毕业生一百名，以备将来分布使馆界内。昨由外部晤商各国公使，要求照约撤退各使馆卫队及驻扎军队之善后办法，并将使馆界内警察权交还中国，俾得担认保护，以尊主权。"③ 不过，所谓收回的风声多是传闻，并未见于清政府和列强有什么实际行动。

袁世凯为代表的北洋军阀执政后，继承和维持着晚清以来不平等的条约制度体系。他既无力改变这个体系，也试图运用这个体系来巩固自己的统治地位。袁世凯政府对列强有极大的依赖性，也就谈不上勇敢地交涉收回使馆区。列强主导着使馆区特权制度的走向，极少考虑中方的意愿。④

不过，国际形势却发生了重大变化，给中国废除不平等的条约制度体系带来了机会。1914 年，帝国主义列强之间爆发了相互厮杀的第一次世界大战。英国、法国、比利时、意大利等国组成了协约国集团，德国、奥匈帝国组成了同盟国集团。战争改变了国际体系，北京使馆区的各国外交代表们也发生了分裂。8 月 4 日，英国对德宣战。两天以后，各国公使们开会。英国驻华公使朱尔典主持会议，"他很紧张……仅仅是新选一名行政委员会成员，但人人都局促不安……之后大家休会。所有公使都相互握手。"⑤ 丹麦公使阿列斐指出："我觉得北京是地球上最国际化的地方，所

---

① 《某公使谈论警权》，《申报》1908 年 8 月 23 日第 2 张第 2 版。

② 《京师近事》，《申报》1909 年 4 月 14 日第 2 张第 2 版。

③ 《收回使馆警察权之计划》，《国风报》1910 年第 1 卷第 14 号。

④ 有关具体问题，可参阅杜恩义《辛亥革命后京津地区列强撤兵问题考察》，《安徽史学》2018 年第 1 期。

⑤ ［英］朱莉娅·博伊德：《消逝在东交民巷的那些日子》，向丽娟译，商务印书馆 2016 年版，第 121—122 页。

有国籍的人相聚于此，如同一个伊甸园。可今天这里成了社交地狱。1900年人们曾在这里与子同袍、并肩战斗，今天却已形同陌路。"① 据顾维钧回忆："当欧战刚刚爆发几个星期，我曾到东交民巷使馆区去拜访过某些公使。如果分属两个阵营的两位公使，碰巧在街上走到同一便道，总会有一位穿过马路到另一边的便道上去。"② 而袁世凯在阳历新年接见外交使团这样的礼仪活动，也分协约国、中立国、同盟国三批进行。这些情景，都是使馆区列强外交代表发生实质性分裂的真实写照。1915 年 1 月 25 日，德国新任驻华公使辛慈向袁世凯递交国书。因为是在战争的情况下，在来华的路上，为避免作为敌人被俘，他隐匿姓名，以一艘挪威船上的货运负责人的身份从美国来华。而且，在使馆区，"他所能会见的同僚寥寥无几"。尤其是，他认为自己受到了敌人的密探和走卒的包围，几次对美国驻华公使说："我的第一个'男仆'是极好的，再好不过了。日本人给他很多钱，所以他得尽力保住他的职位。"③ 总之，大战削弱了国际帝国主义的力量，而且 1901 年《辛丑条约》签字国发生重大分化，其共同行使的特权制度受到冲击，存在的基础发生动摇。外交团的统一性受到很大破坏。

在这一形势下，北京传出了某些收回东交民巷警察权的声音。第一次世界大战爆发后不久，有舆论称："东交民巷为各国使馆驻扎之地，所谓保卫界内建筑马路经费为中外公同负担，而界内之警察虽全由外人主持，中国屡次提议收回，均未办到。此项警察平日归值年公使管理，现在时局不同，中国已宣告中立，各国使署自然一律保护。闻外部拟向外交团声明，保卫界内之警察事宜暂时应仍由平日管理人负其责任，以维治安。"④ 1915 年 10 月 16 日，《申报》报道了一则来自"北京法文政闻报"的消息：欧战发生后，交战各国纷纷召回其驻北京的军队，使馆卫兵遽形大减。由此，中国政府设立保安警察队，"防备不虞，专作保卫使馆界之用。并将教练之责委诸曼德中将办理"。保安队设立已逾一年，成绩称为中国

① ［英］朱莉娅·博伊德：《消逝在东交民巷的那些日子》，向丽娟译，商务印书馆 2016 年版，第 122 页。

② 《顾维钧回忆录》第 1 分册，中国社会科学院近代史研究所译，中华书局 2013 年版，第 145 页。

③ ［美］保罗·S. 芮恩施：《一个美国外交官使华记》，李抱宏、盛震溯译，商务印书馆 1982 年版，第 132 页。

④ 《东交民巷警权》，《雅言》1914 年第 1 卷第 10 期。

军队之翘楚。9月28日，袁世凯派总统府侍从武官长荫昌前往阅操。"是日会操官警约六百人，操演二小时，具见尚武精神。""又据七日大阪每日新闻载有北京专电云，中国政府对于东交民巷列国使馆区域以内之警察权，久有收回自办之意。近因与驻京各国公使团提议此事，当经各国公使等公允，俟欧战告终后，将东交民巷各国使馆卫队一律撤退。该使馆区域应归中国警察保护，故编练一种特别之警察队，为收回使馆区域之预备也。"① 这个编练警察的计划表现出北京政府对于收回国家权益的某些积极意向。但从总体上看，袁世凯执政时期，由于自身力量的软弱和对北京使馆区列强的依赖性，在破除使馆区特权制度方面，没有什么实际作为。

第一次世界大战后期，国际形势继续朝着有利于中国的方向变化。北京政府认识到大战对于中国的机遇和作用，力求借助变动的国际体系，获得国际社会的善意支持，以收回中国失去的权益。

1917年2月2日，德国公使辛慈递给北京政府外交部关于德国新潜艇计划的照会，说德国将于2月1日以后采用海上封锁政策，对于中立国轮船航行于一定区域内，概有危险。2月9日，北京政府外交部复照辛慈，就德国实行海上新潜艇政策提出严重抗议。同日，外交部复照美国驻华公使芮恩施，赞同美国4日对德国颁行新潜艇封锁政策之通牒，与美国采取一致的态度。驻日公使章宗祥就中国对德潜艇袭击公海商船提出抗议事，征询日本政府意见。9日，日本外务大臣本野一郎召见章，表示"中国仅提抗议，于中国地位似非得计，不如即行宣布断绝国交，并不必俟抗议回答"②。2月10日，段祺瑞在参众两院会议上报告政府对德抗议理由。两院一致赞同政府对德方针。2月19日，德国政府通知中国驻德公使颜惠庆，拒绝中国政府2月9日抗议。3月10日，德国公使辛慈致北京政府外交部照会，拒绝中国政府2月9日的抗议通牒，称"碍难取消其封锁战略"③。

这一情况下，3月10、11日，北京国会众议院、参议院分别表决通过

---

① 《收回使馆界警权之动机》，《申报》1915年10月16日第6版。曼德，挪威人，曾协助袁世凯练兵，1912—1916年任袁世凯顾问，被授予中将军衔。参阅贾熟村《袁世凯父子与德国的恩怨》，《邵阳学院学报》2010年第4期。

② 韩信夫、姜克夫主编：《中华民国史大事记》第2卷，中华书局2011年版，第814—815页。

③ 韩信夫、姜克夫主编：《中华民国史大事记》第2卷，中华书局2011年版，第817—822页。

中国对德国绝交议案。3 月 14 日，黎元洪大总统布告即日起中国与德绝交。同日，外交部照会德国公使辛慈，令其出境。3 月 25 日，辛慈离京南下，27 日抵吴淞，乘荷兰邮船"莱姆白兰特"号回国。3 月 29 日，陆军部致函外交部，称已择定安置德国在京军人于海淀附近的朗润园收容所，于 4 月 2 日午前在中华门内集合，听候中国军官点收后引导前往。① 即在宣战前，北京政府已开始收管德军。

《辛丑条约》和使馆区特权问题，是中国想从参战交涉中得到协约国积极回应的问题之一。1917 年 3 月上旬，北京政府国务院致电驻日公使章宗祥，提出对协约国三项希望条件，令面交日本外相本野一郎，即：一庚子赔款德奥方面永远撤销，协约国方面展缓 10 年偿还；二改正关税；三废止《辛丑条约》及附属文书中有妨碍中国防范德人行动之处，如废除天津周围 20 里内中国军队不能驻扎，解除各国驻兵北京使馆与沿铁路线，并说"此乃中国政府深信日本之诚意，托其格外应援……"② 而协约国方面，最看重的还是本国的利益，一方面推动北京政府作出参战决定，另一方面对中国提出的条件和要求，却含糊其词，甚至指责中方。如日本方面的表示是："日本政府必以好意研究"，"惟中国政府虽决计与德断绝而至今尚未正式宣布绝交，将德使等送回，一面遽提条件向联合国商议，虽屡称绝无交换利益之意，恐联合国难免误会，于中国殊属不利"。日本要求中国对德"先行绝交，庶足表示真意"，"先绝交则联合国必深谅中国，即可提商"③。英方答复：所商三事关系重要，一时难复。④ 法国方面的态度是：如果中国与德国绝交，宣告准备战事，则暂停赔款、修改税则"必可商允"；如果中国对德宣战，将一切德人如聘请人员、教士、商人等"概令出境"，德国人财产封存看管，天津、汉口德租界收回，"则辛丑公约亦

---

① 韩信夫、姜克夫主编：《中华民国史大事记》第 2 卷，中华书局 2011 年版，第 826 页。

② 《国务院致章宗祥关于协商七国赞成参战条件及致日本节略电稿》（1917 年 3 月 6 日），张黎辉等编辑：《北洋军阀史料》，黎元洪卷，天津古籍出版社 1996 年版，第 939—943 页。

③ 《章宗祥报告日本本野外相答复外部节略电》（1917 年 3 月 8 日），张黎辉等编辑：《北洋军阀史料》，黎元洪卷，天津古籍出版社 1996 年版，第 948—950 页。

④ 《施肇基报告英外部对所商三事答复并请注意将来议和地位电》（1917 年 3 月 15 日），张黎辉等编辑：《北洋军阀史料》，黎元洪卷，天津古籍出版社 1996 年版，第 963 页。

可商改"①。美国方面则言"使馆卫队无碍中国防范德人之举"。中国驻美公使顾维钧答：虽无直接妨碍，"究非永久所宜有者，且其由来正与沿铁路逐节驻扎之军队相同，均非近年事实上所需"。顾"并询以是否除使馆卫队外，余均可表赞成"，美方答："此款关系颇大，须斟酌何者为目前防范所需，何者可缓议"，然后才能表示意见。② 3 月 26 日，本野在与章宗祥谈话时说："中国宜从将来远大着想，不宜拘拘于目前利益。日本现政府实愿真心与中国提携，中国政府总宜将策略收起，方可诚意接洽。即如此次中国所提希望条件，有明知不能实行之事，而仍故意提出。"③ 中国本为收回主权，日本方面反而指责中国所提要求太高了。

8 月 14 日，北京政府对德、奥宣战，并宣布"所有以前我国与德奥两国订立之条约、合同、协约及其他国际条款、国际协议属于中德、中奥间之关系者，悉依据国际公法及惯例，一律废止"④。北京政府外交部照会各国公使，中国对德、奥宣战。是日，日、英、美、意公使，次日，俄、比公使，分别复照，允将中国对德奥宣战书转呈本国政府；并称，尽力赞助中国在国际上"享得大国当有之地位"⑤。但这只是纸面画大饼。

北京政府陆军部通电各省区对德奥立于战争地位，并修订《保护敌国人民出境办法》《临时检查办法》，制定《俘虏收容所规则》《解除奥国军人武装办法》《处置敌国武器办法》《处置敌国兵营办法》。北京政府命令地方当局扣留驻在使馆区的德国和奥匈军队。8 月 17 日陆军部公布的处置敌国兵营办法规定，"敌国在中国境内之兵营，一律由各地方军民长官派员接管"⑥。中国政府将驻北京使馆区之德奥使馆卫队及驻扎在天津的德奥军队解除武装后加以收容。陆军部设一临时机关——外交筹备处，以部中

---

① 《胡惟德报告法对中国政府提议暂缓赔款修改税则等事答复电》（1917 年 3 月 15 日），张黎辉等编辑：《北洋军阀史料》，黎元洪卷，天津古籍出版社 1996 年版，第 965—966 页。

② 《顾维钧报告中美磋商缓付庚子赔款等事情形电》（1917 年 3 月 17 日），张黎辉等编辑：《北洋军阀史料》，黎元洪卷，天津古籍出版社 1996 年版，第 973—974 页。

③ 章宗祥：《东京之三年》，载中国社会科学院近代史研究所近代史资料编辑组编《近代史资料》总 38 号，中华书局 1979 年版，第 34—35 页。

④ 《中华民国政府对德奥两国宣战布告》（1917 年 8 月 14 日），程道德等编：《中华民国外交史资料选编》（1911—1919），北京大学出版社 1988 年版，第 292 页。

⑤ 韩信夫、姜克夫主编：《中华民国史大事记》第 2 卷，中华书局 2011 年版，第 869 页。

⑥ 《北京政府陆军部就处置敌国人民若干条规致各省军民长官的通电》（1917 年 8 月 17 日），程道德等编：《中华民国外交史资料选编》（1911—1919），北京大学出版社 1988 年版，第 325 页。

人员兼任处中职务，办理关于俘虏之事甚多。1917 年 8 月徐树铮任陆军部次长，将临时暂设的外交筹备处改为常设的外交事务处。为收容北京、天津两地的德奥两国俘虏，北京政府"乃于近畿一带分设收容所两处，一设于海甸之朗润园，以拘禁德使馆之卫队，四月三日由驻和使署武官送交德使馆卫兵共三十名入所；一设于西苑，以拘禁奥俘，遂于九月十四日由和使交收奥俘官长、士兵等共一百三十八员名入所"①。但是，德奥使馆卫队的军械，因荷兰公使代为保存，未肯交出。②

8 月 21 日，北京政府外交部致函荷使贝拉斯，以敌国公使不能久留，促奥前使速离华，并令驻华奥领事等同行。9 月 8 日，北京政府外交部致函贝拉斯，通知定于 9 月 12 日接收北戴河德国兵营及塘沽德奥兵房。9 月 15 日，北京政府外交部致函贝拉斯，德奥领馆留华人员可令其乘中立国船一律出境。9 月 16 日，奥国公使离京赴沪。18 日，德奥驻华使领及眷属 61 人，自吴淞乘荷轮回国。③

由此，德奥两国在华驻兵至此结束。德国兵营一部分改设小学，一部分让给荷兰作为兵营使用。④ 德奥俘虏于 1920 年 2 月被遣送回国。奥国旧兵营长期由荷兰使用。

中国废除德、奥一系列权利的行动具有积极意义，"这是第一次真正打开了外国在华权利护堤的缺口，为中国在随后的 10 年试图单方面废除其他列强的特权，创造了一个先例"⑤。就列强在华使馆区特权制度而言，随着德、奥特权被废除，这一制度被冲开了一个口子。

本来，德、奥两国公使馆应该交由中国管理。但是，外交团却提出，公使馆区域由使团管理，中国警察不能进入东交民巷，而由使团派警察看管德、奥使馆。各国驻京公使在荷兰使署开会决定，"将公使馆区域内之

---

① 《德奥俘虏管理纪要》(1919 年)，中国第二历史档案馆编：《中华民国史档案资料汇编》第 3 辑，外交，江苏古籍出版社 1991 年版，第 401 页。有关德奥俘虏的管理情况，参阅李学通、古为民编著《中国德奥战俘营》，福建教育出版社 2010 年版；袁灿兴《一战期间中国收容及遣回德奥俘虏始末》，《中南大学学报》2011 年第 3 期。

② 张忠绂：《中国取消德俄等国在华特权的经过》，《世界学生》1943 年第 2 卷 1/2 期。

③ 韩信夫、姜克夫主编：《中华民国史大事记》第 2 卷，中华书局 2011 年版，第 871、875、876、877 页。

④ 穆玉敏：《北京警察百年》，中国人民公安大学出版社 2004 年版，第 456 页。

⑤ Wesley R. Fishel, *The End of Extraterritoriality in China*, Berkeley & Los Angeles：University of California Press, 1952, p. 35.

警备线变更，其细则由各国守备队长会议议决。闻其内容，崇文门城壁上之德奥厂舍及德国练兵场均由日本守备队管理"①。结果，"中国不敢与争，故虽对德奥宣战，而不能行其主权于德奥公使馆"②。时人评论："北京使馆界之交涉，为对德奥宣战后第一次为难之事也"，"中国国权之凌弱，于此可见矣"③。协约国列强在战争中与德国进行着生死拼杀，然而在侵略中国问题上又有着某种休戚与共的关系，他们不愿意正视和帮助中国恢复主权。

1917 年 9 月 8 日，协约国公使团访北京政府外交部，由法使康悌陈述协约国五项议决案，其大要为：关税实行值百抽五，庚子赔款除俄国外全数展缓 5 年，中国军队通过天津租界需向各国提出等。④ 这算是给予中国参战的一点补偿了。

二　巴黎和会和华盛顿会议上中国废除使馆区特权的尝试

协约国许诺，战后可以提高中国的国际地位。特别是 1918 年 1 月美国总统威尔逊提出了包括民族自决、各国平等的 14 点和平计划，给处在半殖民地深渊里的中国人以极大的振奋。1918 年 11 月，第一次世界大战以协约国集团的胜利而结束。中国是战胜国之一，北京政府举办了一系列庆祝活动。北京各校 11 月 14、15、16 日放假。在喜悦的气氛中，"旌旗满街，电彩照耀，鼓乐喧阗，好不热闹。东交民巷以及天安门左近，游人拥挤不堪"。万种欢愉声中，第一欢愉之声，便是"好了好了"——庚子以来举国蒙羞的"石头牌坊"（即克林德碑）已经于 11 月 13 日被拆毁了。⑤北京政府国务院通告各机关 11 月 28 日放假一天。28 日，北京各界举行庆祝协约国战胜大会，中外来宾数千人出席，并在太和殿前举行阅兵式，协约各国军队均参加，"行各国阅兵之礼于太和殿前，行列整齐，威仪严肃，

---

①　《使馆界警备区变更》，天津《大公报》1917 年 8 月 31 日第 6 版。

②　刘彦：《被侵害之中国》，（台北）文海出版社 1987 年版，第 265 页。

③　景寒：《使馆界》，《时报》1917 年 8 月 27 日第 2 版。

④　韩信夫、姜克夫主编：《中华民国史大事记》第 2 卷，中华书局 2011 年版，第 875 页。

⑤　《克林德碑》（1918 年 11 月 15 日），生活·读书·新知三联书店编辑：《陈独秀文章选编》上，生活·读书·新知三联书店 1984 年版，第 292 页。

颇有泱泱大国之观"①。大总统徐世昌发表演说。北京政府宴请各国公使。

中国人一时沉醉在"公理战胜强权"的错觉中。1918 年 12 月下旬，一向为保皇派的康有为也对恢复国家权益问题提出建议："中国之危弱深酷甚矣"，"外兵驻于京师，京津铁路不得调兵，津沽不得筑垒……其他割地、失权、辱国、损民者，难以遍举。凡此皆足制吾民之生命，缚吾国之手足，不止辱吾国体已也"。第一次世界大战以协约国胜利告终，"今者美人大胜，主持公道和平大会，扶弱济倾。吾国幸际嘉会，有收回已失权利之望，有与各国平等自由之机，此诚吾全国同胞宜急起直追，不可少有缓误者也"②。他说：中国久受列强侵略，其最苦者莫以庚子致败之约，"今京师驻各国兵，京津铁路不得调兵，津沽不得筑垒；此万国所无，岂复成为国者？吾国殆若忘此奇耻大辱，乃至前月庆约协之成功，引各国兵以入太和殿，政府靦然行之，大乐欢呼，若以自荣者，岂不大异耶！"他寄希望于参加巴黎和会的中国代表团，要求请将庚子条约尽行废除，"万一赔款尚难尽免，则京师驻兵、津沽不得筑垒、铁路不得调兵三事，必应废除，以去国民之奇耻大辱，以免国民愤心怒气，然后和平可久"③。在废除列强在华特权问题上，国民的意见一致。1919 年 2 月 5 日，上海《申报》刊登了留英工、学、商三界侨民致国内电，电文指出：中国前途系于巴黎和会之决议，望消除内争、一致对外，要求取消日本于战时强迫中国政府承受未经宪法上议准之条约，无条件归还胶州，废除领事裁判权、租借地、外国驻兵及税率，暨关涉中国主权、妨害中国发展之条约，诚意赞助威尔逊总统组织国际联盟，以维持世界和平。④

在巴黎和会召开之前，中国驻美公使顾维钧曾按北京政府的要求，通过美国国务卿向威尔逊总统递交过一份备忘录。"此件很长，综述了中国对和会的希望，并请美国给予支持，以便在和会上获得一致通过。"其内容包括以下几个要点："一、今后，中国和其他国家的关系应建立在平等

---

① 陈宗蕃编著：《燕都丛考》，北京古籍出版社 1991 年版，第 46 页。

② 《促南北速议和以应欧洲和局电》（1918 年 12 月 28 日），姜义华、张荣华编校：《康有为全集》第 11 集，中国人民大学出版社 2007 年版，第 92 页。

③ 《致议和委员陆、顾、王、施、魏书》（1919 年 1 月下旬），姜义华、张荣华编校：《康有为全集》第 11 集，中国人民大学出版社 2007 年版，第 99、100 页。

④ 《公电·留英侨民来电》，《申报》1919 年 2 月 5 日第 6 版。

原则基础上；二、中国的主权与独立应受到签约国之尊重；三、1900 年义
和拳之乱所导致的《辛丑条约》即使不完全废除，也应予以修正。"备忘
录还强调要求撤走北京外国使馆卫队和北京—山海关沿线外国驻军。备忘
录列举大量事实，说明自《辛丑条约》签字以来，中国方面始终全面执行
条约。备忘录指出：关于保护使馆问题，卫队和驻军实无存在之必要。条
约签定以来，驻京外交使节们一直十分安全，此系公认事实。因此，备忘
录要求外国军队永远撤离中国。① 中国各界把希望寄托在美国的支持上。

　　4 月中旬，中国代表团正式向和会提出了《山东问题说帖》和《希望
条件说帖》，这是中国政府第一次在世界性的会议上公开提出要求修改过
去的不平等条约。《希望条件说帖》中提出舍弃势力范围，撤退外国军队、
巡警，裁撤外国邮局及有线、无线电报机关，裁撤领事裁判权，归还租借
地，归还租界，关税自由权这七项内容。其中指出：根据《辛丑条约》而
驻扎在中国境内的军队，为义和团运动和八国联军侵华战争之后果，"彼
时鉴于中国北方情形而有驻兵之条件，今此等情形已不复存，中国人之尊
重外人生命财产已极昭著，而无可非议，虽在内乱之时犹然也"。而且，
驻兵"不特为中国人民之辱，抑亦为主权之疵累。而使馆界之划地自守，
不准中国人民居住，尤为世界各国首都之所无"。事实上，"此等外国军队
每致滋生事端，扰害地方秩序，往往两国军士彼此寻仇，虽未必酿成重大
事故，而地方官已为之不安"。说帖要求废止该约第七、九条，"凡根据该
两款而驻在中国之使馆卫队暨外国军队，即自平和会议日起，一年以内悉
行撤退"。中国政府没有主张立即废除不平等条约，只要求和会确定若干
原则或一定时期，以逐步撤废这些特权。说帖指出，这次会议的目的不仅
是与敌国订立和约，"亦将建设新世界，而以公道、平等、尊敬主权为基
础。征以万国联合会约法，而益见其然"②。中国代表团对和会抱有很大
期望。

　　上述理由符合国际法原则。《辛丑条约》本是列强威逼清政府订立的，

---

　　① 《顾维钧回忆录》第 1 分册，中国社会科学院近代史研究所译，中华书局 2013 年版，第 159—
160 页。

　　② 《中国代表提出希望条件说帖》，中国社会科学院近代史研究所《近代史资料》编译室主编：
《秘笈录存》，知识产权出版社 2013 年版，第 128、129、147 页。

并非中国自愿，这一条约本来就没有国际法效力。根据国际法"情势根本变迁"的原则，当年列强强迫清政府订立条约时的形势早已时过境迁，中国完全可以根据新的状况要求终止有关条款。总之，中国代表团提出的要求是合情合理的。这一说帖，开启了中国系统地提出废除列强在华特权的一页，并把这一要求宣告于世界。说帖中包括了废除列强在北京使馆区驻兵权的问题，说明中国已经强烈地认识到了这一问题的重要性。

但是，列强中担任会议议长的法国总理克里孟梭于 1919 年 5 月 14 日回复中国代表："联盟共事领袖各国最上会议，充量承认此项问题之重要，但不能认为在平和会议权限以内。拟请俟万国联合会行政部能行使职权时，请其注意。"① 中国代表团精心准备的、中国民众报以热切期望的关于废除列强在华特权的提案，没有被纳入和会的议程。曾任美国驻沪总领事的佑尼干则说，因为中国发生过义和团之举，现在"中国则当设法使列国确信其人民已明达事理，不至再启事变。惜乎中国代表提出此项要求之时，中国正在内乱，扰攘不已，使人不能无虑"②。这是典型的为列强开脱责任的理由。

关于使馆区特权问题，中国仅在对德、对奥和约上有所收获，即确认废止德、奥在《辛丑条约》中享有的权利。

中国提出的对德和约条件要求，"中、德两国间所有条约、专约、协议、合同以及他种规约，既因两国间之战争地位而废止，则凡一切权利、特权、让与以及优先、优容，或为此项约章所畀予，或以此项约章为根据，或由此项约章而发生者，概已复归中国，不复存在。""德国自认，于一九一四年八月十四日，已经脱离一九〇一年九月七日之专约，以及该约所附带之附件、照会文件。凡该专约所发生或因该〔约〕而获得之一切权利、特权名义，概行让还中国，并不复向中国要索一九一四年三月十四日起至同年八月十四日之时期内，按照该专约该国所应分得之赔款。""凡在天津、汉口德国租界及中国他处并胶州境内，从前德国租借地之一切德国政府所有房屋、码头、营房、垒堑、军火、各种船只、海底电缆、无线电

---

① 《平和会议议长复中国全权委员长函》，中国社会科学院近代史研究所《近代史资料》编译室主编：《秘笈录存》，知识产权出版社 2013 年版，第 164 页。
② 《佑尼干论中国希望条件》，《申报》1920 年 1 月 7 日第 6 版。

设备以及他项官产，均由德国割让于中国。但言明，外交官及领事馆署住宅所用之房屋，不在此项割让之列。"① 凡尔赛条约对上述各款作了确认，但又规定：中国政府于本条约实行之日，"未得仍与 1901 年 9 月 7 日最后议定书有关系各国外交代表同意，不应采用任何办法以处理在北京所谓使馆界内德人之公私财产"②。也就是说，北京使馆区内涉及德国的公私财产的处理，都必须得到列强的同意。中国的权利仍然被限制和剥夺。

1921 年 5 月 20 日，《中德协约》订立。德国承认履行凡尔赛条约第 128 至 134 条关于中国之规定，取消德国在华享有的特权，两国在平等的基础上实现关系正常化。德国政府代表卜尔熙向北京政府外交总长颜惠庆声明：德国担任对于中国应尽《凡尔赛条约》第 128 至 134 条所发生的义务。他并声明：德国政府"允认取消在华之领事裁判权，抛弃德国政府对于德国驻京使署所属操场上之全部权利于中国"，认明《凡尔赛条约》第 130 条第 1 项中所载之"公产"字样系赅括该地而言，并准备将中国各处收容德国军人之费偿还中国政府。③ 当天，颜惠庆复文接受德方声明。《中德协约》取消了过去德国凭借不平等条约在中国取得的特权。

然而，中德复交后，德国在使团中仍然处于孤立的状态。使馆区"外交团即向德使表示，如能守公使区域内向来所有之约束，即许其加入彼等团体。而德使止允遵守其一部分，故至今德使孤立。外交团开会时，从未邀其入席"④。

中国对奥和约的条件内容与对德条件基本相同。但是，奥匈帝国瓦解后新成立的奥地利自称是新立之国，对中国提出的和约条件又提出修正案。其中要求"凡属于前奥匈帝国而在天津奥租界内或中国境内他处之一切房屋、码头、浮桥、营房、垒堑、军械、军火、各种船只、无线电之建设以及其他各种公产，德族奥国将其所有权利让与中国。惟须得公平之赔款，并须按照德族奥国于重行分配前奥匈帝国所有财产收入总数时应得成

① 《中国提出德奥和约中应列条件说帖》，中国社会科学院近代史研究所《近代史资料》编译室主编：《秘笈录存》，知识产权出版社 2013 年版，第 83、84 页。

② 《协约及参战各国对德和约（凡尔赛条约）》（1919 年 6 月 28 日），世界知识出版社编辑：《国际条约集》（1917—1923），世界知识出版社 1961 年版，第 131—132 页。

③ 《中德协约》（1921 年 5 月 20 日），王铁崖编：《中外旧约章汇编》第 3 册，生活·读书·新知三联书店 1962 年版，第 169 页。

④ 《外交团内容之调查》，天津《益世报》1924 年 6 月 27 日第 4 版。

数，将该赔款一部分分与德族奥国。但声明外交官、领事官居住或办公所用房屋暨前奥匈海军军队所驻营房以及该房屋内封存之杂物家具，自不在前项让与之列。其奥匈帝国之公私财产坐落在所谓北京使馆界内者，非经此约实行后，仍为一九〇一年九月七日和约内订约各国外交代表之允许及德族奥国之预先通知者，中国政府不能有所处置"①。

对此，中国代表立即向各国阐明中方立场："让与中国之公产，要求赔偿，与全约原则不符。至要求保存之营垒，原系中国之地，曾为使馆卫队驻所，现卫队既已取消，营地当然由地主收回再处置。奥匈使领馆，谓须得德族奥国之预先通知，此层亦无必要。""查原案各款大纲与德约相同，经五国同意在前，并非苛待奥国，故望一律主张否认，仍坚持原案。"② 奥地利的修正案没有得到任何国家支持。最后议定的对奥和约有关中国的部分，均与对德和约相同，也同样规定中国政府未经《辛丑条约》有关各国外交代表同意，不得任意处分奥匈国在华使馆内的公私财产。③ 1919 年 9 月 10 日，中国政府代表陆徵祥在对奥和约上签字。奥地利是第一个放弃在华条约特权的国家。奥匈帝国在北京的使馆，"第一次世界大战结束后由于没有了实在的主人，它逐渐变成了各国人的居住地，其中主要是俄国人"。1937 年日军侵占北平后，不久又来了日本人。④

1919 年，在经过多次交涉后，北京政府接收了东交民巷附近的正阳门的管辖权。步军统领王怀庆"以此事攸关国体，未容漠视，向驻京英公使美代使迭次磋商，并函请外交部正式照会公使团定期交还"⑤。中美双方在 10 月 31 日就正阳门管辖权的移交问题达成协议。11 月 1 日，美方正式交还了正阳门城楼管辖权。北京政府方面还得表示，此次收回"实赖英美及各国公使敦睦邦交容纳诚意之所致也"⑥。

---

① 《法京顾专使电》(1919 年 8 月 12 日)，中国社会科学院近代史研究所《近代史资料》编译室主编：《秘笈录存》，知识产权出版社 2013 年版，第 210—211 页。

② 《法京顾专使电》(1919 年 8 月 13 日)，中国社会科学院近代史研究所《近代史资料》编译室主编：《秘笈录存》，知识产权出版社 2013 年版，第 211、212 页。

③ 《协约及参战各国对奥地利和约（圣日耳曼条约）》(1919 年 9 月 10 日)，世界知识出版社编辑：《国际条约集》(1917—1923)，世界知识出版社 1961 年版，第 315 页。

④ ［俄］司格林：《北京 我童年的故乡》，于培才、刘薇译，东方出版社 2006 年版，第 52 页。

⑤ 《北京正阳门城楼收回》，《东方杂志》1919 年第 16 卷第 12 号。

⑥ 《步军统领衙门函：函知收回北京正阳门城楼日期由》(1919 年 11 月 7 日)，《浙江教育月刊》1919 年第 2 卷第 11 期。

1921 年 11 月召开的华盛顿会议，是一次关于确定第一次世界大战后远东和太平洋地区新秩序的会议。北京政府认为，中国问题是远东问题之中心，会议对中国前途关系重要，接受了美国的邀请。北京政府外交部表示，"中国政府深愿与各国一律平等参预，共襄盛举"①。但对会议能否实现中国修约的要求，并无把握。驻英公使顾维钧提出：中国提案可分为甲、乙两部研究，甲为原则，约有四种。乙为具体问题，亦可分为数种：（一）商订实行担保尊重我国主权及领土完全办法。（二）要求解决山东问题及二十一条条约问题。（三）重提前在和会所提之希望条件七端，以达目的要求。（四）国内建设办法。"废除势力范围、裁撤外国在华邮电机关、恢复关税自由及撤除外国驻华军警四端，似可相机坚持。惟《辛丑和约》所许京津等处驻兵，某国为防某国起见，一时恐难允撤，须斟酌应付。"②

11 月 16 日，中国代表施肇基在太平洋与远东问题委员会第一次会议上提出十项原则，其中第一条的甲项提出"各国约定尊重并遵守中华民国领土完全及政治上、行政上独立之原则"，第五条提出"中国政治上、法权上、行政上之自由行动之各种限制，应严重取消，或按照情形从速废止之"③。十项原则，既有希望列强尊重中国主权和领土完整的总要求，也包含废除不平等条约和取消列强在华特权的要求。中国代表团内部还拟订了具体问题应行讨论的先后次序，即关税、领事裁判权、势力范围、租借地、外国驻兵、邮局、电话及无线电问题等④。但各国代表对十项原则反应冷漠。会议推选美国代表罗脱起草关于中国问题的原则。罗脱根据中国的十项原则提出四项原则，而虚化了中国提案的实质性内容，只笼统地表示"尊重中国之主权与独立暨领土与行政之完整"⑤。这预示着，包括撤退

---

① 《北京政府外交部应邀参加太平洋会议复美国国务院照会》（1921 年 8 月 16 日），程道德等编：《中华民国外交史资料选编》（1919—1931），北京大学出版社 1985 年版，第 100 页。

② 《驻英顾公使电》（1921 年 7 月 16 日），中国社会科学院近代史研究所《近代史资料》编译室主编：《秘笈录存》，知识产权出版社 2013 年版，第 277、278 页。

③ 《北京政府首席代表施肇基在太平洋与远东问题委员会第一次会议上提出的十点原则》（1921 年 11 月 16 日），程道德等编：《中华民国外交史资料选编》（1919—1931），北京大学出版社 1985 年版，第 103 页。

④ 汪朝光：《中华民国史》第 4 卷，中华书局 2011 年版，第 77—78 页。

⑤ 《美国代表罗脱在太平洋与远东问题委员会第三次会议上提出的"四点原则"》（1921 年 11 月 21 日），程道德等编：《中华民国外交史资料选编》（1919—1931），北京大学出版社 1985 年版，第 104 页。

外国驻军在内的中国的各项具体要求，不会得到切实的对待。

中国代表施肇基提出要求撤退外国驻兵之议案："在华之外国驻军，护路军队，警署与电信交通之设备，多未经中国政府允许，中国政府且曾抗议，此种事实侵犯中国之主权以及领土与行政之完整。"中国要求：各国"应个别宣言，若无中国政府每次明白与特别给与之允许，将不在中国境内驻扎军队，或护路军队或设立并维持警署，或建立或开电信交通之设备。倘现时中国境内有此种军队，或护路军队、或警署、或电信设备，而无中国明白之允许⋯⋯均应立即撤退"。并声明，中国所提的决议案，将不至影响各国根据《辛丑条约》所得的权利，与各国在租界内维持警察的权利；此种权利若须修改，则中国将另提交涉。[1] 日本代表极力反对。会议议决：各国为保护合法在中国的外人生命、财产，曾随时在中国驻扎军队，连同警察与护路兵在内，其中部分军队未得条约或协约许可。各国声明，中国能担任保护外人的生命、财产，则现在中国未得条约或协约许可的军队志愿撤退。又因中国已声明志愿并能担任保护外人生命财产，各国在中国请求时，训令其驻在北京的代表，会同中国政府所派代表三人，"共同秉公详细调查各国及中国上述声明志愿所发生之一切问题"，报告各关系国政府。而对调查形成的报告书，"每国可自由取舍"[2]。此为各国保留了拒绝撤军的理由。首先，"凡法律上有所根据之外国军队，仍不受影响"。其次，"各国对于报告之建议存自由取舍之权，是在华府会议中撤退外国军警问题，仍未得有何种解决，会议以后，中国亦不能根据上述决议要求召集会议以谋解决"[3]。

可见，北京政府是在承认《辛丑条约》规定的列强在华驻军权的前提下提出议案的。有《辛丑条约》存在，北京政府不敢全面否定列强在华驻军权，而列强则可以找出各种理由不撤军。

关于涉及使馆区的撤废外国无线电台问题，施肇基提出：外国设置和经营电台未得中国允许，侵害中国主权，有背罗脱原则。要求这次会议采

---

① 傅启学编著：《中国外交史》下卷，（台北）商务印书馆 1983 年版，第 358—359 页。

② 路章思：《中国被侵略之领土与利权》，上海亚细亚书局 1935 年版，第 174 页；《华盛顿会议关于在中国之外国军队议决案》（1922 年 2 月 1 日），王铁崖编：《中外旧约章汇编》第 3 册，生活·读书·新知三联书店 1962 年版，第 201—202 页。

③ 徐公肃：《日人在沪建筑兵营与外国驻军问题》，《外交评论》1933 年第 2 卷第 11 期。

取必要办法，使一切电气交通事业，连同各国在中国境内未经中国允许设置的无线电台在内，立即撤销，或转让给中国。会议有关决议没有采纳中国的要求。中国代表团没有参加表决，而另发表了一个声明："中国政府不承认亦不让与任何外国或其人民在使馆界、居留地、租界、租借地、铁路地界或其他同样地界内未经中国政府明白许可而有安设或使用无线电台之权。"① 总之，列强对中国的要求敷衍了事，而根本无意放弃特权。

巴黎和会至华盛顿会议期间，中国公开正式地提出废止列强在华特权问题，其中也多少涉及列强在华使馆区特权制度。这个阶段，是中国废除不平等条约历程中的重要阶段。就废除列强在华使馆区特权制度而言，虽然没有取得重大的胜利，却有一定的突破性的意义。

第二节　使馆区前俄特权的取消及影响

1920 年，中国政府取消了前俄国驻华使节的外交待遇。1924 年，中国通过与苏联签订新的条约的形式，确认了对前俄在华特权的废除，又一次冲击了列强在华使馆区特权制度。但由于列强的强硬态度，北京政府不仅对使馆区前俄特权的清除是不彻底的，而且在前俄使馆的移交过程中居于相当弱势的处境。

一　使馆区前俄特权的取消

俄国是帝国主义侵华链条上的重要一员，而第一次世界大战给俄国带来了深重的灾难。1915 年 12 月 5 日，北京使馆区俄兵全体撤退。② 1917年俄国爆发十月社会主义革命，资产阶级政权被推翻。一段时间内，北京政府继续承认前俄驻华使节的合法地位，使馆区的俄国驻华公使库达摄夫继续以正式外交使节的身份从事公务，甚至参与对华抗议活动。

---

① 《关于十二月七日在中国之无线电台议决案中国声明书》（1922 年 2 月 1 日），《外交公报》第 12 期，1922 年 6 月。

② 刁敏谦：《中国国际条约义务论》，商务印书馆 1925 年版，第 7 页。章玉和的《东交民巷杂谈》（《中和月刊》（伪）1944 年第 5 卷第 6 期）提到，俄兵全部撤退的时间为俄国十月革命后。

直到 1920 年 9 月 23 日，徐世昌发布大总统令，宣布即日起取消前俄国驻华使节的待遇。北京政府命令各地以代管的形式清理前俄国在华权益，各地的俄国领事馆由中国地方当局暂时接收。并取消了前俄国在华领事裁判权。但是，当时北京政府没有宣布取消中俄之间以前订立的一切条约。对于第二天库达摄夫以中国违反《辛丑条约》等条约为由的抗议照会，北京政府没有理会。囿于《辛丑条约》，对于接管使馆区前俄公使馆一事，北京政府没有适当的办法。外交总长颜惠庆"选与外交素有经验者研究"，并派外交部参事刁作谦赴俄使馆接洽，也没有拿出具体办法。[①] 但是，中国政府的主动作为，既冲击了协约国对华的统一意志，又取消了前俄国在华领事裁判权，对列强在华使馆区特权也造成了冲击。这一举动并得到了苏俄政府的欢迎。

中国方面的举动，却受到了列强的极大阻难。列强顾忌的是，北京政府的措施会影响其他国家的在华权益，乃至动摇整个不平等条约制度体系。1920 年 10 月 4 日，西班牙领衔驻华公使白斯德照会北京政府：9 月 23 日中国政府命令停止驻华俄国公使领事的待遇，本领衔公使会同辛丑签约各国驻京代表会商保管俄公使馆产业，因该馆在使馆区内，按照《辛丑条约》规定，使馆区为特别区域，等俄国经各国承认的正式政府的代表来，再行交付。保管俄使馆一事，本月 2 日经各国驻华代表议决，暂托库达摄夫代办，其离开北京时，再由各国代表接管。[②] 这一代管的决定，得到了北京政府的同意。[③] 10 月 11 日，使团领袖又照会北京政府外交部，指出"中政府万不能永远取消俄人按约在中国所享之利益"，要求中方担保采取的措施乃不过暂时办法，"俟俄国将来政府成立经各国承认时，再行议定一切。外交团愿助中政府办理令开各节，因此本领衔公使代表各公使，请中政府与外交团商订暂时管理俄人在中国之利益办法"。本是中国主权范围内的事，列强却要求中方必须与之"商订"。10 月 22 日，北京政府外交总长颜惠庆答复："……查本国政府宣布停止俄国使领待遇，实因

---

① 《停止俄使待遇后种种》，《民国日报》1920 年 9 月 30 日第 3 版。

② 《西班牙领衔驻华公使白斯德致中国外交总长颜惠庆照会》（1920 年 10 月 4 日），薛衔天等编：《中苏国家关系史资料汇编》（1917—1924 年），中国社会科学出版社 1993 年版，第 138 页。

③ 《中国大事记》，《东方杂志》1920 年第 17 卷第 21 号。

俄国使领久已失去代表资格，不能行使其职权，故不得已，按照他国先例，有此停止待遇之举，以免除事实上之困难。现在适用一切办法，自属暂时；至俄国正式政府成立得中国承认时，再行议定一切。"① 北京政府作了解释，但未改变原有立场。

1921 年 1 月，库达摄夫离开北京，使团推荷兰公使欧登科代表使团代管前俄使馆。北京政府外交部照会声明：所有保管旧俄使馆事宜既然由公使团负责，则所有该馆的房屋、器具、案卷暨其他附属物的保全，中国政府对于无论何方面概不负责。②

俄国十月革命后成立的苏俄政府，一方面反对帝国主义，支持中国的革命力量和革命斗争，以推进世界无产阶级革命；另一方面，从本国利益出发，要求继承沙俄时代在中国获得的某些权益。这样的双重目的，直接影响着其对解决沙俄在华特权问题的政策。

苏俄政府同情中国人民的反帝斗争，宣布放弃沙俄从中国获得的侵略权益。1918 年 7 月 4 日，苏俄外交人民委员契切林在一次报告中指出："我们已将沙皇政府和克伦斯基政府为支持旧俄官员的越权行为和专横跋扈而派往驻华领馆的武装卫队召回。"③ 1919 年 7 月 25 日，苏俄政府发表第一次对华宣言，承诺废除 1896 年中俄条约、1901 年《辛丑条约》及1907 年至 1916 年俄日签订的有侵华内容的协定，放弃庚子赔款和沙俄在华领事裁判权。④ 次年 9 月 27 日，苏俄政府发表第二次对华宣言，宣布"以前俄国历届政府同中国定立的一切条约全部无效，放弃以前夺取中国的一切领土和中国境内的一切俄国租界，并将沙皇政府和俄国资本阶级从中国夺得的一切，都无偿地永久归还中国"，要求中国政府"将中国境内属于俄国大使馆和领事馆的房产以及大使馆和领事馆的其他财产和档案，

①　张忠绂：《中华民国外交史》，华文出版社 2011 年版，第 285 页。

②　《外交部致葡萄牙领衔驻华公使符礼德照会》(1921 年 4 月 15 日)，薛衔天等编：《中苏国家关系史资料汇编》(1917—1924 年)，中国社会科学出版社 1993 年版，第 139 页。

③　《契切林在第五次苏维埃代表大会上的报告》(1918 年 7 月 4 日)，薛衔天等编：《中苏国家关系史资料汇编》(1917—1924 年)，中国社会科学出版社 1993 年版，第 7—8 页。

④　《俄罗斯苏维埃联邦社会主义共和国政府对中国人民和中国南北政府的宣言》(1919 年 7 月 25 日)，薛衔天等编：《中苏国家关系史资料汇编》(1917—1924 年)，中国社会科学出版社 1993 年版，第 58—60 页。

归还以苏俄政府为代表的俄国"①。

鸦片战争以来，还没哪个外国主动宣布放弃侵华权益，因此苏俄政府的上述表示得到了中国社会各界的极大欢迎。1922 年 11 月 7 日前后，中国多地有民众和团体举行了纪念俄国十月革命 5 周年的活动。北京学生、工人、市民在 11 月 7 日这天举行纪念活动，高呼打倒国际资本帝国主义在中国的压迫、中俄联盟万岁、无条件承认苏维埃俄罗斯，"因此惹起东交民巷太上政府的特别注意，不到几日，北京城里就布满了搜索过激党的风声"②。

列强既敌视苏联政府，也一直不愿中国方面染指使馆区的领事裁判特权。1923 年 7 月初，东交民巷内有两名俄籍窃犯被捉获，他们窃去荷兰使馆城墙绳梯。使团巡警部门通函各国使馆，征求如何审判该窃案的意见。因北京政府早已取消了前俄国在华领事裁判权，所以该案件依法应交中国方面审理。但结果是"使团主组特别法庭审理该案"③。

1924 年 5 月 31 日，北京政府代表、外交总长顾维钧与苏联政府代表加拉罕签署了《中俄解决悬案大纲协定》。协定宣布：中国政府允许设法将前俄使领馆舍移交苏联政府。两国政府同意，将中国政府与前俄帝国政府所订立之一切公约、条约、协定、议定书及合同等项概行废止，另本平等、相互、公平之原则，暨 1919 年与 1920 年苏联政府各宣言的精神，重订条约、协约、协定等项。苏联政府根据其政策及 1919 年与 1920 年的宣言，声明前俄帝国政府与第三者所订立之一切条约、协定等项，有妨碍中国主权及利益者，概为无效。苏联政府允予抛弃前俄政府在中国境内任何地方根据各种公约、条约、协定等所得之一切租界等之特权及特许，抛弃庚子赔款，取消治外法权及领事裁判权。④ 这就从法律意义上终止了俄国在北京使馆区的特权。

---

① 《俄罗斯苏维埃联邦社会主义共和国外交人民委员部致中国外交部照会》（1920 年 9 月 27 日），薛衔天等编：《中苏国家关系史资料汇编》（1917—1924 年），中国社会科学出版社 1993 年版，第 87 页。此处的"历届政府"指 19 世纪 90 年代后的沙俄政府，"一切条约"指 1896—1918 年间的条约。

② 《国人对于苏俄的同情》（1922 年 11 月 15 日），《蔡和森文集》上，人民出版社 2013 年版，第 172 页。

③ 《国内专电二》，《申报》1923 年 7 月 7 日第 6 版。

④ 《中俄解决悬案大纲协定》（1924 年 5 月 31 日），薛衔天等编：《中苏国家关系史资料汇编》（1917—1924 年），中国社会科学出版社 1993 年版，第 270、271、272 页。

《中俄解决悬案大纲协定》的签订在中国外交史上有重要意义。苏联放弃前沙俄政府对华不平等条约和在华特权，对列强在华不平等条约制度体系是一次极大的冲击，列强在华使馆区特权制度也又被打开了一个重要缺口。德、奥在华特权，是中国在对其宣战的情况下取消的，而前俄在华特权的取消，是通过中苏两国谈判而达成的，这也说明中国的国际地位有所提高，不能不对习惯于以集体形式与中国交涉的东交民巷列强造成打击。协定对顽固维持不平等条约制度体系的其他各国造成了巨大的压力，从而有力地鼓舞了中国争取废除不平等条约、恢复国家主权的斗争。不过，苏联关于中国权益的承诺长期停于纸面，上述大纲的具体规定没有实现。

上述协定签署的同时，中苏互致建交照会。苏联提出，其在各国均派大使，与中国自应互派大使，以示平等。这将是外国对华特遣大使之始。而且，其他各国驻华最高外交代表为公使，按惯例，苏联大使当然担任外国驻华外交使团领袖。于是，使团向北京政府施压。6 月 6 日，顾维钧告诉加拉罕，两国交涉在精神不在形式，仍拟互派公使。[①] 这为对方所拒绝。7 月 31 日，苏联大使加拉罕向北京政府递交国书。中苏互设大使的举动，有利于中国国际地位的提高，并打击了列强的在华使节一致体制。

二　使馆区前俄使馆交还之争

列强又在使馆区前俄国使馆移交问题上制造事端。1924 年 6 月 9 日，北京政府外交部照会九国公使，声明中俄邦交业经恢复，所有前俄使署及其附属财产，应照中俄新协定，交还苏联政府代表，希望各国予以答复。当时《辛丑条约》各签字国中，多数国家仍对苏联持不承认和敌视的态度。6 月 11 日，荷兰领衔驻华公使欧登科致函北京政府外交总长顾维钧：1901 年"签字议定书之各国代表等鉴及使馆区域内条约上之性质，在已经各关系国承认之俄国代表来京以前，对于俄国使馆并附属财产，应负保管之责"，"中国政府曾声明对于保管公使馆之建筑物、家具、书类、以及其他一切附属物件等，无论何人不负责任。由以上之情形，关系国公使等以

为目下关于引渡旧俄国公使馆财产，由俄国政府正式派遣中国之外交代表者向外交团要求时，得允其考虑之理由"①。也就是说，苏联政府派遣的接收前俄使馆的代表需要取得《辛丑条约》有关签字国的共同承认。而在《辛丑条约》签字国中的多数国家尚没有承认苏联的情况下，加拉罕显然不合乎条件。并且，北京政府不能参与其事，而该由有关国家与苏联代表直接交涉。列强显然无视中国的主权。天津《大公报》的评论指出：中俄两国恢复邦交关系，"实施所订条约，若须经各国一致承认，方可实行，是不啻根本破坏中俄协定为有效。准此所谈，则英意之先期承认苏俄，均须宣告无效而后可。试问各公使能以拒交中国俄使馆之手段，加诸驻英驻意之苏俄公使乎？倘有此项事实发生，英意各地主国，能默然无言乎？"②使团的理由是无理取闹，其立场形同拒绝交还。《申报》报道，使团定于6月17日开会讨论俄使馆问题，九国以外公使被邀加入。加拉罕说，本代表依法律向中国政府要求交还使馆，无与使团直接交涉的必要。③

6月27日，顾维钧再次照会欧登科。照会指出：《辛丑条约》签字国代表对于旧俄使馆的代管保护，虽因大总统通告停止俄使待遇而发生，"究属未得中国政府之允许"。1921年4月15日中方照会所说的不负保护之责的意思，是对使团保管期内该项产业房屋的保护而言，至于使团保管的时限问题，自始即非属于使团能单独决定。而且，使馆区虽然按照条约由使团管辖，却仍是中国领土的一部分。俄国使馆虽然在使馆区内，但不受他国代表的管束。况且，该馆属于已与中国建立邦交的苏联的产业，苏联又指派代表来接收，中国政府居间设法，要求将该馆交给苏联代表，是尽国际上应有的礼遇便利。照会说，中国政府不是想将该馆收归自管，不过是提请交给苏联政府代表而已。④ 这一照会一方面阐述中方的正当理由，另一方面也指出中国政府无意触及列强在使馆区既有的特权。

7月1日，使团开会，仍拒绝交还前俄使馆。而要求按德国使馆交还

① 《荷兰领衔驻华公使欧登科致中国外交总长顾维钧函》（1924年6月11日），薛衔天等编：《中苏国家关系史资料汇编》（1917—1924年），中国社会科学出版社1993年版，第302页。

② 春木：《使团拒交俄使馆之无理》，天津《大公报》1924年6月19日第2版。

③ 《国内专电》，《申报》1924年6月17日第4版。

④ 《中国外交总长顾维钧致荷兰领衔驻华公使欧登科照会》（1924年6月27日），薛衔天等编：《中苏国家关系史资料汇编》（1917—1924年），中国社会科学出版社1993年版，第302—303页。

的办法，由苏联派出正式代表"迳向使团接洽，并由俄代表切实表示尊重使馆界一切规则"，方可将使团保管的前俄使馆交与苏联代表。[①] 7 月 12 日，使团照会顾维钧：自 1901 年以来，"使馆地域及各项房产均为地役物，中政府及签字八国皆为一九〇一年条约所束缚也，中政府只能于地役权现定之一定范围以内，对于某种特定事物行使其权力，此乃贵总长所知也"。条约签字各国和中国政府一样为"条约所拘束，于一定范围内使用使馆地域内之各项财产。签字各国为保全相互利益起见，二十四年来，复另有详细之规定也。一九二〇年时局变动，各国代表负担保管俄国使署及各项财产之责，目下交还此项保管之使署及各项财产，仅能直接交还于俄政府之正式代表，以便维持外交团内部各种规则也"[②]。照会内容冠冕堂皇，似乎振振有词，实际上说的是列强自定的规则，维护的是其自身的特权利益。使团拒绝了北京政府的要求，而请中国外交总长居间转邀苏联代表与领袖公使直接交涉。最重要的是，使馆区列强要求苏联遵守《辛丑条约》规定的权利和义务。

7 月 24 日下午，顾维钧在铁狮子胡同自己家中介绍加拉罕与使团代理领衔公使的美国公使舒尔曼会晤（欧登科于 7 月 12 日赴日本）。三个人饮茶后，顾维钧退席，由加拉罕、舒尔曼单独会谈。[③] 这实际上有双方直接交涉的意味，"加拉罕所用之名义为苏俄驻华全权大使，而舒尔曼美使则亦用外交团领袖公使之名义"，北京政府则由当事人的身份退居到了介绍人的位置。[④] 北京政府的这一做法遭到了国内的抨击，"因为东交民巷始终是中国的土地，俄使馆不过因俄国革命期内无人主持，由中政府暂交外交团代为保管而已。于今中国既正式承认苏俄，此使馆当然应立刻交还中国，以便接待苏俄大使"。而顾维钧的做法是"把要房子的责任托付苏俄大使加拉罕自己出头交涉了"，这是丧权辱国的外交行为。[⑤]

---

① 《国内专电》，《申报》1924 年 7 月 2 日第 7 版。

② 《驻京各国公使团复中国外交总长顾维钧照会》（1924 年 7 月 12 日），薛衔天等编：《中苏国家关系史资料汇编》（1917—1924 年），中国社会科学出版社 1993 年版，第 303 页。

③ 会谈过程，参阅王聿均《舒尔曼在华外交活动初探（一九二一—一九二五）》，（台北）《"中央研究院"近代史研究所集刊》1983 年第 1 期。

④ 《使团会议俄馆问题》，《申报》1924 年 8 月 3 日第 10 版。

⑤ 《呜呼！北政府的外交！》（1924 年 8 月 5 日），《王尽美文集》，人民出版社 2011 年版，第 81、82 页。

7月26日，加拉罕直接致舒尔曼正式牒文，转达了苏联方面的意见。加拉罕宣称苏联并未取消《辛丑条约》，所以《辛丑条约》的其他签字国公使不应在交还俄使署问题上提条件，各国应彼此友好，维持使馆区行政。他日如果苏联放弃该约，也将通告各使，此事自当依国际法成例解决。① 另外，加拉罕要求交还使馆钥匙及建筑。② 由此看，加拉罕实际上接受了外交团提出的条件。这里，苏联出于自身地位和利益考虑，违背了其不久前签订的中苏协定。因为中苏协定已经明确规定中国政府和前俄政府签订的条约"概行废止"，苏联放弃在华特权。

列强考虑的重点是维护《辛丑条约》中的既得特权。8月18日，日本领衔驻华公使芳泽谦吉照会苏联驻华大使加拉罕："八月一日辛丑条约各国领袖代表将贵大使七月二十六日照会提出与辛丑条约有关之各公使，并转告与贵大使七月二十四日之谈话，称苏维埃政府仍以为该国为签字辛丑条约国之一。今本领袖代表衔各公使之命，按以下情形及结果通告贵大使，即苏俄政府仍享受各种权利，并负辛丑条约各种义务，以及后者关乎维持使馆向来之地位之规定。辛丑条约各国决定，将前此所保管之前俄使馆及钥匙交还贵大使，并派定荷代表公使蒋克尔代表各国执行交还事宜。"若将来苏联政府放弃《辛丑条约》的权利，其他各国将保留完全自由的行动。③ 这表明，各国公使在使馆区特权制度问题上断然丝毫不让，立场顽固，并要求苏联政府应对放弃《辛丑条约》规定的特权而造成的影响承担责任。外交团的态度，使得中国舆论非常愤慨。国会议员团两次发表宣言，反对各国对于前俄国公使馆移交的蛮横行为。④

列强不得不承认现实。9月11日，加拉罕向外交团接收前俄使馆。9月25日，苏联驻华大使馆开始办公，加拉罕通知了驻北京的外交使团。苏联使馆迁入使馆区后，表示尊重中国主权，要求北京政府外交部派卫兵站岗。北京政府外交部询问此举与使馆区章程有无抵触？加拉罕答："本

---

① 《北京俄使署问题》，《申报》1924年8月3日第7版。
② 《苏联驻华大使加拉罕致美国领衔驻华公使舒尔曼函》（1924年7月26日），薛衔天等编：《中苏国家关系史资料汇编》（1917—1924年），中国社会科学出版社1993年版，第304页；唐启华：《被"废除不平等条约"遮蔽的北洋修约史（1912—1928）》，社会科学文献出版社2010年版，第225页。
③ 《日本领衔驻华公使芳泽致苏联驻华大使加拉罕照会》（1924年8月18日），薛衔天等编：《中苏国家关系史资料汇编》（1917—1924年），中国社会科学出版社1993年版，第304页。
④ 刘彦：《帝国主义压迫中国史》下卷，太平洋书店1927年版，第399—400页。

大使对于使馆界定章原无遵守之义务，即以定章而言，凡华官往使馆拜谒或道贺时，亦可随带卫队，本大使现在所需之卫兵，系在大使馆内轮班站岗，按诸国际公法，即在苏联地界之内，此为本国之内事，各国公使无权干预，更无持有异议之理由。"顾维钧批示审慎处理。此事因列强反对，并未办成。① 10 月 5 日，苏联驻华大使馆开馆的升旗仪式正式进行。10 月 12 日，上海《民国日报》报道，"苏俄大使加拉罕请我国派武装兵士保卫俄使馆，同时知照使团，请其同意。按，此为加拉罕否认辛丑条约之表示。"② 比起其他国家，苏联确实作出了异样的举动。有人评论，俄人不惜开罪列强，放弃《辛丑条约》权利，乃至要求中国兵保护其使馆，"冀破坏华兵不能入东交民巷之苛例，其援助弱小民族，以反抗帝国主义之热诚，果为何如耶！"③

在华使馆区特权制度是列强依靠各国的统一行动来维持的。而社会制度不同，已声明放弃在华特权，且在对华政策上与他国也有不同的苏联正式入驻使馆区，这推进了列强在华使馆区特权制度的弱化。

苏联进驻使馆区后，并未将前俄兵营交还中国。苏使馆把前俄兵营改为民房出租，后收回出租房屋，作为宿舍，仍由苏方使用，直到新中国成立。

三 使馆区外交团的分化

中苏两国建立大使级外交关系，随后加拉罕作为大使迁入北京东交民巷前俄使馆内办公。外国在华使团即面对两个问题：加拉罕能否参加外交团的会议，是否为外交团之当然领袖。按国际惯例，加拉罕为大使衔，自当担任使团领袖。

面对中苏建立大使级外交关系的大趋势，外交团内出现新的组合。列强力图排斥苏联的参与，另谋有利于自己的组合。中美电讯社 1924 年 5 月 3 日的消息说："使团近有分裂倾向，每次会议，只有日、英、美、法四使

---

① 《收朱鹤翔会晤喀大使（23 日）问答》（1924 年 9 月 30 日），转引自唐启华《被"废除不平等条约"遮蔽的北洋修约史（1912—1928）》，社会科学文献出版社 2010 年版，第 228 页。

② 《苏联驻华大使加拉罕请中国派兵保卫使馆》（1924 年 10 月），薛衔天等编：《中苏国家关系史资料汇编》（1917—1924 年），中国社会科学出版社 1993 年版，第 307 页。

③ 胡梦华：《帝国主义之研究》，《东方杂志》1925 年 22 卷第 8 号。

到会，十六国或十一国联合对华，难再实现。"① 日本方面的消息说："驻京英、美、法、日四国公使，以外交团之对华交涉事务益加复杂，为求便利起见，现已商定于北京外交团中设立四强国委员会，以为常设机关。凡有重大之共同事务，均由该委员会处理之，然后提出外交团全体大会。此委员会之组织，与巴黎讲和会议当时之四大国委员会相类，不定开会时期，遇有必要，得随时开会。而自决定设立以来，迄今为中国外债整理问题及侨华外人保护问题之故，已曾开会两次。"② 另一日本新闻来源指出："英、美、法、日四国公使，近顷因虑外交团会议之内容泄漏于外，正在考虑如何秘密之策。适中俄交涉进行甚速，俄国加入外交团之形势已见，恐外交团之空气为其所扰乱，且为期事务进行敏捷起见，遂自然而然地组成四国小委员会。形式上虽未取得其他十二国公使之同意，但于无言之中已被认许。"③ 后来，美国公使舒尔曼向上海报界称，他行使领袖公使职权时，"罕开全体会议，惟与有同样关系之小团体共同处理。例如，辛丑条约各国则联为辛丑条约团体，四国银团有关系各国则联为银行团之团体，再如享有治外法权国家自成为一团体，临城案有关系各国又自成一团体。而此各小团体大有叠床架屋之势，有数国公使与各小团体咸有关系，有数国公使涉及数个团体，更有数国公使则无一相涉焉"④。之所以这么做，是由于外交团内部的分化，也是为了以各种形式把持在华特权不放。

列强对使团领袖问题也提出了考虑。1924 年 6 月 25 日的《民国日报》报道：使团密议俄使馆问题，"要将资深年老的充领袖，这么一来，中俄虽互派大使，外交团可以破国际惯例，另拉出个住交民巷久的老辈来充领袖了"⑤。

使团之所以推出上述措施，就是为了应对与中国建立大使级外交关系的苏联的冲击。9 月 15 日，英国驻华公使麻克类在一份报告中说："苏联

① 《公使团有分裂倾向》，《民国日报》1924 年 5 月 4 日第 3 版。
② 《外交团组织四强国委员会》，《申报》1924 年 5 月 8 日第 7 版。
③ 南雁：《北京使团分裂与四强委员会的创设》，《东方杂志》1924 年第 21 卷第 11 号。
④ 《北京外交团之变迁观》，《申报》1924 年 8 月 24 日第 10 版；吴孟雪：《加拉罕使华和旧外交团的解体——北京政府后期的一场外交角逐》，《近代史研究》1993 年第 2 期。
⑤ 湘：《东交民巷的新例》，《民国日报》1924 年 6 月 25 日第 4 版。

将继续推动其公开宣称之中国政策，决心在将来废止《辛丑和约》，但仍以目前是《辛丑和约》签约国之身份进入使馆区，将会对使馆区及外交团的团结造成灾难性的破坏。中国政府及爱国人士乐见此《辛丑和约》及不平等条约结束的开端……我认为此新形势会减弱外交团面对中国之团结与威望，直接刺激中国要求废除条约权利与特权，因为可得苏联朋友之同情与支持，反对帝国主义列强。"① 正因苏联在中外关系中起着如此作用，列强可以让它在形式上加入使团，但不能让它动摇列强在华特权。使馆区列强开会决定，加拉罕除可以参加一般性的使团会议外，并可参加辛丑条约国的会议，因为加拉罕在目下仍可被认为是辛丑条约国的代表。但使团又认为，加拉罕虽承认其系辛丑条约国的代表，但他是不能贯彻辛丑条约精神的苏联政府代表，故决定不承认加拉罕为使团的当然领袖。而将来的使团领袖，则仍照向例推举。②

这样，外交团的范围，"几仅限于英、美、法、日、意、比、班、葡、荷等九国，盖不啻一辛丑和约国之团体耳，而实权则操诸英、美、法、日四强之手"③。当然，这一决策方式会导致四国与其他国家发生矛盾。

苏联一方面坚持自己仍有《辛丑条约》签字国的权利，另一方面又与列强的对华政策拉开了距离。苏联外交代表进入使馆区，确实分化了外交团，冲击了长久以来使馆区特权制度的统一性和稳定性。

1925 年 2 月，苏联因认为美国军队擅自使用东交民巷前俄使馆保卫界而向《辛丑条约》签字国提出抗议，要求美军停止在界内操练或筑栏跑马，并要求拆去旧有马栏。2 月 27 日，《辛丑条约》签字国驻京公使在答复中拒绝苏联的抗议。这一答复提到，因《辛丑条约》签字国未能一致通过而不能对此事作出决定，并提出保卫界须作保卫之用等理由，且以 1904 年续约为根据，表示必须维持已定状况。苏联方面坚持自己的观点和要求。3 月 30 日，苏联使馆分别致函《辛丑条约》签字国，驳斥对方引用的理由。对于前因各国未能一致通过、不能作出决定的理由，苏联使馆表

---

① 转引自唐启华《被"废除不平等条约"遮蔽的北洋修约史（1912—1928）》，社会科学文献出版社 2010 年版，第 229—230 页。

② 《今后之使团会议》，天津《大公报》1924 年 10 月 8 日第 4 版。

③ 公展：《外交团破裂之内幕观》，《国闻周报》1925 年第 2 卷第 27 期。

示，自苏联代表就职之日起，如果无苏联代表参与使馆区事宜，则一切问题不能决定或讨论；对于保卫界的用途，各国已经将保卫界改作球场、马场，失去了其保卫界的效用；对于1904年续约，各国不应视为《辛丑条约》的附约，而只属于续约；对于各国表示必须维持已定状况，苏联使馆指出，各国不应为维持已定状况而牺牲他国的权利。苏联使馆指出：自苏联大使馆设立，对前俄使馆保卫界，即不应续用以前所定的规则，只须与苏联大使馆订立临时约章，代替以前的规例。① 苏联还表示不能以强权压迫中国。加拉罕致函各国使馆，"如虑使馆界不安，可指调中国保安队守卫为妥。又复使团，谓在世界各国京城之公使团均是仪式的关系，本领袖居仪式上之领袖，对于以辛丑和约压迫中国行为，恕不参加。并望列国对于驻在地方人民感情上勿种恶因"②。这一事件，是使馆区特权制度内部矛盾的表现。

1925年2月，葡国公使符礼德（时任外交团领袖）、荷兰公使欧登科（代理外交团领袖）均要出京。按资历，因排在他们后面的古巴公使在假中，挪威公使缺助手，巴西公使也不在北京，外交团领袖遂由美国公使舒尔曼接任。③ 4月16日，舒尔曼离京。照顺序，此职应由德国公使担任。然而，《辛丑条约》签字国不愿让德使担任领衔之职，德使也表明了不担任领衔职位之意。于是，轮到意大利公使翟禄第。经外交团各国与翟禄第交涉，记事录等文件于4月15日晚由舒尔曼交与翟氏。4月16日下午，翟氏将任职之事通知各国使馆并照会北京政府外交部。④ 4月21日，外交团作出决议，请加拉罕依照国际通行之例，任外交团领袖。"是即遇公式会议之际，由加主席。至于寻常事务会议，加氏应否出席，处何地位，今尚未解决。现信外交团将分数组办理各事"⑤。4月22日上午，翟禄第赴

---

① 《俄使馆保卫界交涉尚未解决》，《国际公报》1925年第3卷第20期。

② 《国内专电》，《申报》1925年6月17日第4版。

③ 《美舒使将为使团领袖》，《申报》1925年2月15日第10版。

④ 《义翟使充使团领袖》，《申报》1925年4月20日第6版。

⑤ 《加拉罕之地位》，《申报》1925年4月23日第5版。对这一方面作出具体研究的可参阅，黄文德：《北京外交团领衔制度之变迁——兼论加拉罕使华案的影响》，（台北）《近代中国》2002年第147期；唐启华：《被"废除不平等条约"遮蔽的北洋修约史（1912—1928）》，社会科学文献出版社2010年版；徐畅、赵世锋：《苏联首任驻华大使加拉罕与列强驻华使节的外交博弈（1924—1925年）》，《青海师范大学学报》2023年第1期。

苏使馆，请加拉罕加入外交团并为主席。① 但是，加拉罕仅是礼仪场合的外交团领袖，而列强推举的领衔公使则继续行使以往的政治职能。此后的一定时期，外交团会议分为三种：一是一般的会议，外使均可参加，加氏为主席；二是《辛丑条约》签字国会议，它们是外交团的核心，加拉罕和其他国家代表都不得参加；三是有关关系国会议，由与某件事有关系的国家参加。②

欧登科返京后，代瞿禄第续任领衔公使。③ 在 1925 年五卅惨案后北京政府与有关国家的交涉中，加拉罕没有起什么作用，瞿禄第、欧登科代表使团或有关系各国与北京政府交涉。1926 年大沽事件交涉前后也呈现类似情况。控制北京政府的奉系军阀强烈反苏。1926 年 9 月 10 日，加拉罕离京回国，苏联任命了驻华临时代办。外交团双席领衔的问题不存在了，欧登科继续充当外交团领袖。

当然，外交团的分化削弱了其对中国的威慑力和干涉能力，直接导致了列强在华使馆区特权制度的弱化，对中国政府对外交涉是有利的。

"判断历史的功绩，不是根据历史活动家没有提供现代所要求的东西，而是根据他们比他们的前辈提供了新的东西。"④ 在中国的努力下，有三个重要国家取消对华不平等条约，揭开了废除列强在华使馆区特权制度的序幕。北京政府在修改不平等条约、收回国家主权方面采取了一系列具体行动，这是应该肯定的。但是，中国方面的种种努力，并没有取得明显成果。这一时期在废除北京使馆区特权方面取得的一点进展，主要是利用列强的矛盾和变化中的有利形势而取得的。北京政府的些许努力，无法撼动列强在华使馆区特权制度。陈独秀指出：前俄使馆移交过程中列强的蛮横，使得中国人民反抗帝国主义列强比反抗本国的军阀更为要紧，"凡是爱国的中国人，总应该有这种观念罢！"⑤ 20 世纪 20 年代中期起，更广泛的民众加入反对不平等条约和要求废除列强在华特权的斗争中来。

---

① 《外团会议内容》，《申报》1925 年 4 月 27 日第 5 版。

② 《外交团内部之最近状况》，天津《大公报》1925 年 5 月 22 日第 4 版。

③ 《欧登科继任领衔公使》，《顺天时报》1925 年 9 月 1 日第 3 版。

④ 《评经济浪漫主义》（1896 年 8 月—1897 年 3 月），《列宁全集》第 2 卷，人民出版社 1984 年版，第 154 页。

⑤ 独秀：《中俄交涉与东交民巷》，《向导》第 56 期，1924 年 2 月 27 日。

第三节　群众运动对列强在华使馆区特权制度的冲击

五卅运动前后，群众性的反帝废约斗争在全国风起云涌。《辛丑条约》作为使中国完全沦为半殖民地的重要标志，其危害性被民众进一步认识，"九七"《辛丑条约》国耻纪念日超越"五七"中日二十一条国耻纪念日，成为更重要的国耻纪念日。反帝废约斗争的推进，特别是那些直面东交民巷使馆区，要求废除不平等条约及列强在华特权的呼声和斗争，对使馆区特权制度产生了新的冲击，显示出觉醒了的中国人民的强大力量。

一　"九七"国耻纪念在全国的兴起

1919 年的五四运动，以青年学生为先导，发展成为一个有工人阶级、小资产阶级、民族资产阶级参加的全国范围的反帝反封建运动。东交民巷使馆区是列强在华势力的重要阵地。5 月 4 日，游行的学生队伍到东交民巷西口，遭阻拦。久候的学生最后派代表进入使馆区，递交陈词。结果，美国使馆馆员接下陈词，英、法、意国使馆拒收，日本使馆则不许学生代表入内。北京协和女子大学理预科一年级学生冰心回忆："在'五四'运动的前几天，我就已经请了事假住在东交民巷的德国医院，陪着我的动了耳部手术的二弟。'五四'那一天的下午，我家的女工来给我们送东西，告诉我说街上有好几百个学生，打着纸旗在游行，嘴里喊着口号，要进到东交民巷来，被外国警察拦住了，路旁看的人挤得水泄不通。"黄昏时候又有一位亲戚来了，告诉冰心学生火烧赵家楼的事，有许多学生被捕了。"她走了之后，我的心还在激昂地跳，窗外刮着强劲的春风，槐花的浓香醺得我头痛！"① 这是使馆区特权制度确立以来，如此多的中国人第一次来到东交民巷，向列强伸张中国的主权，伸张正义。虽然五四运动主要的反帝目标指向的是日本，也没有提出废除所有不平等条约，② 但是此后群众

---

① 冰心：《回忆"五四"》，范伯群编：《冰心研究资料》，北京出版社 1984 年版，第 72 页。

② 五四运动的参加者许德珩回忆："那时还没有'打倒帝国主义'的口号，集会的主要目的在收回山东主权，收回青岛，反对日本，反对列强以及惩办卖国贼和军阀官僚"（《许德珩回忆录——为了民主与科学》，中国青年出版社 2001 年版，第 51 页）。

性的反帝废约斗争日益扩大，与政府推行的修约活动相互联系，逐渐发展成为全国性的轰轰烈烈的废约运动。

五四运动标志着中国新民主主义革命的开始。新的社会力量迅速成长，中国革命的新的领导者登上历史舞台。中国共产党以新的革命理论和实践，深刻改变了中华民族的发展方向和进程。

在当时中国的各种政党中，中国共产党最早提出打倒帝国主义、废除不平等条约的方针。1922 年 6 月 15 日发表的中国共产党第一次对于时局的主张就强调，摆在当前的斗争任务首先一条就是"改正协定关税制，取消列强在华各种治外特权，清偿铁路借款，完全收回管理权"[①]。"此乃废除不平等条约这一口号之嚆矢。"[②]《辛丑条约》和列强在华使馆区特权，当然包括在要废除的范围内。中国共产党指出：列强掠得实际统治中国人的领事裁判权，并派遣军队、警察、军舰驻守于中国领土之内。[③] 使馆区特权就是重要的体现。中共三大的党纲草案关于目前党的任务的阐述，列在最前的一条为"取消帝国主义的列强与中国所订一切不平等的条约，实行保护税则，限制外国国家或个人在中国设立教会、学校、工厂及银行"[④]。1923 年 8 月 1 日，中国共产党发表第二次对时局的主张，又将"打倒利用军阀侵略中国的列强"这一条列于对军阀的斗争之前。[⑤] 提出在中国打倒帝国主义和废除不平等条约的要求，抓住了时代的中心内容。中国共产党的主张得到了社会各界的广泛认同。虽然没有参与政府与列强之间的交涉，但这个党提出的废约理念却深入人心。中共中央的一份报告说："我们政治的宣传……到一九二三与一九二四年间，列强对华进攻日急，全国知识阶级中进步分子，已采用'反抗帝国主义'的口号；而且最近在北京、上海、汉口、广州、奉天等处，已渐渐有反帝国主义的民众运

---

① 《中国共产党对于时局的主张》（1922 年 6 月 15 日），中共中央文献研究室、中央档案馆编：《建党以来重要文献选编》第 1 册，中央文献出版社 2011 年版，第 97 页。

② 《中国共产党与废除不平等条约》，《解放日报》1943 年 2 月 4 日第 1 版。

③ 《中国共产党第二次全国代表大会宣言》（1922 年 7 月），中共中央文献研究室、中央档案馆编：《建党以来重要文献选编》第 1 册，中央文献出版社 2011 年版，第 123 页。

④ 《中国共产党党纲草案》（1923 年 6 月），中共中央文献研究室、中央档案馆编：《建党以来重要文献选编》第 1 册，中央文献出版社 2011 年版，第 253 页。

⑤ 《中国共产党对于时局之主张》（1923 年 8 月 1 日），中共中央文献研究室、中央档案馆编：《建党以来重要文献选编》第 1 册，中央文献出版社 2011 年版，第 289 页。

动发生。"① 中国共产党在发动广大民众积极投身反帝废约斗争中起到了最重要的作用。

在中国共产党的推动下，孙中山领导的中国国民党决定与中国共产党进行合作。1924 年 1 月，中国国民党第一次全国代表大会宣言指出："一切不平等条约，如外人租借地、领事裁判权、外人管理关税权，以及外人在中国境内行使一切政治的权力，侵害中国主权者，皆当取消，重订双方平等、互尊主权之条约。"② 提出废除不平等条约，是国民党新的外交政策的重要特征。广州国民政府以各种形式宣传废除不平等条约的重要性。国共两党合作形成，为全国反帝废约斗争的推进提供了重要基础和动力。

1924 年 4 月，北京李义元案和英人韦德比抗税殴打税吏案发生；5 月 31 日，《中俄解决悬案大纲协定》签订；6 月中旬，列强把持的外交使团却以《辛丑条约》为借口，拒不交还前俄使馆。这些事件极大警醒了全国民众，全国掀起了一场以北京为中心的要求废除不平等条约的运动。

例如，在全国的政治中心，在中共北京区委兼地委的推动下，7 月 13 日下午，北京学生联合会、中俄问题研究会、中共北京区委机关刊物《政治生活》周刊社、社会主义青年团北京地委、马克思学说研究会、今日学会、中国外交改善会、旅京江西国民同志会、北京学界青年同志会、经济学会等 50 多个团体的代表及各界人士 230 余人在中央公园来今雨轩集会，胡鄂公为大会主席。会议成立反帝国主义运动大联盟，提出建立联合阵线。国会议员雷殷主张收回旅大、威海卫、广州湾、北京东交民巷（俄使馆附带收回，不主张交还）。会议发表宣言，指出我们受帝国主义侵略的痛苦太深久了，与其忍痛呻吟，不如振刷精神，与他们矢志背城决一死战。"联合战线"的口号，的确是我们最重要的金科玉律。要扑灭帝国主义的侵略政策，废除压迫中国弱小民族所订一切不平等条约。③ 反帝国主

---

① 《中共中央局向中央执行委员会扩大会议的报告》（1924 年 5 月 14 日），中共中央文献研究室、中央档案馆编：《建党以来重要文献选编》第 2 册，中央文献出版社 2011 年版，第 33 页。

② 《中国国民党第一次全国代表大会宣言》（1924 年 1 月 23 日），（台北）中华民国史料研究中心编：《中国国民党第一次全国代表大会史料专辑》，1984 年，第 121 页。

③ 《昨日各团体之大会》，天津《益世报》1924 年 7 月 14 日第 3 版。

义大联盟的成立，使北京各界的反帝斗争由分散活动向大规模的统一行动发展。

纪念日是连接历史和现实的重要方式和媒介。纪念活动"通过描绘和展现过去的事件来使人记忆过去。它们重演过去，以具象的外观，常常包括重新体验和模拟当时的情景或境遇，重演过去之回归"①。在众多的不平等条约中，《辛丑条约》是个突出的国耻。"'五七'或'五九'仅仅是对日本二十一条的国耻纪念，而辛丑和约的九月七日，是对一切压迫中国的帝国主义者的国耻纪念，所以纪念'九七'比纪念'五七'或'五九'的范围广大而意义深切。"② 对于"九七"国耻，"虽举行纪念，始自近年，而其应为吾民所纪念，固自始而然也"③。

中共中央提出，要在一系列国耻纪念日，联合工商学各界开展宣传活动，在有条件时，开展示威运动。④ 全国各地纷纷举行纪念"九七"国耻日的筹备活动。1924 年 8 月 3 日，北京反帝国主义大联盟在中央公园来今雨轩召开第四次执行委员会会议，决定以 9 月 3 日至 9 月 9 日为中国反帝国主义运动周（纪念辛丑年阳历 9 月 7 日签订辛丑条约之国耻），推定刘子厚编辑《平等条约与不平等条约》小册子。⑤

中共北京党组织重视对党员和群众的反帝爱国思想教育，积极支持和配合北京反帝国主义大联盟的活动。中共北京区委兼地委办的《政治生活》周刊在 1924 年"九七"纪念日到来前，发表了《九七纪念敬告国人》一文。文章指出：自从有了《辛丑条约》，北京使团俨然成了中国的太上皇，中国失去独立国家的实际，北方门户的武装尽撤，人民对外自卫为有罪，中国人民从此不再是独立国的人民。义和团运动是外国侵略的结果，造成义和团的原因一日不去，中国人民一日不能放弃反抗。北京反帝国主义大同盟决定以 9 月 3 日至 9 月 9 日为中国反帝国主义运动周，本报认为这是我国反帝国主义势力集会最适当的日子，全国要举行民众集会，

---

① ［美］保罗·康纳顿：《社会如何记忆》，纳日碧力戈译，上海人民出版社 2000 年版，第 90 页。

② 林根：《"九七"纪念》，《中国青年》1924 年第 2 卷第 43 期。

③ 叔谅：《九七国耻第二十四周纪念》，《爱国青年》1925 年第 9 期。

④ 《中共中央通告第十三号》（1924 年 4 月 19 日），中共中央宣传部办公厅、中央档案馆编研部编：《中国共产党宣传工作文献选编》（1915—1937），学习出版社 1996 年版，第 568—569 页。

⑤ 《反帝国主义大联盟之委员会》，《申报》1924 年 8 月 6 日第 9 版。

演讲中国被帝国主义侵略的历史，对外平等及不平等条约之比较，及争得独立的办法，散发印刷品，举行游行示威，口号是"废止辛丑条约""取消外人在华一切特权及条约""打倒帝国主义"①。

社会各界积极响应国耻纪念活动。北京各通信社、各报社发起，联合全国各报馆、各通信社，决定自1924年起逐年于9月7日停刊一天，通信社9月7日无稿，报馆9月8日无报，以志耻辱，并由赞成此建议的报馆刊登启事，藉资通告。加入的有国风通信社、益智通信社、联合通信社、民生通信社、醒民通信社、中央通信社、大同通信社、时代通信社、万国新闻社、神洲通信社、大陆通信社、正风通信社、平民通信社、二十世纪新闻、中报、北京晓报、社会日报、大晚报、民国公报、清议报、汉口正义报、寰球通信社、汉口扬子江通信社、京保日报、时中日报、平民新报、民本通信社等数十家，"其智识阶级之教育界，对此当更热心"②。全国报刊舆论的宣传教育，对唤起民众的觉醒和斗争意识有重要作用。学生是爱国先锋。8月23日上午11时，北京学生联合会召集国立八校及各公私中学学生会代表开联席会议，推民大学生会会长黄玉麟为主席，讨论"九七"纪念废约运动问题。决定：是日由各学校发起废约群众运动，组织中华学生废约运动同盟会，散发警告书，贴纪念条，游行讲演。③ 社会团体和学校学生积极组织"九七"国耻纪念活动，显示了国人高涨的爱国热情，推动反帝废约斗争走向大众化。

1924年《辛丑条约》签订23周年之际，全国各地开展了许多国耻纪念活动。

中共中央机关刊物《向导》周报（第81期）出版"九七特刊"，发表陈独秀的《我们对于义和团两个错误的观念》、彭述之的《帝国主义与义和团运动》、蔡和森的《义和团与国民革命》、张太雷的《列宁与义和团》等纪念国耻文章。中国社会主义青年团机关刊物《中国青年》（第43期，9月6日发行）也推出"九七特刊"，发表《"九七"纪念》《怎样打倒帝国主义》《今年"九七"之在中国与西方》等文章，并附《辛丑条约

---

① 《九七纪念敬告国人》，《政治生活》1924年8月10日第1版。
② 雪：《九七废约运动之酝酿》，《申报》1924年8月29日第11版。
③ 雪：《九七废约运动之酝酿》，《申报》1924年8月29日第11版。

大纲》，让人们认清《辛丑条约》的恶毒。

孙中山发表《"九七"国耻纪念宣言》。宣言指出：《辛丑条约》"不但使北京丧失一部分之土地主权，而且各国得驻兵于北京"，北京至海滨间，"中国不得为军事防御之设备，各国可以随时进兵，直达北京，如入无人之境"，"则北京附近一带要地，完全在各国控制之下"。宣言说，雪耻要注意两件事：一是认清对象，即"如今站在我们面前，压在我们头上的，是帝国主义"。二是慎选方法。要达到打倒帝国主义的目的，"至少限度，我们必须针锋相对，确立一种主义，并严定实行主义的步骤，纠合大多数的人民，团结一个牢不可破的团体，方才能将打倒帝国主义的责任负荷起来"①。

在9月"反帝运动周"中，北京街头巷尾贴了许多动员民众反帝的文告，"撤废辛丑条约""打倒帝国主义"的传单到处可见。街头宣传队、讲演队很多。多家报纸每日均有反帝国主义活动的报道。② 北京各新闻机关在9月7日这一天发表纪念文字或纪念图片，并放假一天。其他各界或放假，或悬挂半旗，以志耻辱。北京市民"九七"国耻纪念会散发传单，在西城散发传单的一支队伍，是平民大学的学生。而东交民巷发现一种英文传单，大意说中国人不能再忍耐帝国主义各国的横暴与凌辱，如果帝国主义各国不及时觉悟，放弃掠夺中国的一切条约，归还自中国夺去的一切权利，则将有大灾到临。③

9月7日这天，武汉反帝国主义大联盟在阅马厂举行集会演说活动，并结队游行。各校学生散发"九七"告国民书：5月7日是痛心疾首的国耻日，同胞们每遇这个国耻纪念，必有一次奋起，奔走呼号。但是除此以外，还有比"五七"更大、更极应该申雪的"九七"国耻。除了二十一条以外，还有比二十一条束缚我们更甚、更应该废除的《辛丑条约》。5月7日是我们国民受日本帝国主义者一国侵略的国耻日，9月7日是我们国民受国际帝国主义侵略的国耻日；二十一条是日本一国加于我们的束

① 《"九七"国耻纪念宣言》（1924年9月7日），陈旭麓、郝盛潮主编：《孙中山集外集》，上海人民出版社1990年版，第530、534页。
② 中共北京市委党史研究室：《中国共产党北京历史》第1卷，北京出版社2001年版，第132页。
③ 《九七纪念点缀》，《顺天时报》1924年9月9日第4版。

缚，《辛丑条约》是国际列强加于我们的束缚；"五七"是日本帝国主义者对中国单独的侵略，"九七"是国际帝国主义者对中国共同的宰制；受日本帝国主义者的侵略而屈服，是我们的耻辱，受国际帝国主义者的威迫而屈服，更是我们的耻辱。中国事实上早已被国际帝国主义者共同支配征服，压迫我们中国国民的仇敌，较压迫高丽、印度国民的仇敌，何止十倍。中国国民所受的痛苦，较印度、高丽国民所受的痛苦，何止百倍。这个国耻纪念日，除了放假、下半旗志哀、举行公开演讲，对这天的国耻留深刻的纪念外，我们更应该决定解放我们自己的途径，废除一切不平等条约。[1]

同日，杭州反帝国主义大同盟在省教育会召集"九七"国耻纪念大会，到会的有 500 余人，邵季昂任主席。他说：帝国主义压迫中国为日已久，中国人民理应有所反抗，义和团的举动是必然的反抗，我们至少应认定他们的勇气。从那时起，帝国主义列强联合成一致的战线，以后无论是一国的外交，两国的外交，他们总是以各国一致的行动为后盾。所以，我们要联合起来，运用我们的实力，与国际帝国主义做斗争。不但要联合各地的人民，更要联合世界各被压迫民族，因为我们的目标是一致的。会场上发了各种传单，通过了对会议内容做宣传报道的电稿，安体诚、俞秀松演讲。演讲毕，与会人员"群呼废除一切不平等条约、打倒国际帝国主义三声"[2]。

中国共产党及其领导下的社会主义青年团斗争在反帝废约运动的前线。各地反帝同盟中有许多党员、团员。"九七"国耻纪念活动的开展，使全国反帝废约运动走向高潮。

二 五卅运动期间北京民众对使馆区特权的冲击

北京使馆区一向是个反对中国民族独立和人民解放的堡垒。而且在特权制度之下，北京使馆区是不允许中国人自由通行的。列强更不允许中国人在使馆区举行表达反帝声音的集会、游行。而在五卅运动的怒潮中，北

---

① 《武汉之九七纪念》，《民国日报》1924 年 9 月 12 日第 7 版。
② 哲人：《杭州"九七"纪念大会纪》，《民国日报》1924 年 9 月 8 日第 7 版。

京的学生和民众勇敢地作出了反抗行动。

上海五卅惨案是帝国主义长期侵华活动的结果，具有必然性，"须知不共戴天之仇，亡国灭种之敌，即此不平等的条约是也"①。五卅惨案虽然发生在上海，但北京是中国首都，也是列强各国在华最高代表集中地。使馆区的列强代表不断地向各地下达指令，动用种种手段，企图扑灭中国人民的反帝火焰。上海五卅惨案和其他地方发生的惨案，不是私人行为而是国家行为，不能靠法律解决，也不是一个地方的问题，它们的发生是"因为一切帝国主义者是根据一切不平等条约向中国全民族加以剥削与凌辱"。而且也不能单依靠现政府交涉解决，因为它一直以来"并不向外人严重交涉，专知保护外人，反以严刑峻法压抑本国人民的爱国运动"②。因此，为了支持上海等地的反帝斗争，北京的人民群众积极行动起来，把抗议的矛头直接指向东交民巷使馆区，向列强发出怒吼。这一指向是必然的。

上海五卅惨案的消息传到北京，在中共北京区委兼北京地委的领导下，北京的反帝斗争浪潮迅速涌现。中共北京党团组织及其领导和影响下的学生联合会、国民会议促成会等团体是主要的推动力量。

在全国性的斗争形势下，北京政府不得不在一定程度上顺从民意。1925 年 6 月 2 日的内阁会议上，京师警察总监朱深来报告，北京学生将于 3 日举行游行示威，穿过东交民巷，他请示是否须预为取缔。段祺瑞答："此意料中事，可以听之，东交民巷附近，多派警保护可也。"朱深说："民气甚为激昂，设不幸或有意外，深不敢负此重责。"段祺瑞答："不妨先劝谨守秩序"③。北京各界能走上街头，开展大规模集会和游行，与执政府态度有一定关系。

6 月 3 日，北京学生联合会组织各校学生举行抗议游行，声援上海和全国的反帝运动。游行队伍分东西两组。东城各校学生在北京大学第三院集合。西北城各校学生在民国大学集合。

---

① 飘萍：《帝国主义者激成大风潮而后愿国民注意根本问题》，《京报》1925 年 6 月 3 日第 2 版。
② 《此次争斗的性质和我们应取的方法》（1925 年 6 月 20 日），《陈独秀文集》第 3 卷，人民出版社 2013 年版，第 259、260 页。
③ 《五卅惨案后之各方面——政府态度之一斑》，《国闻周报》1925 年第 2 卷第 22 期。

当天下午 2 时，东组从北河沿北京大学第三院出发，队首有自行车侦察队，其次为童子军，再次为北大、汇文、法大、税务、交大、萃贞、培华、培德、燕大、朝大等校计 8000 余人，北大学生走在各校队伍的最前面。① 沿途由总指挥维持秩序，各校都设一位纠察员。3 时至铁狮子胡同执政府。学生列队门外，四位代表携呈文求见段祺瑞执政。侍从武官长卫兴武代表段执政面见。② 执政府表现出了顺从民意的姿态。

学生队伍又前往执政府外交部。仍由各校代表入外交部。外交部没有压制学生运动，反而给予了一定的配合。外交总长沈瑞麟接见，学生代表将呈文递上。沈看后，说外交部对上海惨案已经提出严重抗议，"定有相当之结果，今日各位所要求之八条办理，政府当尽力去做，总期达到与国民最低限度之希望"。各代表要求全队通过东交民巷。沈瑞麟说，外交部可派部员两人，并请推举四位代表一同到东交民巷，由本部部员先与意大利公使协商。代表中推出北大、法大、燕大、税务四校学生代表与外交部派的秘书魏文彬、司长王廷璋，一起至东交民巷访晤意大利公使。东组全体学生到东单牌楼，等候代表回音。③

西组游行队伍下午 2 时从民大出发，参加的有师大、女师大、平大、民大、国大、工大、中央大、华北、财专、女师大附中等 70 余校，学生共 6000 余人。每人各持小旗，上书"打倒帝国主义""收回领事裁判权"等词句，由绒线胡同至前门经打磨厂进崇文门，到东单牌楼，与东组会合。

京师警察厅事先已经在东交民巷各口警戒。各国都派出保安队，持枪守卫。东城各处日本人的住宅也有保安警察守卫。东交民巷到崇文门大街的路口，有一队武装实弹的安南兵在守候。台基厂有一连全副武装的日本兵，三步一哨，五步一兵。台基厂外，日本武官（连长）骑马，携手枪、望远镜在界外侦察。东交民巷戒备极为森严，如大敌将至。两个外兵乘马

---

① 北京大学历史系《北京大学学生运动史》编写组编：《北京大学学生运动史》（1919—1949），北京出版社 1979 年版，第 81 页。

② 《京学界援助沪案之大游行》，《申报》1925 年 6 月 8 日第 5 版；《学联六月三日举行大游行》，上海社会科学院历史研究所编：《五卅运动史料》第 3 卷，上海人民出版社 2005 年版，第 4 页。

③ 《京学界援助沪案之大游行》，《申报》1925 年 6 月 8 日第 5 版；《学联六月三日举行大游行》，上海社会科学院历史研究所编：《五卅运动史料》第 3 卷，上海人民出版社 2005 年版，第 5 页。

直入学生游行队中，俨然有挑衅之意。①

　　青年学生是为伸张中国的主权和尊严、反对帝国主义的暴行而来。向东交民巷进发时，在北京大学学习的女生谭惕吾也在行列中。同班女生刘尊一从队首跑来对谭惕吾说："听说东交民巷路口布置上了机枪、水龙头，领队的学生怕引起冲突，改变了游行的路线。"谭惕吾对同学们大声疾呼："我们不能改变游行路线，这是示弱！如果怕帝国主义的机枪、水龙还示什么威！"随即，她冲到游行队伍前，从男生手中夺过校旗，扬旗高呼："不怕死的，随我到英国大使馆去！"②

　　列强是不准中国人随意通过东交民巷的。卫兵在日、英、法各国武官指挥下，紧闭门扉，断绝交通，并在墙上频频用枪指向游行队伍。学生激于爱国热忱，大呼"打倒帝国主义""收回租界""取消领事裁判权"等口号，愤怒地把旗帜、标语投掷到东交民巷内。③

　　赴意大利公使馆的魏文彬等，因意公使外出，在公使馆等候约30分钟。后意大利公使表示，通过东交民巷的问题，须各国公使开会共同认可。有人至外交部，见外交总长沈瑞麟，表示今天没有学生通过东交民巷的希望了。沈转达给魏文彬等人。随后由四名学生代表转告于全体学生。各校学生转至天安门，开露天国民大会。大会在北京学联的实际领导下，通过了多项议案，包括会后游行队伍赴北京总商会，促其即日罢市；召集各团体组成"北京各界反对英日惨杀同胞雪耻会"；实行对英日帝国主义经济绝交；向北京外国使团提出严重抗议。④

　　6月5日，北京各界在中央公园来今雨轩成立"对英日帝国主义惨杀同胞雪耻大会"。400多个团体的代表到会，推举共产党员邓鹤皋、夏之栩、刘清扬及国民党要人、社会名流等30人为临时执行委员。会议通过

---

　　① 《京学界援助沪案之大游行》，《申报》1925年6月8日第5—6版；《学联六月三日举行大游行》，上海社会科学院历史研究所编：《五卅运动史料》第3卷，上海人民出版社2005年版，第5—6页。

　　② 民革中央宣传部编：《民革领导人传》第2辑，团结出版社2007年版，第943—944页。此处应为公使馆。

　　③ 民革中央宣传部编：《民革领导人传》第2辑，团结出版社2007年版，第944页。

　　④ 《京学界援助沪案之大游行》，《申报》1925年6月8日第6版；《学联六月三日举行大游行》，上海社会科学院历史研究所编：《五卅运动史料》第3卷，上海人民出版社2005年版，第6页；共青团北京市委青运史研究室编：《北京青运史论集》，海南人民出版社1988年版，第117—118页。参加游行的学生人数，各种资料有不同。

决议案，请外交部即日训令驻英、日的中国公使，向各该国提出 7 项条件，有"撤回英日驻华公使""即日交还英日在中国各处租界及其他占有物""取消英日在华领事裁判权""以后中国境内及领水内不得驻英日兵及军舰"等。① 并电请各省成立"对英日帝国主义惨杀同胞雪耻大会"，以全国一致对外。在北京中共组织的领导下，雪耻大会成为北京各界群众反帝斗争的指挥机关，运动更加广泛地开展。

6 月 10 日，中共北京区委发表告国民书，指出："我们要勇敢的站起来，以全副精力战斗，而做到将外人在中国的不平等条约，租界租借地，领事裁判权，关税管理权，驻兵与航行权，资本的进攻，宗教的传播，文化的侵略——'从殖民地滚开去！'"② 市民 20 万人汇集天安门，召开国民大会，声援上海的反帝斗争。中共北京区委做了周到的准备工作。参加的团体有国民党北京市党部、马克思学说研究会、长辛店总工会、京汉铁路工会等几百个，郊区农民也有参加。在李石曾、刘清扬主持下，大会通过《北京国民大会宣言》，宣告中国国民决不承认一切不平等条约，要求驱除英国公使、领事，并决定开展抵制英、日货物运动。

6 月 15 日下午 1 时，各校沪案后援会发起在天安门集会。英国使馆方面向执政府当局交涉，要求禁止在东单牌楼、崇文门一带保卫界游行，被沈瑞麟拒绝。警察厅方面，提前转告北京各校沪案后援会交际股职员，请他们恪守秩序，以免外人有所借口。警卫司令部派出一个连的士兵，分别驻在东交民巷与华界各路口，警察厅也派保安队在各路口维持秩序。在使馆区，"英国武官府特别戒严，在其守备之口内，派出英兵多人，持枪作预备放姿势，其墙内之各洞口亦如之，俨然如临大敌。东交民巷各路口，在外兵与我国军警站立之中间地方，外人皆用铁制成之障碍物，堆于道旁，以防止交通。"③ 各校、各团体在天安门会合，举行对英大游行，并到执政府请愿，声援 6 月 11 日在汉口被英帝国主义惨杀的同胞。

---

① 《各界联合成立"雪耻会"》，上海社会科学院历史研究所编：《五卅运动史料》第 3 卷，上海人民出版社 2005 年版，第 9—10 页。

② 《为反帝国主义浩大战斗与赤化问题檄告国民》（1925 年 6 月），上海社会科学院历史研究所编：《五卅运动史料》第 1 卷，上海人民出版社 1981 年版，第 190—191 页。

③ 《六月十五日各校沪案后援会举行对英大游行》，上海社会科学院历史研究所编：《五卅运动史料》第 3 卷，上海人民出版社 2005 年版，第 33 页。

6 月 25 日，是全国总示威日。中共北京区委和国民党北京执行部、北京各界雪耻大会、全国妇女联合会、电车工人雪耻会等两百多个团体于当日举行悼念沪汉被难同胞大会。上午 8 时许，人们从天安门出发，整队游行，工商学各界先后参加的有 20 多万人。各国调水兵入京。北京政府派保安队立于东交民巷两胡同口之外，鹿钟麟也派兵席地坐于路旁树下。东交民巷铁门，除平时的巡捕外，有法国兵及安南兵持枪露刃，往来逡巡，如临大敌。城根水门操场以至城上都有外兵把守，东交民巷内若干距离处也有法兵步哨。12 时许，游行队伍到达东交民巷。"时群众步（行）半日，已有疲意，至此处，精神又为之一振。万口同呼，声震天地，外人亲（观）者，亦为之动容。"[①]

北京学生和民众虽然没有直接向列强提出废除使馆区特权制度，没有要求立即收回使馆区，但他们提出的口号和要求，实际上都涉及取消列强在华使馆区特权。上述直接面向使馆区列强的正义声音和行动，已经在撞击着这一特权制度。中国人民浩浩荡荡的反帝洪流直接展现在使馆区列强面前。这是前所未有的。

使馆区列强对北京学生和民众爱国热情的蔑视，更激起了中国人民对帝国主义行径的愤怒。"帝国主义在北京的横暴亦目所共见。三日北京学生五万余人大示威，队伍行至东交民巷时，竟被阻止不许通过。当时日兵及安南兵之严阵以待，使馆界口预备水龙向群众射击以及二美兵骑马向队伍乱冲并擎枪示威恐吓群众。照此情形，上海南京路的屠杀，谁能担保其不能重演于北京东交民巷呢？自那日以来，公使馆无事自扰，使馆界戒备加严自不消说，最近自十四夜以来复在界口布设刺铁线网。这就可见帝国主义在华的总座办怎样看待中国人民了。"[②]

受全国民众斗争的影响，6 月 24 日，北京政府向由各国代表组成的驻华外交使团提交了要求修改不平等条约的照会。照会指出：中外条约历时已久，"且于商订之际往往在特种情状之下，未尝有充分自由之机会"。外人特权永远存在，"既于现情不合，不特关系双方之各种事情，因为陈旧

---

① 《全国总示威日之各界》，上海社会科学院历史研究所编：《五卅运动史料》第 3 卷，上海人民出版社 2005 年版，第 35、37 页。

② 超麟：《帝国主义铁蹄下的中国》，《向导》第 118 期，1925 年 6 月 20 日。

条约所束缚，彼此均有不便不利之处。且此种不平等情状及非常权利之存在，常为人民怨望之原因，甚至发生冲突，以扰及中外和好之友谊"①。这显然有借用民众力量之意。北京政府意向的微妙变化，又为国人反对使馆区特权制度的斗争，提供了新机会。

三 1925 年全国"九七"国耻纪念

经过五卅运动的洗礼，中国人民更加觉悟，反帝废约斗争继续发展。正如瞿秋白说："我们现在正在五卅以后全国民众反抗帝国主义的运动里，更使我们不能不想起：为什么会发生五卅屠杀，怎样方能推翻辛丑条约以及一切不平等的条约，何以五卅运动比二十六年前的义和团运动对于民众解放的斗争有更大的希望更远的前途。"② 8 月下旬，中共中央发出关于"九七"纪念的宣传大纲。大纲内容为：义和团运动的意义、《辛丑条约》对于中国的影响、义和团运动和五卅运动的比较、现时帝国主义的势力与辛丑时候帝国主义势力的比较、五卅运动的前途。大纲指出，要继续发展中国无产阶级和一般民众的力量。宣传要点为工会组织自由、工人阶级和被压迫阶级联合一致、召集国民会议、建立统一的平民共和国和组织统一的国民革命军、关税自主和废除一切不平等条约。只有这样，五卅运动才能继续发展，实现推翻《辛丑条约》及一切不平等条约。③

9 月的《向导》杂志（第 128 期）再次推出"九七特刊"。其中，瞿秋白撰写长文《义和团运动之意义与五卅运动之前途》。文章指出：八国联军侵华战争和《辛丑条约》订立后，北方的国防如大沽炮台等完全撤废；京城附近京津沿路长期驻扎帝国主义的军队；北京使馆区成了外国领土，东交民巷变成了中国太上政府的堡垒，"……这样一来，中国便实际上等于完完全全亡国，成了列强的共同殖民地"。我们要发展无产阶级和一般民众的力量，排除帝国主义走狗的力量，"那时才能废除辛丑条约，

---

① 《北京政府要求修改不平等条约致公使团照会》（1925 年 6 月 24 日），程道德等编：《中华民国外交史资料选编》（1919—1931），北京大学出版社 1985 年版，第 230—231 页。

② 秋白：《义和团运动之意义与五卅运动之前途》，《向导》第 128 期，1925 年 9 月 7 日。

③ 《中共中央关于"九七"纪念运动宣传大纲》（1925 年 8 月 28 日），中共中央宣传部办公厅、中央档案馆编研部编：《中国共产党宣传工作文献选编》（1915—1937），学习出版社 1996 年版，第 645—649 页。

才能打破帝国主义束缚中国的一切锁链"①。另一长文揭露了《辛丑条约》的危害，指出在世界无产阶级革命运动的推动下，最近数年来，中国的民族精神苏醒，知道《辛丑条约》是比中日二十一条条约更大的国耻，形成了废除不平等条约的大运动。文章强调："伟大的世界无产阶级革命潮流啊！只有你能解放我们全中国民族！只有你能唤醒我们被辛丑条约打击到十八层地狱下的亡国奴隶，使他们觉悟为他们自己的利益，起来与一切帝国主义作战！"② 这是把世界范围内的无产阶级革命与中国的民族解放结合起来，要用新的革命方法来拯救中国。《中国青年》（第93—94期）推出"国际青年纪念日与九七国耻纪念日特刊"，发表了《"九七"纪念的宣传大纲》和恽代英的《辛丑条约笺释》等文章。

北京各校沪案后援会、反帝国主义大同盟、学生联合会、少年卫国团、雪耻会于9月7日下午2时，在民国大学大礼堂召开"九七"国耻纪念演讲大会。到会的有数千人，并推民国大学校长雷殷为主席。他说，八国列强以武力强迫我国订立最不平等的辛丑和约压迫我国，"使其贫弱，至于今日而不能振者，以此为最。故今日实为我国最耻辱最痛心之一日"。各团体举行演讲大会，一则警醒国人，勿忘此耻，一则希望全国民众更进一步，取消最不平等条约，达到中华民族自由与独立的目的。演讲人有从欧洲回国的陈启修、邵飘萍、雷殷等人，后来宾自由发言。学生联合会提出对内对外案九项，由大会通过。大会高呼"打倒帝国主义""打倒媚外军阀""取消一切不平等条约""国民革命"口号，6时散会。现场的传单，有学生联合会反帝国主义特号，中国共产主义青年团北京地方执行委员会的纪念国际青年日宣言，还有雷殷所作的庚子赔款问题、帝国主义与青年两种出版物。③

河南卫辉在此次国耻纪念前数日，由各团体开联席会议进行筹备。9月7日这一天，数十个团体6000余人在宁静园集会纪念。大会通过决议，其中要求：（一）取消辛丑和约及其他一切不平等条约；（二）取消庚子赔款及制造内乱之一切借款；（三）收回海关盐务监督权及邮政等管理权；

---

① 秋白：《义和团运动之意义与五卅运动之前途》，《向导》第128期，1925年9月7日。
② 子毅：《辛丑条约对于中国的影响》，《向导》第128期，1925年9月7日。
③ 《京各界之九七纪念》，天津《益世报》1925年9月8日第3版。

（四）取消使馆界及一切租界；（五）外国海陆军及警察不许自由在内地驻扎；（六）反对一切文化侵略；（七）赔偿五卅以来发生的各案件的损失和惩办凶手；（八）惩办压迫爱国运动的军阀。全场一致高呼"打倒帝国主义""取消一切不平等条约""全世界被压迫民族解放万岁"等口号。后由张志刚指挥，举行游行。参加者"汗流成雨，精神绝无懈弛。各户门口皆备有茶水，异常踊跃"①。

9月7日12时，广州各界在广东大学操场召开纪念大会，并举行大游行，以唤起民众。到会的有省港罢工委员会、国民党中央执行委员会、省农会各界对外协会、中华全国总工会等单位的代表并市内各工团及男女校学生。会场四周挂着各种希望人们觉悟的标语。省农会各界对外协会代表谭植棠为临时主席。他说：八国联军入京后，即强迫中国签订《辛丑条约》，"各款之苛酷，无异以镣铐加诸四万万同胞之肩上"。此外，条约还有4万万5千万的赔款，割让公使馆区域，其他如大沽撤兵，遣使谢罪等条款，国体尽丧。迄今帝国主义者愈迫愈甚，以致酿成近期沪、汉、浔、粤血案的惨剧。国民党中央执行委员会代表谭平山演讲义和团失败的原因，省港罢工委员会、海员工会、农民协会代表彭湃、阮啸仙也发表演说。下午2时，各界代表率领群众举行大游行，沿途散发"九七"纪念宣言。②

9月7日，上海总工会、工商学联合会等150多个团体共10多万人，举行"九七"国耻纪念及追悼各地死难诸烈士大会。大会主席李硕勋作报告。他说：此次追悼各地被难的同胞，兼以今日为庚子八国联军残杀我同胞，割我土地，毁我大沽炮台，强订《辛丑条约》之日，至今更进而支配我国政治。帝国主义侵略中国甚为凶毒，所以我们追悼烈士，纪念国耻，要继续奋斗，方不负开会的意义。大会发出的通电指出：五卅惨案中，沪、汉、粤、宁流血诸烈士沉冤未雪，帝国主义者强权狡展，无废除不平等条约、取消领事裁判权之诚心。辛丑纪念之时，我们更痛定思痛，誓当与全国同胞群策群力，再接再厉，使帝国主义者不敢不对五卅案件以圆满

---

① 《河南卫辉九七纪念详情》，《申报》1925 年 9 月 12 日第 10 版。

② 木庵：《广州各界举行九七纪念》，《申报》1925 年 9 月 20 日第 10 版；《昨日之九七国耻纪念》，《工人之路》1925 年第 76 期，第 2 版；中共广东省委党史资料征集委员会等编：《谭平山研究史料》，广东人民出版社 1989 年版，第 565 页。

解决，并即刻宣告废除不平等条约，取消领事裁判权，恢复全中国民族独立自由的地位。① 游行解散后，人们经过租界，与英捕发生流血冲突。

9月7日下午，松江各团体、各学校齐集蓊共体育场，举行国耻日示威运动。到场的有惨案后援会、学生联合会、国民党县党部、景贤女中校、圣经学校、公立一二两学校、尊亲学校、松江市第十一校等。后援会会长翟健雄登台报告说，"九七国耻为辛丑八国联军淫毒我国，迫订辛丑条约的一天。国人之受其束缚，已二十有五年……所以辛丑条约为不平等条约中之尤者。我人欲求废除此不平等条约，非唤醒民众努力奋斗不为功"②。各团体确定分段演讲地点，整队出发，举行示威运动。

9月8日，郑州各界市民一万余人集会纪念国耻日。会场上，两旁为工界团体，数十人成一排，全部手拿红旗，排长负指挥之责。中间有孤儿院的军乐队及男女学生，手拿白旗，服装一色，依次排列，秩序整齐。京汉工会会长刘文松宣布开会宗旨，李震瀛阐述"九七"国耻纪念运动的意义。他说：帝国主义用侵略手段，强迫我国承认《辛丑条约》，如赔款总数为4万万5千万两，大沽炮台及京津间的军备悉数撤去，列国公使馆驻卫兵，其界内不准华人居住等。有事时，各国可任意指定一个地方屯兵。所以，我们开会纪念，以唤起本埠国民的觉悟。③ 会议决定通电全国反对《辛丑条约》。后向大通路德化街一带游行，高呼口号，散发传单。

1925年全国纪念"九七"国耻运动，比上一年有了很大进步。1924年的纪念活动集中在教育界、知识界人士中，1925年则扩大到工商学市民等各界，其具体工作的组织性大大增强，社会影响力更为广泛。他们的联合斗争，是埋葬《辛丑条约》和列强在华使馆区特权制度的群众基础。

自1919年五四运动起，从反对日本帝国主义到反对国际帝国主义，从"五七"国耻纪念到"九七"国耻纪念，上述群众运动提出的废除《辛丑条约》的要求，开展的广泛的宣传活动，是中国人民反帝斗争水平

---

① 《上海"九·七"纪念会详记》，上海社会科学院历史研究所编：《五卅运动史料》第2卷，上海人民出版社1986年版，第751—752页。

② 《地方通信·松江》，《申报》1925年9月8日第11版。

③ 《郑州各界九七市民大会纪》，《申报》1925年9月12日第10版。

提高的重要表现。新的斗争局面在展开，"我们民众，应该赶快团结起来，从事辛丑条约宣布无效后的切实计画。我们应该自觉，我们已经不是光绪二十六年帝王脚下的奴隶了，我们正因为是中国的主人，所以应该站起身来顾问自家的事。条约是因为人民无用而订立的，所以也可以因为人民觉醒而取消"①。中国人民对列强在华使馆区特权制度的形成背景、内容和对中国的危害也有了进一步的了解。人们表现出了强大的爱国精神和抗御强侮的决心，"吾人由斯观察，深觉今年九七纪念，以视历年举行之五九纪念（此为一般国民仅知之国耻日）更有重大之意义"②。

第四节　英国驻华使馆华工罢工斗争

在全国性的反帝废约斗争特别是在五卅运动的影响下，1925年8月，北京使馆区英国使馆内部发生了一次中国工人群众性的罢工斗争。这次斗争的时间虽然不长，③ 却表达了使馆区内中国人的爱国心声。尤其是对长期严密布控的使馆区特权制度，造成了严重的冲击。

一　英国使馆华工罢工的开始

执政府应对五卅惨案和全国性的抗议运动，成为维持自己的民意基础和执政地位的机会。执政府不能无视民意。1925年6月2日，段祺瑞对美国传教士李佳白表示，对于学生及工界的激烈言行，政府自当阻止。"然使其完全在轨道以内，作爱国运动，亦不便加以干涉。"④ 6月16日，段祺瑞告诉英国使馆代办白拉德："在过去的岁月里，中国政府与各国谈判（经常以非常愚蠢的方式）甚至想不到考虑中国全体国民的看法。他们做自认为合适的事情，除了他们自己的信念或利益，无视其他任何权威。"现在这样做是不可能了，"而且从今以后每一中国政府都必须考虑到中国的民意"。白拉德认为：北京的"总执政和外交总长都太害怕学生了，不

---

① 伏园：《根本取消辛丑条约》，《京报副刊》1926年3月20日，第444号。
② 叔谅：《九七国耻第二十四周纪念》，《爱国青年》1925年第9期。
③ 郭德宏、张明林的《李大钊传》（红旗出版社2016年版，第273页）说，这一斗争坚持了近3个月。
④ 《五卅惨案后之各方面——政府态度之一斑》，《国闻周报》1925年第2卷第22期。

能采取任何行动停止这场谎言战争。我担心，他们还倾向于为了自己的目的利用煽动活动，而且希望它是较平常更快、更容易逼迫各国让步的一个手段"①。白拉德可能没料到，本国使馆内就将发生同样性质的斗争。

在上海惨案后，又发生了6月11日的汉口惨案、6月23日的广州沙基惨案、7月2日的重庆惨案、7月31日的南京惨案。这些屠杀中国人的事件，都与英国的蛮横行径有关。英、日、美、法、比、意六国驻华公使派代表调查沪案，形成了报告，并经使团会议通过。而英国担心报告让其承担责任，表示不能接受。英国方面一再为上海公共租界工部局开脱罪责，提出了司法重查的要求，拖延沪案的解决。7月31日，北京政府明确表示反对重查沪案。并且，在解决五卅惨案的过程中，各国意见发生分歧。执政府运用单独对英交涉的策略，得到国内舆论界和实力派的赞同。

五卅运动期间，中共北方党组织和青年团组织发动多种行业的工人罢工，拒绝为帝国主义分子服务。各校爱国团体积极宣传抵制英货、日货，拒绝在英日帝国主义在华企业、机关工作，拒绝在他们所办的学校上学，等等。英国使馆华工在罢工前，与北京大学的救国团有联系，"多荷援助"②。救国团由潘家洵、周伦超、谭惕吾等人发起，成立于6月3日。谭惕吾同北京大学、中国大学、中法大学等校学生组织救国十人团，③ 她曾说：救国团是由我们十几个人凭着热血和情感的涌溢而组织的，希望慢慢地联络本京士农工商军政各界的人组织一个大的国民救国团，然后再由北京扩充到别县别省，成为一个全国一致的攘外团体。④ 救国团积极发动英国使馆工人举行罢工。这一过程中，刘尊一也起了作用。⑤ 英捕、英兵在沪、汉、粤等地的屠杀举动，让在英国使馆工作的华人非常愤慨，他们早

---

① 《白拉瑞致张伯伦》（1925年6月21日），王建朗主编：《中华民国时期外交文献汇编》第3卷，上，中华书局2015年版，第431页。白拉德，又译为白拉瑞。

② 《英馆华人罢工后详情》，《申报》1925年8月12日第10版。

③ 1919年五四运动爆发后，北京的北大、清华、高师等学校及中等学校的学生，普遍成立了每组10人左右的"十人团"，开展广泛的爱国演讲活动。随后，各省纷纷成立了这种团体（申铉武主编：《中国政党政团大观》，延边大学出版社1988年版，第249页）。

④ 谭慕愚：《呐喊后的悲哀》，《京报副刊·救国特刊（十六）》1925年10月5日，第289号。

⑤ 刘毅一：《回忆大姐刘尊一的一生》，载政协合江县委员会文史资料委员会、合江县县志编纂委员会编：《合江县文史资料选辑》第9辑，1990年，第39页。

已秘密酝酿全体大罢工。"最近数日，英兵在南京和记工厂又发生大风潮，而英国政府复主张第二次重新调查沪案，英使馆华工人因此义愤难遏。又因救国团各团员之热心讲演，工人闻之更表同情。"① 北京大学教授马叙伦等组织的北京各界人士五卅惨案后援会，也参加了罢工斗争的发动工作。他回忆："后援会办了一件痛快的事，就是英国公使馆的华人罢工……工友们都同意了，却要一位资格最老的中文'文案'董先生参加方行。"而董先生在英使馆有 25 年的历史，"再经五年，就可以得养老金休息了，他自然舍不得这个职务；但是，我们朋友把爱国大义说他，居然也被说动了"②。因此，罢工斗争是多个爱国反帝团体积极发动的结果。

在英国使馆服役的华工有两部分：在使馆服役的，称为文工；在兵营服役的，称为武工。使馆区列强对为其服务的华工始终不能真正尊重，华工的反抗也是有必然性的。文工总数 210 余人，武工总数 170 余人。先罢工的是武工，共有 100 人左右。8 月 5 日夜 12 时，部分武工约集全体工友在某处开会，文工也有数人到场。"某工头报告，述英兵在我国各处惨杀同胞情状。略谓我等亦属国民，均有良心，已不愿再在英使馆作工，应罢工作外交后盾。今夜故召集众工友至此，约明日八月六日起，一律全体罢工。交涉一日未解决，我工人等即一日不上工。"6 日早，罢工者匆匆出走，一切杂物均未带出，一部分工人甚至来不及逃出英国使馆。

8 月 6 日上午，罢工者又开会。会议对组织工作作出安排：一、组织十人团，管理内部事务；二、组织稽查队，稽查各团；三、推定代表 6 人，负责一切对外事务；四、同心团结内部；五、防止其他华人前往工作；六、劝告其余未罢工之工人，即日罢工。③ 组织十人团是为了加强内部的团结，并方便工人间互通消息。"其组织法，由各工人彼此素日相熟者自由约集，每足十人，则成立一团。每团自推团长一人，管理团内事务。"④ 由此看，罢工者的组织形式明显受当时有关救国团体的影响。而英国使馆方面大加戒严，遇有可疑之人，则上前搜索。

---

① 《驻京英使馆华工罢工》，《申报》1925 年 8 月 9 日第 7 版。
② 马叙伦：《我在六十岁以前》，生活·读书·新知三联书店 1983 年版，第 83 页。
③ 《驻京英使馆华工罢工》，《申报》1925 年 8 月 9 日第 7 版。
④ 《华员罢工后英使馆之窘状》，天津《大公报》1925 年 8 月 11 日第 4 版。

8月6日晚，罢工华员发表宣言：

> 暴英肆虐，沪案未决，汉浔粤渝诸案，相继发生，哀我同胞，死亡无日。同人睹此，愤激忘生。夫我中华堂堂华胄，岂甘受英帝国主义者之摧残，我国人未尽亡，誓当痛雪此耻。同人念兹时度，我同胞急应实行经济绝交，与不合作之精神。是以自今日起，全体罢工，援助各地罢工同胞，本不合作之精神，为救国之首倡。敢沥血诚，谨誓于我国同胞之前，交涉一日不解决，同人即一日不复工。念先烈之遗灵，发指皆〔眦〕裂；欲河山之无恙，襄臂偕兴。同胞乎，其速好慰国殇也。同人无似〔他〕，头颅热血，端为国牺。英使馆及英国兵营罢工同人，谨此宣言。①

罢工华员以实际行动支持全国的反英斗争，支持政府对英国方面的交涉。宣言言辞恳切，展示着中国民众朴素的爱国意愿。

8月6日夜12时，英国使馆文工工友开会，至第二天凌晨3时半结束。到会的有英国兵营武工60多人，英国使馆文工40多人，共100余人，都是未参加罢工的工人。会中，已罢工者代表说明"国事至此，我工友若不急起援救外交，一致对英采不合作主义，恐亡将无日"。到会工人议决，自7日上午8时起，所有英国兵营以及使馆的华工，一致罢工。②7日的罢工人数增加更多，其中兵营方面增加40余人，使馆方面响应者已有100余人，其余情愿罢工而一时未得脱身机会的为数尚多。"一切马夫、仆役、书记等，均在罢工之列。有一书记曾在该使馆服务二十年，今亦已为同情之罢工云。"③

突然爆发的罢工斗争，震动了英国使馆。8月7日下午，英国使馆照会北京执政府外交部，指出学生运动馆员罢工，影响使馆行政的责任，应由中国负担，并诘问北京政府有无办法。沈瑞麟总长回答，工人和使馆方

---

① 《驻京英使馆华工罢工》，《申报》1925年8月9日第7版；《英使馆华员为沪、汉、粤、宁案罢工》，上海社会科学院历史研究所编：《五卅运动史料》第3卷，上海人民出版社2005年版，第15—16页。

② 《英使馆华工继续罢工》，《申报》1925年8月10日第6版。

③ 《英使馆华员工潮扩大》，《兴华》1925年第22卷第32期。

面的雇佣行为，是双方的契约，进退为私人的自由，政府未便制止，若有扰乱秩序行为，自当负维持之责。现在工人的行动完全为有秩序的行为，政府方面当然不能干涉。英人无词而返。① 罢工的目标不直接针对执政府，罢工斗争获得了执政府的某种宽容。通过这种方式，执政府要将民众的要求传达给沪案的谈判对手英国当局。民众的斗争行为和要求，有助于北京政府对沪案的交涉。当然，执政府亦知保护使馆区安全和保护外侨生命财产安全的责任，对群众运动的力度进行控制。7 日当天，沈瑞麟总长曾赴英国使馆慰问，答应劝告工人速行上工。②

8 月 7 日晚 8 时，罢工人员开会，并组织英使馆华员公会。推定柳镜海为主席、通过华员公会简章后，决定暂由使馆工人代表谷松林、柳镜海、董和卿、绍桐、王振声、张树栋，兵营工人代表刘子荣、沈全录、王寿山、李瑞森、黄守义、张锡华，使馆纠察蓝永铨、时春林、张寿清，兵营纠察金文汉、常贵泉、刚子清，共 18 人负责。③ 8 日上午 8 时，罢工工人 200 余人开会，依照会章，选举正式职员，共有 6 股，每股推选正副主任各一人——总务股柳镜海（正）、董和卿（副），文书股叶逸凤（正）、陈荣亭（副），会计股延受之（正）、董西垣（副），庶务股张锡华（正）、蓝永铨（副），交际股张寿德（正）、沈全录（副），监察股刘子荣（正）、绍桐（副）。随后组织罢工委员会，有推选出的 12 名代表，为董和卿、张树栋、柳镜海、刘子荣、绍桐、李瑞森、王振声、沈全录、杨子林、王寿山、谷松林、张锡华；6 名稽查，为蓝永铨、双秀、金文汉、常贵泉、时春林、张寿清。④ 这种组织性，对罢工运动的开展起了一定的积极作用。

二 英国使馆华工的斗争

英国使馆衔恨于罢工及未罢工华人。8 月 9 日中午 12 时起，英国使馆不容许华员出入。⑤ 当天，英兵在使馆区外抓回工人曹保铭。曹因事须出

---

① 《英馆华人罢工后详情》，《申报》1925 年 8 月 12 日第 10 版。
② 《英使馆华工继续罢工》，《申报》1925 年 8 月 10 日第 6 版。
③ 《英使馆华工继续罢工》，《申报》1925 年 8 月 10 日第 6 版。
④ 《英馆华人罢工后概况》，《申报》1925 年 8 月 11 日第 6 版。沈全录又作沈全禄，董和卿又作董和靖、董和清，张树栋又作张树桐，刘子荣又作刘子融。
⑤ 《英馆华人罢工后详情》，《申报》1925 年 8 月 12 日第 10 版。

前门，走到御河桥边，被一名英兵认出，英兵上前扭着曹的领扣，将他抓入英国兵营，禁于室内。第二天，看守之兵出外倒水，曹乘机逃出，将其被抓的情形，详细地报告了华员公会。工人十分激愤，决定开全体大会，请北京政府外交部向英使馆提出严重抗议。①

8月9日下午2时，英使馆华员公会各会员在中央公园来今雨轩开会，招待北京各团体，有56个团体的代表到会。董和卿主持会议，谷松林报告罢工经过，刘子荣报告罢工后的情形，沈全录报告被留在英使馆的同胞的情形。张寿清报告，服务于英使馆的各同胞原定4日罢工，因英人严重监视，并烧毁各人衣物，遂于6日开始罢工。使馆内电力房工人9日已实行罢工。罢工工人共300余人，占全体工人的三分之二。其他未罢工者，俟有利时机仍要实现罢工。后李石璋、刘清泉、邱醒旦等发言，主张由英使馆罢工团推举代表，向银行公会及京师总商会募款10万元，维持工人生活。郭持平提议：（一）请英使馆罢工同胞迅造职业名单，送京津沪汉各报馆登载，请其介绍职业；（二）由英使馆华员公会即日通电国内外，报告使馆虐待华工之历年情形；（三）由各团体本日到会代表发起英使馆罢工募款后援会。表决结果：（一）募款后援会昨日即作为筹备会；（二）通电今日发出；（三）造职业名单送各报馆，请求义务广告；（四）赴银行公会及京师总商会募款。当推董和卿等4位代表前往。②

同日，英使馆华员公会致书英国公使，说明罢工的直接原因和目的：中国人民的抗英运动，是由于5月30日上海惨案，中国人无故遭屠杀者几满百数，这不独是中国空前未有的惨剧，也是世界人类的大辱。中国人奔走呼号，共同抵抗，不到一周而遍全国，足见中国人非易欺。中国人素爱和平，提出经济绝交与不合作这两个主张。而英国对于沪案的解决，故意延宕，又在汉口、广州、重庆、南京等地任意杀人，"直欲以武力压服我人民，以强权代替公理，此同人等之所以忍无可忍，不得不出于罢工之一途也"。罢工华工向英方提出六项要求：（一）上海、汉口、广州、南京等地的英国领事必须撤换；（二）撤退停泊在沿海及长江一带的军舰；

---

① 《英馆罢工华员近况》，《申报》1925年8月13日第7版。

② 《英馆华人罢工后详情》，《申报》1925年8月12日第10版。

（三）撤销上海、汉口、广州、南京各地之武装军队；（四）英国政府向我国政府正式道歉；（五）对于上海、汉口、广州、南京残杀事件应负责的英国军警人员须一律治以刑事上应得之罪，且我国人民所受死伤及其他一切损失，均须由英国政府负责赔偿；（六）废除中英间一切不平等条约。① 北京使馆区中国工人的斗争，直接与全国性的反帝斗争相连，是其政治意识在全国性的反帝斗争作用下觉醒的体现。罢工斗争集中于英国使馆工人中，不是偶然。

在英国使馆和兵营内工作的华工，大多数参加了罢工。8月10日，英国使馆内逃出的工人，往英使馆华员公会报到的，又有40余人。兵营方面的华工，已完全罢工。使馆中罢工的华工，已有十分之九，其余尚未逃出者，不过十分之一。使馆内分工服役的，在公事房有30余人，均已全罢；在机器房有20余人，也已全罢；在苦力院有40余人，罢工的占十分之九；在私人住宅有100余人，罢工的也占十分之九；在马号有30余人，罢工的有二分之一。其中，有位叫沈庆来的机器厂工人，管理该厂机件多年，此次也加入罢工队伍，"故机器厂一切失其作用，他人又均系生手，不能代替。闻英使馆最注意沈庆来，设法觅人，四处寻沈，愿以重金仍雇沈入馆。但两日均未寻得。沈亦向人云，无论如何运动，决不为用云"②。据报道，罢工人数之所以又增加，是因为在英国使馆工作的工人已经大为减少，"英兵遂全部工作，强迫各工人负担，不听则加以打骂，如除溢出之秽水，扫厕所等最不洁之工作，亦强之工作，各工人不堪其苦及虐，遂相约逃出"③。

罢工行动得到了北京许多团体的热情支持。工人雪耻会不仅发动英国使馆、兵营中的华员罢工，不为帝国主义服务，还组织绝粮纠察队，发动群众不向英国人和日本人供应食品货物，停供英使馆水电。④ 北京大学成立的救国团响应使馆区罢工斗争。它以"抵抗强权，争国家真正的独立与自由"为目标，发出通电：英国使馆华人愤于英人暴虐，迭杀同胞，而举

---

① 《英馆华人罢工后详情》，《申报》1925年8月12日第10版。

② 《英馆罢工华员近况》，《申报》1925年8月13日第7版。

③ 《华员大团结，英使馆之窘状》，上海社会科学院历史研究所编：《五卅运动史料》第3卷，上海人民出版社2005年版，第19页。

④ 阎稚新：《李大钊和冯玉祥》，解放军出版社1987年版，第67页。

行罢工，实行不合作主义。各地英人肆虐，均受各该领事指挥，而各地领事又受命于英使。所以服务于英国使馆的中国同胞慨然罢工，直接给予重大打击，"其意义重要，自不待言"。因此，希望全国各界力予救援，"以坚彼等之心，而寒英使之胆"①。8 月 14 日，救国团致函英国公使，抗议英方越界捕人、擅入私人住宅、恐吓罢工华员、扣留罢工华员在使馆内的存物和存薪、监禁馆内华员等行为。救国团还呈请外交部对此提出抗议。②

罢工斗争，给英国当局的工作和生活造成极大困难。"一、无电。自前日机器房工人全体罢工后，文武两府，遂完全无电力供给。在平时共装电灯三千余盏，每夜必开之灯，有八百余盏。自电力绝后，各电灯则完全无电。目下每夜所赖以支持者，则靠该馆向来在东交民巷瑞记电料行所买供白昼应用之电力，移作夜间电灯之用。但此项电力，向来仅二百盏灯之电，用于八百盏灯上，故灯光不明。二、无水。自来水机关，亦利用电力而活动，自无电力后，自来水亦同时断绝。饮茶以及沐浴、盥漱、洗涤物件等所须之水，最为缺乏。目下所用以救济者，则洋井水，用人力手摇吸上者。但因代替工人，不堪手摇之苦，每日自朝至暮，吸出之水之有限，不敷应用之量甚多。三、臭水溢。平日凡走秽水之水管及厕所内，均有自来水洗濯。自来水断后，秽水管与厕所内，均无水可洗。一日之后，臭气四出，而秽水又因机器房不起作用之故，发生障碍，连日秽水，不能往外畅流，遂盈溢满，一经日光蒸发，臭不可闻。四、缺粮。英使馆内，在华员罢工事发生以前，存储之食粮，所余者极少。现时各工人既经罢工，购置用粮均感不便。该使馆中对此生活日需必不可少之食粮问题，亦正在急灼之中"③。无奈之下，英国使馆发出禁令：未离开的工人禁止外出，入内者只准入、不准出。罢工而未携走行李等物的，一概不准来取。而工人也不敢前往，因一去即被拘留。厨役外出买菜时，必须有两个英兵随行。④

为缓解困难，英国使馆决定：因兵营工役人员全部罢工，所有使馆卫队 100 余人、武官 10 余人一律即日离开北京，迁往北戴河暂住，再在北戴

---

① 《英使馆华员工潮扩大》，《兴华》1925 年第 22 卷第 32 期。

② 《救国团警告英公使》，天津《益世报》1925 年 8 月 15 日第 3 版。

③ 《英馆罢工华员近况》，《申报》1925 年 8 月 13 日第 7 版；《华员大团结，英使馆之窘状》，上海社会科学院历史研究所编：《五卅运动史料》第 3 卷，上海人民出版社 2005 年版，第 18—19 页。

④ 《英使馆华员工潮扩大》，《兴华》1925 年第 22 卷第 32 期。

河招募华俄人员，作为辅助工人。留京的少数卫队人员，一律合并；使馆方面，由未罢工的工役分配使用。① 然而，北戴河华人致函英国代办，拒绝卫队武官来北戴河。信函说：北戴河系中国领土，与东交民巷性质不同，"况民气激昂，此地为甚。爱国志士连袂俱起，日来于贵国士兵来戴事已拟有相当办法，用全力拒绝。吾华民团结尤坚，于沪案未圆满解决之前，誓不效劳于贵国而自取仰面事仇之羞。本地俄人又深表同情于华工，行动允取一致。倘贵国拔营前来，非徒无人可供驱使，即饮食、燃料亦恐无人供给"②。

英国使馆向北京政府施加压力。代理公使之职的白拉德代办多次派人接洽北京执政府外交部，说按照国际惯例，邦交未断以前，使馆内的用人及粮食，应由驻在国维持。执政府外交部的人答："用人系个人自由，部中未便干，只有以非正式方法从旁婉劝。""闻日来英使馆无人调查案卷，已感困难。"③ 英人方面的消息说，北京学生捐给罢工者一个月工资，而执政府外交部对于终止罢工之事，"迄今绝少行动，惟使署现望可早日解决"④。8 月 8 日，英代使见执政府外交总长沈瑞麟，"请饬某会勿煽英馆华人罢工，并限止已罢工者，对在工者家属勿压迫"。沈告之，雇佣自由，不易干涉，可惩治妨害秩序及不法行为，但仍望英方自行怀柔。⑤ 对未罢工者，英国使馆 9 日提出本月加薪。出馆者不再收留。英兵营改雇黑人、印人、俄人数人充数，英使馆以俄人太懦，仍雇华人。⑥ 10 日，英代使又到外交部和执政府，要求取缔煽动罢工，"否则英使馆损失，中政府应负责"。段答：此系英使馆内部事，驻在国政府未便多事干涉。当饬官厅"于相当限度下，与贵使馆以援助"。英国代办访各国公使，"请共谋安全方法。英馆人员眷属，分迁北京、六国两饭店"⑦。这是因为，华工的斗争

① 《英馆华人罢工后详情》，《申报》1925 年 8 月 12 日第 10 版。
② 《国内专电》，《申报》1925 年 8 月 13 日第 6 版；刘蜀永搜集整理：《与五卅运动有关的北戴河华人信函》，载中国社会科学院近代史研究所近代史资料编辑部编《近代史资料》总 99 号，中国社会科学出版社 1999 年版，第 151 页。
③ 《国内外一周间大事纪》，《国闻周报》1925 年第 2 卷第 31 期。
④ 《英人方面所传之北京罢工事》，《申报》1925 年 8 月 9 日第 6 版。
⑤ 《国内专电》，《申报》1925 年 8 月 10 日第 5 版。
⑥ 《国内专电》，《申报》1925 年 8 月 10 日第 5 版。
⑦ 《国内专电》，《申报》1925 年 8 月 11 日第 5 版。

给英方造成了巨大困难。英国代办到执政府外交部向沈瑞麟陈述,因工人罢工,英国使馆"电灯厨炉全断,请中政府代为维持,并制止学生煽动"①。《申报》报道,英国使馆已电各地调兵来保护使馆。并招人来北京,替代罢工者工作。同时与各使馆接洽,协商解决方法。该报还报道,8月11日,英方到执政府外交部催协助复工,并说有学生在御河桥头,凡是英馆出来的人都拉过去,列于罢工行列,致使本馆工人70余名未能执役,"务请速阻止胁迫"②。英国使馆请工人复工,并用钱拉拢。"但是工人都是热心爱国,不为他们金钱所动,仍不肯复工。"③ 8月11日下午,段祺瑞在见英国使馆代办时致歉意,并说罢工是全国爱国运动之结果,但答应与京师警察厅长处置此事。④

罢工华员原定于8月12日下午组织游行,但在北大二院临时被京师警察厅禁止。当日上午9时,工人已陆续到齐,共290余人。救国团员向全体工人发表讲演,叙述与外交直接有关的事。工人议定列队方法,分配旗帜、传单。忽而,北京中一区警察署署长来,说奉警厅命令,不准工人出外游行,恐发生其他事件而对外交有碍。华员公会代表张锡华、刘子荣和救国团代表钟少梅、李鸿举及各校沪案后援会代表3人赴警察厅质问。警察厅行政处长答:本来英国使馆的工人罢工,"已属不该,何况更在四城游行,政府不能不出而禁阻"。代表们问:往日数万学生游行,都没有发生意外事件,怎么两百多个工人游行就会发生意外事件?⑤ 而当晚外交总长沈瑞麟向朱我农代表讲,这是执政府陆军总长吴光新的意见,吴"谓若英使馆工人办理甚好,则恐日使馆将起而效尤,如是则各国使馆,恐将无宁日云云,故主张禁止"⑥。工人从上午10时到晚上7时"水米不入,而精神仍甚奋发"⑦。军警方面还发布告,严禁同业罢工,否则惩处。布告规定,"首谋罢工或煽惑者,捕获严办","此显系因英代使要求禁止英馆

---

① 《国内专电》,《申报》1925年8月11日第5版。
② 《国内专电》,《申报》1925年8月12日第6版。
③ 《英使馆请华人复工》,《京报》1925年9月11日第3版。
④ 《特约路透电·外电所传之中国近闻》,《申报》1925年8月12日第6版。
⑤ 《英馆罢工华员游行被阻》,《申报》1925年8月15日第7版;乐水:《"英使馆工人真不该罢工"!》,《京报副刊·救国特刊(九)》1925年8月16日,第240号。
⑥ 《京各界反对军警压迫爱国运动》,《申报》1925年8月16日第10版。
⑦ 《英馆罢工华员游行被阻》,《申报》1925年8月15日第7版。

华员罢工而发也"。按刑律第 224 条规定，从事同一业务的工人同盟罢工者，首谋处以四等以下有期徒刑拘役或 300 元以下罚金；余人处拘役或 30 元以下罚金。"聚众为强暴胁迫或将为者"，依骚扰罪第 167 条之例处断。警察官吏对于工人聚集，认为有同盟解雇或同盟罢业的诱惑及煽动等情形，得禁止之。因此，工人要各安业务，不要轻易听人煽惑。知识阶级的人也不得借故劝诱他人罢工。否则，"一经捕获到案，即当执法以绳，绝不姑宽"①。罢工人员与救国团等团体的关系都在条文的管辖范围。

8 月 13 日，救国团邀请北京新闻界和各团体讨论援助人民爱国运动事，到会的有 43 个团体。徐闿瑞说明了开会目的，黄福墀报告了 12 日夜的情形。最后决定：（一）发宣言警告军阀以后不得压迫人民爱国运动；（二）联合各团体举行大示威运动；（三）请警厅撤销禁止罢工条例；（四）请政府取消治安警察法；（五）由到会的每个团体安排代表一人，筹备大示威；（六）推举北京各校沪案后援会、救国团、学联会起草宣言。②

8 月 13 日下午，京师警察厅忽请救国团派代表去。反英斗争的积极分子林德懿去见总监朱深。朱说：对 12 日工人游行，警察厅之所以禁阻，是因事前探明游行时用罢工工人的名义。群众罢工在禁之列，故阻止。若是人民方面援助外交，只要在规范以内行动，官厅自不过问。林问：若各工人与其他民众团一致游行，或单用工人等所组织的英使馆华员公会名义游行，可否？朱答：如此办理，游行时如果又能维持秩序，自无不可。14 日，警察厅释放了 3 位因劝阻已加入罢工行列的工人复工而被巡警捉拿的罢工人员。③ 执政府居然主动给华员罢工寻找合法的理由，颇有心机，是要把罢工行动引向对自己有利的路子。

8 月 17 日下午，罢工华员举行游街大示威。工人 290 余人在北大第一院集合，照以前十人团的组织编成队形，每团设团长，负责维持团内 10 人秩序。还有自行车队 20 余人在队伍的左右前后，一起负责维持秩序。

---

① 《国内外一周间大事纪》，《国闻周报》1925 年第 2 卷第 32 期；《京警厅竟禁罢工》，《兴华》1925 年第 22 卷第 32 期。

② 《京各界反对军警压迫爱国运动》，《申报》1925 年 8 月 16 日第 10 版。

③ 《朱深允许公众游行》，《申报》1925 年 8 月 17 日第 6 版。

推举顾朴为总代表、刘子荣为总指挥，另有指挥4人。行进中，"队前白布大旗二面，上书'英使馆华员公会大示威游行'数字。其他工人每人手持纸旗一面，上书各种力争外交之警语，又持传单多份"。队伍从北大第一院出发，往亮果厂，至铁狮子胡同执政府。全体工人候立门外，由顾朴等5人进入执政府内请见段祺瑞。段的侍从王武官接见了他们。罢工工人请段执政向英使提出要求：（一）撤换各地肇事英领事；（二）撤退英国沿海沿江军舰；（三）撤销租界内英武装；（四）英国政府向我国政府正式道歉；（五）赔偿损失及惩凶；（六）取消中英间一切不平等条约。接着整队到外交部，仍由代表入内，向接见的李科长陈述同一要求。① 后继续游行，到天安门，救国团团员发表演讲。

当日下午，救国团与北京各校沪案后援会为筹划罢工人员的生活维持费及介绍相关工作，在中央公园水榭邀请有关方面开会，共商办法。到会的有各校教职沪案后援会、各界筹款总会、北大教职员沪案后援会等10余个团体及北大教授马叙伦等30余人。会议决定：（一）由沪案救济会、筹款总会、晨报社募捐团以及其他团体担负筹款的责任；（二）由救国团、各校沪案后援会员调查罢工人员的年龄、籍贯和在英使馆的职务、月薪数目等情况，调查罢工人员每月维持生活所需款项。统计后，造表交给各团体或热心此事的人，而为工人介绍工作，和筹备每月所需之费。②

这次抗争是由使馆区英国使馆华工发动的，并且有着较多的外部力量的支持和配合。这种支持和配合，对华工斗争的开展发挥了十分重要的作用。可以说，这次罢工斗争是北京反帝力量的一种汇聚。

三　英国使馆华工罢工的意义

英国使馆华工的自身力量和能得到的外部实际支持毕竟有限。罢工斗争因经济原因而无以为继。"近日因接济告乏，间有被诱上工者。"③ 失业即会严重影响工人和其家庭的生计。《申报》8月25日报道，英国使馆罢工者现回馆的不少，馆中华人添补23名，40余名不再收用，书记某已经

---

① 《英使馆罢工华员游行示威》，《申报》1925年8月20日第7版。
② 《英使馆罢工华员游行示威》，《申报》1925年8月20日第7版。
③ 《国内外—周间大事纪》，《国闻周报》1925年第2卷第33期。

返回使馆。① 第二天，该报又报道："英使馆华人复工，填写罢工时确被某会胁迫家属所致之亲证书。"并有 7 人回馆，但被拒绝，"该七人亦曾具亲证，因查罢工时，曾开会发言，故不收"②。

罢工人员的维持费主要由募捐而来。8 月份所需之款由沪案救济会承担。9 月 5 日下午，英使馆华员公会、救国团、北京各校沪案后援会等团体在北大第二院宴会厅招请各团体，共同筹集 9 月份经费，到会的有沪案救济会代表王访渔、各界筹款总会代表胡仁源、民治主义同志会、少年卫国团等 16 个团体的代表 30 余人。罢工华员代表刘子荣报告，前次罢工人数总计 287 人，8 月份维持费在 7000 元左右，本月所需之费较少。其原因，一是有 67 位工友或回家或另谋职业；二是柳镜海、蓝永铨等 13 人于半月前已往英使馆复工。此次领款人数只有 207 人，所需款项 5000 余元。工友大半均有家室儿女，靠此为生。③ 9 月 7 日下午，罢工华员赴救国团方面领款，经救国团解释，工人才退去。原因是，当日款项尚未凑齐，不能发出。④

罢工斗争得不到外部强有力的支持。执政府不可能容许群众性的反帝斗争发展下去，更何况这一斗争发生在列强代表聚居并驻有军队的东交民巷。张伯伦在英国议会下院说：五卅运动是因为中国无强固的中央政府，而中央政府不强固又因为中国财政困难，"所以要消灭中国人的反帝国主义运动，最好是开关税会议，增加税率，使中国中央财政有办法"⑤。8 月 18 日，执政府外交部将邀请英、美、日、意、法、比、荷、葡八国参与关税会议的通牒分别送致各该使馆，并通告拟定 10 月 26 日在北京开会。8 月 21 日，段祺瑞发出通电，要求各省取缔罢工。8 月 26 日，驻京英代使白拉德向沈瑞麟表示英国参加关税特别会议。同日，执政府发布整饬学风令，要求"自后无论何校，不得再行借故滋事"。9 月 4 日，华盛顿会议条约各国驻京使馆分别答复执政府外交部 6 月 24 日促请修改不平等条约照会，大意为：修约须视中国能否保护外人权利与利益为准；关税自主，俟

---

① 《国内专电》，《申报》1925 年 8 月 25 日第 6 版。
② 《国内专电》，《申报》1925 年 8 月 26 日第 6 版。
③ 《英使馆华员坚持奋斗》，《晨报》1925 年 9 月 6 日第 3 版。
④ 《英馆华员催发维持费》，天津《益世报》1925 年 9 月 8 日第 3 版。
⑤ 杨幼炯：《近时国际问题与中国》，泰东图书局 1929 年版，第 191 页。

财政改革后予以特别注意；领事裁判权问题，俟派员来华调查后决定。① 9月5日，英国使馆照会段祺瑞执政府外交部说：本使署雇佣的华人罢工，纯系受救国团之煽惑。迭经照请中国政府严为查禁，而中国政府似未加以严厉取缔，迄今罢工华人诱迫本署未罢工华人的行动仍未停止。现本国政府所派出席关税会议的代表行将来京。倘届时救国团及罢工华人仍继续鼓动英使馆华人罢工，则有碍于中英友好关系。故特照请总长加以注意，立即采取有效方法，使华人勿继续罢工。② 在支持民众反帝斗争和应对即将召开的关税会议、法权会议之间，执政府显然选择后者。9月18日，淞沪戒严司令部派兵解散上海总工会，通缉总工会委员长李立三。淞沪戒严司令部要求今后"全体学生均应复课，工人复工。他们必须谨慎小心，勿为他人所利用，以免遭致麻烦"③。段祺瑞政府在一段时间内曾推行的运用民众的策略走向落幕。于是，"……沪案交涉至今可说毫无进步；外国对于北京政府的交涉，置之度外，北京政府对于人民的呼吁，也就置若罔闻"④。

这次罢工斗争，不仅积极支持了五卅惨案发生后全国性的反帝斗争，同时在反对列强在华使馆区特权制度史上也具有重要的意义。斗争由使馆区内部的中国工人主动组织而开始。使馆区内华工的待遇和地位，一般来说高于使馆区外的普通工人。但他们有计划、有组织、有目的地进行斗争并形成了较大影响，这在列强在华使馆区特权制度发展史上是第一次。当时有评论说：中国工人一般的罢工举动，"不是工人受了雇主工头的非理虐待，就是工人为增加薪资的所求不遂而起。若问他们罢工的意义安在，总说是在'反抗资本家的压迫'和'要求劳动者的解放'；他们罢工的价值，当然就是解决所谓'面包问题'"。使馆区罢工者的生活待遇，比起一般的工人来说是优裕的。而从这次罢工者所发表的宣言、提出的六项要求，以及所发的传单内容来看，"他们此次罢工完全是秉着爱国的热忱与

---

① 韩信夫、姜克夫主编：《中华民国史大事记》第 4 卷，中华书局 2011 年版，第 2276、2278、2281、2282、2287 页。

② 《英使馆华员之招待会》，《申报》1925 年 9 月 8 日第 7 版。

③ 《上海公共租界工部局〈警务日报〉摘译》（1925 年 2 月 10 日—9 月 30 日），上海市档案馆编：《五卅运动》第 2 辑，上海人民出版社 1991 年版，第 482 页。

④ 周鲠生：《爱国运动》，《现代评论》1925 年第 2 卷第 45 期。

良心的驱使。因为英人蛮横，外交失败，他们'看了这种情状，实在忍心不过'，才立下了'为着国家不怕死'的志愿，其目的是要'替咱们被杀死的同胞复仇，替咱们中国雪耻'。"因此，对他们的援助，一方面是"物质的善后"，即募捐款项接济他们的日常生活，并努力替他们介绍适当的职业；另一方面是"精神的善后"——"惟有我全国各阶级的民众联合起来，组织起来，抵抗强权的压迫，以争回国家的独立与自由"①。舆论赞赏中国工人的觉悟与进步。"英使馆服务的华人，我想他们总也生活愉快，他们为什么肯这样牺牲自甘受苦，真的他们为了什么权利与功绩吗？不过英人太不讲公理，一次二次地……大肆屠戮，咱们中国人为良心所难安，故毅然率相退出英使馆了。这种难能可贵的自动精神替我们民众生色不少，国民呀！起来援助这四百新罢工的华工吧。"对比媚外的政府当局，"这次英使馆华工罢工，在我们的外交史上应占重要的一席……"②

罢工斗争沉重打击了使馆区帝国主义和特权制度。参与酝酿和支援罢工斗争的马叙伦说："罢工实现，英人大吃一惊；那时惨案还牵涉日本的，因此，日公使馆也起了'戒心'。"③美国历史学家多梦西·博格指出："在条约制度不断发展的数十年间，列强一直认为它们能够或者从中国获得更多的特权，或者保持住对它们十分有利的状况。但是在1925年，这种局面经历了一次惊人的变化。中国人以出人意料的强力和决心，开始坚持要外国放弃它们在中国业已取得的特权地位……列强突然发现它们正处于守势，而不是处于攻势。问题已不再是西方各国和日本向中国要什么，而是发出了强烈的呼声和出现了强烈的民族主义情绪的中国向它们要什么。"④这一结论，在北京英国使馆华工的斗争中也得到了具体体现。

这场斗争失败了，使馆区恢复了往日的秩序，华人在使馆区内继续服役。"历史的任何曲折转变都是妥协，是已经没有足够的力量彻底否定新

① 周伦超：《英使馆罢工的意义与价值及其善后问题》，《京报副刊·救国特刊（九）》1925年8月16日，第240号。
② 明：《杂感二则》，《晨报副刊：新少年旬刊》1925年8月18日，第5期。
③ 马叙伦：《我在六十岁以前》，生活·读书·新知三联书店1983年版，第84页。
④ 转引自李健民《五卅惨案后的反英运动》，（台北）"中央研究院"近代史研究所专刊（53），1986年，第217页。

事物的旧事物同还没有足够的力量彻底推翻旧事物的新事物之间的妥协。"① 这是暂时的。这次罢工展示出的中国民众强烈的反帝爱国情感和斗争精神，以及将目标指向不平等条约的锋芒，却是使馆区列强不可能彻底压服的。使馆区内新的反抗斗争在酝酿着。

---

① 吴英主编：《马克思恩格斯列宁斯大林论历史科学》，中国社会科学出版社 2014 年版，第 368 页。

第五章　南京国民政府前期中国废除列强在华使馆区特权制度的努力

20世纪20年代末至30年代中期，北洋军阀覆灭，南京国民政府执掌全国政权，中国政治中心南移，北平外国使馆区的法律地位客观上发生动摇。在南京国民政府的"改订新约"运动中，北平使馆区外交团的政治功能被废止，并且外国驻华使馆相继南迁。受大革命影响的北平民众继续提出收回使馆区的要求。但由于错综复杂的国内外形势，列强在华使馆区特权制度仍然存在。

第一节　"改订新约"运动中的列强在华使馆区特权制度问题

在中国中央政权更迭之际，列强在华使馆区特权制度的地位没有改变。南京国民政府成立后，在对待不平等条约方面提出了"改订新约"的政策，以求收回国家主权，实现独立自主。在"改订新约"运动中，列强在华使馆区特权制度没有得到特别的重视，这一特权制度仍然维持着。而北平地方政府提出了收回使馆区行政权的主张。

一　北京政权更迭前后的使馆区

五卅运动后，中国人民的觉悟水平在提高，反帝斗争继续发展。1926年3月北京"三·一八"惨案、9月四川万县惨案发生后，反帝的矛头都指向了《辛丑条约》。

在打倒列强、扫除军阀的大革命运动中，中国共产党是全国反帝废约斗争的重要组织者、宣传者，其发挥的作用引起了国内外的极大关注。如蔡和森所说："对于中国一般的政治影响，党初成立时一般大学教授及一切军阀和外国帝国主义者，对于我们党的机关报没有注意。数年后共产党在政治上起了很大的作用，引导全国民众作了反帝国主义、打倒军阀的民族革命的领导者，因此反共产主义的口号扩大，从此可以看出我党在革命中的作用和工作成绩了。"① 李大钊领导的中共北方区委开展的反帝斗争，就是这方面的杰出代表。而且，1926 年北伐战争开始后，全国革命形势由南向北迅速发展，更引起了帝国主义国家的担忧。"为了破坏国民革命运动，这些外国人还做了大量的宣传活动。这种破坏性的宣传多体现在形容词的使用上。例如，他们将国民革命运动比作'长江流域的红色巨浪'，说它'听从莫斯科的指挥，听任莫斯科的摆布'。"② 作为在华势力的大本营，北京外国使馆区列强积极行动，绞杀中国的革命力量。控制北京政府的奉系军阀高举"反赤"旗帜，极力讨好列强。

1927 年，苏联的米哈尔·亚库维什·佩尔加门特教授在他叙述北京使馆区特权制度的《北京的外交地区》一书中，希望列强放弃特权，让使馆区"退回到再也回不来的历史过去，退回到政治史和法律史。不会有'宽恕之泪'将洒在它的坟墓上"③。它是一本探讨这一特权制度的重要著作，代表的是积极的声音。不过，也在这一年，以打倒列强、扫除军阀为口号的大革命运动被内外反动力量镇压下去，中国反帝运动走向低潮。这位教授提出的良好愿望，远远没有到来。

1927 年 4 月 6 日上午，在列强公使的同意和鼓动下，北京军警赶至东交民巷苏联驻华使馆和前兵营搜查，逮捕了 50 多人，其中有苏联使馆工作人员和中共北方区执行委员会书记李大钊。这一事件，在社会上引起极大震动。当时的北京政府国务总理兼外交总长顾维钧在事后才接到通知。

---

① 《中国共产党史的发展（提纲）》（1926 年），《蔡和森文集》下，人民出版社 2013 年版，第856 页。

② ［美］约翰·本杰明·鲍威尔：《我在中国的二十五年》，刘志俊译，译林出版社 2015 年版，第 152 页。

③ M. J. Pergament, *The Diplomatic Quarter in Peking: Its Juristic Nature*, Peking: China Booksellers Ltd., 1927, p. 133.

他认为，这是一个十分不寻常的行动，因为"苏俄使馆终究也是外交团的一部分"[①]。而当日傍晚，使馆区领袖公使欧登科假惺惺地向北京政府外交部递交照会，表示"抗议"。苏联向北京政府提出强烈抗议。在伦敦的英国外相张伯伦则在议会下院为搜查行动辩护：搜查者越入俄国兵营，未免踰出其权力之外，但俄国已没有驻兵权，所以此兵营不能要求享有外交上不许侵犯的权利。[②] 这一说法没有什么道理，因为整个北京使馆区都是特殊的区域，没有列强的同意，北京政府的武装军警不能进入。搜查行动违犯国际法，性质非常恶劣。4 月 19 日，苏联使馆临时代办和馆员离开北京回国，只留下办理侨务等事务的领事。[③] 当时上海时报社出版的《图画时报》1927 年第 353 期第 2 页，曾刊发北京军警侦探突入东交民巷搜查苏联使馆情形和李大钊被捕的照片。

这一事件，是国际反苏反共势力在中国境内的一次行动，也是北京使馆区内矛盾的体现，是使馆区内反动力量向进步力量的一次进攻。同时，事件再次暴露了使馆区列强反对中国革命运动的立场。列强允许北京政府派武装警兵进入使馆区，双方密切合作，剿灭中国革命力量，充分反映了使馆区特权制度的反动性。即使是一直的对手，在关键时刻使馆区也是可以"开恩"放行的。这次事件，使得列强在华使馆区特权制度写下了自身极为丑恶的一页！

不过，列强不能任由中国军警驻留使馆区，否则有违使馆区向来不准中国军警驻扎和自由通行的禁令。4 月 21 日，辛丑和约国中的英、美、法、日、意五国武装卫兵接收俄使馆空院之西墙管理权，理由是交民巷防务上的必要。当时院门关闭，内有中国警察，美兵逾墙而入，强令开门，他国士兵随后入内。[④] 有评论称：此次中国军警开此先例后，将来再有类似的事件，会让使团无可借辞拒绝。"使团因此极为惶恐，乃出此断然之手段……表面上则佯谓该地重要，须以重兵防守，实则欺人之谈"。否则，

---

① 《顾维钧回忆录》第 1 分册，中国社会科学院近代史研究所译，中华书局 2013 年版，第 347 页。对这一事件的新的研究，可参阅郑鑫的《奉系军警查抄苏联大使馆事件再认识——以使馆界制度为视角》（《北京党史》2022 年第 3 期）。

② 《英外相报告中俄纠纷》，《申报》1927 年 4 月 13 日第 7 版。

③ 薛衔天：《民国时期中苏关系史》上，中共党史出版社 2009 年版，第 219 页。

④ 《使团卫兵接收俄使署空院》，《申报》1927 年 4 月 22 日第 5 版；《各国派兵接收俄馆附属地》，《申报》1927 年 4 月 23 日第 5 版。

如果以"当当之鼓、正正之旗收管该地，则何必爬墙?"①

使馆区列强警惕着北伐的国民党军。1927年3月24日，南京发生反动分子乘秩序混乱、煽动溃兵及流氓袭击外国领署及侨民的事件，这成为列强干涉中国局势的借口。4月4日，北京各国使馆卫队长官在美国兵营会商防卫使馆一事，英国使馆卫队长官称，使馆区内共有英、法、美、意、日驻军1102人，骑、炮兵皆完整，如到必要时，尽可保卫使馆区内各巷口。但需要商讨的是防区的分配和是否请各国向华北增兵。会议决定，如届必要时，即推美国使馆卫队长官詹贝荪为指挥官，负责指挥各国卫队。防区的分配，看情形而定；界外之外国侨民，由各国公使通知，届时退入界内。②4月6日，美、英、法、意、日驻华武官在天津开会。他们一致认为，增派的军队越多，最后采取军事行动的可能性就越小。为了达到这个目的，最好的解决办法是将在华北的兵力增加到25000人。③

4月19日，武汉国民政府开始第二期北伐。5月，蒋介石为首的南京国民政府也过江"北伐"。北洋军阀遭受沉重打击。列强纷纷向华北增兵。据《东方杂志》报道，截至5月底，华北（北京至山海关间）日本有兵力612人（?）、机关枪22挺、步兵炮6门，英国有1000人、机关枪25挺，美国1340人、机关枪62挺、步兵炮27门，法国有1418人、机关枪24挺、步兵炮4门，意大利有457人、机关枪43挺，列国还有炮兵若干。报道指出，日本在华北（京津）方面兵数绝不止此。意国在华北尚有两架飞机备用。④6月2日，美军1800人由上海到天津（7日增至2000人）。另有水兵、炮兵、铁甲车队、工程队等，5日抵大沽口，并将派"科兹满"号驱逐舰来华。英、法也将驻沪军队调往华北，并从国内增派军队来华，英国计有3个营，法国计有5个营约4000—5000人，均配有各种轻重武器。各军首领进入北京，与公使商洽应付华北局势。⑤《时报》转发路透社6月7日的报道："交民巷防务，现有积极准备之象。前奥使署内之枪眼，

---

① 《强国支配之东交民巷》，《兴华》1927年第24卷第17期。

② 《六国驻京武官讨论防卫使馆界》，《申报》1927年4月11日第9版。

③ United States Department of State, ed., *Papers relating to the foreign relations of the United States, 1927, Volume 2*, Washington：Government Printing Office, 1942, p. 106.

④ 育干：《列强驻华兵力配置详表》，《东方杂志》1927年第24卷第12号。

⑤ 中国二十世纪通鉴编辑委员会编著：《中国二十世纪通鉴》第2册，线装书局2002年版，第1717—1718页。

现由日人改筑，庶不仅可适用来复枪，且可适用机关枪，而马可索罗路之桥端，通入该使署者，现已有布置。"① 10 月底，使馆区当局决定增加防务：新大路至俄兵营北首空地，加筑新环墙，上设枪炮眼；御河桥东入口处，增置钢门；台基厂北口置钢门。②

1927 年 4 月 18 日，南京国民政府成立。蒋介石领导下的国民党逐渐确立了在中国的统治地位。6 月，当蒋介石与冯玉祥在徐州初次会见、召开联席会议时，冯玉祥提出："我们将来还是把国都迁到北京去吧！"随同蒋介石到徐州开会的吴稚晖说："很好，不过你可愿东交民巷存在吗？"③中国已经深陷于半殖民地的状态，使馆区特权制度深嵌于中国政治生活中。北京东交民巷作为中国国耻的一个重要标志，执政的国民党也面临一个重要抉择。不过，南京国民政府以妥协的态度与有关国家解决了 1927 年的南京事件，说明其对外方针政策是相对温和的。

1928 年 4 月，"宁汉合流"后的南京国民政府再次"北伐"。5 月下旬，国民党军到达京津地区，南京政府与列强商定和平接收京津。蒋介石决定：天津方面，国民党军进至静海止，北京方面，进至长辛店止。京津铁路沿线，亦即以此两地为准，20 里以内，均不进驻。④各国驻北京军队组成联军，保卫使馆区，推美军司令华尔格为联军司令。"东交民巷炮台近日大加修整，将炮位加多。"⑤

北京东交民巷发出的电文仍然如同指令。6 月 4 日，外交团领袖公使欧登科致电南京国民政府主席谭延闿转外交部，要求向北京进发的华军各司令注意北京外侨及人民的安宁，并使奉军鲍毓麟旅安然退走。该旅是应外交团的要求而暂时留京的，由外交团担保其安全。6 日，国民政府外交部电复欧登科，告以对于在华外侨安全的关心，在京津一带已经有适当布置，对鲍毓麟旅和平退出北京地区，也必有办法。后该旅行抵通州时被冯玉祥部缴械，欧登科又电谭延闿，请设法保障该旅的安全。南京国民政府

---

① 《美使与美军司令对华北警备问题意见不一致》，《时报》1927 年 6 月 8 日第 2 版。

② 《北京要闻》，《申报》1927 年 10 月 30 日第 4 版。参阅《东交民巷新墙将竣工》，天津《益世报》1927 年 11 月 12 日第 4 版。

③ 张瑞娟、杨洋：《1928 年国民政府建都南京之争》，《民国春秋》2001 年第 6 期。

④ 《蒋介石致谭延闿电》（1928 年 5 月 30 日），王建朗主编：《中华民国时期外交文献汇编》第 4 卷，下，中华书局 2015 年版，第 1020 页。

⑤ 《东交民巷增修炮台》，《时报》1928 年 6 月 8 日第 2 版。

外交部复电，同意设法保障该旅安全返奉。冯玉祥以所部缴鲍旅枪械，引起北京外交团交涉，电令京、津近郊第二集团军撤至固安、静海待命。经外交团抗议、交涉，冯军归还鲍旅部分武器。①

使馆区仍然是北京新主人要笼络的对象。出于削弱冯玉祥力量的考虑，蒋介石将京津地区交由阎锡山接收。而阎锡山也派人与列强进行了多方联络，京津冀察的主要人事安排都取得了北京外国使团的"谅解"②。6月8日，国民党军进入北京。

总之，列强在华使馆区特权制度在北京政权易手的过程中安然过渡，而且实际上得到了新成立的南京国民政府的承认，继续在中国政治舞台上发挥作用。据1928年12月南京出版的《军事杂志》报道，东交民巷驻兵情况有：日本兵459名，军械有平射步兵炮1门、曲射步兵炮2门、迫击炮2门、重机关枪5挺、轻机关枪11挺；美国兵437名，军械有机关炮6门、卡夫炮司着补若炮4门、自动枪52挺、夫四纳别机关枪10挺；英国兵324名，军械有机关炮2门、若苦多机关枪16挺、比卡机关枪12挺；法国兵408名，军械有斯脱库旧炮2门、恺衣毋炮2门，和金机关枪10挺、自动枪39挺；意大利兵115名，军械有百野炮3门，内若机关炮8门，各式机关枪7挺。③使馆区依然是列强在华势力重地。

1928年，国民党领导的南京国民政府在形式上统一全国。由于国民政府定都南京，中国政治中心南移，各国在北平的使馆面临着南迁的必然。威慑中国政治中枢的使馆区，将失去往日的法律地位。

列强之所以要建立独立管辖的使馆区，并且派驻军队，一个重要理由是保护外国人的安全和法律地位。而实际上，义和团运动后，使馆区从来没有发生过受到安全威胁的情况。中国政府对保护外国使馆的安全是非常重视的。民国成立后，"秉政当局，对于在境内之外侨生命财产，均能克尽保护之责，尤于外国使节，更能安慎保护"④。北京发生的多次民众运

---

　①　C. Martin Wilbur, *The Nationalist Revolution in China, 1923—1928*, New York: Cambridge University Press, 1984, pp. 184-185. 韩信夫、姜克夫主编：《中华民国史大事记》第5卷，中华书局2011年版，第3073、3080页。

　②　雒春普：《阎锡山传》，山西人民出版社2004年版，第167页。

　③　《东交民巷外兵的调查》，《军事杂志》1928年第6期。

　④　丁鹤编著：《中国外事警察概要》，丁鹤著译室，1937年，第73页。

动，也都没有出现过排外事件。正因为如此，各国在使馆区驻军逐步减少。到 20 世纪 20 年代后期，使馆区外围作为军事用地的缓冲区地带，大部分或是成了各旅馆的运动场地，或是开设了酒吧和饭店，以及至少开设了一家注册的妓院。[1]

并且，中国关于保护外国人合法权益的法律法规是得到执行的。南京国民政府成立时，中国的司法制度及各种法规，虽然因为军事初定，还未彻底整顿和完全颁布，但是关于诉讼的审理，法规的适用，"已经是处处顾及各国人民的性格、风俗、习惯，以及各国社会的状况。在这种情形之下，在华外侨早已相信，他们的身体财产，一定可以得到安全的保障。列强当初要求中国承认其有领事裁判权的口实，此时已经根本消失。我们在这个时候，督促并援助我们的政府，根据形势变迁的理由，实行取消列强在华的领事裁判权，正是应该而且可能的……"[2] 从客观上说，列强在华使馆区特权制度已经越来越失去存在的理由。

二　"改订新约"中的非重要选项

蒋介石建立的南京国民政府有着收回国家主权的愿望，但在实际政策和行动上对列强在华势力已与大革命时期相当不同。南京国民政府放弃了大革命时期广州、武汉国民政府"打倒帝国主义"的口号，而继续走北京政府的修约之路。

1928 年 6 月 15 日，南京国民政府在宣布北伐结束、统一告成的当天，发表修改不平等条约宣言："中国八十余年间，备受不平等条约之束缚，既与国际相互尊重主权之原则相违背，亦为独立国家所不许……今当中国统一告成之会，应进一步而遵正当之手续，实行重订新约，以副完成平等及相互尊重主权之宗旨。"同一天，南京国民政府外交部发表关于重订新约宣言，表示："（一）中华民国与各国间条约之已届满期者，当然废除，另订新约。（二）其尚未满期者，国民政府应即以正当之手续解除而重订之。（三）其旧约业已期满而新约尚未订定者，应由国民政府另订适当临

---

① ［奥］莫石、［美］莫莘芝：《城门内的外国人：北京使馆区》，叶凤美、［德］丹尼斯·霍克梅译，北京联合出版公司 2020 年版，第 304 页。

② 王曦：《废除不平等条约运动进行中应该纠正的一个口号》，《南京党务周刊》1929 年第 5 期。

时办法处理一切。"① "改订新约"运动全面铺开。国民政府认为，不平等
条约的要点在于片面关税协定、领事裁判权、租界租借地、内河航行权、
陆海军驻屯权五种，最关重要的尤在协定税则和领事裁判权，期望"领判
权一经撤废，租界之收回即不成问题，其余不平等各点自更迎刃而解
矣"②。为纪念北伐胜利，6月20日，国民党中央政治会议决定将直隶省
改为河北省，北京改称北平。1929年1月1日，蒋介石发表元旦文告称：
"统一全国，希望已达，国民革命第二阶段已过，吾人从事于国家内部之
改造，与以公道平等为新基础，而改正外交关系……"③

"改订新约"运动是要摆脱列强对中国的控制，符合中国对外关系发
展的要求，一定程度上反映了民众的愿望。但是，南京国民政府已经背叛
了孙中山的新三民主义，放弃了"打倒帝国主义"的口号。中国共产党指
出：南京国民政府对外宣言提及要修改不平等条约，但马上就声明修改将
依外交手续行之，这与从前任何一派军阀得到北京马上宣布"外崇国信"
以博取帝国主义者承认，有何区别？④

"过去是由社会机制存储和解释的。"⑤ 南京国民政府成立初期，为了
配合"改订新约"，借用民意以使列强作出让步，展示自己继承孙中山遗
志的形象，继续开展国耻纪念的宣传教育活动。不过其宣传教育的重点是
随着国内外形势和国民党的实际需要而变化的。国民党中央宣传部编印的
时事政论刊物《中央周报》列出的1928年《辛丑条约》国耻纪念日宣传
要点分为：（甲）"辛丑条约的缘起及其内容"；（乙）"辛丑条约的影响"：
指出这一条约最重要的影响是（1）把持海关——"帝国主义藉口辛丑条
约赔款的保障，就占了我们的海关，而且利用海关在其掌握，来压迫我们

---

① 《国民政府废除旧约宣言》、《外交部关于重订新约的宣言》（1928年6月15日），中国第二历
史档案馆：《中华民国史档案资料汇编》第5辑，第1编，外交（一），江苏古籍出版社1994年版，
第33、34页。

② 《外交部为办理废除不平等条约交涉情形的呈文》（1929年5月1日），中国第二历史档案馆
编：《中华民国史档案资料汇编》第5辑，第1编，外交（一），江苏古籍出版社1994年版，第47页。

③ 中国二十世纪通鉴编辑委员会编著：《中国二十世纪通鉴》第2册，线装书局2002年版，第
1819页。

④ 《中央通告第五十四号》（1928年6月21日），中共中央宣传部办公厅、中央档案馆编研部
编：《中国共产党宣传工作文献选编》（1915—1937），学习出版社1996年版，第816—817页。

⑤ ［法］莫里斯·哈布瓦赫：《论集体记忆》，毕然、郭金华译，上海人民出版社2002年版，第
43页。

的革命势力，如民十二在广州关余事件之大示威，及民十五之两次封锁广州与梧州等，均其最显著者。"（2）屠杀华人——"帝国主义藉辛丑条约，得以恣意在华驻兵，所以随时随地都可屠杀华人，如民十四的沪、粤、汉、浔、川等各地之大屠杀，及民十五之大沽事件所惹起之'三一八'大流血，与去年之南京惨案，今年之济南惨案等等，无一不是直接间接导源于辛丑条约，无一而非辛丑条约为之厉阶。"（丙）"纪念辛丑国耻应有的努力"：（1）充实我们外交的实力；（2）废除一切不平等条约；（3）提高并稳固中国的地位。① 这些要点，直接与"改订新约"中要求关税自主和当年发生的济南惨案有关。

1929 年 7 月 1 日，国民党中央执行委员会第二十次常务会议通过《革命纪念日纪念式》。它规定 9 月 7 日为"辛丑条约国耻纪念日"，指明该约是"不平等条约中之最厉害者"，要求纪念日由各地高级党部召集各机关各学校及民众团体代表举行纪念。其宣传要点为：帝国主义协调侵略压迫中国的事略；《辛丑条约》的经过及其内容；《辛丑条约》的贻害；废除一切不平等条约。②《中央周报》刊载的宣传要点，简要回顾八国联军侵华和《辛丑条约》的签订过程，指出这一条约强迫中国谢罪、赔款，撤除我大沽军备，永禁我排外行动，划定公使馆区域，自由驻兵于平津各地，紧扼中国中央政府，摧残中国民族精神。它还强调，帝国主义"利用使馆区域之自管，大施纵横捭阖之外交，以箝制我国之政府，且恣意在华驻兵，致演成近年来各地屠杀大惨案，此皆辛丑条约为厉之阶"。纪念《辛丑条约》国耻，"固然在将其切实废除，然尤要撤消领事裁判权，收回租界，废除一切不平等条约，以解我数十年来政治经济发展上所受之束缚"③。纪念活动成为重要的符号，"符号在政治过程中的重要性，不在于被象征化的对象本身，而在于通过符号唤起的感情和诱发的行动"④。《辛丑条约》签订日被设立为全国性国耻纪念日，对增强人们的国耻意识，激励人们为国家独立自主而斗争有积极作用。

---

① 《宣传要点》，《中央周报》1928 年第 14 期。
② 《革命纪念日纪念式》，《河北民政汇刊》1929 年第 7 编。
③ 《辛丑条约国耻纪念日宣传要点》，《中央周报》1929 年第 64 期。
④ ［日］竹内郁郎编：《大众传播社会学》，张国良译，复旦大学出版社 1989 年版，第 180 页。

9月7日，国民党中央党部在大礼堂举行《辛丑条约》国耻28周年纪念活动。国民党中央宣传部部长叶楚伧作报告说："回想义和团之反抗外力，未尝不有革命意味。但是缺乏教育，太无学识，以致失败。故感觉得革命成功，全赖于军事教育之充分。若只有军事行动而无军事教育，即不免蹈此覆辙。故以后对于共同努力之要点，即为注重教育。设有等于义和团之无意识结合发现，就要严格指导，给以纠正机会。"① 这一纪念活动的重点，并不是反对帝国主义或者要求废除不平等条约和收回列强在华特权。国民党各级机构开展的纪念活动，中心在让民众统一思想，拥护国民党的三民主义理论，服从国民党的独裁统治，执行国民党的内外方针政策。

在国统区和红色根据地，处在艰苦斗争环境中的中国共产党，继续以各种形式进行"九七"国耻的宣传教育活动。国民党却不允许其控制之外的反帝宣传的开展。对中国共产党的反帝宣传活动，国民党予以严禁，制造白色恐怖。这充分说明了国民党开展《辛丑条约》国耻纪念的局限性。

取消北平使馆区特权非"改订新约"的主要内容之一。南京国民政府外交部部长王正廷曾指出：《辛丑条约》禁止兵器弹药输入，削平北京大沽间炮台，外军无期限占领各处要塞，"其侵害主权特甚"②。不过，作为"改订新约"的主要操作手，他认为：中国和外国所订条约中，不平等的有关税协定、领事裁判权、租界及租借地、外兵之驻扎、内河航权。其中，最重要的是中国要实现关税自主。③ 他说："各国驻华军队，当于取消领判权后交涉撤退。"④ 从实际情况看，"改订新约"事项，主要涉及改订通商条约和关税条约、废除领事裁判权、改组上海两租界法院、收回租界和租借地，"至于其他现存的外国在华的特权地位，如内河航权，使馆界，军队驻屯权等等，则都尚不曾议及"⑤。取消领事裁判权并不等于列强就全部废除了包括《辛丑条约》在内的所有不平等条约及其规定的特权。总之，在国民党高层的筹划中，列强在华使馆区特权制度问题没有得到相当

---

① 《中央举行辛丑条约国耻纪念》，《申报》1929年9月8日第10版。

② 王正廷：《中国近代外交概要》，外交研究社1928年版，第75页。

③ 王正廷：《外交力量与废除不平等条约》（1929年1月14日），载吴天放编辑《王正廷近言录》，现代书局1933年版，第46页。

④ 王正廷：《废除不平等条约之真义与今后之努力》，《中央周报》1929年第71期。

⑤ 周鲠生：《中国不平等条约的现状》，《国立武汉大学社会科学季刊》1930年第1卷第4号。

重视，没有被直接提出。[1]

列强在华使馆区特权制度的存在，有相当的复杂性。这一特权制度是中国与其他 11 国签订条约而确立的，使馆区涉及众多国家的权益。取消不平等条约的办法有单方面宣告废除、与多国共同谈判、国别谈判。"最痛快的事当然是中国国民片面的对外宣告废除一切不平等条约，不过这又谈何容易！除非是国内或国外政治上有根本的大变化，这种痛快的事不会实现的。至于共同会议的办法，则历史上有日本改约失败之前车，而最近中国自己有关税会议、法权会议的经验。可以断定依这种办法以修约，必无结果。"[2] 从民国政府取消列强在华使馆区特权制度进程看，事实也是如此。取消德、奥和前俄在使馆区的特权，北京政府就是利用第一次世界大战结束前后国际形势的变动而实现的。但是，由于使馆区列强的集体抵制，北京政府取得的实际成果很有限。1925 年 10 月开始举行的关税会议，有美国、法国、英国、意大利、比利时、丹麦、日本、荷兰、挪威、葡萄牙、西班牙、瑞典等国代表参加，结果有始无终。1926 年 1 月开始举行的法权会议，未解决任何实际问题，废除领事裁判权问题被高高挂起。这两次中国与列强的集体交涉活动，荆棘满途，困难重重，基本目标都未达到。特别是在法权会议上，北京政府代表提出扩大考察在中国的治外法权问题，其中考察范围的第八项包括北京使馆区。而各国代表中的大多数却不同意把第八项列入范围之内，认为这些问题"皆属于政治和外交，而非属于司法性质，均应以外交手续讨论之"[3]。北京政府也是无可奈何。

王正廷有自己的考虑。他指出：废除不平等条约的办法有两种：一是自动宣布废除。如土耳其政府曾三次发表废除不平等条约的宣言。南京国民政府的伍朝枢外长在 1927 年 9 月 1 日发表废除不平等条约宣言，"均无效力"。后来土耳其的废约运动，至第三次成功，是因为凯木尔将军打败了希腊。既有 30 余万雄兵，还有蓬蓬勃勃的民气，结果列强不得不承认

---

[1] 依照王正廷预定的工作进度，1928 年内完成与各国谈判收回关税自主权，1929 年和 1930 年为进行撤废领事裁判权（治外法权）之期，1930 年与 1931 年为着手收回租界主权与撤销外国驻军之期，1932 年则拟自外人手中收回内河航行权与沿海航行权，1933 年则拟收回各国的租借地，恢复中国固有的全部主权（李恩涵：《论王正廷的"革命外交"（1928—1931）》，《抗日战争研究》1992 年第 1 期）。

[2] 松子：《中比商约改订运动》，《现代评论》1926 年第 4 卷第 90 期。

[3] 《中国委员对于治外法权现在实行状况之补充意见书》（1926 年 4 月 26 日），章伯锋主编：《北洋军阀》第 5 卷，武汉出版社 1990 年版，第 134 页。

土耳其的要求。二是会议协商废弃。但在巴黎和会、太平洋会议及北京关税会议时，"中国虽然极力有所要求，然列强均互相推诿，没有什么结果"①。周鲠生也指出：和关系国共同谈判的办法有很多困难，国家间的利害不同，提出的条件和办法很难得到各国的同意。国家既多，便彼此互相推诿，不肯负切实的责任。②

由此，考虑到中国的实力和与多国集体交涉的困难，对"改订新约"，王正廷的办法是"分头接洽，逐步进行，务求于最短期间促其实现"③，即与各国分别进行交涉和谈判，终止旧约，订立新约。从南京国民政府的策略看，没有把复杂的列强在华使馆区特权问题列为即时主要应解决的问题之一，也有一定的道理。列强在华使馆区特权制度长期不能废除，是有客观原因的。这一时期，与列强在华关税协定、领事裁判权、租界及租借地特权制度等方面有所退却相比，使馆区特权制度可谓纹丝不动。

南京国民政府的性质和对列强的依赖性，决定了它在对待不平等条约问题上具有妥协性。这个政府镇压国内革命运动、削平异己派别，事事需要列强的支持。1928年12月10日，蒋介石在中央党部纪念周上说："我们革命党员，是要立在客观地位，要看国际上整个的形势和我们自己的力量怎样……现在还不能达到取消不平等条约的目的，新订条约还要带许多危险性，又不能不同他们交涉，是为什么呢？就是我们自己的力量、地位以及国内的情形。"他说，各国外交的背后，第一是国民的实力，再有一个就是军队的实力，有这两个东西为外交后盾，外交方能胜利。他认为：中国民众没有纪律，不听党的指挥，不肯守一定的秩序；民众没有真实的爱国精神，就是没有持久的力量；只在消极方面去做，不积极求进步发展，光是消极地抵抗人家。我们国家最大的弱点就是国民的三大弱点：不肯守秩序、守法律，不肯听党的命令；消极的抵制，无抵抗的能力；怕外国人。他还说：我们要做现在时代的人，只可接受现在时代的文化法律经济政治来求自强，"现在廿世纪时代各国所应有的国际上的惯例和法律，

---

① 王正廷：《外交力量与废除不平等条约》（1929年1月14日），载吴天放编辑《王正廷近言录》，现代书局1933年版，第47页。

② 周鲠生：《解放运动中之对外问题》，太平洋书店1927年版，第112页。

③ 《外交部为办理废除不平等条约交涉情形的呈文》（1929年5月1日），中国第二历史档案馆编：《中华民国史档案资料汇编》第5辑，第1编，外交（一），江苏古籍出版社1994年版，第47页。

我们中国人自然不能居于例外"。有许多条约，在事实上对于外国是有利的，对于中国是有害的，亦有于中国有益而于外国是不利的，有许多事我们明明白白晓得是有损害的，但是我们要生存在廿世纪时代，要做廿世纪的国家与人类，"可有什么方法，避免这个损害呢？"对于外交的危险性，既然不能避免，又不能闭关自守，居于例外，一方又要要求平等，"那么我们就不能够只享平等的权利，而不尽平等的义务"①。对南京国民政府和蒋介石的上述"苦心"，有人指出："受孙总理付托之重的党国诸公，自然把四万万民众都看成昏庸的'阿斗'，他们身负'以党治国'的责任，不只是有超人一等的'高见'，而且有万不得已的'苦心'。蒋主席不是迭次说过：'必先对内团结而后才能对外吗？''先''后''内''外'是有一定步骤的。"② 蒋介石更多强调的是国民党各派势力和全国民众统一于他的独裁统治，修约外交同时是他党同伐异的借口。

在外交活动中，退让和妥协有时是必要的，但是不能以牺牲国家根本利益和民族大义为代价。中国的国力当然不如多国列强，对外交涉中常常处于弱势地位。然而，即便是弱国，如果在关系国家最高利益问题上立场坚定，从中央到地方万众一心，团结对外，也能形成强大的力量。而南京国民政府的许多作为，恰恰相反。1928 年 12 月 13 日，南京反日会召开市民大会，反对政府在中比、中意及中日交涉中的妥协立场，会后万余人游行，捣毁了外交部长王正廷的官舍。这是表达对修约外交的强烈不满。蒋介石到现场视察，召集群众代表到中央党部训话，声称："三年之后，若外兵不撤，不平等条约不废，请杀我以谢国人。"但第二天，国民政府就明令群众开会游行必须报官厅批准。③ 蒋介石既然主张攘外必先安内，既然认为中国没有反抗帝国主义压迫的力量，中国民众愚昧落后，外交不能成功的责任不在政府，而在民众，既然完全认同西方的国际法律秩序，那么也就没有勇气去彻底废除中外不平等条约，取消列强在华特权，实现中国的完全独立自主了。

---

① 蒋中正：《外交如何可以胜利？革命如何才算成功？》，《国闻周报》1929 年第 6 卷第 1 期。

② 白水：《顾维钧上台后"革命外交"之第一声——请划锦州为中立区域》，《决心》1931 年第 4 期。

③ 中国二十世纪通鉴编辑委员会编著：《中国二十世纪通鉴》第 2 册，线装书局 2002 年版，第 1814 页；韩信夫、姜克夫主编：《中华民国史大事记》第 5 卷，中华书局 2011 年版，第 3245、3246 页。

三　北平市政府对收回使馆区行政权的提议

而在全国统一、南京国民政府推行"改订新约"的情况下，北平市地方政府积极提出了收回使馆区管理权的要求。

当时，阎锡山系统获得了河北和天津的实权，河北省主席为商震。要稳定地执掌平津，获得列强的支持十分必要。1928 年 6 月 12 日，平津卫戍总司令阎锡山亲赴东交民巷，访各国公使。他会晤了领袖荷使欧登科、英使蓝普森、美使马克谟、日使芳泽谦吉、意使华蕾、德使卜尔熙、法代办高思穆。其间，他向各使表示其负维持京津治安之责，一定会保护外侨生命财产。各使对阎均表满意与谢忱。① 12 月 15 日，北平各民众团体在天安门前举行反日大会，到会者达 5000 人，会后举行游行。会前，商震得到报告，即电召北平警备司令张荫梧、北平市公安局局长赵以宽等，要求注意治安。当天东交民巷附近各路口均加派军警巡逻。②

北平特别市首任市长兼国民党中央政治会议北平分会委员何其巩，曾是冯玉祥的秘书长。南京政府对何其巩的任命，是为了制衡阎锡山对北平的控制。何其巩有治理好北平的热情，"任内厘定章规，繁荣北平，筹备自治，励行禁烟，缩编警区，提倡卫生"③。何其巩深受孙中山爱国反帝思想影响，并曾与李大钊有接触，追求进步。1929 年 3 月，他为 1926 年"三·一八"惨案死难烈士公葬大会撰写了纪念文章，指出当时学生和市民请愿是要求执政府严厉驳复八国无理的最后通牒，烈士的牺牲"实帝国主义者勾结军阀，联合实行进攻民众最残忍之屠杀"④。

1929 年 1 月，管理使馆界事务公署向北平市政府致函称：每年补助使馆区修路的 3000 元经费，一向分别在 1 月和 7 月拨付。现在又到 1929 年 1 月，请市政府将前项补助费 1500 元早日拨送过署。1 月 16 日，何其巩上呈国民党中央政治会议北平分会并致函南京国民政府外交部，请将使馆区行政权收归市辖。呈文指出：管理使馆界事务公署又来函请拨修路经费。

---

① 《阎锡山访问公使团记》，天津《大公报》1928 年 6 月 15 日第 2 版。
② 《昨日北平反日大会开会演讲游行》，天津《大公报》1928 年 12 月 16 日第 3 版。
③ 刘绍唐主编：《民国人物小传》第 7 册，上海三联书店 2015 年版，第 54 页。
④ 王养甫、谢霖：《三一八惨案目击记》，中共北京市委党史研究室编：《北京革命史回忆录》第 1 辑，北京出版社 1991 年版，第 397、398 页。

北平使馆区是根据《辛丑条约》第七款及附件第十四项而划定的，当时我国适承变乱之后，倍受联军压迫而签订此城下之盟。30 年来，"界内设警驻兵，筑室修路，一切自由，俨同异国"。现在首都南迁，北平状况与往昔不同，就外国使团的地位而论，固当随同首都南移，不应在北平设馆。就国际相互平等原则而论，也不能根据昔日最不平等条约设这个特殊区域，破坏市政统一。市政府对市区道路经费的支出，只能统筹全局，平均支配，万难指定款项专供使馆区修路使用。现在正值中国与各国修订新约，"对于北平使界行政权，似应早日收归市辖，以期根本解决"。呈文还指出：北平外军打靶，屡伤行人。1928 年 9、10 月间，日兵先后击伤魏殿魁、郑昆、松寿，市政府据情函请外交部交涉，至今案悬未结。而中国军警每经使馆区，反须卸除武装，"不特喧宾夺主，伤损国威，且恐易滋误会，发生不幸事件"。至于使团乘用的车辆，按照国际惯例，虽可免予收捐，藉示优待，"但关于车夫之能力以及车身之构造，仍须受我官府考验，以策安全"。以上各项，均为北平市对外最容易发生纠纷之事，"职府责任所在，难安缄默。除函请外交部分别交涉外，事关国家主权，理合呈请钧会鉴核主持办理"①。具体的收回办法，"目下正在起草中，俟起草完毕，将送外交部，与各国正式交涉"②。何其巩认为，最近各国与中国订约，均声明相互平等。对此问题，必能以友谊的方式妥善解决。③

这个提案得到了一定的重视。1 月 18 日，国民党中央政治会议北平分会议决："北平市府呈使馆界事务署索修路费，系根据辛丑和约。现当中央修订新约，早期废除，将东交民巷行政权收管市辖，结果转呈中央党部分别查照办理。一面函该市府就呈文列举各节，妥拟详细办法，以为对外交涉依据。"④ 张继、商震、李宗侗、何其巩出席了会议。这是清末以来，使馆区所在的地方政府第一次正式地提出收回使馆区管辖权问题。

在此期间发生的纪幕天遭使馆区内巡捕殴打事件，更进一步激起了北

① 《何其巩请收回使馆界行政权》，《革命法学》1929 年第 6 期。当时担任北平市政府秘书长的沈家彝在市政府提请收回使馆区管理权的过程中有一定的作用（参阅朱仲玉《北平特别市首任秘书长沈家彝》，《北京文史》2003 年第 2 期）。

② 《收回使馆界》，《女青年》1929 年第 8 卷第 3 期。

③ 《何市长请收使馆界》，《兴华》1929 年第 26 卷第 5 期。

④ 《平政分会议决案》，《申报》1929 年 1 月 19 日第 8 版。

平地方政府提出上述要求的决心。1929年1月22日晚，国民革命军第八路总指挥部参事处秘书纪幕天乘洋车经过东交民巷西口，突然被使馆区内黄衣巡捕阻拦，称此处是租界，不准中国军人闯入，北平市政府已有明令禁止在案。纪幕天解释，是车夫的错误，非本人有意强入此地。但交民巷实非租界，不许中国军人通行，"或许别有用意，吾甚不解"。纪命车夫退转北走。不料，巡捕肆意谩骂，并举棒乱打、提足乱踢，夺去纪的军帽。而后又将他拖入使馆区内的巡捕房。纪幕天用英语表明了自己的军官身份后，才被释放。第二天，纪幕天致信北平市市长何其巩，陈述了事件经过，并说："况我此次受辱非私人之辱，实国体之辱。辱及私人，不过沧海一粟也。若辱及国家，诚足痛心疾首，顿足大哭也。"① 这一事件，引起了北平各界的极大愤怒。1月24日，市政会议讨论收回使馆区行政权案，预备收回手续，"如道路交通卫生诸端，决由秘书长、四参事、八局长会同审查，分别妥拟办法，由陶履谦召集之"②。市政会议拟定《筹拟收回使馆界行政权案》，和详细接收办法。此前几天，"市府有人提议，将东交民巷德国交还之操场及兵营，与俄国使馆附属房地，先派华警接管，余则俟外部整个的要求使团取消后，再实行接收"③。

在这前后，北平和全国的一些报刊也发表评论，要求取消不平等条约，收回使馆区主权。

1928年的"九七"国耻纪念，是南京国民政府统一全国后的第一次纪念《辛丑条约》国耻日活动。这是"青天白日旗帜下的北平第一次的纪念'九七'，与国民政府实行废约声中的纪念'九七'，暨中央第五次执监联席会议议决恢复民众运动后的纪念'九七'"，人们希望国民政府能注意民众的意志，本着不屈不挠的精神，废除一切不平等条约。④《新北平》杂志刊文指出：不平等条约与20世纪的新中国是不相符的，八国联军侵华战争后中国被迫签订的《辛丑条约》，使得中国"直如儿上之肉，不得

---

① 《北平特别市政府拟收回使馆界行政权及军人纪幕天经使馆界被巡捕阻拦的来函》，1929年，北京市档案馆藏，资料号：J001-007-00013。
② 《收回使馆界之进行》，《申报》1929年1月25日第7版。
③ 《收回使馆界之步骤》，《申报》1929年1月21日第4版。
④ 时梦：《纪念"九七"后的感想》，《革命前锋》1928年第4期。

不任人宰割矣"①。《辛丑条约》是帝国主义深入进攻我们的结果。回顾清末和北洋军阀统治时期的历史，在中国领土上，是不是可以由另一个国家在腹地任意建设城堡、实行武装警备，是不是蔑视我们的主权，比殖民地还不如呢？在东交民巷的公使团挑拨政潮，窝藏罪犯，成了军阀时代的太上政府。国民党北伐军将至北平时，日军筑起战垒，演习作战，每每显露挑衅行动，单这一点，我们所抱的感想又怎样？列强一方面将东交民巷圈为使馆区，拆毁津沽一带要塞；另一方面驻重兵于京奉沿线，包围天津，控制东北，中国一旦有事，每每受其牵制，"阻碍统一，莫此为甚。以独立完整之领土，得由外人自由设防屯兵，左右一切"②。

列强在华的驻军权，尤其遭中国人痛恨。《湖北党务指导月刊》的文章指出：各国在平津一带常驻军队，"这种驻兵实是中国的奇耻大辱，并且日日在外国帝国主义的威胁之下……"③《北平特别市公安局政治训练部旬刊》指出：各国在华驻军及警察权等等特权，没有哪一件不是足以召侮兴戎的。④ 各国在华军备权让列强海陆军可以自由地开到中国来，可以侵占中国的领土，领事裁判权可以行使自如，这些事情都是由不平等条约规定的，"所以不平等条约就是我们民族的卖身契，我们要想免除上述的种种弊害，只好遵照总理遗嘱，将不平等条约取消"⑤。还有人指出：把军备权让给外人，就如容许强盗在我们家里佩刀带枪一样，他们可以随时恫吓我们，宰割我们。"军备权之最严重的损失，是辛丑条约所载明的：容许各使馆境界内得设立警察，驻屯军队，并且架炮于南城。从此他们随时可以粉碎北京，他们渐渐造成了北京的太上政府。"⑥ 这代表了当时舆论界的共识。

当时，人们把新希望寄托于南京国民政府。《认识周报》的文章强调了使馆区问题的重要性，并具体介绍了使馆区内的组织和活动，使馆区的法律根据和国际地位。历史太痛切。文章指出：使馆区不单是中国的奇耻

① 张青震：《不平等条约与二十世纪之新中国》，《新北平》1928 年第 2 期。
② 《九七国耻纪念日告民众书》，《新北平》1928 年第 3 期。
③ 孙几伊：《纪念总理诞辰要废除不平等条约》，《湖北党务指导月刊》1928 年第 1 卷第 2 期。
④ 蒋鹏翥：《取消不平等条约》，《北平特别市公安局政治训练部旬刊》1928 年第 6 期。
⑤ 高广清：《不平等条约的弊害》，《北平特别市公安局政治训练部旬刊》1928 年第 11 期。
⑥ 种因：《不平等条约的概说》，《兴华》1929 年第 26 卷第 32 期。

大辱，也是国际上的怪现象，"我们如果要在国际间取得平等的地位，这种怪组织，一定要取消"。因此，北平市政府请求国民政府收回使馆区的拟意，"这实在是刻不容缓的事"①。天津《大公报》的社评指出："今国民革命成功，中国南北统一。华人智识程度，远非庚子年间可比。而北平已成废都，使馆终当南迁，更无墨守前约，自划界域，形同割据之理。矧按照该约，使馆界本不容华人居住而今日事实岂复尔尔。条约有因情势变迁而取消修正之原则，如北平使馆界之当废除，在法理与事实，胥为绝无可疑之举。"② 这是从国际法上为废除使馆区特权提供依据。

北平地方政府在收回使馆区行政权方面的态度一度是积极的，其爱国立场是值得肯定的。但是，它作为一个地方政府，在对外交涉中的权力和力量非常有限。且本身也处在错综复杂的地方政权关系中，其主张的坚定性和努力的程度，受到极大的干扰和限制，无足够的力量来实现自己提出的主张。

对北平市政府的要求，各国代表没有表现出任何退让的意向。据《新闻报》报道，使团认为，关于使馆区警权交还中国问题，各国公使交换意见后的态度是，近数月来北平商业凋敝，贫民增多，盗窃案迭出，所以交还中国自管的时机尚未成熟。③ 1929 年 1 月，英国公使在一次宴会上向何其巩表示："收回使馆界警权，目下时机尚未成熟，一俟北平治安确可维持，足令外人信赖，则警权交还不成问题。"④ 无论是在《辛丑条约》内，还是在条约外，列强总可以找到充足的拒绝理由。1 月 18 日，外交团讨论东交民巷行政权问题，认为辛丑和约重在赔款，如果中国能象 1881 年法国提前还付德债那样，将庚子赔款立即偿清，则不用等到 1945 年，列国必定立即放弃不平等条约，中国并可驱逐外兵出境。"惟现在情形，辛丑和约中国责任未尽"，东交民巷行政权收回论"似嫌稍早"⑤。列强一直以涉及《辛丑条约》修正和中国政局不稳为由，拒绝交还。

北平地方政府的要求被提交到了南京国民政府。2 月 13 日的天津《大

① 章熊：《北平使馆界》，《认识周报》1929 年第 1 卷第 4 期。
② 《收回使馆界》，天津《大公报》1929 年 2 月 13 日第 2 版。
③ 《使馆界警权交还问题》，《新闻报》1929 年 1 月 17 日第 9 版。
④ 《英使关于使馆界警权表示》，《新闻报》1929 年 1 月 27 日第 9 版。
⑤ 《收回使馆界之反响》，《申报》1929 年 1 月 19 日第 4 版。

公报》报道："政分会比即据情，代转中政会、国民政府，请求核办。兹
闻此项公文已交到外部，业由部照会驻平领袖荷使，提出交涉矣。"① 同日
的《申报》报道：关于收回交民巷行政权问题，王正廷外长曾有照会寄至
荷兰领袖公使，荷使对此尚未召集使团会议。② 然而，2 月 15 日天津《大
公报》转外电的消息说：路透社得可靠消息，"称北平公使团迄未接得外
交部关于收回使馆界之任何通知"。东方社东京 2 月 14 日电做了一个判
断，"王正廷向外交团首席荷兰公使提议收回公使馆区域一事，尚无所知，
谅各国公使难以一致应允。因列国且无撤退驻兵之意，故实现此事，谅系
颇难之问题。列国中关于此问题尚无有征询日本之意向或与日本协议
者"③。南京国民政府方面没有积极的行动。

　　国民党内各派势力复杂，何其巩的主张难以落实。1929 年 3 月 18 日
的《申报》消息说，"外部对使馆界补助马路费，允照案由市府拨上半年
之千五百元，嘱使馆界事务署具领。何其巩主张停拨与收回使馆界行政
权，均已撤回"④。蒋介石与冯玉祥的矛盾激化。5 月 23 日，国民党中央
常委会决定永远开除冯玉祥党籍，革除其一切职务。27 日，冯通电下野。
6 月 17 日，何其巩离职。北平局势也急转直下。何其巩作为冯玉祥的前部
属，被迫躲入东交民巷使馆区。

第二节　使馆区华捕罢岗事件

　　南京国民政府建立后，一方面，大革命时期全国性的废除不平等条约
斗争的影响继续在民众中起作用；另一方面，这个政府提出要 "改订新
约"。同时，北平使馆区内华人和外人之间的矛盾也不断激化。在这些背
景下，使馆区内部爆发了一次群众性的要求收回中国主权的斗争。

一　华捕罢岗事件的发动

　　使馆区内华人巡捕与外人之间的矛盾由来已久。当时，使馆区管理巡

---

① 《收回使馆界外部有提出交涉消息》，天津《大公报》1929 年 2 月 13 日第 3 版。
② 《平津近闻》，《申报》1929 年 2 月 13 日第 8 版。
③ 《收回使馆界使团迄未接通知》，天津《大公报》1929 年 2 月 15 日第 4 版。
④ 《外部允拨使馆界马路费》，《申报》1929 年 3 月 19 日第 8 版。

捕事务的正首领为多默思，副首领为德意志人狄利，系工部局工程处管理员，"为人极粗暴，对华捕恒以奴隶视之，是以华捕对之皆无好感，而多默思一切均以狄利之主张为主张，对狄利无不惟命是从"。多默思部下有中国巡长四人，名为胜捷福、李树堂、双全、宋筱山（又作宋小山）。1929 年 1 月，多默思听从狄利之言，无故开除胜捷福，并有于 2 月间再开除李树堂的传闻。

继任胜捷福之职的是贺德顺。他听从狄利的命令，让华捕每天操练。但是华捕平时从未经过如此训练，且有年逾 50 岁的人，不愿再受训练之苦，对狄利日益不满。贺德顺假意讨好部下，声言改善待遇：华捕勤务上原先每人服务 12 个小时，而改为 8 小时。但是服务 12 小时，每星期可休息一日。只服务 8 小时，表面上似已优待，但是停止休息，仍等于服务 12 小时，工作时间并未减少。且向来每逢阴历年关，各华捕可得 4 元奖金。而本年减少为 3 元至 1 元不等。华捕认为贺德顺是在谄媚狄利，更加愤激，对贺更加不满。① 在特权制度长期存在的情况下，使馆区统治者和华人之间的矛盾，必然会以各种形式表现出来。

1929 年 2 月 18 日凌晨 1 时，狄利巡查至台基厂，看见站岗的华捕王德润手中未持警棍而大怒，上前诘责。王德润答：多默思要求前夜持棍、后夜徒手。狄利问警棍放在何处，要求马上取来。王德润由屋内取出，狄利夺过警棍，痛打王德润。王忍痛呼救，狄利到巡捕房告王失职，又将他看押。由此，华捕非常愤怒。此事由多默思出面转圜，将王释放。不料，狄利身佩勃朗宁手枪，手提大枪，巡视各个岗位，"每见一华捕，必以手指枪怒目而言曰：'你认得这个吗？'其一种凶横状态，殊难令人忍受"。全体华捕 50 余人，即联名将狄利的凶横状况上报使馆区行政委员会委员长休士，请求将狄利斥退。他们要求："（一）取消曼德介绍之宋汉卿及贺巡长；（二）恢复星期日休息；（三）取消狄利；（四）平等待遇；（五）保留不能操练巡捕之名额。"休士未给予答复。2 月 19 日上午 10 时，华捕又推代表四人赴委员会，请休士作最后答复。休士未见他们，派人表示拒绝。由之，华捕于 2 月 19 日下午 1 时宣布罢岗。各华捕罢岗后，即将

---

①《北平使馆界华捕罢岗详情》，《申报》1929 年 2 月 26 日第 10 版。

制服一律交还巡捕房，将私人衣物搬回家，以表示罢岗的决心。①

这次罢岗事件，具有了一定的组织性。2月20日下午2时，罢岗华捕在国民党北平市党部组织罢岗委员会。到会50多人，推于锡龄、孙恩明为主席。会议指出："（一）此次罢岗，完全是我们难受帝国主义者之压迫，及不平等之待遇，绝未受过任何方面鼓惑。（二）我们全体罢岗，不仅是要求改良待遇，藉此还要作收回使馆界之运动。（三）我们罢岗后，须要他将多默思和狄利开除，方可复岗。（四）现在生活程度太高，复岗须要求加薪。（五）在此停工期内之薪资，不得截扣。（六）全体组织罢岗委员会，誓死与帝国主义者奋斗。（七）要求各界援助，并且要全国起来作收回使馆界之运动。（八）严密防止华人入使馆界充华捕。"② 这些要求中，有经济方面的，但重要的是要求收回使馆区。会议决定组织北平使馆界华捕罢岗委员会，设立总务、宣传、交际、纠察4股，每股4人。推李树堂、赵普山、文斌、宝芝庭、刘振铎、于玉山、恩福、何松岩、吉成、郭荣贵等15人为执行委员。推举交际股4人为代表，携带呈文，赴市政府请愿，要求即时收回使馆区。如没有得到圆满答复，则全体罢岗人员赴市政府请愿。请愿呈文如下：

> 窃自一九〇一年，北京条约订立后，东交民巷一带地划为使馆界域。其中市政一切管理，均由使馆派人组织使馆界行政委员会，每年由英法美日四使馆轮流为值年董事，管理使馆一切行政事宜。其下设有巡警局，为维持使馆界治安之机关，专管界内交通秩序之责任。该局设洋委员长一人，洋巡警长一人，华巡警长二人，其他巡警皆华人也。同人等自入使馆界为巡警以来，无不兢兢业业，抱忠守职务，以表示我民族负责职守之精神。虽烈日雹雪之候，亦从未离弃本身之责任。然因界内行政首领为外人，视同人等如奴隶，待遇之苛，惩罚之严，较亡国奴尤有过之无不及。初定每一华捕每服务一年，则每月增加一元。但至今仍未执行。同人中有服务二十年以上者，每月工薪至

① 《东交民巷巡警罢岗》，天津《益世报》1929年2月20日第3版；《北平使馆界华捕罢岗详情》，《申报》1929年2月26日第10版。

② 《北平使馆界华捕罢岗后》，《申报》1929年2月27日第10版。

多亦不得过三十元，其行不顾言。强自压迫之举，不可以数。最近该界内巡警长多默思年老辞职，各使馆拟以曼德继任。而阴险凶狠之洋巡警长，愿取而代之。又恐华捕不满，乃有撤换二华巡长之举。同时且有全体撤换华警之说。同人等忍无可忍，惟有实行罢岗，脱离使馆界，以表示再不受其欺压之决心。同人等目前所诚恳请求于贵府者，则惟本中国国民党先总理孙中山先生所作之三民主义，及废除不平等条约之决心，务于最短期间，彻底收回使馆界，以无再受此等不平等条约之束缚，而发扬贵府革命之精神也。至同人等月薪未发下者，亦祈贵府派人交涉，令速予拨下，以维生计，实为两便。①

呈文述及了华捕的工作和生活状况，指出了使馆区内部的矛盾和压迫，显示出使馆区内部斗争的尖锐性。特别是，与 1925 年使馆区英国使馆华工罢工斗争相比，这次罢岗巡捕包括了整个使馆区的华捕，针对的目标是使馆区，而且非常明确地向中国政府提出了收回使馆区的要求。这是中国普通民众爱国情感的表达，他们的要求已超越了一般的经济需求，而与国家的主权和命运联系起来了。1929 年 3 月 5 日出版的《北洋画报》288 期第 2 页刊登了罢岗巡捕 2 月 19 日所弃警棍的照片。

二　复杂局面下罢岗华捕的斗争

国民党在全国的统治建立后，"蒋介石等上层国民党领袖要着重关心政权的巩固问题，而中下层的众多国民党人却不可能骤然停止革命的惯性思维"②。北平使馆区发生的罢岗事件得到了民众的同情和支持。国民党北平特别市党务指导委员会（简称"北平市党部"）也同情罢岗工人一方。这一组织机构不是由国民党中央委派的，而由原北平国民党地下组织的党员选举产生，其主要成员是北平各大学学生。并且，它直属于国民党中央，可凭后者指令抗衡地方权力部门。③ 由于这样的背景，他们抱有一定的革命理想，注意掌握民众的力量，认为"革命不能离开民众，革命运动

---

① 《北平使馆界华捕罢岗后》，《申报》1929 年 2 月 27 日第 10 版。
② 张海鹏主编、杨奎松著：《中国近代通史》第 8 卷，江苏人民出版社 2013 年版，第 89 页。
③ 杜丽红：《南京国民政府初期北平工潮与国民党的蜕变》，《近代史研究》2016 年第 5 期。

亦不能离开民众运动。只要我们继续不断的去革命，就要继续不断的去做民众运动。这正是总理昭示我们'欲求中国之自由平等必须唤起民众'的意义"①。国民党北平市党部需要利用民众参与其组织的各种集会、抗议活动。

2月19日，国民党控制下的北平总工会提出了援助罢岗巡捕的办法。"闻拟先筹款，接济罢岗各捕。并通电全国，说明此事真相。一面宣传不为外人服务，及请市政府根据上次提议，收回交民巷管理权为根本上之救济。"② 国民党中央社2月20日发自北平的报道为：使馆区华捕58人，"昨因不堪外人虐待，全体罢岗，此间各界深表同情，将即日成立后援会，并有主张完全取消东交民巷保卫界者"③。2月21日，国民党北平市党部通电声援罢岗巡捕。国民党北平市党部、河北省党部及它们领导下的各民众团体组成后援会。北平市党部2月22日呈中央党部、国民政府、各省市党部、各省市政府、各法团、全国各报馆的通电说，华捕罢岗是因为他们不堪忍受帝国主义者的种种苛待，是基于中华民族解放的意义。罢岗事件表现出来的勇敢反抗帝国主义的精神，"是本党主义深入人心，唤起民族觉悟运动之表现"，希望全国同胞一致起来援助华捕，"誓达到解除华捕之痛苦，及收回东交民巷使馆租界之目的"。该通电还把事件与继承孙中山遗训统一起来，即要废除不平等条约，"而求中华民族之独立平等自由"④。北平市各区指委联席会宣言说："罢岗事件是本党主义与革命力量深入民众的影响，亦即民众觉醒的表现。东交民巷之华捕受帝国主义者之压迫与虐待久矣，时至今日，业已觉悟，乃不甘再受帝国主义者压迫与虐待，而毅然自动全体罢岗，作反抗帝国主义之运动，以求解放。凡我国人，应十二分热烈地表示同情，尤应十二分热烈地予以援助……尤有进者，东交民巷使馆界，系帝国主义者向我国用武力压迫租借去的，所有界内一切主权，我国早已丧失净尽不能过问，因此帝国主义者才有役使华捕、虐待华捕、压迫华捕、奴隶华捕、牛马华捕之事实，因此华捕才有全体罢岗运动……所以在这华捕全体罢岗的今日，我们应急速作收回东交民巷使馆界

---

① 《北平市党部民训会之宣言》，《申报》1928年7月30日第8版。
② 《东交民巷华捕罢岗》，天津《大公报》1929年2月20日第4版。
③ 《华捕罢岗续志》，《中央日报》1929年2月21日第4版。
④ 《请援助罢岗华捕》，《中央日报》1929年2月26日第3版。

的扩大运动，尚望全国民众一致起而图之。"宣言提出了 7 个口号："援助罢岗华捕"，"继续罢岗运动"，"收回东交民巷使馆界"，"废除不平等条约"，"打倒帝国主义"，"中华民族觉醒起来"，"中华民族解放万岁"①。这些口号和要求，明显受大革命时期反帝斗争的影响，符合民众争取民族独立和解放的要求，因而具有民意基础。后援会指出：北平华捕罢岗是中华民族觉悟和反对帝国主义的表现，精神可钦，意义至大。希望全国同胞一致努力，收回使馆区，废除不平等条约，并予以经济上的援助，以期早日实现打倒帝国主义的目的。② 国民党北平地方组织试图在罢岗斗争中起引领作用。

2 月 20 日上午，罢岗巡捕先派四位代表到巡长宋筱山处，请他出面主持。宋称：他与多默思、狄利早已不睦，不愿与彼等共事。月前本人曾辞职，多默思约他帮忙到 2 月底。现 2 月份届终，复工一事，他不便交涉，可另推举代表。不过 2 月份内，他负有责任，2 月份的饷项，他可去交涉补发。后罢岗人员在东单牌楼观音寺开会，国民党北平市党部派金殿樑、汪道余参加。议决：（一）设法对待新警；（二）请使馆区行政委员会惩办多默思、狄利两人；（三）请发 2 月份薪饷。党部方面表示，要帮助维持罢岗期间工友的生活，其他要求各案，也当酌予协助。③

原华捕头目与使馆区外人有着千丝万缕的关系，难以与使馆区一方完全割舍，难以坚定地站在罢岗巡捕一边。思想意识上的矛盾性，使得他们不可能在罢岗斗争中起到有力的领导作用。罢岗华捕始终没有强劲的领导集体。这是后来罢岗斗争失败的直接原因之一。

使馆区内的列强尽管有矛盾和斗争，但在保持特权制度稳定性的利益上却是一致的。各国立即联合起来，采取应对措施。2 月 19 日下午，英国、美国、法国、日本、意大利军队的卫队长齐集美国兵营，召开紧急会议，商定由使馆卫队士兵在东交民巷出入口站岗维持秩序。此计划于下午 3 时 25 分实行。东口有法兵 2 人，西口美兵 1 人，新大路北口美兵 1 人，

---

① 《市指委会为华捕罢岗事件呈中央养电暨各区指委联席会宣言》，《北平民众》1929 年第 25 期。

② 《北平使馆界华捕罢岗后援会来电》，《陕西省政府公报》1929 年 3—4 期。

③ 《交民巷巡捕罢岗后》，天津《益世报》1929 年 2 月 21 日第 2 版。

英使馆北口英兵 1 人，日使馆北口意兵 1 人，台基厂北口日兵 1 人，皆全副武装。但岗位只限出入口。界内各路口，无外兵站岗。① 下午 4 时许，上述卫队长又在美国兵营开会，讨论解决办法。有人主张急电上海，请派巡捕来北平服务；有人主张通知天津租界当局，调巡捕来北平。"某卫队长则谓刻中国民气甚盛，津沪华捕亦中国人，于爱国行动，当出一辙，调与不调等。"至于天津印捕，全数不过 32 人，不敷分配。且原有巡捕训练既久，服务方面，甚为得力，兼能通晓英、日、法各国语言。因此，"为善后计，仍以邀回原人为宜"。使馆区行政委员会委员长美国参赞休士于当晚召集各委员开会，讨论解决方法。会议结果，多默思引咎辞职，狄利的位置则不变。另以前京师警察厅保安队督察长曼德担任主任，以华人贺耀亭担任勤务长。所有旧华捕给予全体请长假，另行招募新捕。2 月 19 日下午 5 时起，有愿充当华捕的，可由介绍人向警务局报名，20 日晨即可上班服务。② 这又反映了使馆区特权制度的顽固性和中国人民反帝斗争的复杂性。

2 月 19 日当晚，曼德临时招募以前的保安队退伍警兵，每人每天给洋 4 角，先恢复巡捕的岗位。至 20 日晨 6 时，应募者达 60 余名，临时在巡捕局面试。狄利见华人如此容易雇佣，态度变为十分强硬，并派贺德顺暂代局长职务，拒绝以前的华捕复岗。20 日 8 时，应募的新华捕即在东交民巷口分别上岗。但是，他们对于往来车马不能按照往常旧华捕一样指挥应对，以致秩序甚乱，台基厂俱乐部门前车夫、汽车麇集，不像以前那样整齐。所有各处外兵岗位，也没有撤除。③

招到新警后，使馆区方面态度强硬起来。狄利等向担任领袖公使的荷兰驻华公使欧登科报告，对罢岗各警不要让步。20 日，狄利向记者发表的谈话颇强词夺理。④ 北平市公安局的一则消息说，19 日夜间新的警队由某外人代募补充，"据云外人之欺凌态度将来仍难望其收敛云。"⑤

因为使馆区态度强硬，各岗位上已由新应募者服务，2 月 21 日下午 1

---

① 《东交民巷华捕罢岗》，天津《大公报》1929 年 2 月 20 日第 4 版。
② 《北平使馆界华捕罢岗详情》，《申报》1929 年 2 月 26 日第 10 版。
③ 《北平使馆界华捕罢岗后》，《申报》1929 年 2 月 27 日第 10 版。
④ 《东交民巷巡警罢岗续讯》，《新闻报》1929 年 2 月 21 日第 10 版。
⑤ 《东交民巷华捕罢岗》，《北平特别市公安局政治训练部旬刊》1929 年第 14 期。

时，罢岗巡捕在国民党北平市党务指导委员会民众训练委员会召开全体会议，讨论应对使馆区招募新巡捕的方法及发动游行等议案。党部方面发出援助华捕罢岗的标语：华捕罢岗是反帝国主义的运动，华捕罢岗是中华民族性的自觉，华捕罢岗是被压迫的民族反抗之表现，华捕罢岗是打倒帝国主义的初步，华捕罢岗是中华民族求解放的先声，援助罢岗的华捕，扩大华捕罢岗运动，贯彻华捕罢岗的精神，一致起来收回东交民巷使馆，废除一切不平等条约。[①] 但口号多于行动，国民党北平市党部没有十分有力的支援措施。

据报道，当时因罢岗而失业的有 68 人，其中 10 人最为困难，家口嗷嗷，专靠一人谋生。有一人的父母妻室俱已不在，仅有几岁的小孩，原先上岗时将小孩放在被窝中，下岗后父子共食共寝。还有若干人一旦失业，不仅衣食无着，居住也将无所。各界代筹善后之策。无家可归者，拟由国民党北平市党部借屋数间。市党部借操场北面房屋数间，给罢岗巡捕做办公用。新募的巡捕中，有的人觉得与罢岗巡捕同为中国人，以本国人夺取本国人之衣食，自己良心上不安，同时也受到亲友的劝告。2 月 21 日，有 9 人辞职。新捕系前侦缉队编余人员，为一时衣食所迫而应募，且未明了旧捕罢岗系怠工性质。了解情况后，感到同为在外久经供差之人，又属于北平本籍者为多，各人于良心及面子上都有考虑。[②] 国民党北平市党部答应维持罢岗华捕生活，但对去使馆区报名应募者无力限制。[③]

2 月 23 日，罢岗巡捕分组赴有关机关团体，说明罢岗原因，请求援助。一组往东城各机关，一组往西城各机关，一组赴河北省、北平市政府及国民党河北省党部，中午 11 时出发，下午 3 时回办公处。中午 12 时起，即有有关团体代表来慰问。下午 1 时罢岗巡捕赴北平市党部、河北省政府请求援助。"闻市党部、党政军联席会议等之机关，各捐五十元作为罢岗期内之维持生活费，将来并拟大规模捐款援助。"[④]

依当时国民党政权的格局，党、政、军三方的关系中，地方党部的实

<hr>

① 《罢岗华捕呈请收回使馆界》，天津《大公报》1929 年 2 月 22 日第 3 版。
② 《东交民巷又有二次罢岗酝酿》，天津《益世报》1929 年 2 月 23 日第 2 版。
③ 《平使馆界之罢岗潮》，《申报》1929 年 2 月 22 日第 9 版。
④ 《罢岗巡捕昨日分组出发说明罢岗原因》，天津《益世报》1929 年 2 月 24 日第 2 版。

力和影响力是较弱的一方。国民党北平市党部组织，坐拥虚位，被摒弃在军政实权体系外，权力十分有限。阎系军人处于绝对强势的地位。北平地方军政当局不可能支持罢岗巡捕的持续斗争。

2月24日，国民党北平市党部所属的各民众团体预定上午在天安门前开市民大会。北平警备司令张荫梧奉代理平津卫戍总司令商震令，派出三十八师一个团和卫队两个营到场，宪兵司令楚溪春、公安局局长赵以宽也派来宪兵和警察。天安门正门及东西各门洞布满军警宪人员，每一个门洞有军警20名，另有宪兵，均荷枪实弹。南池子南、长安街南口，各驻有步兵一个连。此外五步一岗，军警荷枪梭巡，禁止行人往来。东交民巷东、西口及水关、台基厂、御河桥、富贵街等处均有大批的保安队，并有军队，士兵携带手榴弹。天安门右侧的中山公园前门、后门临时紧闭。这个阵势，完全是要全力控制和打击民众的反帝斗争。

上午8时，国民党北平市党部指导委员兼常务委员谷正鼎等5人乘车携带孙中山像到达会场，被军警拦下，后者告以今日不能开会。谷正鼎说，阻止开会是一事，悬挂总理像是一事。民众团体已在天安门前高搭演讲台。谷正鼎挂完孙中山像后返回市党部，派车通知在途中的团体勿往天安门，而到党部集合。谷正鼎在报告中说，本日开市民大会，目的是援助罢岗华捕和其他事件，以与帝国主义者相周旋。会后，游行队伍由市党部街出发，队前有市指委会和学联会的两面大旗。大队依序为电车工会、妇女协会、商民协会、农民协会、邮务工会、水车工会、杠夫工会、自来水工会等，这些都是国民党北平市党部领导下的民众团体。每一团体前各有会旗，每个人持有写着标语的小纸旗及铜头4尺长的木棍，全队约5000人。游行者高呼"打倒帝国主义""收回使馆界""废除不平等条约""实现三民主义""国民革命成功万岁"等口号，沿途散发20余种宣传品。出发后，南行出宣武门，经骡马市、西珠市口、前门大街、东珠市口、三里河，折而北行到崇文门散队。[①] 国民党北平市党部既要达到其政治宣传的目的，又不敢反对和突破军警当局的控制。

国民党所属的有关团体当天上午在天安门撤退后，罢岗巡捕继续游

---

① 《北平昨日市民大会因军警严阻改为游行》，天津《益世报》1929年2月25日第3版；中国二十世纪通鉴编辑委员会编著：《中国二十世纪通鉴》第2册，线装书局2002年版，第1832页。

行。他们原准备通过东交民巷附近。北平市公安局已派保安队全武装的 40
人在东交民巷口外戒备，曼德率使馆区华捕在界内警备。这不是一般的劝
阻，而是实实在在的武力威慑与镇压。在使馆区内外军警的压制下，结果
罢岗团退回原地。①

罢岗斗争能否坚持下去，关键在华捕维持生活问题。据国民党中央社
2 月 27 日的消息，罢岗华捕委员会现正着手扩大组织与宣传。所欠之饷，
捕局定于 2 月 27 日午后发放。② 2 月 28 日下午，罢岗华捕委员会开会，决
定党政军均加入组织，各捐临时生活维持费，即募得 500 元。③

这期间，使馆区方面毫不让步。2 月 25 日，曼德新提升 4 名巡长，并
说新捕如愿离岗，不妨请便。因候补者已供过于求，2 月 25 日起使馆区各
国卫队增设的步哨全撤，新华捕已恢复工作常态。2 月 26 日，新华捕经曼
德检验后，续登记 40 名。日前参与罢岗而复工者，仍被陆续革退。宋筱
山赴保定，不再回职，也不参与罢岗会议。日本使馆天羽英二参赞代表使
馆区董事，设宴招待河北省政府主席商震、北平市公安局长赵以宽等，感
谢他们在华捕罢工和市民大会事件中协同保卫使馆区。而他们甚至是可以
决定罢岗斗争命运的。狄利通知罢工巡捕，2 月 27 日发给欠饷，"但往领
者必不多"。国民党市党部拟 27 日发给罢岗者每人两元维持费，其中的极
贫者由市党部收容于对门，给以饭食。④ 反日会捐助 300 元。

3 月 1 日，荷兰驻华公使欧登科访商震，谈使馆华捕罢岗后，新捕已
照常工作，盼勿奖励罢工行为。⑤ 3 月 7 日，罢岗华捕代表于锡龄、赵吉成
携信到河北省政府，希望商震捐款 500 元。罢岗委员会还致信交民巷华
工，号召他们和帝国主义断绝关系，实行罢工。但这两封信都没有得到积
极回应。东交民巷新华捕拟罢工，向罢工委员索要罢工后需要的生活费。
而曼德又招巡捕 60 名备补，并且加薪。⑥ 这样的手段，对瓦解华捕的罢工
意愿是有直接成效的。

---

① 《平军警劝阻市民会》，《申报》1929 年 2 月 25 日第 4 版。
② 《华捕谋善后》，《中央日报》1929 年 2 月 28 日第 3 版。
③ 《华捕后援会扩大组织》，《中央日报》1929 年 3 月 2 日第 3 版。
④ 《平使馆界渐复原状》，《申报》1929 年 2 月 27 日第 4 版。
⑤ 《欧登科访晤商震》，《申报》1929 年 3 月 3 日第 8 版。
⑥ 《平使馆界新华捕又拟罢工》，《申报》1929 年 3 月 20 日第 7 版；《东交民巷新华捕又传有罢
岗酝酿》，天津《大公报》1929 年 3 月 20 日第 3 版。

三　华捕罢岗斗争的意义和失败的原因

这次罢岗行动，得到了爱国民众的充分肯定。北平东交民巷使馆区是帝国主义侵略中国的重要据点，凭着不平等条约，"操纵我国的政治，挑拨我国的内战，阻挠国民革命，庇护反动分子，种种书不胜书的罪恶，都是从那魔窟里发生出来的。在首都南迁北伐成功，打倒帝国主义取消不平等条约的口号高唱入云的现今，还依然有佢的存在，真是太矛盾太岂有此理的现象了！幸而在大家不理的当儿，霹震一声，发生华捕罢岗的事，引起了社会的注意！吾人希望国人不应单独认为华捕要求改良待遇的小问题，须知这是中国国民党中华民族打倒帝国主义取消不平等条约的第一步工作，国民党能不能实现其革命主张，这是一个试金石！"① 有人说：目睹使馆区，"铁壁铜墙，炮眼四射，致区区一隅，形成无数敌国，而收纳逋逃，银行林立，破坏我国之法权，直接施其经济之侵略，何一莫非使馆界之阶之厉。是则援助罢岗，不若收回使界，何待繁言"②。有宣言提出：使馆区华捕罢岗的原因，虽然是不堪巡捕首领的虐待，罢岗的要求，虽然也有"加薪"与"改良待遇"两项；然而华捕之所以受虐待，"是不是因为有使馆界的划定，中国为什么要有使馆界的划定？"因为受不平等条约的束缚，与帝国主义的压迫，所以这次华捕罢岗，"绝不是单纯普通巡捕的罢工，实在是中国民族革命的精神，与帝国主义搏击奋斗的表现。换一句话说，就是华捕罢岗的根本原因，在于不平等条约，华捕罢岗的最后要求，在于收回一切租借地及使馆界，而打倒帝国主义在中国的一切努力"③。因此，援助罢岗华捕的办法，不仅仅是捐几个钱、助几袋面，维持华捕生活，和要求外人撤换正副捕头、使罢岗华捕恢复原职，"最好是乘这机会，向大处落墨，索性对使团提出正式公文，收回使馆界，并撤退保护使馆的外兵"④。

总之，罢岗事件又一次强烈地冲击了使馆区特权制度，提升了北平民

① 西：《华捕罢岗》，《北平民众》1929 年第 25 期。

② 梓：《华捕罢岗》，《新北平》1929 年第 2 卷第 3 期。

③ 国民革命军第三集团军总政治训练部宣传处：《本部为援助罢岗华捕宣言》，《革命前锋》1929 年 12—13 期。

④ 郁青：《华捕罢岗为收回使馆界的好机会》，天津《益世报》1929 年 2 月 27 日第 14 版。

众的政治觉醒。罢岗斗争是一次民众自发性的抗争。巡捕本是使馆区特权制度中的一个环节。华捕罢岗，要求政府收回使馆区，是这一特权制度内部矛盾的又一次展现。虽然他们自身的力量不大，却也展示着使馆区新的反帝斗争的趋势。

　　罢岗斗争的失败，直接原因是华人之间的不团结。华捕罢岗后，在24小时内，新捕即已上岗，"且整齐敏练，不让旧捕，缘有曼德者，曾服务于保安队"。保安队裁撤人员极多，"若辈既不能另营生活，只得坐困"。经外人与曼德商量，后者一呼，应者纷至，"多系保安队曾受训练之人。择其优者，选出五十余名"。因而，外人方面，"毫未感受困难，即能恢复原状。且旧捕有积资甚久，加薪至二十余元者，今新捕一律十余元，经济上亦颇节省"。所以，使馆区方面并不怕华捕罢岗。罢岗人员所贴的标语，虽然有不准华人进入东交民巷的要求，但"此似坐食山空，各处相助岂能长久可恃"①。一些罢岗华捕又返回工作。国民党北平市党部缺乏足够的资源帮助工人，对失业问题束手无策。北平使馆界华捕罢岗后援会曾多方募捐，但没有解决问题。

　　据《申报》5月20日的消息，华捕罢岗维持费已断。② 罢岗者多自谋生计，斗争趋向低落。6月10日，全国国民废除不平等条约促进会召开第一次执委会议，讨论北平东交民巷华捕罢岗委员会经济困难请求本会援助案。决定：由本会转呈中央补助，并由本会通令各级国民废除不平等条约促进会捐助。③ 6月，北平使馆界华捕罢岗后援会代表张明仁、宋绍韩到沪后，即向各方接洽，报告罢岗真象，致沪各团体公函，"面陈一切，祈准予接洽，并捐款若干元，以期失业之华捕得以生活，而敝会之工作得以达到"④。后援会代表还向南京国民党中央党部呈文，叙述华捕罢岗，和最近在使馆区组织华工联合会、努力于收回使馆区的工作情况。⑤ 但国民党控制的北平市总工会和罢岗后援会有矛盾，声称对张、宋到沪活动事先不知。北平使馆区发生的罢岗之事，也引起了蒋介石的注意。因为这些巡捕

---

①　神侦：《华捕罢岗之无结果》，《晶报》1929 年 3 月 21 日第 3 版。

②　《北平要闻》，《申报》1929 年 5 月 21 日第 6 版。

③　《全国国民废约促进会第一次执委会》，《申报》1929 年 6 月 11 日第 8 版。

④　《来件》，《时报》1929 年 6 月 28 日第 7 版。

⑤　《平使馆界华捕罢工已三月余》，天津《大公报》1929 年 6 月 10 日第 7 版。

"不独受过普通教育，抑且深谙外交手续，堪为我国警察之模范"，所以他要求南京市公安局局长姚综关于在北平挑选警察一事中，"可将此次东交民巷罢岗之警兵，悉数调来南京以资补充，勿使模范警察，埋没于草芥之间"。姚派员到北平挑选 400 名，"先招募东交民巷罢岗警兵，如人数不足，再由普通警兵挑选"①。

但是，蒋介石为首的国民党和南京国民政府的对内、对外政策，决定了它们对民众反帝斗争的支持度是有限的，在与列强的关系上也有极大的妥协性。在列强的强力压制下，罢岗事件的失败为必然。1929 年前后，蒋介石正在忙于应对与各路新军阀的混战。南京国民政府的"革命外交"，走的仍然是前北京政府修约的老路。按照国民政府的重订新约宣言，《辛丑条约》属于"其尚未满期者，国民政府应即以正当之手续解除而重订之"。国人要求立即收回使馆区，而南京国民政府显然没有作好准备。"如以软弱求怜之方式，期得帝国主义者之谅解与同情，自动废止对华侵略之依据，实为痴人梦想。""欲求帝国主义者之谅解，则革命实属多事，欲避免打倒帝国主义者困难之工作，则过去一切牺牲均属无谓。"② 而南京国民政府恰恰是这么做的。它的对外政策不是也不可能放在民众力量基础上。群众性的反帝斗争，也是国民政府所不再支持的了。群众运动曾经动员了人民大众起来支持北伐，"但现在南京当局对游行、示威和群众集会看不顺眼了。他们阻拦学生运动，把 20 年代中期的所有这些活动看作打败军阀的有效工具；但这时不再有用了，因为他们掌了权，可以组织力量进行控制了"③。对北平市党部的反帝行为，国民党中央也是不赞同的。蒋介石认为，北平市党部被反动派、小组织所把持，北平的一般青年专以攻击中央为能事，"使得本党的理论不能发扬，这些党部不但不能领导青年，并使青年走岔路，真是危险极了"④。罢岗华捕的斗争也好，社会民众的支持也好，其进展和程度，均不能触及国民党政府对外政策的底线。国民党中央组织部副部长陈果夫在视察北平市党务后说：一班青年

① 东：《北平东交民巷华警罢岗后之近闻》，《公安周刊》1929 年第 1 卷第 2 期。
② 《何应钦等为请厉行"革命外交"的呈文》（1928 年 7 月 21 日），中国第二历史档案馆编：《中华民国史档案资料汇编》第 5 辑，第 1 编，外交（一），江苏古籍出版社 1994 年版，第 35、36 页。
③ ［美］费正清：《美国与中国》，张理京译，世界知识出版社 1999 年版，第 231 页。
④ 《蒋演说对俄今后革命之对象及方法》，天津《益世报》1929 年 7 月 21 日第 6 版。

同志不懂历史演进的道理，"不能依照秩序，常常想急进，结果是弄得走不通"①。

第三节 特殊的外交团制度的取消和外国驻华使馆南迁

国民政府定都南京后，对取消北平使馆区特权制度也作出了一些努力。特别是否定了长期祸害中外关系的特殊的外交团制度，在消除使馆区特权制度方面跨出了重要一步。随着各国使馆南迁，北平的使馆区由公使馆区降为领事馆区。但是，由于国内外局势的复杂性，使馆区特权制度仍然没有根本性的变化。

一 北平外交团非法职能的取消

1927 年南京国民政府成立后，外国的外交界曾制造一种舆论空气，"假若国民政府不由南京迁到北京去，外国就不承认国民政府"。中国的一些政客和外交界人士也主张国民政府派外交次长或外交大员常驻北京，就近与外国驻北京的公使办理外交事务。② 如此，则外交团仍具有"太上政府"的意味。

在北平的外国外交团仍然欲以公使集团的形式，与南京政权打交道，行使外交权。1928 年 10 月底，欧登科赴南京，讨论中荷关税问题。行前，"即为此事与各国使馆有所接洽，临行复与英美两使作具体之讨论。盖北平各公使，仍欲以使团领袖之资格，推欧登科氏向国民政府作总括的接洽。而在欧氏，则亦乐受各国推重其领袖地位焉"③。欧登科是以荷兰驻华公使兼使团领袖双重身份赴南京的。1929 年 4 月 26 日，北平外交团领袖公使欧登科照会南京国民政府外交部，废除 1919 年 5 月 5 日荷兰、比利时、丹麦、巴西、西班牙、美国、法国、意大利、日本、英国、葡萄牙对华禁运武器协定。④ 此时，外交团仍然沿袭着北洋军阀统治时期的职能。

---

① 《中央纪念周陈果夫报告视察北方党务感想》，天津《益世报》1929 年 9 月 3 日第 3 版。
② 召：《北京的公使团与国民政府》，《现代评论》1928 年第 8 卷第 184 期。
③ 《荷使为关税问题南下》，天津《益世报》1928 年 10 月 30 日第 3 版。
④ 韩信夫、姜克夫主编：《中华民国史大事记》第 5 卷，中华书局 2011 年版，第 3352 页。

1929 年 4 月 27 日，南京国民政府照会英国、美国、法国、荷兰、挪威、巴西，提出法权交涉要求。5 月 8 日，南京国民政府外交部又照会上述国家，提出收回上海公共租界临时法院司法权问题。这些照会的发出时间相同，给对方协调立场、一致对华提供了机会。8 月 10 日，英、美、法、荷、挪复照南京国民政府，拒绝中国方面关于废除领事裁判权的要求。9 月 2 日，北平外交使团开会交换对治外法权问题的意见，认为辛丑和约国仍然采取同一态度为有利。"因满约各国之新约大纲，均规定与最惠国待遇无区别，正可援用。俟华方二次声请照会到时，列国再非正式讨论一次，然后分别各个答复。其复文大旨取决于协商，措词各国随便行之。"各国领事裁判权在中国有一国存在时，列国也当作援例存在。① 对上海公共租界临时法院问题，各国一致决定请外交团领袖公使欧登科复照南京外交部。很明显，列强各国仍然企图以集体的强势力量与中国交涉。

9 月上旬，南京国民政府就法权问题第二次发出照会。该照会分三次发出，9 月 6 日发给美国，7 日给法国和英国，9 日发给荷兰、巴西、挪威。这是国民政府为防止再出现对方以集体形式向中国进行交涉而作出的一项举措，各国"于是共同行动之步骤乱矣"②。9 月 10 日，使团讨论南京国民政府外交部第二次要求废止领事裁判权的照会。"各国虽不联合答复，但所取之态度，仍取决于协议，然后各别用书面答复。"③ 11 月 11 日，北平外交团召开特别会议，讨论上海公共租界临时法院问题。

这时，南京国民政府的决心起了重要影响和作用。

国民政府决心打破外交团制度怪例。1929 年 11 月，担任北平外交团领袖公使已经 5 年多的荷兰驻华公使欧登科请假回国。各使决定，在欧登科回国期间，推比利时驻华公使华洛思担任领袖公使。等欧登科离开北平后，使团即会把华洛思继任一事，正式通知南京国民政府外交部。惟"外交部方面，对于辛丑条约各国从来所利用之公使团与领袖公使制度，遇事每以国际集团之势力临我，早不满意。且以首都南迁，在理应以最先驻在南京之公使为领袖，不应仍以旧驻北京最久者为领袖。故自昔对于荷使欧

---

① 《使团讨论治外法权》，《申报》1929 年 9 月 8 日第 8 版。
② 《打破列强协调法权照会分三次致送》，天津《益世报》1929 年 9 月 11 日第 2 版。
③ 《使团讨论法权问题》，《申报》1929 年 9 月 14 日第 8 版。

氏之以领袖公使资格来文时，即不予承认。遇有交涉事项，亦恒向各国分别进行，从未有一度与所谓领袖公使交涉过。故对于此番以比使继任领袖公使，使团通知，定当不予接受。即令接受，亦决置之不理，绝不表示承认之意。"① 12 月 27 日，国民党中央政治会议决定：自 1930 年 1 月 1 日，对于驻华外国人民全部，使一律遵守中国政府及地方政府依法颁布之法令及规章。12 月 28 日，国民政府发出废除领事裁判权的特令。1930 年 1 月 5 日，外交部呈国民政府请饬各省、市政府详查各地外国驻军及警察确数，以便与各国交涉撤军。废除领事裁判权的特令虽然没有实施，却对外国产生了震动。1 月 18 日，北平使团打消联合抗议中国撤销领事裁判权的提议，决定由各国自行交涉。②

　　1930 年各路新军阀中原大战爆发后，阎锡山于 6 月派军强行占据津海关，驱逐了总税务司委任的津海关税务司，6 月 12 日任命阎、冯军总司令部顾问辛博森为津海关税务司，进行了 3 个多月的接管。阎锡山声明，只截留海关的新增税款，用来担保列强债赔利益的值百抽五关税部分仍照旧汇出。因此，各国把这一事件作为中国内部中央与地方之间的冲突，表示不插手。6 月 21 日，作为外交团领袖的荷兰公使欧登科告诉记者：津海关接收与封锁两案，使团迄今未曾讨论，亦未接到天津领事团正式报告，所以使团仍处静观态度。至于连日关系国有所商议，无非是报税及货物通行问题，并非使团会议。他还为辛博森辩护：辛博森本是熟人，因辛说话太多，颇招致列国人士的注意，"甚望辛氏以敏捷之手腕，缓和各方之视线，而将津关问题早日解决"。他又说：1925 年广州扣留关款问题，使团亦未提出交涉。"惟关系国则会有所询问，此亦不得认为使团名义出之者。况中国关税已自主，列国不能干预关务行政。惟为商货及债权范围内者，或有所考量与注意云。"③ 而南京国民政府发表声明，不承认阎锡山委派的税务司，下令撤员封关。这与外交团的意见是相对立的。

　　津海关事件给了南京国民政府不承认北平外交团的非正常职能以契

---

① 尚新：《荷使欧登科月内离华》，《中央日报》1929 年 11 月 7 日第 2 张第 1 版。
② 韩信夫、姜克夫主编：《中华民国史大事记》第 5 卷，中华书局 2011 年版，第 3504—3505、3512、3520 页。
③ 《津海关由新派关员服务》，《申报》1930 年 6 月 22 日第 6 版。

机。国民政府已不愿承认使团领袖代表各国与中国办理交涉的资格。1930年7月4日，驻沪美国总领事克银汉向国民政府外交部驻沪办事处转送来北平使团领袖公使欧登科关于津海关的照会，[①] 后由办事处加封呈递外交部。7月7日，国民政府外交部长王正廷在该部总理纪念周上说：使团这一组织，"各国皆有，无非为礼节上之作用。如国庆日觐见元首时，须有人为之领袖而已，决无代表各国向驻在国说话之理。前清办外交者不明使团之真正性质，一任使团之越规要求，致成国际上之侵犯。袁世凯时代如此，军阀时代亦如此。国府对使团之性质，颇能认清，以吾国代表在外国受如何之待遇，定外国公使在吾国所享之权利，不能使彼等有特殊地位。二三年来，本部态度始终贯彻，国府对外方针，决不让不合理之习惯存在"[②]。欧登科是荷兰驻华公使兼使团领袖，而上述照会由美国驻沪总领事转交。7月8日，国民政府外交部"以手续不合，令外部办事处退还美领"[③]。《申报》报道，此件由外交部驻沪办事处副处长刘云舫亲自当面还给克银汉，请他转交领袖公使。[④] 随后，《中央日报》又报道：荷使欧登科在北戴河避暑，"外部退回之照会，已由使馆送去"[⑤]。8月29日，王正廷在外交部对记者说："使馆南迁问题，按国际惯例，凡一国之国都迁移，则各国公使馆均应随迁于国都所在地……国民政府决根据国际惯例，要求各国使馆南迁。"[⑥] 9月，东北军入关，接管天津。随着中原大战结束，阎锡山下野，其强占天津海关的事件收场。1931年1月，王正廷对北平记者谈到：对使团首席公使名义上应该承认，且各国相同，因为宴会庆祝席上，势必有一位外国代表发言，"惟此首席公使不能代表他国办理交涉，故对各国事均系单独进行"[⑦]。

职能异化的外交团，可以说是使馆区特权制度的一项重要产物，而又进一步强化了这一特权制度。在华外交团的所作所为，长期违背国际惯

---

① 《封锁津海关事件欧登科如何照会宁府》，天津《益世报》1930年7月9日第3版。
② 王正廷：《国府之对外方针》，《中央周报》1930年第110期。
③ 《外部不接受所谓领袖公使公文》，《中央日报》1930年7月9日第1版；《退回欧登科照会》，天津《大公报》1930年7月9日第3版。
④ 《外部璧还欧登科照会》，《申报》1930年7月9日第13版。
⑤ 《荷使尚在北戴河》，《中央日报》1930年7月12日第3版。
⑥ 《国内政况：最近外交情况》，《中央周报》1930年第117期。
⑦ 《外交一般形势》，天津《大公报》1931年1月18日第3版。

例，早为中国人所深恶痛绝。国民政府的不承认举动，得到了社会各界的肯定。天津《益世报》1930 年 7 月 9 日报道中国不承认外交团特别权力消息的标题为"打破外交团"，直言 7 月 7 日王正廷宣告只承认外交团为社交团体，领袖公使不能再代表使团发言。① 这是重要的事件。天津《大公报》发表长篇社评，陈述了特殊的外交团产生的原因，指出：如果真如王正廷所说的那样，"从此否认外交团由领袖公使代表发言之过去的惯例，则固事理之当然，且今日易于贯彻者也"②。还有的评论："北平使团对于政治，往往以领袖代表全体发言，以其团结之可恃也。若中国与别国发生交涉，各国对于中国，不啻联合战线，以为对付，势所使然。换言之，彼辈联合一致，威吓我国耳。例如中日发生交涉，日公使必以其领袖为工具，向我国发言。我政府不察，以彼为各使领袖，当得各使之同意"，华人只知各国公使狼狈为奸，谋我土地，"不复知彼之代表责任为何物也"。文章赞扬王正廷是富有经验的外交家，他"早已洞悉其奸，此等诡计，恐不能再售其奸。王博士之意，嗣后该领袖如非代表他本国，而贸然发言者，决不之理。故此后诡秘之外交家，将无所施其技矣"③。外交团回复到一般的礼仪职能。这是对使馆区特权制度的打击。

在北平的外交团失去了往日的作用，但是使馆区特权制度的其他内容仍然存在。据日本外务省调查，1930 年 1 月北平外国驻军数为 1400 人，其中美兵 400 人，英兵及法兵各 300 人，日兵约 200 人，意兵 100 人，"比荷两国亦各有兵数队"④。如果使馆南迁，则使馆区特权制度会失去存在的理由。《益世报》在分析列强拒绝南迁使馆的原因时曾指出：第一，在保持辛丑条约所得之权利，不肯自动取消。第二，外人心理，仍以中国政局此后恐难免变动，应暂持观望态度。第三，外人认为使馆在北平，拥有东交民巷之武装及北宁路线驻屯军，南迁后即不能保有此项特权。"以此三种原因，故北平外交团多以骑墙之主张，恋恋不愿舍去。"⑤

① 《打破外交团》，天津《益世报》1930 年 7 月 9 日第 2 版。
② 《退还领袖公使照会事件》，天津《大公报》1930 年 7 月 10 日第 2 版。
③ 《使团领袖制度宜废》，《中华实事周刊》1930 年 7 月 26 日第 5 版。
④ 《在华各国驻军现势一览》，《时事月报》1930 年第 2 卷第 2 期。
⑤ 《北平使馆南迁之关系》，天津《益世报》1930 年 12 月 10 日第 2 版。

二 从使馆区到领馆区

一般来说，外国使馆都设在一国的首都。南京国民政府成立后，要求各国使馆南迁。中国舆论界也要求各国遵守国际惯例。外国公使们在北京看到中国的政府在过去的十几年之中，变更了许多次，好像走马灯一样，"他们看见中国的政府这样不确定，也许不愿随着走。这都不是要点；要点是：外国的公使应该追随中国的国都；中国的国都不应该随着外国公使的住所。外国公使是客人；中国政府是主人；客人就主人，这是交际的常识，不然，那是喧宾夺主了。这一点，虽然外国人忽视，而我们中国人却不能不坚持"①。独立于中国管辖之外的使馆区为列国所无，时人盼望"各国使馆均将南迁，情势一经变易，怪例自归无用"②。

1930 年 11 月中旬，国民党三届四中全会在南京召开。时人评论："四中全会开幕，外长王正廷又向大会提议，在首都市内由政府指定不相连接之地址多处，以备各国使馆建造馆舍之用，此实为目下外交方面最重要之提案。盖使馆南迁后，不但在外交方面得其极端的利便，而东交民巷使馆界亦得乘机收回。而新使馆又分其地址，使其隔离而疏其势，以免再如在北平时造成特殊情势，实为最善之计划也。愿四中全会立即通过是项提案，不仅能表示革命政府外交方面之革新，亦能一雪我国数十年来外界方面之奇耻大辱也。"③ 这是国人的期望。这次会议决定："在首都市内，由政府指定地址多处，以备各国建造使馆，定期南迁。所有北平之旧馆舍，一律公平估价收回，以备兴学之用。"④ 11 月 17 日，国民政府外交部非正式地告诉外国馆员，中国方面的原则是：一以绝对的廉价卖与需要之使馆，作为使馆地址，不多赚分文。并如有早来定妥者，可选较好地点。二如有不愿在京购地造屋者，政府可以建造新屋，租赁作使馆。国民政府选择使馆地址，"务使不相连接，决不使成为东交民巷第二"⑤。这明显是要

---

① 召：《北京的公使团与国民政府》，《现代评论》1928 年第 8 卷第 184 期。

② 丁鹤编著：《中国外事警察概要》，丁鹤著译室，1937 年，第 73 页。

③ 薇芬：《东交民巷使馆改迁京》，《铁报》1930 年 11 月 16 日第 3 版。

④ 《各国使馆移设首都案》（1930 年 11 月 15 日），载荣孟源主编、孙彩霞编辑《中国国民党历次代表大会及中央全会资料》上册，光明日报出版社 1985 年版，第 926 页。

⑤ 《新都建设使馆》，天津《大公报》1928 年 11 月 19 日第 3 版。

吸取前清政府时北京东交民巷被列强变成一个独立特区的教训。12 月 5 日上午，外交部长王正廷告诉记者："现政府已指定委员专办此事，不久当有具体办法，呈报政府决议施行。"① 同日下午，国民政府外交部和南京市政府首都建委会开会决定：各国使馆地址须在首都城内，各使馆地点不同在一处，不得在首都最高处，指定后地方大小由各国自选。② 一旦地址确定，"想各国定必将使馆急速尽行南迁，匪特式符国际惯例，即于外交方面，亦有种种便利"③。外国使馆南迁问题，似乎有了希望。

12 月 9 日，天津《大公报》报道：4 日的东京日日新闻载，关于收回北平公使馆区域，国民政府外交部长王正廷最近将通知各关系国，"并闻已得英美两国某种程度之赞成"。同时国民政府决定要求撤退各国在平津及北宁路沿线的驻军。据国民政府内定的办法，公使馆区域的财产将由国民政府收买，所付之款即充作公使馆南迁所需一切铁路运费及使馆在南京购买土地之用。日本已在南京物色土地，"列强使馆南迁亦不过时间问题。现北平公使馆区域之价值已减，国民政府之主张或可不遭列强之反对而实现"④。而且，使馆南迁后，"所谓'使馆境界'既不存在，保护使馆的军队当然应遣回国去，而不能随同来京。这一点我们是很有理由的"⑤。这是对形势的过于乐观的估计。

但是，在北平的外国使馆不会轻易南迁，特权制度也不会轻易放弃。在北平长期的舒适生活，是一个原因。"虽然外国使团已在南京设立了由领事和代办主持的办事处，外交团不想完全离开北平迁到扬子江畔那座泥泞的城市中去。那里一年到头阴雨不断，很难找到新的房子，政府能否长期维持下去也是可疑的。由于在北平的交民巷里拥有房产，在俱乐部和西山避暑别墅里可过舒适生活，外国使团更愿意留在这座京都，因为这里的生活依然是快活的，尽管这种生活显然即将结束了。"⑥ 然而，最重要的原因，还是列强既得的使馆区特权问题。1930 年 12 月 10 日天津《大公报》

① 《王正廷报告外交》，《时报》1930 年 12 月 6 日第 2 版。

② 《讨论使馆南迁地址》，《兴华》1930 年第 27 卷第 47 期。

③ 《最近外交情势：使馆南迁》，《中央周报》1930 年第 132 期。

④ 《辛丑之耻解放之时机到来》，天津《大公报》1930 年 12 月 9 日第 3 版。

⑤ 崔书琴：《使节升格与使馆南迁问题》，《政治评论》1935 年第 155 号。

⑥ ［美］巴巴拉·塔奇曼：《史迪威与美国在华经验》上册，陆增平译，商务印书馆 1985 年版，第 201 页。

报道：5 日东京日日新闻载，相传中国国民政府向各关系国政府提议收回北平公使馆区域，撤退各国在平津及北宁沿线驻军。币原外相的意见是：在适当时期，日本不妨将使馆移往南京或上海，但不能承认交还北平公使馆区域之所有地；驻军撤退问题，列强在平津北宁路沿线驻军的权利，系根据《辛丑条约》。"若该地之权力始终由兵力而更迭，则不能放弃驻兵权。"① 因此，列强不放弃在华驻兵权，则谈不上结束列强在华使馆区特权制度。有些国家的使馆在南京设立办事处，还有些国家的使馆在上海设立分办事处，但在北平的使馆不愿南迁。

国民政府积极希望各国使馆南迁。1931 年 1 月 17 日，王正廷在北平招待报界时说，使馆南迁者已有四五国。其余亦有准备。南京已指定使馆建筑区。② 1 月，北平银行团约估东交民巷九国使馆及兵营附属地建筑，原价 1000 万镑，"折旧与地皮落价，现尚值三分之一。将来收回，或将再打折扣。某侨商提议，使馆区巡捕房，先照华制组织，隶市府。至使馆南迁与否，随各国自由。此事某某三国未允考量，谓俟法权协定解决后，方可讨论"③。还有消息说，旧使馆馆舍，将在估价收回后，"以为兴学之用"④。

实际工作上，各国使馆迟迟未行。1931 年 1 月，北平法国公使馆曾发表非正式声明，"昨日报载该国使馆将移南京一节，谓尚未定期，系将来事耳"。并且，各国都派驻外交代表于南京，作为中国政府与外国使署之间的传达员。"必俟有要事谈判时，各使始亲自至宁。法使亦取此政策，已在宁租定前贺耀祖之私宅，而置一代表，大约将如英德等国，时时迁易其人。法使至宁时，亦寓该宅。"⑤ 而"美政府以使馆南迁建筑经费在国会未通过以前，暂缓准备"⑥。各国各有理由，相互观望。

1932 年 12 月，中苏恢复外交关系。苏联驻华商务主任扎拉曼奉命着手布置驻华使馆，12 月 15 日起打扫东交民巷旧俄使馆房屋，"约下月初旬

---

① 《外交新问题》，天津《大公报》1930 年 12 月 10 日第 4 版。
② 《王正廷招待北平报界》，《申报》1931 年 1 月 18 日第 4 版；韩信夫、姜克夫主编：《中华民国史大事记》第 6 卷，中华书局 2011 年版，第 3765 页。
③ 《使馆界建筑物估价》，《申报》1931 年 1 月 17 日第 8 版。
④ 《使馆南迁后旧都馆舍将估价收回办学》，天津《大公报》1931 年 1 月 22 日第 3 版。
⑤ 《法使馆南迁尚无期》，《申报》1931 年 1 月 21 日第 8 版。
⑥ 《美使馆南迁暂缓议》，《申报》1931 年 3 月 4 日第 4 版。

可正式开馆办公"①。

一些国际舆论要求外国使馆南迁,支持中国废止特殊的北平使馆区。1934年,英国下院昆布兰保守党议员伦恩的一篇文章认为,英国宜终止其使馆在北平的孤立地位,"吾人政策如欲成功,则必须就英使在华所见之事实而判定之,不能在相距一万哩外想像为之"。英使必须与南京要人有密切接触,才能达到目的,决不可"以巾蔽目,暗中摸索消息,而间接成立其断论也"②。1935年伦敦《泰晤士报》的一篇评论指出:英国使馆驻于北平,是时代上的错误。英国外交中心应在中国之重要地点,即南京。北平已成过去光荣之博物院。③1936年,针对英国使馆的南迁问题,《泰晤士报》又指出:数十年来作为外交活动中心的东交民巷,恐怕就要丧失其原来的地位了,使馆迁往南京的举动,是极其正当的。④

到1935年,已有苏联、美国、法国、英国、日本、意大利、德国、比利时、荷兰等国在南京设立大使馆或公使馆。如1935年,美国驻华公使馆升级为大使馆,9月17日,驻华大使詹森在南京向国民政府主席林森递交国书,美使馆自北平迁到南京,租下新华银行房屋。至第二年,美国使馆才正式迁移完成。其在北平的使馆改为总领事馆,留下一批外交官,大使"大致每年留京七八阅月,赴平四五个月"⑤。随着各国使馆迁至南京,国民政府安排"首都警察厅遵法保护,其使领馆署派长警驻守"⑥。

1935年10月8日,南京市政府发布《南京市内外国使馆租用馆址暂行办法》。其中规定:申请租用南京市内土地建筑馆舍,其地点及面积,由外交部呈请行政院核定;其租金全部缴清后,即由南京市政府、外交部会同外国使馆订立永租界桩;租用馆址,除供使馆官员办公居住外,不得

---

① 《俄国驻华商务主任着手布置使馆》,《申报》1932年12月16日第8版。

② 《保守党议员主张英使馆南迁》,《英语周刊》1934年新第64期。

③ 《泰晤士报主张英大使馆南迁》,《申报》1935年6月21日第3版。

④ 《各国使馆南迁的前途》,《外论通讯稿》1936年第1518期。

⑤ 《美大使定期南下 京使馆已迁入新址办公》,《申报》1936年9月12日第11版;[美]巴巴拉·塔奇曼:《史迪威与美国在华经验》上册,陆增平译,商务印书馆1985年版,第201页;韩信夫、姜克夫主编:《中华民国史大事记》第7卷,中华书局2011年版,第4964页。

⑥ 叶楚伧、柳诒徵主编,王焕镳编纂:《首都志》下,正中书局1947年版,第945页。

移转或作其他收益及营业之用。① 这个办法，是主动对外国在宁使馆的地点、面积、范围、用途等方面作出规定，国民政府不允许再出现清末那样各国自行圈定使馆地盘、决定土地用途的状况。南京鼓楼区的北京西路、颐和路一带渐渐发展成了使馆区的格局，但不复有北平东交民巷使馆区的地位。

不过，即使在南方设立了与中国国民政府外交部直接交涉的大使级外交机关，各国也不愿放弃在北平使馆区的特权。1934 年，意大利宣布升级意中关系为大使级，中国舆论认为，意大利政府既视中国为大国而提高其使馆的等级，就当将其使馆设在中国首都，以贯彻其表示好意的初衷。"今其驻华使馆已在上海设有办事处，以期遇事有就近接洽之便利，何不更进一步而撤废在平旧馆，迳设新大使馆于南京？北平东交民巷之使馆区，早为一畸形发展之赘瘤，首都既经南迁，固有及早废除之必要也。"② 各国以中国对《辛丑条约》所承担的责任未结束为借口，拒绝交还北平使馆区。在东交民巷的使馆多改为领事馆或驻南京大使馆北平办事处。如 1933 年日本设立驻北平总领事馆，1934 年英国在北平设立领事馆，1935 年美国在北平设立总领事馆，同年法国在北平设立驻华大使馆北平办事处、德国在北平设立领事馆，比利时在公使馆南迁后设立驻北平总领事馆，意大利和荷兰在北平设立驻华大使馆北平办事处。由此，各国在此地的一些房屋用途有了改变。"日、德、俄、意大使均不复驻于北平，且足迹罕至故都。苏俄大使署之一部分业已改为寄宿舍，他国大使署已将其屋出租一部分，或将出租。"③

虽然北平各国使馆南迁，但"使馆界"这个称呼被继续使用。东交民巷区域仍然由列强各国占据，特权基本没有变化。各国兵营和卫队保留了下来。据 1935 年 9 月的统计，在平津和北平到山海关沿线的外国驻军数量是：美国 1256 名，英国 1004 名，法国 1763 名，意大利 390 名，日本 1838 名，共 6251 名。④

---

① 《南京市内外国使馆租用馆址暂行办法》（1935 年 10 月 8 日），《南京市政府公报》1935 年第 158 期。

② 廷：《晶刘文岛氏并告意政府当局》，《申报》1934 年 10 月 19 日第 5 版。

③ 《美大使詹森昨晨抵沪》，《申报》1936 年 2 月 16 日第 16 版。

④ United States Department of State, ed., *Foreign Relations of the United States*, *Diplomatic Papers*, *1936*, *Volume 4*, *The Far East*, Washington：Government Printing Office, 1954, p. 532.

三　列强在华使馆区特权问题的搁置

日本原来在使馆区占有法国和西班牙使馆之间的一块地皮，东边靠近北京饭店。后来，日本凭借在华北的优势地位，不断扩大其使馆占地。1935 年时，日本在使馆区占地面积已大大增加，除原有的外，沿御河西侧增加了两处使馆用地和日本兵营，周边邻中法银行、中国邮局。这一时期，无论在使馆及相应设施面积的扩大方面，还是在所占据的良好位置方面，日本都是十分突出的。① 在京津、北宁沿线，日军大肆扩充武装力量。如中国方面在山海关一线"受辛丑条约之拘束，三十年来，已无形门户洞开。自九一八事变以来，日方则藉口条约，任意增兵布防，我方则不能自由增兵"②。

随着九一八事变发生，国民政府希望在外交方面得到西方列强的同情，力图促成中日问题的国际化，借外力来抵制日本侵略，而搁置了"改订新约"外交，无暇继续收回列强在华特权。例如，外国列强本来就对取消在华治外法权的问题持消极态度，而九一八事变的发生使得中外有关废除在华治外法权的交涉停顿，国民政府也没有勇气采取单方面的行动。这就更谈不上提出与治外法权直接关联的使馆区特权问题了。国民政府大力发展与美、英、法、德、意等国的外交。而日本打破列强在华均势局面，在平津地区利用不平等条约的既得权利，步步进逼，其驻军的数量、行动早已超出《辛丑条约》的范围。其他国家在平津地区势力的存在，与日本的扩张必然发生矛盾。各国依据《辛丑条约》而在华北势力的存在，成为在华权益较量的重要因素。

西方列强对日本在华扩张活动的应对政策经历了一个转变的过程。1933 年 1 月 10 日，国民政府外交部为榆关（即山海关）事件，向英、美、法、意、比、西、荷政府分致节略，抗议日本非法利用《辛丑条约》特殊权利，攻占山海关城，屠戮该城数千中国人。各该国系《辛丑条约》签字国，应请予以注意。③《辛丑条约》是中国和多个国家共同签署的国际条

---

① 王亚男：《1900—1949 年北京的城市规划与建设研究》，东南大学出版社 2008 年版，第 165 页。

② 《何柱国抱必死决心》，《申报》1933 年 1 月 18 日第 8 版。

③ 《山海关事件外部向七国致节略》，《申报》1933 年 1 月 13 日第 3 版。

约，各国中有一国或数国违背条约，其他国家应该一致阻止其行为，否则"各国应同负破坏条约之责任"①。各国却采取了对日妥协的态度。1月16日，美国政府向中国驻美公使施肇基表示，山海关事件是中日两国之间的冲突事件，并非根据《辛丑条约》规定所发生的事件，所以不予考虑。施当即指出："借《辛丑条约》规定驻在山海关的日军亦参加了战斗。"美方竟称："事件发生伊始，驻兵虽被牵入，但攻击之举，则系锦州开往之军队及海军、空军所为"，予以推卸。② 这完全是在无端地为华北日军开脱罪责。3月，某国公使提出：拟由公使团，以全体公使名义签字，发表一项重要声明，无论何国军队，不得以使馆区为根据地，而向任何军队作战。这一提议，实际上是要限制日本军队在北平的活动。部分公使认为，这一办法必将引起日本使馆的反对，乃决定暂不讨论此办法。③ 这种态度只会让日本更加藐视使馆区其他各国。各国驻北平军队本有限制。而日方借口保侨，向北平增兵，其所有驻平兵额连同其侨民义军及在乡军人，约在2500人左右，竟超出《辛丑条约》所限数倍。④

《辛丑条约》是中国与多国订立的集体条约，从清政府到民国政府，中国一直是信守的。从1931年九一八事变到1933年榆关事件，中国政府一再忍让，希望《辛丑条约》其他签字国依据该条约中的一些条款，阻止日本的侵略行动。然而，欧美各国对中方的请求敷衍了事，甚至纵容日军的行动。这给予了中国人以极大的教训。中国蒙受不平等条约的束缚有80多年，"吾人虽痛心疾首于此无数之桎梏，然其求解放也，莫不出之以光明正大之手腕。在条约义务未解除前，始终忠实履行，而未尝或渝。吾人所望于各友邦者，亦不过欲其忠实履行与我有关之条约义务而已。顾自九一八后，所谓国联盟约、九国公约与凯洛公约之众缔约国皆相率规避，以自放弃其义务矣。结果则不平等条约之痛苦，我独受；平等条约之实惠，我无与。实施不平等条约时，惟恐中国之灭亡；履行平等条约时，又藐视中国之存在。国际条约之真面目竟至于此"⑤。

---

① 王芸生：《辛丑条约与山海关事件》，《芸生文存》第1集，上海书店出版社1989年版，第94页。

② 韩信夫、姜克夫主编：《中华民国史大事记》第6卷，中华书局2011年版，第4304页。

③ 弓长：《各国公使注意事变》，《时代日报》1933年3月25日第1版。

④ 《驻平日兵增至二千五百名》，《申报》1933年5月30日第3版。

⑤ 恒：《论榆关英兵演习事件》，《申报》1934年8月10日第9版。

日本侵略中国、挑战列强的野心却一步步膨胀。1933 年 3 月，日本退出国联。1934 年 4 月，日本外务省情报部长天羽英二发表"天羽声明"，强调日本在中国的特殊利益："如果中国采取利用其他国家排斥日本、违反东亚和平的措施，或者采取以夷制夷的排外政策，日本就不得不加以反对。另一方面，各国也应该考虑到由满洲事变、上海事变所产生的特殊情况，如果对于中国想采取共同行动，即使在名义上是财政的或技术的援助，必然带有政治意义。……如果这种行动有扰乱东亚和平与秩序的性质，则不得不加以反对。例如，提供武器、军用飞机，派遣军事教官，提供政治借款等等，最后显然要导致离间中国和日本以及其他各国的关系，产生违反维持东亚和平与秩序的结果，因此，日本不能对此置之不理。"[1] 日本明显地向其他国家作出挑战姿态。1935 年 6 月，日华北驻屯军参谋长向美联社记者称："如平、津亦变为非战区时，在华北美国及外国侨商无须惧其利益蒙受损失。……扫除平、津之中国军队，商务定可增进。"[2] 这是要驱逐在中国华北的他国势力。日本在华北推动"自治运动"，企图将华北置于其控制之下。

在这种情况下，1936 年 2 月 7 日，美国国务卿赫尔致电陆军部长邓恩，分析了美国在中国华北的军队的驻守问题。赫尔认为，在日美关系紧张期间，两国武装部队的同时存在，意味着这些武装部队成员之间可能发生事件。目前，国务院及其在中国的代表认为，这种危险并不大，似乎没有什么理由期望这方面的情况会有很大的改变。基于军事、政治、外交等各方面因素的重新考虑，这个时候美国在天津驻军的撤退不符合美国的最佳利益。首先，这支部队的急促撤出，将会进一步破坏合作或集体行动制度的残余，这一制度一直是美国在主要的《辛丑条约》大国彼此在华关系方面和与中国政府交往方面的政策目标。美国政府对《辛丑条约》的其他签署国负一定的责任，以及由于与这些国家长期联系而在维持天津武装力量方面负有一定的责任。如果作出了撤销这些责任的决定，最好在终止责任之前与有关国家协商或通知有关国家；其次，撤军可能会引起对在华美

---

① 《日本外务省情报部长天羽声明》（1934 年 4 月 17—26 日），载南开大学马列主义教研室中共党史教研组编《华北事变资料选编》，河南人民出版社 1983 年版，第 56—57 页。

② 韩信夫、姜克夫主编：《中华民国史大事记》第 7 卷，中华书局 2011 年版，第 4902—4903 页。

国公民及其利益的不利反应。日本的宣传可能会鼓励这些反应。撤军可能刺激日本人扩大侵华范围，加快其军国主义扩张的速度。①

对中国来说，由于列强之间关系的变化，其他国家的驻军对日军的侵华行动是有牵制作用的，"外国在中国驻扎部队、停泊军舰和内河航行的权利仍旧保留，但这主要是因为它们已成为国际上反对日本蚕食政策的措施"②。1936 年 5 月 14 日，中国驻美大使施肇基告诉美国财政部长摩根索，虽然在南京政府成立后的一段时间内，中国官员曾希望外国使团离开北平来到南京，并希望外国武装部队撤离，但情况已发生变化。鉴于目前的情况，中国官员对外国外交机构在北平的存在倾向于感到满意。施肇基认为，中国官员宁愿美国的使团驻在北平，美国的武装部队留在华北，否则反而将帮倒忙。③ 美国国务卿赫尔也认为，撤出我们的海军陆战队员、步兵和炮艇，会有令人不快的含义。它会看起来像是在日本的侵略面前撤离，以及默认日本能比中国更好地保护我国的公民及财产。中国人自己尽管以前急于废除治外法权，现在则渴望我们留下，因为他们感到，我们军队的撤退显得像是抛弃中国的命运。④ 日本在中国北平的侵略性行动确实愈加严重。5 月 16 日，日军在北平东交民巷使馆区奥国使馆旧址成立旅团司令部，进一步将使馆区变成军事根据地。"又北平东交民巷某驻军旅团长，近派某探多名，前往冀察平津省市管区内侦查驻军实力及武器、教育情形。闻向平绥津浦各路沿线出发者，已有七起。"⑤

列强之间不断激化的矛盾在一定程度上有利于中国国际环境的某些改善，也推进着北平使馆区特权制度走向衰落。面对中国人民的反日浪潮和民族意识，美国国务院内的许多人认为，美国在废除治外法权以及撤退在华陆军和海军分遣队等有关问题上表现出慷慨大方的态度，将对美国政府

---

① United States Department of State, ed. , *Foreign Relations of the United States*, *Diplomatic Papers*, *1936*, *Volume 4*, *The Far East*, Washington：Government Printing Office, 1954, pp. 532 - 533.

② ［美］费正清：《美国与中国》，张理京译，世界知识出版社 1999 年版，第 232 页。

③ United States Department of State, ed. , *Foreign Relations of the United States*, *Diplomatic Papers*, *1936*, *Volume 4*, *The Far East*, Washington：Government Printing Office, 1954, p. 542.

④ Wesley R. Fishel, *The End of Extraterritoriality in China*. Berkeley & Los Angeles：University of California Press, 1952, p. 197.

⑤ 《北平市政府公安局密令第 272 号》（1936 年 6 月 17 日），载任志主编《绝对真相：日本侵华期间档案史料选》，新华出版社 2005 年版，第 98 页。

和中国政府都有利。① 同时，随着日本在华北势力的不断膨胀，在华北的美军有与日军发生冲突的危险。美国政府和军方人士就是否撤回驻华北的军队问题进行了讨论。主张撤退者认为，一旦发生战争情况，美军的存在没有军事价值；而主张保留者认为，美军在保护侨民撤离时能起到作用。② 这一问题没有定下结论。客观上，美国在北平、天津等地的驻军，对日本在中国华北的势力有某些约束作用。1937 年 3 月 31 日，驻北平美军约 500 人举行阅兵典礼，邀请中国二十九军军长宋哲元和各国驻军司令、武官参观。③

中国首都南迁，随之各国驻华使馆也不得不南迁，严重动摇了北平使馆区特权制度的法律地位。但是，由于不平等的条约制度体系的复杂性，在悬殊的中外力量面前，北平使馆区特权制度难以一般的交涉方式撼动。由于国内外形势的变化直接影响到华北局势，华北地区中外关系的重心发生变化，这一特权制度的废止问题，被暂时搁置起来。而且，国民党政府一边对日军的进攻节节退让，一边却将主要力量用于打击和围剿中国革命力量。人们感叹，《辛丑条约》订立已经 30 多年，中国如果能够发愤图强，也许不会有东北的失陷。可是我们受了这一再惩创，"直到如今，再看看国家的主人翁，一个一个的，还是糊里糊涂。穷的是急不择食，只要有人豢养，就是颠覆国家民族，他也去干。有钱的醉生梦死，以享乐为目的……"④

---

① Wesley R. Fishel, *The End of Extraterritoriality in China*, Berkeley & Los Angeles：University of California Press，1952，pp. 196 – 197.

② United States Department of State，ed.，*Foreign Relations of the United States*，*Diplomatic Papers*，*1936*，*Volume 4*，*The Far East*，Washington：Government Printing Office，1954，pp. 546 – 549.

③ 《驻平美军昨日检阅》，《申报》1937 年 4 月 1 日第 4 版。

④ 池：《九七纪念》，《工训周刊》1935 年 9 月 9 日第 3 版。

第六章 20 世纪 40 年代列强在华使馆区特权制度的废除

全面抗战时期，由于中国人民的英勇斗争，和国际形势的剧烈变动，晚清以来列强在华确立的不平等的条约制度体系走向全面解体。1943 年中美、中英新约从法理上废除了包含有列强在华使馆区特权制度的《辛丑条约》。新约的订立，是中国人民长期斗争的结果，对中国走向独立自主有重要意义。但是，由于多种因素，战后中国政府对列强在华使馆区特权制度的清除是不彻底的。

第一节 列强在华使馆区特权制度的没落

从 1937 年卢沟桥事变后日本侵占北平，到 1941 年末日本全面占据北平使馆区，再到 1943 年日本导演下的所谓"交还"使馆区，使馆区域内经历了大分化、大动荡。列强确立的在华使馆区特权制度内部发生大裂变，走向没落。这为中国废除列强在华使馆区特权制度提供了一定条件。

一 北平使馆区的大动荡

1937 年 3 月，西班牙国内政局发生剧变，其在北平的领事官员离职回国。北平市政府认为西班牙已经自行放弃领事裁判权，对该国侨民被诉民刑案件，应由中国各主管司法机关受理。① 这是《辛丑条约》签字国中又

---

① 《北平市政府关于各国领事陆续去职以后外国人诉讼案件由讼院受理的训令》，1937 年，北京市档案馆藏，资料号：J181 – 020 – 32256。

一个被停止行使特权的国家，其在北平使馆区的特权实际上不再享有。

1937年7月7日，日本帝国主义制造卢沟桥事变，发动全面侵华战争。7月29日，日军占领北平，[1] 成立伪政权。北平沦陷时，东交民巷只留一小门，由美兵把守。东交民巷各国商店皆已闭市。[2] "北平的上空，飘浮着许多彩色气球，宣传着日军的胜利，鼓吹着大东亚的'共存共荣'。低飞的日军战斗机，俨然以主人自居，不把外国驻华领事馆放在眼里，故意在使馆区屋顶飞来飞去，炫耀武力。"[3] 使馆区又一番动荡开始了。

只是，北平使馆区仍然是多国共处的区域。截至1938年11月1日，英国在中国华北的陆军有军官37人，士兵855人，美国官兵555人，法国官兵1529人，意大利342人，上述数字包括平津及附近各地。[4] 管理使馆界事务公署依然存在。如1939年7月，伪政权向管理使馆界事务公署通报：本年下半年应付给使馆区的修路款1500元已经备齐，"相应开具支票一纸，随函附送。即希查收，制给收据为荷"[5]。

太平洋战争爆发前，在北平的日军与外国人大致互不干扰。为了减少国际摩擦，如卢沟桥事变发生之初，日方即向美国表示，不论在何种情况下，日本政府准备对在华列国的权益给予充分的考虑。[6] 一位前日军回忆："我们外出时的注意事项之一，就是尽量避免同其他外国人发生纠纷。当时军部告诫我们说，如果发生纠纷，会引起国际争端，是一件麻烦事。其他国籍的人也和我们一样有意识地相互回避，因此没有发生过什么麻烦。"[7] 1940年1月4日傍晚，一名日兵在美领馆卫队空场中，被美陆战队哨兵开枪击伤，后立即被送入卫队医院治疗。第二天，使馆区美日当局联

---

① 日伪政权将"北平"改称"北京"，但实际上并未得到中国政府和人民的承认，"北平"这一名称仍在使用。

② 《北平入战时状态》，上海《大公报》1937年7月28日第3版；《沦陷后之北平》，《国闻周报》1937年第14卷第33、34、35合期。

③ 杨耀健：《史迪威与中国》，中国青年出版社1991年版，第52页。关于日军占领北平时东交民巷使馆区各国之间的关系，参阅更达《事变时的"东交民巷"》，《纪事报》1946年第27期。

④ 《各国在华驻军统计》，《江西统计月刊》1938年第1卷第12期。

⑤ 《函送本年下期修路协款希查收给据由》（1939年7月3日），（伪）《市政公报》1939年第57期。

⑥ United States Department of State, ed., *Papers Relating to the Foreign Relations of the United States, Japan: 1931—1941, Volume 1*, Washington: Government Printing Office, 1943, p. 319.

⑦ ［日］市川幸雄：《悲惨的战争——我的回忆》，清华大学外事办公室，1990年，第140页。

合发表文告，表示此事正在调查，大约可以和平处理。①

　　然而，错综复杂的国际关系，直接影响到北平使馆区的状况。从卢沟桥事变发生到太平洋战争爆发前，英国、法国长期对日本采取绥靖政策。而日本在使馆区已经取得了主导地位，英法等国在使馆区本享有的特权，也无法保证自身不受日本的侵犯了。1938 年 5 月 14 日晚，日本秩父宫雍仁亲王至东交民巷日本领馆。是日，日方在东交民巷戒备极严，沿路派兵巡视，日本领馆前附近各处均禁止行人来往。英国领馆前也有一名日军哨兵。英方当即请求该哨兵离开，事后并向日方提出严重抗议。东交民巷管理委员会亦因日方在东交民巷阻断交通，向日方交涉。② 8 月 17 日，使馆区法国的两名卫兵在东城某咖啡馆，与一朝鲜人发生争执之后，当即归队。但日方不顾法方享有的特权，将法国卫兵逮捕。法国方面即提出交涉。日方于 18 日释放法国卫兵。③ 由于在远东的力量有限，英国缩小在北平的军队。1939 年 1 月，英国陆军部宣布，英国在天津和北平的驻军，应减至恰够保护财产及维持秩序的限度。④ 7 月 7 日，日本发动全面侵华战争两周年之际，东京"日本爱国同盟会"会员百余人，在东京英使馆区前示威，区内遍贴的标语中有"英人退出亚洲大陆"字样。⑤ 日本要求英国承认所谓的"东亚新秩序"。

　　1939 年 7 月 24 日，日英双方由日本外务大臣有田八郎和英国驻日大使克莱琪签订了《英日初步协定》（《有田—克莱琪协定》）。该协定规定："英国政府完全承认正在大规模战争状态下之中国之实际局势，在此种局势继续存在之时，英国知悉在华日军为保障其自身之安全与维持其侵占区内公安之目的计，应有特殊之要求。"⑥ 英国实际上承认了日本对中国的占领状态。英国屈从日本，不惜牺牲中国利益。但是英国的妥协，反而助长了日本的野心。8 月 12 日晨，一架日机在北平东交民巷上空低飞，掷下中英文传单，上书"打倒英人"和"排斥英人"。英当局向日方交涉，后者

---

① 《平日兵一名被美兵击伤》，《申报》1940 年 1 月 6 日第 3 版。

② 《敌断绝北平使馆区交通东交民巷管理会将交涉》，《新华日报》1938 年 5 月 18 日第 2 版。

③ 《日方蔑视东交民巷特权逮捕法使馆卫兵》，《新闻报》1938 年 8 月 20 日第 3 版。

④ 《英陆军部决定撤退上海华北驻军》，《申报》1940 年 8 月 10 日第 3 版。

⑤ 《日×加紧反英》，《申报》1939 年 7 月 8 日第 4 版。

⑥ 《有田—克莱琪协定（英日初步协定）》（1939 年 7 月 24 日），复旦大学历史系中国近代史教研组编：《中国近代对外关系史资料选辑》下卷，第 2 分册，上海人民出版社 1977 年版，第 143 页。

承认该机或属日方，并称日本境内民间自发的反英情绪今已蔓延至在华日侨。① 8 月 21 日，北平日军发言人称，日军在占领区内之责任仅在军事行动所必要之范围内维持治安，嗣后对于英美侨民生命安全不能负责。8 月 27 日，日方在北平抛起反英运动。日伪组织市民举行反英大会，游行示威，号召抵制英货，不为英人服务，英办学校学生转学。全市遍贴反英标语，警犬身上也带标语满街乱跑。② 29 日，英国驻美大使给美国国务卿赫尔一份备忘录，说考虑到英军在华兵力相对较少，英方已经向英国在华驻军发出指示，避免与日本人发生任何冲突的可能性。③

日本步步进逼。1939 年 9 月 1 日，德国突袭波兰。9 月 3 日，英、法对德宣战，第二次世界大战全面爆发。9 月 5 日，日本外务省发出给英、法、德、波等国驻日大使的照会，表示日本相信欧洲交战国在华军队的存在可能导致不幸的事件，破坏日本的不参与政策。照会要求欧战各国"自愿"撤退在中国境内日军占领区的驻军。各国中只有英、法在华有驻军，所以日本实际上是要求英、法撤军。同样的照会，也被交给美国驻日大使馆。日本的决定遭到了美国的反对。④ 英国担心撤军会被认为是受日本的压力威胁，而放慢了撤军步骤。

10 月 9 日，苏联决定关闭驻北平及津、沪领事馆，⑤ 其人员再次撤出北平使馆区。

11 月 10 日，克莱琪与日本外务省次官谷正之在东京举行会谈，英国答应从中国撤军。这是不得不采取的行动。11 月 12 日，英国陆军部宣布，依据《辛丑条约》驻在中国平津间的英国军队将撤退大部分。此后，英国在彼处仅留足以保护英国财产及维持秩序的士兵。此项决定已通知驻兵华北的各国政府。时人评论："早有撤退之规划，只以撤之曩日，则有接受

---

① 《日机飞东交民巷散发反英传单》，《时报》1939 年 8 月 14 日第 2 版。

② 北京市政协文史资料研究委员会编：《日伪统治下的北平·北平沦陷时期大事记》，北京出版社 1987 年版，第 375 页。

③ Cordell Hull, *The Memoirs of Cordell Hull, Volume I*, New York: The Macmillan Company, 1948, p. 717.

④ Cordell Hull, *The Memoirs of Cordell Hull, Volume I*, New York: The Macmillan Company, 1948, p. 718‑719.

⑤ 北京市政协文史资料研究委员会编：《日伪统治下的北平·北平沦陷时期大事记》，北京出版社 1987 年版，第 375—376 页。

日本威胁之嫌疑，且有准备放弃华北一切权利之嫌疑，及今撤退则认为不致为世人或日人若此误会。法国方面之说明，谓撤兵之性质与范围，俱同英国。英法在欧战为同盟国，兹在远东，亦表见其所谓'政策平行'，'行动平行'。"① 11 月 13 日，英国撤走了在中国华北的驻军 1000 人。11 月 26 日，法国也将驻上海的军队 800 人撤往越南。②

1940 年 5 月，德国占领荷兰和比利时。北平"荷兰公使馆已通知东交民巷若干荷人房产中之德人迁出。而德侨学校与总会刻正徙入德国并奥时攫占之前奥国公使馆，并将荷侨尽数逐出，作为报复。惟德人迄今未□接管荷比两使馆"③。6 月 10 日，意大利向英、法宣战。6 月 22 日，德法签署了法国向德国投降书。这都直接影响到北平使馆区内各国间的关系。曾经横行一时的使馆区特权制度，由于列强的分裂而被冲击得七零八落。

由于使馆区的各方力量分化严重，如何合作维持这一区域的秩序，已经是个十分尴尬的问题。6 月，北平英、法、意三国使馆卫队司令签订由美国使馆卫队司令草拟的协定，试图维持使馆区域的和平状态。规定英、法、意军队不得任意离营，而英、法军队不得行近意使馆及意、德两国经营的娱乐场。各国士兵离营出外，必须各穿自己的军服。英、法兵和意国兵两方，夜间外出，每夜一方，互相轮流。各国军队间发生争执，则由美司令担任裁判。有效期至本年年底。④ 然而在日本的独占野心面前，这一局面维持不了多久。

8 月 9 日，英国驻日使馆通知日方，英国政府已决定撤退在中国上海、北平及天津的驻防军队，以便服务他地。牒文称：英国政府保留 1901 年 9 月 7 日北京条约下所赋予之一切权利，以至此项条约由有关各国同意修正或废止之时为止。⑤ 8 月 13 日，英国在北平兵营的军队撤退。英领事馆卫队"顷引吭高唱战歌，经过使馆界而开始其旅行。此队英军，计军官二人、士兵三十人，于离别时并向驻华美军施行最后之敬礼。英军随于美军

---

① 《英国在远东》，《申报》1939 年 11 月 15 日第 4 版。

② 中国二十世纪通鉴编辑委员会编著：《中国二十世纪通鉴》第 2 册，线装书局 2002 年版，第 2552 页。

③ 《平使馆区将起纠纷》，《申报》1940 年 5 月 27 日第 4 版。

④ 《北平使馆区域英法意军成立协定》，《申报》1940 年 6 月 13 日第 5 版。

⑤ 《英陆军部决定撤退上海华北驻军》，《申报》1940 年 8 月 10 日第 3 版。

奏乐声中向车站进发而附火车赴津。美法各军官暨外交人士以及英国之官吏与人民，亦均往车站送行"①。当时，英国在华侨民并未撤离。已经投降于德国的法国维希政府则宣称，法国政府并未决定撤退驻华之军队。法政府发言人向合众社称，"此问题尚未经加以检讨"。法方人士称，日本仅系要求撤退在华之欧洲交战国驻军，然而法国已非欧洲之交战国。②使馆区的法国势力，已经受控于日本。维希政府的说法，只是自我解嘲而已。

　　尤其是美国，既不满日本的全面侵华政策，又仍然执行"孤立主义"政策，为了自己的利益，不愿走上与日本发生冲突的道路。在中国华北地区的美国外交领事人员和美国驻军，在是守是撤之间徘徊。1938年2月4日，美国国务院发表声明："由于日本现在控制着中国的全部领土，美军作为旁观者呆在那里以保持铁路的通畅已成了外交谎言。"因此，国务院"已下定决心撤回第十五团……把在北平担任警卫队的美国海军陆战队的两个连调到天津，以减少美国在华北的驻军人数"③。3月1日，北平美国海军陆战队的两个连总计200名官兵到达天津。1939年7月24日《英日初步协定》签订后，为了抵消该协定的负面作用，7月26日，美国通知日本，废止1911年订立的日美商约。这是1937年中国全面抗战以来美国对日采取的最严厉的措施。1940年1月14日，在北平美国兵营服务了30个月的美国领馆卫队所属海军陆战队50人，赴秦皇岛，转道回国；第二天，接替的50人至北平。④ 这是例行的调防，也反映出美国此时仍然坚守在华北的存在。

　　美国一步步扩大对日禁运的范围。1940年日本侵入印度支那后，9月25日，美国决定对日实施废钢铁全面禁运。9月27日，德、意、日法西斯订立同盟条约，确立军事同盟。美国既要遏制日本野心的无限膨胀，又要尽量避免与日本爆发直接冲撞。由于驻中国华北的美领事馆和美军面临

---

　　① 《驻平英军昨撤退》，《申报》1940年8月14日第4版。关于这一时期在华英军的情况，参阅杨海青《1937—1940年英国撤退在华驻军初探》，硕士学位论文，武汉大学，2018年。

　　② 《法国驻华军队并未考虑撤退》，《申报》1940年8月13日第3版。

　　③ ［美］阿尔弗雷德·考尼比斯：《扛龙旗的美国大兵：美国第十五步兵团在中国》，刘悦译，作家出版社2011年版，第253页。

　　④ 《美大使将赴汉口》，《申报》1940年1月15日第6版；《美使将赴汉》，香港《大公报》1940年1月16日第3版。

危险，10 月初，在北平的美国外交官和侨民奉美国政府命令开始撤离，①但是美方整体性的撤退行动并不快。

至 1941 年 11 月，美日双方都感到，战争已经逼近。11 月 9 日，《申报》报道：美国驻华海军陆战队司令，"闻已奉到华盛顿电令，准备立即撤退驻华陆战队"。美国在华驻军合计 970 名，其中驻上海 750 名、驻天津 165 名、驻北平 55 名。②日本磨刀霍霍。11 月 13 日，日方决定："把在华的敌对性租界（包括北京公使馆区域）及敌对情况的重要权益（海关、矿山等）掌握在我实权之下。"③11 月 14 日，罗斯福总统向新闻界表示，美国政府决定撤退目前驻在中国北平、天津、上海的海军陆战队，撤退行动大约将于 11 月 25 日开始，并将很快结束。④11 月 26 日，美国国务卿赫尔在致日本的备忘录中，不仅强硬要求日本从中国撤军，还要求日本放弃包括 1901 年《辛丑条约》所规定的各项权利在内的一切治外法权。⑤这是日本不可能接受的。美军还未撤离中国，12 月 8 日，太平洋战争爆发。

日军在偷袭美国珍珠港的同时，也对北平使馆区的美、英领事机构和兵营实施了占领。1941 年 12 月 8 日晨，田中勤少将指挥下的日军独立混成第十五旅团士兵包围东交民巷美国总领事馆。下午，华北美国海军司令官哈斯特上校亲手降下美国国旗，美海军陆战队 120 余名官兵按日军要求就地无条件解除武装。美军被日军拘禁在周村，⑥美国兵营被日本兵查封占用。同日，日军也占领了使馆区英国领事馆和兵营。当时为北平青年学生的董毅在 12 月 8 日这一天的日记中写道："中午十二时四弟回来了，说日本今晨六时与英美已入战时状态，日兵封锁东交民巷，公懋洋行，协和

---

① 《美大使夫人准备返美》，《申报》1940 年 10 月 14 日第 4 版；北京市政协文史资料研究委员会编：《日伪统治下的北平·北平沦陷时期大事记》，北京出版社 1987 年版，第 381 页。

② 《美驻沪海军陆战队奉令作撤退准备》，《申报》1941 年 11 月 9 日第 9 版。

③ ［日］堀场一雄：《日本对华战争指导史》，王培岚等译，世界知识出版社 2017 年版，第 440 页。

④ United States Department of State, ed., *Foreign Relations of the United States*, *Diplomatic Papers*, *1941*, *Volume 5*, *the Far East*, Washington: Government Printing Office, 1956, p. 583. 关于这一时期驻华美军的撤退问题，参阅陈志刚、张秀梅《1939—1941 年美国在华撤军问题初探》，《抗日战争研究》2017 年第 3 期。

⑤ ［日］堀场一雄：《日本对华战争指导史》，王培岚等译，世界知识出版社 2017 年版，第 436 页。

⑥ 穆玉敏：《北京警察百年》，中国人民公安大学出版社 2004 年版，第 456 页。当时被拘禁的美军人数，各种资料所述有不同。

医院，各教会学校，育英停课，日兵前去封门，学生皆令回家……"东交民巷使馆区的历史发生转折性变化。12月17日午后，董毅"转入东交民巷，除去英美银行及英美大使馆封闭外，一切皆如常态，唯觉各房屋皆倍加寂静一般，穿交民巷而过，到哈德门大街，转折而北，在交民巷与东城，偶已可见三三两两之西洋妇女仍是皮毛异装在身，唯大不似昔之趾高气扬，且多皆中老年之妇女，青年不见……"① 使馆区的西洋人都成了被征服者。至12月19日，日军占领了使馆区。② 伪《警声》杂志刊登了一组日军进入北平、天津美英兵营和租界的照片，其中有"北京日军开入美兵营"和"北京东交民巷美兵营下旗"③。《华文大阪每日》刊登了一组日军进驻美英在华租界和北平使馆区的照片，其中有一张的标题为"北京东交民巷区域为接收英美敌性资产而遮断交通"④。这是使馆区特权制度内部矛盾的空前激化。

列强在北平使馆区长期共同驻军、共同管理。现在，使馆区别国势力基本被铲除，日本在使馆区是绝对的统治者。由此，法律意义上的使馆区特权制度走向末路，离其全面崩溃已经不远了。

此刻，中国作出了正义的决定。1941年12月9日，中国对日本宣战，"昭告中外，所有一切条约、协定、合同，有涉及中、日之关系者，一律废止"⑤。同日，中国对德、意宣战，"中国对德意志、意大利两国立于战争地位，所有一切条约、协定、合同，有涉及中、德或中、意间之关系者，一律废止"⑥。日本和意大利在北平使馆区的特权，当然被废除。

1942年年底，除官方人员及日、法、意驻军外，居住于使馆区内的户籍，计"日侨七百，德侨一四九，法侨五七，美侨五十一，俄侨四十五，意侨十七，英侨十六，西侨三，此外并各使馆、饭店、侨民住宅等雇役之

---

① 董毅：《北平日记：1939年—1943年》(4)，王金昌整理，人民出版社2015年版，第1010、1018页。日记中提到的大使馆，应为领事馆。

② 韩信夫、姜克夫主编：《中华民国史大事记》第9卷，中华书局2011年版，第6683页。

③ 《扫除京津美英暴力》，(伪)《警声》1942年第3卷第1期。

④ 《断然粉碎英美之进驻》，(大阪)《华文大阪每日》1942年第8卷第2期。

⑤ 《国民政府对日宣战文》(1941年12月9日)，王建朗主编：《中华民国时期外交文献汇编》第8卷，上，中华书局2015年版，第8页。

⑥ 《国民政府对德意宣战布告》(1941年12月9日)，王建朗主编：《中华民国时期外交文献汇编》第8卷，上，中华书局2015年版，第8页。

中国人约一八五〇名"①。可见，日本侨民已是使馆区内的主要外籍居民。

二　日本"交还"使馆区的闹剧

1942 年至 1943 年之交，世界反法西斯战争出现重要转折，同盟国在欧洲和太平洋战场都开始反攻，形势对日本越来越不利。在此情况下，日本推出了对华"新政策"。其中之一是通过加强汪伪政权的政治力量，改善其形象，要求汪伪政权参战，以集中力量应对日本与同盟国的决战。汪伪政权声称自己是中国"唯一的合法的中央政府"，需要通过日本在租界和治外法权方面的退让，来增强自己的"合法性"。为宣传"日中亲善"，日本导演了一场"归还"中国主权的闹剧。1942 年 12 月 21 日，日本御前会议提出，在同盟国反攻达到高潮前，加强汪伪政治力量，"对于在中国的租界、治外法权和其他特殊的各种形态，应以尊重中国主权和领土的精神为基础，设法尽速予以撤销，或者予以调整"②。于是，日本控制下的北平使馆区成为一个重要的表演道具。

1943 年 1 月初，日本得知美国国会将于 1 月 8 日审议有关取消美国在华法权及其他特权的条约，马上提前原定于 1 月 15 日与汪伪政府签约的安排，以便抢在美英之前订立"交还"租界的条约。1 月 9 日，汪伪政府向英美宣战。同日，伪国民政府代理主席、伪行政院长汪精卫和日本驻南京"大使"重光葵签订《日华关于交还租界及撤废治外法权之协定》。协定的第二章"公共租界及公使馆区域"第五条为："日本国政府应承认中华民国政府迅速收回北京公使馆区域行政权。"③ 汉奸政权"收回主权"的闹剧就此开锣，"汪逆参战猴戏演出之后，敌寇的'新脚本'遂连珠而至。于是汪逆及其手下的小猢狲，便在所谓'独立自主'的舞台上面，乱翻起筋斗来了"④。1 月 10 日，伪北平市公署及伪新民会市总部联合于太

---

① 章玉和：《东交民巷杂谈》，（伪）《中和月刊》1944 年第 5 卷第 6 期。

② 《日本御前会议决定：为完成大东亚战争而决定的处理中国问题的根本方针》（1942 年 12 月 21 日），复旦大学历史系中国近代史教研组编：《中国近代对外关系史资料选辑》下卷，第 2 分册，上海人民出版社 1977 年版，第 195—196 页。

③ 《日汪关于交还租界及撤废治外法权之协定》（1943 年 1 月 9 日），复旦大学历史系中国近代史教研组编：《中国近代对外关系史资料选辑》下卷，第 2 分册，上海人民出版社 1977 年版，第 197 页。

④ 傅弉：《什么是敌寇的"对华新政策"？》，《解放日报》1943 年 4 月 27 日第 4 版。

和殿前召开所谓"北平市歼灭英美参战国民大会"①。

日本方面拟定剧本，汪伪政权卖力配合。3月22日，汪伪外交部长褚民谊与重光葵签订日汪所谓的《关于日本交还北京公使馆区行政权实施细目条款》及《附属谅解事项》。《条款》规定：（一）汪伪政府"收回"使馆区行政权；（二）该区域内之"道路、桥梁、阴沟、沟渠、障壁等诸设施，应与隙地同时无偿移让"给汪伪政府；（三）汪伪政府承诺"按照现状，尊重并确认日本国政府及臣民在公使馆区域内所有关于不动产及其他之权利与利益，并应对此取必要之措置"等。《事项》规定：行政委员会所保存的关于公使馆区域的文书记录等，应随需要而尽速移交汪伪政府地方当局；汪伪政府地方当局，应接用行政委员会所雇佣的巡警，与其他中国籍职员及从业员；根据条款第二条，所应移让的公共设施，包含附属于该公共设施的一切固定设备，及为管理维持用的器具材料等；关于条款第三条的具体事项，应由伪日地方当局以协议实施之；汪伪政府于公使馆区域行政权收回实施后，在该地域内施政时，关于侨居该地域内的日本臣民的居住营业及福祉等，至少应维持向来之程度；公使馆区域行政权收回实施后，为充作汪伪政府方面在该地域内行政上所需经费之一部起见，于根据日本在华现今所有之治外法权而起之课税问题，尚未处理以前之期间内，日本政府应将相当于日方按照向来成例所补助之金额，仍旧补助外，并应将相当于向来日本臣民负担之赋税金额，向侨居该地域内之日本臣民所收后，交与汪伪政府地方当局。②

上述"脚本"的内容很具体，大到使馆区"行政权"，小到路、桥角角落落和文书档案，汪伪似乎都将替中国"收回主权"了。只是，日本方面占有的地产、房产和所拥有的权利及日本人所得的利益都不得触动。日本方面维护了其最大的利益，给伪政权一点点面子上的"施舍"，以展现伪政权"体面接收"。这两个文件名义上是双方协议，实际上是日本方面的指令，汪伪方面照单过目、画押。

---

① 北京市政协文史资料研究委员会编：《日伪统治下的北平·北平沦陷时期大事记》，北京出版社1987年版，第391—392页。

② 《收回北京使馆区昨签订实施条款》，《申报》1943年3月23日第2版（太平洋战争爆发后，《申报》被日伪控制）；《北京公使馆区域收回实施条款》，（伪）《中央导报》1943年第3卷第35期。

在日本方面的干预下，2 月 23 日，法国维希政府、西班牙政府被迫"放弃"或"交还"了在北平使馆区域的行政权。当日，法国维希政府宣布："法国为加强中、法两国邦交起见，决定撤销在华治外法权并放弃北京东交民巷使馆区、上海公共租界、福州鼓浪屿公共租界及上海、汉口、天津、广东各租界之行政管理权。法国政府准备在有关之各种问题解决后，于最早可能时期内予以实行，并即宣布之。"① 3 月 29 日，褚民谊与意大利"大使"戴良谊签订关于意大利政府"交还"北平使馆区域行政权协定。②

这幕闹剧的高潮在 3 月 30 日。当日，日本"交还"在华各地租界、北平使馆区的仪式分别举行。下午 4 时，日汪"交还"北平使馆区仪式在台基厂二条胡同西口外的俱乐部举行。参加仪式的汪伪人员有吴凯声（代表伪国民政府）、"华北政委会财务总署督办"汪时璟（代表伪华北政务委员会）、伪市长刘玉书（所谓"接收责任者"）等，还有意大利"公使馆秘书"朴尔那斯、法国"大使"戈思默、西班牙"大使馆秘书"茂乐斯，皮史克和佟泰梅（均为"管理使馆界事务公署代表"）、藤井又一（"管理使馆界事务公署署长"），最重要的角色为日本驻北平的盐泽清宣"公使"、北川"总领事"（"返还责任者"）。首先，由北川以使馆区"行政委员长"的名义向伪市长刘玉书说明"交还"使馆区之意，并将使馆行政区目录及有关文件面交刘玉书。然后由刘玉书致词，法、意、西代表"祝贺"，最后由盐泽做演说。③ 之所以选定这一天，是因其为汪伪政权所谓的"还都"三周年纪念日。日伪方面还达成协议，"为纪念中国参战及大东亚建设，与德国方面交涉，利用前奥国兵营旧址东北角一带，建设纪念碑……"④ 这般表演，只不过是在日本侵华史上又增添了"主子"和"儿皇帝"之间的一场把戏罢了。

---

① 《法政府宣布决交还在华租界》，《申报》1943 年 2 月 24 日第 2 版。参阅葛夫平《抗战时期法国对于废除中法不平等条约的态度》，《抗日战争研究》2003 年第 3 期。

② 《中义交还使馆区签订协定》，《申报》1943 年 3 月 30 日第 2 版；钱泰：《中国不平等条约之缘起及其废除之经过》，台北"国防研究院"1961 年版，第 172 页；蔡德金、李惠贤编：《汪精卫伪国民政府纪事》，中国社会科学出版社 1982 年版，第 201 页。

③ 《各地日租界平使馆区昨分别举行接收仪式》，《申报》1943 年 3 月 31 日第 2 版。

④ 《北京公使馆区域隙地使用方法》，1943 年 3 月 30 日，北京市档案馆藏，资料号：J001 - 002 - 00753。

1943 年 3 月，民国初年成立的使馆区管理委员会不复存在。汪伪政府决定将使馆区划归所在市政府管理，"公使馆区域之行政委员会及使馆，因领署均行解散，另设警察局第七分局，现服务之巡捕，愿再继续服务者，可继续工作"①。伪市警察局内七区分局负责该地段治安户籍事宜，取消交通岗勤务。伪市警察局原特务科长袁规任分局长。汪伪特务组织曾一度盘据于此，为非作歹。②

对日本主子的"恩赐"，汪伪政权感激涕零。4 月 7 日，伪立法院长陈公博作为"特使"，专门到东京"答谢"，并表明汪伪政权协助日本"建设大东亚新秩序"的决心。4 月 19 日，伪行政院副院长周佛海在北平对记者自许："此来目睹青天白日旗飞挥于英美在华之大本营东交民巷使馆区域，尤令人欢欣鼓舞之情，不禁毅然而起。惟英美残余势力，仍未消灭，最后胜利，尚未完成。今后仍须吾人之努力与奋斗。本人以为欲完成吾人所负之神圣使命，对外必须团结，对内必须统一，东亚轴心各国之团结，必须心如铁石，固如金汤，各举所有人力物力，以供献于战争，然后英美之屈服可待，战争胜利可期。"③ 也就是说，日本将昔日列强特权区域"交还"于中国，中国便要更紧紧地将自己与日本捆绑在一起，为日本帝国主义侵略战争服务。汪伪政权在中国国家主权和尊严上毫无廉耻。

5 月 19 日，中国国民政府外交部照会法国维希政府驻华代办：法方与汪伪政权竟签订关于"归还"北平使馆区等的协定，是违背国际法的行为。中方声明，"所有法国依照中法间不平等条约取得之租界，北平使馆界、上海公共租界、厦门公共租界行政权，领事裁判权及其他特权，已因法国政府之非法行为，归于消灭，中国政府不再受其拘束"④。法国在北平使馆区的特权即被取消。8 月 1 日，中国政府正式宣布与法国维希政府断交。

① 《北京使馆区划归市政府管理》，《申报》1943 年 4 月 6 日第 2 版。

② 向风：《日伪时期的北京警察局》，北京市政协文史资料研究委员会编：《日伪统治下的北平》，北京出版社 1987 年版，第 265 页；吴逸民：《昔日之东交民巷》，载北京市政协文史资料研究委员会编《文史资料选编》第 39 辑，北京出版社 1990 年版，第 254 页。关于伪内七区警察分局的情况，可参阅《北京特别市公署警察局内七区警察分局组织规则》（1943 年 3 月 30 日），载蔡恂《北京警察沿革纪要》，北京民社，1944 年，第 272—273 页。

③ 《周副院长在平谈话》，《申报》1943 年 4 月 28 日第 2 版。

④ 《外交部为抗议法国承认汪伪政权取消法国在华特权致法国驻华代办彭固尔照会》（1943 年 5 月 19 日），中国第二历史档案馆编：《国民政府抗战时期外交档案选辑》，重庆出版社 2016 年版，第 656 页。

实际上，汪伪政权收回的不过是表面的"主权"。汪伪政权完全在日寇的控制下，"在南京，有由'大东亚省'派来的直接指挥伪政权的'大使'；在沦陷区有数十万日本'皇军'；在伪政权里面，还有不少掌握实权、颐指气使的日本人的次长或顾问官之类；连汪逆自己的一言一动都无不受日本鬼子的监督。在此种情况下，所谓'交还租界及废止治外法权'，不是最可笑的骗局吗?"① 如日本战犯古海忠之等编写的《日本帝国主义侵略中国史》所言，"实际上租界已经扩大为全中国的日本军占领地区，日本军掌握着全部占领区的实权，……所谓的归还租界，只能是一派胡言"②。具体到北平使馆区，因这一带原有许多外国银行和产业，敌伪声称："据经济专家表示，北京使馆区交还以后，自可作为中国经济改造之根据地。惟公使馆区域行政委员会之行政权，虽在最近期间，即将移交国民政府，但关于课税以及一切经济上之权限，仍将继续归行政委员会处理。不过治外法权问题，从此已获解决。"③ 治外法权只是名义上的取消。使馆区实际的控制权仍在北平日本当局手中。汪伪政权是日本侵略者的走狗，这番表演"是敌寇在政治上玩弄的一种手法，它以这种障眼法来掩盖殖民地的实质"④。

世界法西斯势力江河日下，北平使馆区内部继续发生分裂。1943 年 9 月 8 日，意大利宣布无条件投降。9 月 9 日中午 12 时 10 分，日方派人赴东交民巷意大利"使馆"，令意大利"参事官"斯特拉内停止执行事务。至 9 月 10 日，并解除意大利"使馆"卫队的武装，同时对于斯特拉内以下各馆员，"予以监视保护"⑤。

10 月 30 日，日汪又装模作样地签订了所谓"同盟条约"，规定日汪"应互相尊重其主权及领土，并于各方面讲求互助敦睦之方法"。附属议定书确认"日本国根据北清事变北京议定条款，及其有关之文书所有之驻兵

---

① 《汪逆的丑剧》，《解放日报》1943 年 1 月 13 日第 1 版。
② 中央档案馆、中国第二历史档案馆、吉林省社会科学院合编：《日本帝国主义侵华档案资料选编·汪伪政权》，中华书局 2004 年版，第 910 页。
③ 《收回北京使馆区后将使中国经济建设益趋强化》，《申报》1943 年 3 月 24 日第 4 版。
④ 傅珏：《什么是敌寇的"对华新政策"?》，《解放日报》1943 年 4 月 27 日第 4 版。
⑤ 《日对平义使馆措置竣事》，《申报》1943 年 9 月 16 日第 2 版。

权概予放弃"①。华北早已被日军侵占，所谓"放弃"，乃一派胡言。而且，在日本帝国主义的垂死挣扎中，使馆区域早已被紧紧地绑在日军的战争机器上。使馆区（内七区）居民粮食实行配给，住民须去内一区公所呈报户口。② 汪伪"国府参战后年半间之北平性格，已为一变，街头不仅霓虹灯消失，即闹市王府井大街已掘筑防空壕，公使馆区空地已种满莨蕨，街头巷尾，充满为求胜利作一切努力之表征"③。只是，日伪已经途穷日暮，还能"胜利"吗？

汪伪政权对北平使馆区的"接收"，既没有收回中华民族的最高权益，也不被中国政府和国际社会所承认。随着中国人民抗日战争的胜利，这个汉奸集团被永远地扫进了历史的垃圾堆。

三 中国废除列强在华使馆区特权的新契机

就由《辛丑条约》各关系国共同维持的北平使馆区特权制度来说，美英等国的特权早已被日本废除、鲸吞。日本还导演了一场颇有声势的"归还"中国权益的闹剧，并宣称"交还租界"和"撤废治外法权"的结果"是由于日本的决意而实现的"④。日本对美英展开政治攻势，这倒从另一面推进了列强在华使馆区特权制度走向终结。

第一，从美英对在华特权的行使看，包括列强在华使馆区特权制度在内的特权已经名存实亡。

日本早已占领中国华北和东南部地区，原先美英在华的重要特权，如北平的使馆区域、沿海的公共租界都被日本侵占，美英已毫无可行使的权利。在北平使馆区域，其建立以来多国统治的局面因日本的全面占领而不复存在，美、英两国的领事机构被关闭，驻军被日军拘禁，管理使馆界事务公署随着使馆区被日本彻底控制而失去存在的意义，后又因使馆区被"移交"给汪伪政权而消亡。使馆区内外的各种外人产业早已撤离或被日

---

① 《中华民国日本国间同盟条约》（1943 年 10 月 30 日），载南京大学马列主义教研室《汪精卫问题研究组》选编《汪精卫集团卖国投敌批判资料选编》，1981 年，第 290、291 页。

② 《使馆区民同时配给》，（伪）《北京市政旬刊》1943 年 4 月 14 日第 3 版。

③ 《北平防空态势强化》，《申报》1944 年 9 月 30 日第 1 版。

④ ［日］信夫清三郎：《交还租界与撤废治外法权的效果》，（伪）《译丛》1943 年第 5 卷第 5 期。

伪接管。在这一带居住的侨民完全受日伪管辖。总之，作为使馆区特权制度主要内容的行政管理制度、土地制度、驻军制度、司法警察制度等等，完全没有了旧日存在的状态。日本在使馆区独霸天下。美国认识到，在日本占领中国的状态下，"大部分美国人，至少是在（日本军事占领的）主要中心居住的美国人的正常活动已经停止……治外法权制度是必然要取消的"①。如日本人后来讽刺：美英的放弃特权"舍冗言而外实空无一物"，"英人已不能谈此等区域之保留或交还事矣"，"英美华北驻兵已尽成俘虏，故放弃其华北驻兵权，徒使整个协定添一'笑料'而已"②。而且，美英在华徒有其名的特权，反成为日本对其进行政治攻击的借口。

中国各界也指出美英在华特权已经徒有其名，是到该放弃的时候了。1942年10月4日，蒋介石告诉来华的美国总统特使威尔基，"美国从来对于中国并没有因不平等条约而享受特别利益"，在战时即自动放弃不平等条约"这一举动于美国绝对无害，而可以使正义发扬，中、美交情格外增进……"③ 10月19日的重庆《大公报》社评也指出：在不平等特权中，"最主要的是领事裁判权、租界及驻兵权，租界已尽为日寇攫夺以去，有驻兵权的地点也都已沦陷，战后当然不容继续存在"。在华特权"现在对英美已等于无用的长物，在过去也徒然被日本利用为侵略中国并排斥英美的工具。举例说……假使没有辛丑条约平津至山海关沿线以至海口暨天津租界内的驻兵权，七七事变也不会发动得那样容易"。因此，"现在英美既然决心放弃这些特权，当然扫数清除，而不留丝毫的遗憾"④。

第二，为了应对日伪的政治攻势，美英必须对不平等的对华关系作出调整。

太平洋战争爆发前，美英多次宣称愿于战争结束后废除对华不平等条约和特权，而并未打算在战时这么做。相反，日本为了欺骗中国人民和国际舆论，在对华"交还租界"和"撤废治外法权"方面作出了一些举动，

---

① 《汉密尔顿备忘录》（1942年3月27日），王建朗主编：《中华民国时期外交文献汇编》第8卷，上，中华书局2015年版，第199页。

② 《日情报局发言人招待外籍记者》，《申报》1943年1月14日第3版。

③ 秦孝仪总编纂：《"总统"蒋公大事长编初稿》卷5，上册，（台北）中正文教基金会，1978年，第207页。

④ 《平等新约应一洗旧污》，重庆《大公报》1942年10月19日第2版。

宣扬"日中亲善"和"共存共荣"。1940年11月的日汪基本条约说，日本"应撤销其在中华民国所有的治外法权，并交还其租界"①。1942年2月，日本又在名义上将广州、天津两处英国专管租界移交给伪政府。这些事情当然徒有其名，在客观上却给美英的对华政策形成压力。日本一再攻击美英是为争霸而战，宣称大西洋宪章只是白种民族的宪章，以此来离间盟国之间的团结，尤其是挑拨黄种人与白种人之间的关系。在1842年中英南京条约签订百年之际，日伪开动舆论机器，长篇累牍地叙述鸦片战争以来西方国家的侵华历史，还介绍使馆区的历史沿革。日本利用中外不平等条约存在的事实，宣称同盟国家里并无平等可言，而把自己打扮成亚洲被压迫民族的"解放者"，在沦陷区搞"反英美运动"，似乎自己更替中国着想，"尊重"和"支持"中国的主权要求和独立愿望。沦陷区的一批中国附逆文人，大肆配合日汪的宣传。

英美侵华的历史，中外不平等条约和列强在华特权的长期存在，都是事实。中国名列四大国之一，但是中外关系却仍然处于畸形状态。对不正常的对华关系，盟国必须作出改正。1942年3月，美英两国改变计划，开始考虑提前废除在华治外法权的问题。8月17日，美国参议院议员汤姆斯在参议院发表演说，主张联合国家放弃在华一切治外法权，以表示实施大西洋宪章的决心，并建议于中英南京条约订立一百年之际签订废除治外法权协约。② 这一讲话在美国引起共鸣。8月27日，美国向英国方面表示，从报纸评论以及对此感兴趣的人的言谈和来信中可以明显看出，中国政府废除治外法权的要求会在美国获得强烈支持，如果中国政府认为应采取积极行动，美英两国政府将同意马上进行谈判。③

1942年下半年起，日本又推出对华"新政策"，酝酿向汪伪政府"交还租界"和"撤废治外法权"。12月18日，日本大本营和政府联席会议通过《以〈为完成大东亚战争处理对华问题的根本方针〉为基础的具体策略》，决定加强汪伪政治力量，包括"交还租界"和"撤销治外法权"。

---

　① 《日本国与中华民国间关于基本关系的条约》（1940年11月30日），魏宏运主编：《中国现代史资料选编》（4），抗日战争时期，黑龙江人民出版社1981年版，第634页。

　② 韩信夫、姜克夫主编：《中华民国史大事记》第9卷，中华书局2011年版，第6914页。

　③ 《赫尔致怀南特》（1942年8月27日），王建朗主编：《中华民国时期外交文献汇编》第8卷，上，中华书局2015年版，第207—209页。

12月20日，汪精卫抵达东京，与日方会商。这也给中美、中英的谈判进程造成很大压力，美英需尽快在废除在华特权方面作出实质性举动。

第三，中国政府为了回应日伪的攻击，必须争取废除不平等条约和列强在华特权。

汪伪政权在宣传上，以美英侵略中国而自己反抗美英压迫来树立其"正面形象"。汪伪政权利用1942年8月29日《南京条约》百年国耻纪念的时机，标榜伪政权倒比重庆国民政府更"爱国"。伪外交部长褚民谊说，《南京条约》是英国陷中国于半殖民地地位的祸根，英美是中国的仇国，因此必须驱除英美侵略势力，全力协助"大东亚战争"，以雪国耻。[①] 伪政权居然争取到了日本主子"交还租界及撤废治外法权"，异常兴奋，大肆宣扬自己才是孙中山革命事业的"忠实"继承人，对重庆国民政府发起舆论攻势。重庆《大公报》向国民政府提出告诫："汉奸汪精卫发表演说，说他已将英美驱逐，收回了租界，取消了领事裁判权，废弃了不平等条约；重庆却拥护不平等条约，替帝国主义的特权作战。日本发言人也做着同样的宣传。"[②] 汪精卫一伙投敌卖国，为国人所为不齿。但在世界上代表中国的国民政府，必须在矫正不平等的中外关系方面有实际作为。

为了批驳日伪的攻击，中国政府和社会各界都积极要求美英作出废除不平等条约、放弃在华特权的实质性行动，实现中国在国际上的独立和平等。1942年7月4日，蒋介石在日记中说："在大战期中，必须要求美、英对我不平等条约，无条件的自动宣告废除。"[③] 10月4日，蒋介石对美国总统特使威尔基说：美国放弃不平等条约，可以从根本上打击敌寇和汉奸们在中国沦陷区和在东亚占领地造谣欺骗的宣传，可以更加鼓舞中国军民艰苦作战的勇气。[④] 10月5日，蒋介石为废除不平等条约事授意陈布雷撰拟新闻稿，敦促美国百尺竿头，更进一步，发挥其一贯对中国友善的精神，作一件能够转移世界视听，彰明盟国道义权威的大事。[⑤] 10月7日，蒋介石指示在美国的

---

① 《南京条约百周年褚外长广播演词》，（伪）《外交公报》第72期，1942年9月16日。

② 《希望美国首先放弃对华不平等条约》，重庆《大公报》1942年10月6日第2版。

③ 秦孝仪总编纂：《"总统"蒋公大事长编初稿》卷5，上册，（台北）中正文教基金会，1978年，第132页。

④ 秦孝仪总编纂：《"总统"蒋公大事长编初稿》卷5，上册，（台北）中正文教基金会，1978年，第207页。

⑤ 韩信夫、姜克夫主编：《中华民国史大事记》第9卷，中华书局2011年版，第6948页。

外交部长宋子文，如果美国能提前讨论取消不平等条约，则我方应即与之开始交涉。① 不久，美英方面即宣布放弃在华治外法权，另订新约。中国社会各界十分欢欣鼓舞。尤其对蒋介石来说，这非常重要。如他在10月10日的日记中言："此为总理（国父）革命以来毕生奋斗最大之目的，而今竟得由我亲手达成。衷心快慰，实为平生唯一之幸事。"② 蒋介石希望以他领导的国民政府为中国废除不平等条约的事实，来回击日汪的污蔑。新约谈判过程中，面对日汪的外交攻势，蒋介石原本期盼能够在1943年元旦之日签订新约，但没有实现。日汪抢先签订协定。他在1943年1月10日的日记中说：美国的拖延"以致日汪先行发表伪废除不平等条约消息，殊为遗憾。一般人士虽明知伪约为儿戏，然而中美新约继其后发表，未免因之减色"③。

第二节　1943年新约与列强在华使馆区特权制度的废除

伟大的抗日战争，展示了中国人民反对外来侵略、实现民族独立的坚定意志。第二次世界大战的发生，使得国际关系发生剧烈变化，这也为中国人民争取废除不平等条约、恢复国家主权创造了新的机遇。中国通过与美国和英国协商谈判，于1943年初正式废除《辛丑条约》，从而宣告了使馆区特权制度的取消。

一　新约谈判中的北平使馆区特权问题

中国在东方战场长期单独对抗日本法西斯的侵略，进行了艰苦卓绝的斗争。这一斗争，一方面是捍卫自己国家民族的独立和主权完整，另一方面也是为世界的和平和正义事业而战。中国为此付出了巨大的牺牲，也在全世界面前树立起了顽强抗争的光辉形象。

虽然抗日战争在进行，中国需要美、英等国的支持，但废除与它们的

---

① 秦孝仪总编纂：《"总统"蒋公大事长编初稿》卷5，上册，（台北）中正文教基金会，1978年，第208页。

② ［日］古屋奎二编著：《蒋"总统"秘录》第13册，（台北）《"中央"日报》1986年译印，第38页。

③ ［日］古屋奎二编著：《蒋"总统"秘录》第13册，（台北）《"中央"日报》1986年译印，第43页。

不平等条约的问题始终存在。

太平洋战争爆发后，东西方反法西斯战场连为一体，中国战场在反法西斯国际阵线中的地位骤然上升。1942年1月1日，美国、英国、苏联、中国等26个国家的代表在华盛顿签署《联合国家宣言》。中国位列四强之一，国际地位大大提高。随后中国战区成立，蒋介石出任战区最高统帅。一系列不平等条约的仍然存在与中国的地位和作用是不相符的。

在中国，全国上下要求废除不平等条约的声音也不断高涨。日军的行动，早就破坏了《辛丑条约》规定的列强在华驻军活动的范围，及驻军的保障使馆区和交通线安全的目的。有人指出：对《辛丑条约》，"中国如援引情势变迁之原则，未尝不能单方作废"①。1940年12月18日，国民政府军事委员会参事室主任王世杰在给胡适、周鲠生的信中说：关于外交问题，张子缨等深觉我政府应趁此时机做两件事，其中之一是要求美、英与我成立一"原则"协定，于战争结束后废除领事裁判权、租界、庚子条约内驻兵权、内河航行权等等，另依平等互惠原则订立新约。它们"虽于目前抗战之急迫需要无甚关系，却可增加中国政府之政治威望"。他希望周鲠生酌予考虑，以详细意见见示。② 重庆《大公报》社评指出：中国是反侵略盟邦之一，且特别多负担了几年战争，"谁知道中国作战迄今在她的脚跟手腕之上还挂着一条锁链？这条锁链已桎梏中国百年之久！"社评指出了《辛丑条约》的危害性：列强削平中国的国防，中国不得在海口设防，列强并取得在中国的驻兵权；中国在军事上处于被半占领的地位，"请问那还成一个什么样的国家？""同盟国家的作战目的，原就在于铲除帝国主义式的优越感，而实现民族自由，国际平等；为什么在我们同盟国之间还留存这种落伍的渣滓而不洗涤干净呢？"③ 这是很有代表性的要求。

中国方面也在筹划废约问题。1942年7月26日，国民政府外交部拟定了《取消其他特权及特种制度办法》和《租界租借地及其它特殊区域之收回办法》。前者包括取消外国在华军事、势力范围、通商、交通、财政

---

① 汪馥炎：《抗战与国际公法》，商务印书馆1938年版，第44页。

② 《王世杰致胡适、周鲠生》（1940年12月18日），中国社会科学院近代史研究所中华民国史组编：《胡适来往书信选》中册，中华书局1979年版，第505、506页。张子缨，即张忠绂。

③ 《希望美国首先放弃对华不平等条约》，重庆《大公报》1942年10月6日第2版。

等方面的特权，提出"外国根据条约或惯例，在中国指定地区驻扎军队及警察之特权，一律取消"，"条约规定中国在本境指定地带不得驻扎军队，或不得设立炮台之限制，一律废止"。后者提出："一、敌国在华之租界租借地及其它特殊区域，均应立即无条件收回。二、同盟国在华之租界租借地及其它特殊区域，均应以立即收回为原则。如因当地特殊情形有制定特别法规之必要者，可由我国自动制定颁布施行，但应注意下列几点：（一）各该地之行政，由我政府依法派员管理。（二）警察权完全归我国管理。（三）特区法院不应设置。（四）各该地公有财产与档案，均应移交我国政府。（五）在各该地外人专有之购地权，一律取消，中国政府认为必要时，得以公平价格征购外人私有之地产。三、中立国在华之租界租借地及其它特殊区域，应比照第二款所列原则，分别交涉收回。四、业经收回之租界租借地，外人仍保留之特权均取消。"① 这两个重要文件，涉及晚清以来中外不平等条约中的多方面内容，也涉及列强在华使馆区特权制度，阐明了国民政府的解决原则。

出于对中国战场重要战略地位的考虑，为了鼓舞中国军民的抗战士气，美、英同意取消在华治外法权及各种相关权利。1942年年初起，美英正式开始频繁磋商。9月5日，美国国务卿赫尔致电美国驻英大使怀南特说：在美国国内，不但公众普遍赞成废除在华治外法权，而且这种舆论在政府部门以及非官方和官方的圈子内也越来越强烈，蒋介石和中国政府最近在中国的对外政治关系方面也采取了更为积极的态度。他指出，如果现在采取积极行动，可以实现三个主要目标：为联合国家的事业赢得某些心理和政治上的利益，这些利益将对中国带来具体的帮助，并加强中国的作战决心；永远消除我们对华关系中存在的不正常现象；达成一项原则协议，规定美、英两国公民在中国享有通常在其他友邦享有的正常权利。② 对此，英国虽然在某些方面有保留意见，但总体上态度是积极的。对于美英两国来说，废除过去强加给中国的特权，有利于改进自身的外交形象。

---

① 《外交部拟定取消其他特权及特种制度办法》、《外交部拟定租界租借地及其它特殊区域之收回办法》（1942年7月26日），中国第二历史档案馆编：《中华民国史档案资料汇编》第5辑，第2编，外交，江苏古籍出版社1997年版，第147、148—149页。

② 《赫尔致怀南特》（1942年9月5日），王建朗主编：《中华民国时期外交文献汇编》第8卷，上，中华书局2015年版，第211页。

1942 年 10 月 9 日，中国驻美大使魏道明应约会见美国副国务卿韦尔斯，后者向魏道明宣读了美国的一项重要声明："美国政府认为，如贵我两国政府缔结一项简要的条约，规定在两国未来缔结一项全面的现代友好通商条约以前，立即废除我国在华治外法权及各种相关权利，解决废除这些特权后将产生的各种问题，并规定在双方都合适的时候谈判一项全面的现代条约，则我们心目中的基本目的当可实现。因此，我国政府准备在不久将来，向中国政府提出一份如上述性质的简要草约，供中国政府考虑。""明日适逢中国国庆日，我方拟在今晚 9 时发表简要公开声明，以便使有关此事的新闻在 10 月 10 日晨报上刊登。"① 10 月 10 日，美、英两国政府分别发表声明，宣布立即放弃在华治外法权及各种相关权利。中美、中英开始举行关于缔结新约的谈判。

美、英两国在上述声明中宣布废除各自在华治外法权及各种相关权利，但没有提及具体的条约和特权。放弃治外法权不等于废除不平等条约。而中国要求废除所有不平等条约。

不过，美国在此前的酝酿中，已经提出废除《辛丑条约》问题。以后美方形成的新约草案和 1943 年 1 月 11 日签订的正式文本，都明确将废除美方在 1901 年《辛丑条约》中获得的特权列于第一条取消在华治外法权之后的第二条。处在日伪控制下的《申报》也报道：重庆政府准备在与英美政府正式开始关于取消治外法权的谈判中提出十五点要求，内有"取消北京之使馆区"和"废止外国驻华军队"②。此时，各方都注意到了《辛丑条约》和列强在华使馆区特权制度的废止问题，这不是偶然的。

第一，《辛丑条约》是列强在华行使治外法权的突出代表。

治外法权可以说是列强在华特权的中心，其他许多特权都是其附属品。如王铁崖所言，英美在中国的许多的特权，或在历史的事实上或在理论的根据上，都与这一特权有密切的关系。它是不平等条约的中心。③ 从法律上看，有此特权，在华外人"可以为所欲为，而无所顾忌"，这一特

---

① 《汉密尔顿会谈备忘录》（1942 年 10 月 9 日），王建朗主编：《中华民国时期外交文献汇编》第 8 卷，上，中华书局 2015 年版，第 216—217 页。

② 《取消领事裁判权重庆拟提条件》，《申报》1942 年 10 月 19 日第 2 版。

③ 王铁崖：《新约研究》，青年书店 1943 年版，第 20 页。

权被废除，则外人在华的一切行为"均将受吾国法律之制裁"，这符合国际公法惯例。所以，废除这一特权，"乃废除一切不平等条约之先决条件"①。而《辛丑条约》更是将在北京东交民巷的整个外国使馆区都划为具有治外法权的区域，且无时间限制，其对中国主权的侵害程度，大于一般的租界。重庆《大公报》指出："外国在华的治外区域有四种，即：租界、铁路矿山附属地、使馆界和租借地。"② 美国国务卿赫尔在 1942 年 8 月 27 日致美国驻英大使怀南特的电文中，要他向英方转达美方的意见：美、英"遵循下列方针与中国政府秘密接触：美国和英国政府一直在考虑分别废除美国和英国在华治外法权的问题。两国赞成终止在华治外法权及其实践，保证放弃目前享有的各种特权。如果两国政府现在能找到某种切实可行的办法进一步澄清这个事实，两国都会感到高兴"。如果中国政府认为现在即应采取积极行动，"美、英两国政府将同意马上就通过签订新条约废除治外法权和其他相关权利一事与中国政府进行谈判"。美、英如果要真正落实其承诺，给予中国法律上的平等地位，体现其诚意，废除《辛丑条约》及其特权是具有实质性内容的选择。电文中列出的拟具条文，第一条就是"立即撤废美国治外法权及其他相关权利，包括在 1901 年 9 月 7 日《辛丑条约》下的美国权利，和与上海、厦门公共租界相关的权利"③。可见，美国方面深知《辛丑条约》与治外法权的密切关系。对条文内容，英方没有提出异议。10 月 3 日美方交给英方的条约草案，除了一个简要的序文外，正文共八条，其中第二条即是废除《辛丑条约》特权问题。④ 10 月 13 日，在华盛顿的宋子文向蒋介石报告："美所拟先订之简约要点，为废除以领事裁判权为中心之各种特权，如租界、驻兵等权。"⑤

　　第二，当时中外双方都侧重于取消美英在华政治法律方面的特权，

---

① 老乡：《废除不平等条约问题》，《反攻》1942 年第 12 期。

② 《应为收回特权作准备》，重庆《大公报》1942 年 11 月 26 日第 2 版。

③ 《赫尔致怀南特》(1942 年 8 月 27 日)，王建朗主编：《中华民国时期外交文献汇编》第 8 卷，上，中华书局 2015 年版，第 208—209 页。此件见 United States Department of State, ed., *Foreign Relations of the United States, Diplomatic Papers, 1942, China*, Washington：Government Printing Office, 1956, pp. 282 – 286.

④ United States Department of State, ed., *Foreign Relations of the United States, Diplomatic Papers, 1942, China*, Washington：Government Printing Office, 1956, pp. 298 – 299.

⑤ 《宋子文致蒋介石》(1942 年 10 月 13 日)，王建朗主编：《中华民国时期外交文献汇编》第 8 卷，上，中华书局 2015 年版，第 223 页。

《辛丑条约》是一个重要方面。

1942年3月，美国国务院远东司司长汉密尔顿指出："在我国愈来愈明显地感到，当前的战争是一场人民战争，美国和联合国家不仅为保存自身而战，而且为人类权利与尊严以及为取得超过以往的一般的政治、经济与社会制度方面平等而战。美国人民认为治外法权以及其他相关的权利是与时代不合的。已经有些年了，这种与时代不合的东西，和我们正在为之而战的越来越深入人心的概念形成强烈反差。因此，放弃治外法权及其他特殊权利，符合联合国家的战争目的，并是这种目的一种体现。"① 1901年签订的《辛丑条约》，重要内容就是典型的政治性的，其中的使馆区特权制度尤为如此。正如有论者指出：关于政治侵略条约的内容，典型的就是租界、租借地、北京使馆区域、聘请外人充当中国官吏。而使馆区特权制度的具体内容包括多方面，"凡此都是割裂我们的主权与领土，是非废除不可的"②。还有人指出：北京使馆区置于列强的行政权支配之下，拆去北京至大沽的要塞，驻扎外军，在政治上更是树立了帝国主义对中国的直接支配。③ 重庆《大公报》的社评也指出，《辛丑条约》主要内容有：赔款；削平大沽炮台；各国驻兵于北京至山海关暨天津至海口沿线，使华北归于外人的武力统治；划北京东交民巷为使馆区，各国驻兵防守，并禁中国人民居住，使中国的首都为外国势力所割裂；并有禁止军火入口两年的规定。"一个国家被若干外国加以上述种种毒害，根本已失去独立国家的资格。""在今天而谈辛丑条约的毒害，我们想英美两盟邦也必憬然省悟。用这条约束缚中国四十一年，其唯一的成绩就是便利了日本对中国的进攻！要这条约有什么用？英美为什么还不宣布废弃了它？这教训太痛切了。在这教训之下，我们的盟邦之英美，只宜协助中国国防的建设，而不可再以桎梏加于中国的手脚了。"④《辛丑条约》是中国完全沦为半殖民地的重要标志。作为一个简明新约，要体现给予中国平等的政治法律地位，终止此条约的法律效力，无疑是一个有力措施。美方向英方提出，如果要

---

① 《汉密尔顿备忘录》（1942年3月27日），王建朗主编：《中华民国时期外交文献汇编》第8卷，上，中华书局2015年版，第198—199页。

② 陈耀东：《不平等条约内容之分析》，《经济汇报》1943年第7卷第1—2期。

③ 郑瑞梅、汤增扬编著：《百年条约史》，光华出版社1944年版，第87页。

④ 《辛丑条约的毒害与教训》，重庆《大公报》1942年9月7日第2版。

签订简要条约的话，其内容将包括废止1901年9月7日的《辛丑条约》给予美国的权利。①

第三，《辛丑条约》在整个中外条约制度体系中具有非常重要的地位。

1942年4月19日，宋美龄在《纽约时报》上发表长文指出，对于中国来说，"西方以枪口相威逼，一次又一次令她蒙受耻辱"，"所有这些被中国推断为卑劣的条约实际上是不平等条约"②。她呼吁有关国家尽早废除在华特权。这篇引起国际舆论广泛关注的文章，强调不平等条约让中国"蒙受耻辱"，是"卑劣的条约"，那么《辛丑条约》就是在世界上广为人知的不平等条约。1901年9月7日中国被迫签订《辛丑条约》这一天，是中国历史上重要的国耻日，"在中国全部受帝国主义的侵略史中，要算这一天最值得国民纪念，最不应为国民忘记"③。中国共产党非常重视对"九七"国耻的纪念。党中央机关报《向导》曾专门发表揭露该条约危害的文章，指出这个条约存在，"我们中国人民还永远没有翻身的日子哩！"④ 孙中山也指出：《辛丑条约》的内容"无一不是丧权辱国的条件"，"所以纪念国耻的目的，在于昭雪国耻"⑤。20世纪20年代后，每逢9月7日国耻日，全国各地往往举行规模不等的纪念活动。废除《辛丑条约》，在中国有广泛的民意基础，"在九七纪念日，各阶级的民众，都应该一致起来，向帝国主义示威，检查我们组织的力量，使帝国王义发抖。最后要把国耻的九七纪念，变成中华民族独立自由的纪念日"⑥。如前所述，1927年国民党当政后，也将《辛丑条约》作为重要国耻来进行宣传教育。

对于中国方面对废除《辛丑条约》的期望和要求，美、英两国是了解的。1942年10月10日美、英两国政府的声明发表后，英国驻华大使薛穆向国内报告："中国政府和民众被告知，英国政府向中国政府提出条约草

---

① 《赫尔致怀南特》（1942年8月27日），王建朗主编：《中华民国时期外交文献汇编》第8卷，上，中华书局2015年版，第209页。

② 《〈纽约时报〉文章：东方第一夫人致西方》（1942年4月19日），王建朗主编：《中华民国时期外交文献汇编》第8卷，上，中华书局2015年版，第200—201页。

③ 存统：《义和团运动及其教训》，《民国日报》附刊，1924年9月7日，评论之评论第25期，九七国耻纪念号。

④ 子毅：《辛丑条约对于中国的影响》，《向导》第128期，1925年9月7日。

⑤ 《"九七"国耻纪念宣言》（1924年9月7日），陈旭麓、郝盛潮主编：《孙中山集外集》，上海人民出版社1990年版，第530、534页。

⑥ 龙池：《废约运动与九七纪念》，《向导》170期，1926年9月10日。

案的意图是立即取消治外法权，并解决与此密切相关的其他问题。关于后者的范围问题，定会产生热烈的讨论，因为它尚未像中国人期望的那样把在近期取消1901年《辛丑条约》和放弃租借地及租界等内容包括进来。"①而英国国内明确回复："条约的确包含废除1901年《辛丑条约》和放弃租借地及租界等内容。我们希望尽快把草案转交中国，这将消除中国政府在这些问题上的疑虑。"②在新约酝酿过程中，美方明确指出："我们对于新条约的基本思路之一是，新条约总体上应限于治外法权问题和与此密切相关的问题。此外，我们认为新条约应解决主要问题，总体上应具备能够在中、美两国立即获得支持的特点。"③《辛丑条约》无疑是在"主要问题"范围内的。11月，英国驻华大使薛穆向英国外交部报告："中国政府决心清除来自不平等条约的所有特权，公众舆论在这个问题上也完全一致。外交部长威胁说，国民参政会坚持此议，刚刚开始的中央执行委员会会议无疑也强烈支持这一主张。"④

从本质上讲，列强被迫放弃《辛丑条约》及其规定的特权，是中国人民革命斗争的胜利。《新华日报》的社论说：美英的举动不是偶然的，"这主要是由于中国人民近百年来奋斗的结果，尤其是中国人民五年来抗战的直接影响"⑤。当年残酷镇压中国人民的反抗斗争并强行建立使馆区特权制度的列强，现在却充当起了废除这一特权制度的执行人。这印证了马克思的话："人类历史上存在着某种类似报应的东西，按照历史上报应的规律，制造报应的工具的，并不是被压迫者，而是压迫者本身。"⑥

中国方面希望整体性地取消不平等条约，重订平等条约。10月10日，蒋介石指示在美国商洽军援的国民政府外交部长宋子文和驻美大使魏道

① 《薛穆致英国外交部》（1942年10月16日），王建朗主编：《中华民国时期外交文献汇编》第8卷，上，中华书局2015年版，第248页。
② 《英国外交部致薛穆》（1942年10月22日），王建朗主编：《中华民国时期外交文献汇编》第8卷，上，中华书局2015年版，第249页。
③ 《赫尔致怀南特》（1942年11月7日），王建朗主编：《中华民国时期外交文献汇编》第8卷，上，中华书局2015年版，第267页。
④ 《薛穆致英国外交部》（1942年11月13日），王建朗主编：《中华民国时期外交文献汇编》第8卷，上，中华书局2015年版，第272页。
⑤ 《论美英放弃治外法权》，《新华日报》1942年10月11日第2版。
⑥ ［德］卡·马克思：《印度起义》（1857年9月4日），《马克思恩格斯全集》第12卷，人民出版社2016年版，第308页。

明：领事裁判权以外，"尚有其他同样之特权，如租界及驻兵与内河航行、关税协定等权，应务望同时取消，方得名实相符也"①。10 月 12 日，蒋介石再次致电宋子文说，我方不妨间接表示，"甚望其将过去所有各种不平等条约，一律作废，整个撤消，重订平等合作之新约也"②。《辛丑条约》当然在废除之内。在中美、中英订立新约之际，顾维钧也指出，"说到不平等条约，其中最重要的大概有五种：一是关税权，二是领事裁判权，三是外国驻兵权，四是租界，五是租借地。这几种权都是与中国主权有损"，"为我们所日夜盼望取消的"③。这些言论都涉及列强在华使馆区特权制度。10 月 23 日，蒋介石审核外交部拟呈废除不平等条约对案原则，详阅历来不平等条约的原文，在日记中说：百年的积累和桎梏，"皆欲由吾人一时代负责解除……"④ 他对废约功绩是非常重视的。

美英两国就新约草案的内容多次交换意见。美方的条约草案，数处吸收了英方的意见。例如，美方的新约草案在第二条第二段（北平使馆界之行政与管理权，连同使馆界内之一切公共资产，移交于中华民国政府）中，根据英方建议，在"公共资产"后，补充了"与公共债务"⑤。

10 月 24 日，美国国务卿赫尔把新约草案交给中国驻美大使魏道明。草案共八条，其中第二条内容是：

美国政府认为一九〇一年九月七日中国政府与各国政府（包括美国政府）在北京签订之议定书，应予废止，并同意该议定书及其附件所给予美国政府之一切权利，即予停止。

美国政府愿与中华民国政府合作，以期与其他有关政府成立必要之协定，俾将北平使馆界之行政与管理权，连同使馆界内之一切公共资产与公共债务，移交于中华民国政府，并相互谅解，中华民国政府

---

① 《蒋委员长致宋子文、魏道明嘱为美国表示自动取消不平等条约事向罗斯福致谢蒸电》（1942 年 10 月 10 日），林泉编：《抗战期间废除不平等条约史料》，（台北）正中书局 1983 年版，第 527 页。

② 《蒋介石致宋子文》（1942 年 10 月 12 日），王建朗主编：《中华民国时期外交文献汇编》第 8 卷，上，中华书局 2015 年版，第 223 页。

③ 顾维钧：《废除不平等条约运动的经过》，《经济汇报》1943 年第 7 卷第 1—2 期。

④ 秦孝仪总编纂：《"总统"蒋公大事长编初稿》卷 5，上册，（台北）中正文教基金会，1978 年，第 220 页。

⑤ 吴景平：《国民政府时期的大国外交》，上海人民出版社 2012 年版，第 197 页。

于接收使馆界行政与管理权之时，应准备担任并履行使馆界内之一切公共义务及债务，并承认及保护该界，以及承认及保护该界内之一切合法权利。

中华民国政府兹允许美国政府为公务上之目的，有权继续使用在北平使馆界内已划与美国政府之土地，其一部分建有属于中华民国政府之房屋。[①]

10月26日，蒋介石核阅美国方面提供的草案，在当天的日记中写道：草案内容"仅指明废除辛丑条约与上海、厦门公共租界之行政与管理权之归还，并愿协助中国与各国成立必要之协定，殆仍有拖延之意在也"[②]。蒋介石希望美方能废除更多的不平等条约内容，但他对废除《辛丑条约》是满意的。

中国驻美大使馆公使衔参赞刘锴与美国国务院远东司司长汉密尔顿在10月26日交换意见。刘锴提出：中国在大沽和吴淞的设防、外国在华驻军、黄浦河道局和海河工程局等机构以及庚子赔款，这些问题是否属于中美新约范围。汉密尔顿回答：条约草案第二条规定《辛丑条约》及其附件所给予美国政府的一切权利即予停止，这些具体问题当然包括在该条款内。[③]

国民政府外交部对美国方面的草案提出了修改意见。其中针对第二条的意见是：第二项"……中国政府于接收使馆界行政与管理权时"拟改为"……中国政府于接收业已取消之使馆界行政与管理权时……"；"……并承认及保护该界……"一句拟取消；"……及承认及保护该界内之一切合法权利"，后应添"但以不违背中国法令为限"一语。对第三项，"关于美国保留使用旧使馆界土地之权，拟提议取消。如美方不允，拟提一折衷办法加以限制。即关于美国旧使馆及其附属房屋许其继续使用，但所有营

---

① 《魏道明致外交部》（1942年10月24日），王建朗主编：《中华民国时期外交文献汇编》第8卷，上，中华书局2015年版，第224—225页。

② 秦孝仪总编纂：《"总统"蒋公大事长编初稿》卷5，上册，（台北）中正文教基金会，1978年，第220—221页。

③ United States Department of State, ed., *Foreign Relations of the United States, Diplomatic Papers, 1942, China*, Washington: Government Printing Office, 1956, p. 338.

房、操场一律归还中国"。附加意见中提出："此次美国同意放弃在使馆界及公共租界内之权益，但使馆界与公共租界之取消，须待所有关系各国之同意。为防止将来少数国家故意刁难起见，拟与美国订一换文，规定在此次战事结束后六个月内，无论与其他各关系国谈判情形如何，中国政府得接收使馆界及公共租界之行政与管理权，美国对此并无异议。"① 应该说，这些意见虽然涉及的是细节问题，却关系重大。它们是从维护中国主权和利益的角度提出的，有其积极意义。

经蒋介石审核，外交部对拟定的意见又做了修改。据外交部长宋子文向蒋介石呈报，有关第二条的修改意见是：第二项中"……并承认及保护该界……"一句，已去电查询，有无错误，如果属实，拟予取消。同项中"……承认及保护该界内之一切合法权利"一句下，添"但以不违背中国法令者为限"。第三项关于美国保留使馆界内土地之使用权，拟提议取消，如美方坚持，拟改用换文方式规定之。意见还指出："在新约中，美国虽同意取销关于美方在使馆界及公共租界之权利，但使馆界与公共租界之取销仍须得所有关系各国之同意，为防止将来少数国家故意阻难起见，便中拟由我国征询美方对此意见，俾成立默契。"② 10 月 31 日，蒋介石核定对美国所提草案的复文。③

从上述两次修改看，经蒋介石审核后的修改意见比前一次明显倒退，迁就了美国的主张。比如，原来外交部提出的意见拟取消美国使用使馆界土地之权，特别是营房、操场要收回。而现在的意见则采取了妥协的态度。蒋介石似乎作出了宽容的让步。

11 月 10 日，中国驻美大使魏道明代表中国政府在华盛顿向赫尔递交了正式的修改照会。

但是，中方的重要意见，遭到了美方的反驳。11 月 13 日，美国国务院远东司司长汉密尔顿的助理艾其森与刘锴会谈。艾其森以个人名义指出：中国方面所希望增加的词语，看起来会使使馆区和租界内的权利变得

---

① 《外交部对于中美关系条约草案意见》，（台北）《近代中国》第 97 期，1993 年。
② 《宋子文致蒋介石》（1942 年 10 月 30 日），王建朗主编《中华民国时期外交文献汇编》第 8卷，上，中华书局 2015 年版，第 227、229 页。
③ 秦孝仪总编纂：《"总统"蒋公大事长编初稿》卷 5，上册，（台北）中正文教基金会，1978年，第 229 页。

无效。使馆区和租界内的权利，源于一些条约和协定的条款，并没有越出条约的范围，条约本身是在中国的法令范围之外的。美方所提草案中已经使用的"合法"一词描述了有关权利，对中国政府来说是一个很好的保障，在我看来，这已经够充分了。刘锴表示：中国政府考虑到某种现存的非法协定，并考虑到与美国订立的新约将是同其他在华享有治外法权国家订立条约的范本，所以，在条约措辞等问题上，自然要尽可能的小心严谨。他认为中国政府没有否定合法权利的意思。① 11 月 24 日，宋子文在会见美国驻华大使高斯时说：他希望该条约能够尽快签署；实际上，他希望看到它在星期四签订，以便蒋委员长在 28 日的中央执行委员会最后一次会议上宣布其结束。关于中国方面的建议，他已经向驻华盛顿的中国大使发出指示，不再坚持。对所建议的新的第一条，如果不能被完全接受，他的大使已被告知将其省略。其他建议也将同样对待。② 蒋介石急于签约，这直接影响到了中方对新约内容的谈判态度。

11 月 27 日，美方向刘锴递交了对 11 月 10 日中方照会的书面复照。对于中方对草案第二条提出的有关修订意见，美方认为："关于中国所提意见之第二段，美国原稿中所用之形容词'合法'一词，本用为描述所讨论中之各项权利，因此可见中国政府所提之附加文字，实无必要。但如中国政府于作进一步考虑之后，仍主原议，则美国政府方面可将美方约稿第二条及第三条之第二段末尾'以及承认及保护该界内之一切合法权利'诸字样删去，如此则中国政府所提附加条文，即无所根据。"③

在谈判过程中，中方没有再坚持。从美方来看，其在北平使馆区和其他地方的租界内长期活动，拥有各类房地产和其他产业，需要保护。一旦放弃了治外法权，如何保护既有权利，是需要认真对待的。12 月初，国民政府外交部复电魏道明：鉴于中美两国间特殊友好之关系，决定对于美国政府所提之修正，除关于在中国领水内之沿海贸易及内河航行之一节外，

---

① United States Department of State, ed. , *Foreign Relations of the United States*, *Diplomatic Papers*, *1942*, *China*, Washington：Government Printing Office, 1956, pp. 352 – 353.

② United States Department of State, ed. , *Foreign Relations of the United States*, *Diplomatic Papers*, *1942*, *China*, Washington：Government Printing Office, 1956, p. 364.

③ 《魏道明致外交部报告美国务院交来关于约稿之修改及换文修正稿之节略全文》（1942 年 11 月 27 日），林泉编：《抗战期间废除不平等条约史料》，（台北）正中书局 1983 年版，第 569—570 页。

全部予以接受。"关于美国约稿第二条及第三条之第二段末尾'以及承认及保护该界内之一切合法权利'一节，中国政府为容纳美国政府愿望起见，同意将所提'但以不违背中华民国法令为限'附加文句予以撤回。"①

中英谈判中也出现了同样的问题。12 月 7 日，宋子文向蒋介石呈报："对于使馆界及租界内英方合法权利之保护，我方曾提议加一但书（但此项权利应合乎中国之法令），英方认为无此必要，拟照对美方案同意撤销。"②

中方在谈判中，重要的目的似乎是早日成约，对具体的细节问题，欠仔细斟酌，更没有深思以后的重大利害关系。国民政府缺少坚定的意志。这些情况，是由多种原因造成的。中方提出的重要修改意见，没有被纳入正式文本中。

二　美英在北平使馆区特权的废除

1943 年 1 月 11 日，是中国近代废除不平等条约史上的重要时刻。中国驻美大使魏道明和美国国务卿赫尔在华盛顿签订《关于取消美国在华治外法权及处理有关问题之条约》，简称"中美新约"。该条约中有：

> 第一条　现行中华民国与美利坚合众国间之条约与协定，凡授权美利坚合众国政府或其代表实行管辖在中华民国领土内美利坚合众国人民之一切条款，兹特撤销作废。美利坚合众国人民，在中华民国领土内，应依照国际公法之原则及国际惯例，受中华民国政府之管辖。
> 第二条　美利坚合众国政府认为一九零一年九月七日中国政府与他国政府，包括美利坚合众国政府，在北京签订之议定书应行取消，并同意，该议定书及其附件所给予美利坚合众国政府之一切权利应予终止。
> 美利坚合众国政府愿协助中华民国政府与其他有关政府成立必要

---

① 《发驻美魏大使电》（1942 年 12 月），王建朗主编：《中华民国时期外交文献汇编》第 8 卷，上，中华书局 2015 年版，第 304、305 页。

② 《宋子文致蒋介石》（1942 年 12 月 7 日），王建朗主编：《中华民国时期外交文献汇编》第 8 卷，上，中华书局 2015 年版，第 258 页。

之协定，将北平使馆界之行政与管理，连同使馆界之一切官有资产与官有义务移交于中华民国政府，并相互了解，中华民国政府于接收使馆界行政与管理时，应厘定办法，担任并履行使馆界之官有义务及债务，并承认及保护该界内之一切合法权利。

在北平使馆界内已划与美利坚合众国之土地，其上建有属于美利坚合众国政府之房屋，中华民国政府允许美利坚合众国政府为公务上之目的，有继续使用之权。

……

第四条 为免除美利坚合众国人民（包括公司及社团）或政府在中华民国领土内现有关于不动产之权利发生任何问题，尤为免除各条约及协定之各条款因本约第一条规定废止而可能发生之问题起见，双方同意，上述现有之权利不得取消作废，并不得以任何理由加以追究，依照法律手续提出证据，证明此项权利系以诈欺或类似诈欺或其他不正当之手段所取得者不在此限，同时相互了解，此项权利取得时所根据之官厅手续，如日后有任何变更之处，该项权利不得因之作废。双方并同意，此项权利应受中华民国关于征收捐税、征用土地及有关国防各项法令之约束，非经中华民国政府之明白许可，并不得移转于第三国政府或人民（包括公司及社团）。①

按美国惯例，条约须得到国会参议院批准后才能正式公布。1月11日公布的是中美条约及换文之概要。2月11日，美国参议院批准了中美新约。5月20日，中美在华盛顿互换批准书，新约正式生效。

1月11日这一天，中国外交部长宋子文与英国驻华大使薛穆在重庆签署《关于取消英国在华治外法权及其有关特权条约》，简称"中英新约"。条约第三条关于取消1901年《辛丑条约》和交还北平使馆区的内容与中美新约相同。②

---

① 《关于取消美国在华治外法权及处理有关问题之条约》（1943年1月11日），王铁崖编：《中外旧约章汇编》第3册，生活·读书·新知三联书店1962年版，第1256—1257页。

② 《关于取消英国在华治外法权及其有关特权条约》（1943年1月11日），王铁崖编：《中外旧约章汇编》第3册，生活·读书·新知三联书店1962年版，第1264页。

上述条款，明确规定了列强在华使馆区特权制度的取消。条文宣告废除1901年中国被迫与列强各国订立的《辛丑条约》——这正是列强在华使馆区特权制度存在的法律依据。并且，明确规定《辛丑条约》给予美国、英国的一切权利予以终止，即《辛丑条约》对美国、英国没有了效力。因为《辛丑条约》是中国与多国共同订立的，中美、中英新约的签订，不能完全终止《辛丑条约》的法律效力。但是新约规定了对美国、英国权利的终止。

上述条款，规定了对列强在华使馆区特权制度废除后发生的权利和义务问题：一个是权利和义务的转移，一个是既得权利的承认和保护。前者"指公的权利和义务的转移"，后者"指私的权利的承认与保护"。使馆区原是一个"国中之国"，列强拥有完全的行政和管理权，依此权而在使馆区内形成了资产和债务问题。中国政府接收使馆区行政与管理，取得了使馆区的官有资产，同时即担任并履行使馆区的官有义务及债务。[1] 这符合近代以来国际法对条约缔结的规定，即权利和义务的统一。

对于后者，如中美新约规定中国政府"承认及保护该界内之一切合法权利"。中美新约第四条规定：现有关于不动产之权利不得取消作废，并不得以任何理由加以追究，而且此项权利取得时所根据之官厅手续，如日后有任何变更之处，该项权利不得因之作废。这些都是对不动产权利的有力保护。同时，条文对此也作出限制，即此项权利不是"以诈欺或类似诈欺或其他不正当之手段所取得者"，而且"此项权利应受中华民国关于征收捐税、征用土地及有关国防各项法令之约束，非经中华民国政府之明白许可，并不得移转于第三国政府或人民（包括公司及社团）"[2]。

从国际法的角度看，新约关于使馆区问题的条款，也存在不当之处。

第一，关于"……政府愿协助中华民国政府与其他有关政府成立必要之协定"一句中，"愿协助"的介入方式和程度，没有准确的定义。以至于战后中方接收和清理北平使馆区的过程中，美、英各方要求以它们驻北

---

① 《1943年新约内容之一般的分析》，邓正来编：《王铁崖文选》，中国政法大学出版社2003年版，第567—568页。

② 《关于取消美国在华治外法权及处理有关问题之条约》（1943年1月11日），王铁崖编：《中外旧约章汇编》第3册，生活·读书·新知三联书店1962年版，第1257页。

平的领事为顾问，直接插手中方的接收和清理过程，为本国保全和谋取利益。

第二，关于"中华民国政府……并承认及保护该界内之一切合法权利"一句中，"合法"究竟是指国际法，还是中国法律，还是美、英等国法律，条文中没有明示。在具体问题的操作中，一旦涉及重大利害关系，就有被各自解释的可能。

第三，关于"……为公务上之目的，有继续使用之权"一句中，究竟何"为公务上之目的"，条文中也没有明确的定义。美、英放弃的许多特权是由于日本侵入中国而无法行使的，或是弃之对它们无害，而对不动产等实实在在的利益，它们却看得很重，极力保护。新约从法律上确认了列强在包括北平使馆区在内的北宁路上驻军权的取消。兵营是列强驻军特权的产物，取消了驻军权，各国兵营理应由中国一同收回。王铁崖指出："所谓公务上的目的，应解释为使领馆或类似性质的使用。"① 《维也纳外交关系公约》规定，使馆馆舍指的是供使馆使用及供使馆馆长寓邸之用之建筑物或建筑物之各部分，以及其所附属之土地。② 美、英两国在北平的兵营，是侵略性驻军的产物，是地地道道的兵营，非使领馆的馆舍，不是外交领事机关的自然组成部分，本应归还中国。侵略性的兵营和作为国际外交通例的使领馆，两者的性质完全不同。如果美、英切实尊重中国主权，清除侵华污垢，就应该主动将兵营归还中国。然而，它们却不想交还兵营。为长期占用兵营，美、英又在使用权上找依据。以后，它们将兵营变成了所谓领事馆的办公地点和其他机构的工作场所，而图使其长期占用兵营地面正常化。

总之，美英两国的对华政策是服务于本国利益的，废约是迫于形势，放弃特权、订立新约也是自身利益的需要。上述模糊之处，直接影响到了战后中国政府清除使馆区特权制度的彻底性。

对中国来说，新约的订立有重要意义。在法理上，包括《辛丑条约》

---

① 《1943 年新约内容之一般的分析》，邓正来编：《王铁崖文选》，中国政法大学出版社 2003 年版，第 568 页。

② 《维也纳外交关系公约》（1961 年 4 月 18 日），载中国人民大学法律系国际法教研室编《国际法学习参考资料》，1981 年，第 236 页。

在内的晚清以来列强强迫中国签订的不平等条约基本废除，在华特权被取消，束缚中国百年的不平等条约制度体系最终崩溃了，中国丧失的主权大多得到收复。

就《辛丑条约》确立的列强在华使馆区特权制度而言，由于中美、中英新约的签订，这一特权制度走向终结。在中国人民抗日战争胜利前后，《辛丑条约》其他签字国也先后与中国订立新的条约，确认废除《辛丑条约》，取消在北平使馆区的特权。

新约的订立，是中国废除不平等条约运动中光辉的一页，大大提高了中国的国际地位。国统区的重庆、成都、西安、桂林、昆明、兰州、长沙、洛阳、贵阳等城市各界民众都集会庆祝。

中国共产党对新约的重要意义是十分肯定的。1943 年 1 月 12 日，重庆《新华日报》在第 1 版报道了中国和英、美分别签订新约的消息，宣告我国百年桎梏从此解除；还刊登了中英条约全文和中美新约概要；并单独刊发了一条《辛丑条约废止》的短消息，说"中国最大污点抹去"。该报当日的社论《中英美关系的新纪元》，也突出说明了《辛丑条约》被废除的重要性。当日，延安《解放日报》在第 1 版用大字标题，报道了中美、中英新约签订的消息，和中美新约及换文概要。1 月 13 日，《解放日报》在第 1 版报道了国民政府为美英废除在华特权而发表的声明和外交部部长宋子文的记者会情况，介绍了中美、中英谈判和签约的经过，并在第 3 版刊载了中英新约全文。1 月 14 日，《解放日报》在第 1 版发表评论，指出新约的签订不仅是关系我国的一件大事，而且表明盟国之间更进一步的真诚合作。从新约的内容看，"凡举美英过去享有之领事裁判权、驻兵权、租界、海关监督权、通商口岸制度及内河航运权，均在撤销之列。大体说来，百年来我国由于南京条约、辛丑条约之缔结而受到的桎梏，已一扫而空。其范围亦较过去初议时之仅限于废除治外法权者为大"①。

各界基本上是从《辛丑条约》对中国的危害性来谈废除此约的意义。国民政府军事委员会参事室主任王世杰在 1943 年 1 月 11 日的日记中写道："中美条约可谓完全满足中国之期望，领事裁判权、辛丑条约、上海、厦

---

① 《中美中英新约》，《解放日报》1943 年 1 月 14 日第 1 版。

门公共租界（美无专管租界）、内河航权及沿海贸易权，以及若干有关之特权均废除。中英条约之内容亦同。"① 有的论者说："一九〇一年辛丑条约成，则使馆成特区，自京至沪撤防，许外人驻兵，种种不平等之事不一而足，我国已成无国防之国矣。"列强在华各种特权"……加之要塞撤防，兵轮直驶，重地驻兵，更若扼我咽喉，束我手脚，虽欲翻身亦不可得矣"。废除不平等条约、订立新约，使得中国"卖身之契已毁，头项之枷锁已除，自可以自由平等之身份，挺胸迈步……"② 10 月 16 日，国防最高委员会秘书长王宠惠在全国社会行政会议上列举了不平等条约涉及的 14 个方面的内容，其中提到的北平使馆区、驻兵期限、拆毁要塞且不得驻兵，直接与《辛丑条约》有关，"这些不平等的规定，对我国防及国民经济，影响至大"。因此，"英美因我抗战伟大的成绩，正式通告将一切特权放弃，而缔结平等互惠之条约，这的确值得举国欣慰"③。王铁崖也指出：《辛丑条约》是最重要的一个不平等条约，除了当时已经履行的条款之外，条约上留的权利还有赔款、使馆界由各国使馆管理、毁炮台、驻兵权等，因此撤废《辛丑条约》意义重大。④

　　《辛丑条约》的废除，给中国人以极大的振奋。有的强调：这个条约与《南京条约》《天津条约》等一样，"为中国之一大桎梏，而辛丑条约又是其中之最利害的"。现在美英宣布放弃《辛丑条约》特权，对其余国家有重大的示范意义。⑤ 有人指出："它规定惩凶，赔款（四万万五千万两之巨！），驻兵以及要塞撤防，划定使馆界等等，尤苛严无比！"不平等条约影响我主权，洞穿我门户，耗竭我财富，败坏我风习，阻碍我统一，危害我生存。因之，国人"快然于百年毒祸的清除，使人喜极欲涕"⑥。总之，《辛丑条约》是不平等条约的总代表，文字最丑陋，内容最不平，给各国的驻兵权、大沽口撤防、北平使馆界等项，现俱取消，"洗掉中华民

---

　　① 《王世杰日记》上册，林美莉编辑校订，（台北）"中央研究院"近代史研究所 2012 年版，第481 页。

　　② 谢兆熊：《不平等条约之前因后果》，《国立中正大学校刊·庆祝签订新约特刊》，1943 年 2 月 5 日。

　　③ 王宠惠：《不平等条约的内容》，《文化杂志》1943 年第 3 卷第 3 号。

　　④ 王铁崖：《新约研究》，青年书店 1943 年版，第 41—45 页。

　　⑤ 许维汉：《废除不平等条约与中国国民党外交政策》，《力行月刊》1943 年第 7 卷第 2 期。

　　⑥ 包文同：《从不平等条约说到中美中英新约的签订》，《中国青年》1943 年第 8 卷第 2 期。

族的奇耻大辱，是我们特感愉快的"①。

应该看到，国民党及其主导下的舆论对新约的宣传存在夸大其词的倾向。中国并没有就此获得了独立自主。新约规定废除的特权如租界和使馆区制度等都在日军占领区，美、英两国早已享受不了所谓的特权。重庆《大公报》社评指出：新约订立，"这无疑是国人快慰的一件大事，但不宜于作太过轻率的乐观。美国英国虽把平等交还了中国，惟交还的精神重于物质，形式多于内容"。而且"英美所交还给我们的，大部还劫持在敌人和汉奸的手里"②。这是有见地的。与国民党夸大新约的积极意义不同，中共中央指出："我们必须坚持抗战，克服困难，巩固国内团结，反对民族败类——汪精卫及其他无耻汉奸，揭露日汪间一切奴役中国、出卖中国的协定，打走日本帝国主义，收复一切失地，不如此，中国的独立解放便无法实现，中美中英间不平等条约之废除也还是一纸空文。"③

美、英两国也并没有就此给予中国在国际上真正的平等地位。毛泽东说："中国人民欢迎许多外国政府宣布废除对于中国的不平等条约，并和中国订立平等新约的措施。但是，我们认为平等条约的订立，并不就表示中国在实际上已经取得真正的平等地位。这种实际上的真正的平等地位，决不能单靠外国政府的给予，主要地应靠中国人民自己努力争取，而努力之道就是把中国在政治上经济上文化上建设成为一个新民主主义的国家，否则便只会有形式上的独立、平等，在实际上是不会有的。就是说，依据国民党政府的现行政策，决不会使中国获得真正的独立和平等。"④ 战后国民党政府对北平使馆区的接收波折，在一定程度上恰恰印证了这一结论。

第三节　战后国民政府对北平使馆区的接管

战后，北平市政府对东交民巷使馆区行使管理权。国民政府制定了接

---

① 《贺中美中英平等新约》，重庆《大公报》1943年1月12日第2版。

② 《充实平等的内容》，重庆《大公报》1943年1月14日第2版。

③ 《中共中央关于庆祝中美中英间废除不平等条约的决定》（1943年1月25日），中共中央文献研究室、中央档案馆编：《建党以来重要文献选编》第20册，中央文献出版社2011年版，第81页。

④ 《论联合政府》（1945年4月24日），《毛泽东选集》第3卷，人民出版社1991年版，第1085—1086页。

收北平使馆区的政策和清理办法，成立了"北平使馆界官有资产与官有义务债务清理委员会"，对北平使馆区做了接收和清理。由于使馆区历史遗留问题的复杂性，和受国民政府对外关系现实的影响，上述工作是不彻底的。

一 有关国家在北平使馆区特权的废除

美、英两国放弃在华使馆区特权，推动着《辛丑条约》其他签字国放弃同样特权。中美、中英新约订立后，戴高乐领导的法国民族委员会认识到了法方放弃在华特权的必然性："恐怕到我们必须放弃我们的特权时再没有任何的价值，更谈不上感谢我们，到那时人家要求我们作更大的牺牲。"[1]

抗战结束前后，中国与有关国家签订了关于收回北平使馆区行政权的议定书。1943 年 10 月 20 日，中国和比利时签订关于废除在华治外法权及处理有关事件条约。比利时宣告 1901 年 9 月 7 日中国政府与他国政府，包括比利时政府，在北京签订的议定书应行取消，该议定书及其附件所给予比利时政府之一切权利应予终止。比利时政府愿协助中华民国政府与其他有关政府成立必要之协定，将北平使馆界之行政与管理，连同使馆界之一切官有资产与官有义务，移交于中华民国政府。在北平使馆界内已划与比利时政府之土地，其上建有属于比利时政府之房屋，中华民国政府允许比利时政府为公务上之目的有继续使用之权。[2]

1945 年 5 月 29 日，中国与荷兰签订关于荷兰放弃在华治外法权及解决有关事件条约。规定取消 1901 年 9 月 7 日中国政府与他国政府包括荷兰政府在北京签订之议定书，终止该议定书及其附件所给予荷兰政府之一切权利。荷兰政府愿协助中华民国政府与其他有关政府成立必要之协定，将北平使馆界之行政与管理，连同使馆界之一切官有资产与官有义务移交于中华民国政府。在北平使馆界内，已划与荷兰政府之土地，其上建有属于荷兰王国之房屋，中华民国政府兹允许荷兰政府为公务上之目的有继续使

---

① 葛夫平：《抗战时期法国对于废除中法不平等条约的态度》，《抗日战争研究》2003 年第 3 期。
② 《关于废除在华治外法权及处理有关事件条约》（1943 年 10 月 20 日），王铁崖编：《中外旧约章汇编》第 3 册，生活·读书·新知三联书店 1962 年版，第 1278—1279 页。

用之权。①

1946 年 2 月 28 日，中国和法国签订关于法国放弃在华治外法权及其有关特权条约。法国政府认为，1901 年 9 月 7 日中国政府与他国政府包括法国政府在北京签订的议定书，关于法国政府部分均已失效。法国政府放弃所有该议定书及其附件给予的权利。法国政府愿协助中华民国政府与其他有关政府成立必要之协定，将北平使馆界之行政与管理，连同使馆界之官有资产与官有义务，移交于中华民国政府。在北平使馆界内已划与法国政府之各段土地，中华民国政府允许法国政府为公务上之目的，保留使用之权。②

西班牙没有正式表示过放弃其在北平使馆区的特权，但该国自 1937 年起已无使节驻中国政府，实际上早已停止享有此项特权。1946 年 4 月 1 日，北平市警察局封闭前西班牙使馆。③

1945 年 8 月日本投降后，国民政府首先封闭和接收了北平东交民巷日本、意大利、德国、奥地利等敌对国驻华"公使馆"和日本、意大利、奥地利兵营。④ 意大利兵营与日本兵营由中国方面收回后，前者由空军通讯大队借用，后者由北平防空司令部用。⑤ 1945 年 11 月，中国陆军总司令何应钦命令各地："查各地日德义领使馆所有一切财产应予查封，不得移动，候由外交部接收处理。"⑥ 1947 年 7 月 30 日，中国和意大利互换的关于处理在华意国若干官产及意侨产业换文规定，中国承认意大利保有北平前意大利大使馆原址以内之房屋，但前兵营除外；中国政府同意在北平前使馆界内，前意大利大使馆房屋所在之该部分划与意大利政府之土地，意大利政府仅为公务上之目的，得予使用。⑦

---

① 《关于荷兰国放弃在华治外法权及解决有关事件条约》（1945 年 5 月 29 日），王铁崖编：《中外旧约章汇编》第 3 册，生活·读书·新知三联书店 1962 年版，第 1315 页。

② 《关于法国放弃在华治外法权及其有关特权条约》（1946 年 2 月 28 日），王铁崖编：《中外旧约章汇编》第 3 册，生活·读书·新知三联书店 1962 年版，第 1363 页。

③ 《平封闭西班牙使馆》，《报报》1946 年第 2 卷第 2 期。

④ 北京市地方志编纂委员会编著：《北京志·政务卷·外事志》，北京出版社 2012 年版，第 418 页。

⑤ 谭文瑞：《东交民巷五十年》，天津《大公报》1948 年 1 月 11 日第 3 版。参阅北京市地方志编纂委员会编著《北京志·政务卷·外事志》，北京出版社 2012 年版，第 54、55 页。

⑥ 《接收日德意使馆办事处及领事馆》，1945 年 11 月，浙江省档案馆藏，资料号：L029 - 006 - 0832。

⑦ 《关于处理在华义国若干官产及义侨产业换文》（1947 年 7 月 30 日），王铁崖编：《中外旧约章汇编》第 3 册，生活·读书·新知三联书店 1962 年版，第 1528 页。

1946 年 5 月 20 日，中国和丹麦签订取消丹麦在华治外法权及处理有关问题条约，规定丹麦政府在北平使馆界如有任何特权，一概放弃。①

另外，1943 年 11 月 10 日中国与挪威、1945 年 4 月 5 日中国与瑞典、1947 年 4 月 1 日中国与葡萄牙，分别通过换文的形式，声明该三国政府和人民在北平使馆界所享有各权利，一并放弃。

英、美、法、苏、比、荷等国驻北平的外交领事机构自动重启，在各国使馆原址设立领事馆或者驻华使馆北平办事处。在扶蒋反共政策的指导下，中国抗日战争结束时，美军重新进驻北平兵营。这一时期的驻军时间虽然不长，但它是美国介入中国内战、树立战后美国在华主导性作用的重要象征。

二 北平使馆区接收和清理政策的确定

抗战胜利后，北平民众强烈要求政府收回北平使馆区，并对这一地区进行改造，以铲除 40 多年来的国耻。1946 年，北平市民陈召青向市政府提出：前门内东交民巷一带居本市中心区域，"而深沟高垒，如临大敌，除南面外，其他三面复铲平多数房屋作为操场，凡往来平市目睹怪状引为奇耻大辱者四十余年矣。今则抗战胜利，不平等条约取消，外人在我国境内已无驻兵之权，所有沟垒及操场等国耻目标亟宜尽速交涉修改，并将空地收回以重主权。现在本市房荒严重，此项市内中心土地尤不能仍旧旷废，若能分区招建房屋，其利有三：一可以湔除国耻整顿市容；二可以解决一部分房荒；三可以吸收游资安定物价"②。当时各界曾讨论过迁都北平的问题。《辛丑条约》已经取消，东交民巷已不是租界式的区域，重庆《大公报》的社评提议："现今抗战胜利，中外关系一新，我们不宜再使各国使馆聚居于那个不愉快的地方。政府建都北平，宜将东交民巷收归国有，改设博物院，或为学校区，而另择其他房舍分别给与原在东交民巷有房产权的各国使领馆，以为交换。"③ 也有人提出："在迁都北平之初，政

---

① 《关于取消丹麦在华治外法权及处理有关问题条约》（1946 年 5 月 20 日），王铁崖编：《中外旧约章汇编》第 3 册，生活·读书·新知三联书店 1962 年版，第 1391 页。

② 《提请建议政府取消东交民巷之沟垒并收回空地招建房舍以肃市容案》，《北京档案史料》2006 年第 4 期。

③ 《重献建都北平之议》，重庆《大公报》1945 年 10 月 17 日第 2 版。

府如欲集中办事，则东交民巷之使馆区，可全部收回，另在西南郊跑马场一带，择地为各友邦建新馆舍。如此既可收中枢集中办公之效，复可将此特别区域予以根本取消。"①

日本投降以后，国民政府接管使馆区，它成为北平行政区域的一部分，属内七区警察分局管辖。② 这些建议，都包含清除国耻标志的目的。

1945年11月24日，国民政府行政院为处理租界及使馆界官有资产与官有义务债务，令各地设立清理委员会。清理委员会的职责是：根据新约规定，审查并确定各租界及使馆界内应行移转于中国政府之官有资产与官有义务债务；协助接收机关接收租界使馆界内之官有资产；拟定如何担任并履行官有义务债务之具体办法呈请行政院核准施行；其他有关事宜。各清理委员会设主任委员1人，总理会务，由当地市长担任。设委员5人至7人，由行政院指派法律专家及熟悉租界使馆界之人员充任。主任秘书1人承主任委员之命处理日常会务，秘书及办事人员若干人各承长官之命办理应办事务。各清理委员会开会时，以主任委员为主席，主任委员因故不能出席时，得于会中指定人员代理主席。各清理委员会开会时，得邀请中央及地方有关机关派员出席，协同审查。如遇必要，并得邀请有关外籍人士列席，以备咨询。各清理委员会遇有不能解决之事项，应即呈请行政院核示办理。各清理委员会应于成立后一年以内，将各项工作办理完竣后撤销之，并将所审查清理之官有资产与官有义务债务案卷移交主管机关接收，呈报行政院备案。③

为完善1943年新约解释并细化操作办法，同日，国民政府外交部公布了《接收租界及北平使馆界办法》。该办法对接收北平使馆区的规定有：

第二条：（五）北平使馆界之收回，根据中国与英、美、比、那、瑞典、荷兰等国分别订定之新约办理；

第三条：上述各租界及北平使馆界均经敌伪占领，应随同收复地

---

① 徐伟业：《从工程观点论建都北平》，天津《大公报》1946年11月27日第8版。
② 北平市政府：《光复一年之北平市政》，1946年10月10日，第30页。
③ 《租界及使馆界官有资产与官有义务债务清理委员会组织规程》（1945年11月24日），《甘肃省政府法令公报》1945年第2卷第23期。

区于日军投降后径从敌伪手中收回。

第四条：主管机关接收各租界或北平使馆界时，关于公有资产应区别：（一）原为租界或北平使馆界所公有者；（二）原为同盟国或中立国之政府所有者；（三）原为敌国政府所有者。其分别处理办法如下：

（一）原为租界或北平使馆界所公有之资产，应点明清册、对照物品之数量及其状况先行接管。其债权债务关系留待清理委员会清理。

（二）原为同盟国或中立国政府所有之资产，应于证明属实后，准其继续保有。

（三）原为敌国政府所有之资产，除全国性事业适用行政院公布之"上海区敌伪产业处理办法"外，由主管市政府接管，缮造清册呈报行政院核办。凡属于敌国使领馆之财产由外交部派员会同市政府接收。

第五条：北平使馆界内同盟国原有之使馆土地及房产，应按照中美、中英等新约规定，准其继续使用，由各该国政府派员接收。其他各国原有之使馆土地及房屋，应由北平市政府点明财产，妥为保管，呈候中央核办；

第六条：各租界及北平使馆界内之私有资产，其为敌国人民所有者应按照本办法第四条第（三）项办理，其为同盟国或中立国人民所有，当接收租界或使馆界时仍在原主手中者，应准其继续保有，如为敌伪强占者，应于所有权证明后、或由各该所属国领馆代为证明后即交还原主。其已由外商出让于敌伪者，或由外国商冒顶敌伪产业者，均按敌伪产业办理。

第七条：在天津意租界及其他租界及北平使馆界内所有属于意大利政府之资产，应由主管机关接收管理。其属于意大利人民所有之资产，应按照同盟国或中立国人民所有之资产办理。

第八条：（一）各租界及北平使馆界收回后，不设特别管理区，应即合并于所属市政府，其原有之行政机构应即合并于中央或地方政府各机构。

……

（三）每一租界及北平使馆界接收完毕后，由主管市政府以公告方式宣布之，并应呈请国府公布法令，明定该市政府之辖区，包括收回租界之原址。

……

第九条：（一）每一租界或北平使馆界接收完毕后，由政府组织一清理委员会审查，并确定各该租界及北平使馆界内应行移转于中国政府之官有资产及官有义务债务，并厘订关于担任并履行此项官有义务及债务之办法，呈候行政院核准施行。①

从这两个文件看，国民政府采取的基本上是单方面的接收行动。从清理委员会的组成、职责、对使馆区内资产的认定和处理办法，都可以看出这一点。外籍人士在被邀请的情况下可以列席，仅起咨询作用。

另外一个重要文件是《执行收回法权各约须知》。该文件也是国民政府单方面拟定的，于 1945 年 1 月由外交部公布，对接收有关事项作出解释。文件将北平使馆区和驻兵列为过去各国依据不平等条约在华享受的特权的第五、六两种。对于 1943 年中美新约第二条第二项、中英新约第三条第二项中 "愿协助中华民国政府与其他有关政府成立必要之协定" 的问题，这个文件认为，"现在已无此需要，因有关各国业均无问题也。但对于该项所称应厘订办法，担任并履行使馆界之官有义务及债务并承认及保护该界内之一切合法权利一节自应照办。惟在厘订此项办法前，北平市政府可斟酌当地情形，组织清理委员会，对一切官有义务，债务及所谓合法权利，一概加以清查。此项委员会，有必要时，可请有关各国派员列席说明，俟调查清楚后，再行厘订办法，呈请行政院核准施行"。对于中美新约第二条第三项、中英新约第三条第三项规定准美、英国政府继续使用以前划与美、英国、其上建有美、英国政府房屋之土地一节，这个文件指出："对所有同盟国，可以比照办理。至于其他各国原有之使馆土地及房屋，应由北平市政府，点明财产，妥为保管，呈候中央核办。"② 这明显体

---

① 《接收租界及北平使馆界办法》（1945 年 11 月 24 日），天津档案馆、南开大学分校档案系编：《天津租界档案选编》，天津人民出版社 1992 年版，第 539—540 页。

② 《执行收回法权各约须知》（1945 年 1 月），中国第二历史档案馆编：《中华民国史档案资料汇编》第 5 辑，第 2 编，外交，江苏古籍出版社 1997 年版，第 188—189 页。

现出中方行动的单方性、主动性，如认为新约规定的中外"成立必要之协定"无必要，自行组织清理委员会，对一切官有义务债务及所谓合法权利"一概加以清查"。11月，这个须知中加了"弁言"，指出之所以定名为"须知"，是"今为使执行各约时易于明了并有所遵循起见，将其中重要问题加以解释或说明"①。随着接收和清理工作正式展开，该文件是工作中的重要依据。

上述清理委员会的规程和接收办法，是中方单方面提出的。英、美方面即提出异议，"英美两大使馆先后照请保留权利。英方并认为此项办法系片面接收，表示异议，要求我政府邀请有关国家组织共同委员会，实施交接办法"。根据国民政府行政院1946年4月的通报，经外交部与英美两国使馆协商，订定六项原则：（一）各该国家不再提租界及使馆界行政管理权之移转问题。（二）清理委员会组织规程业经公布施行，不再变更。（三）由钧院训令各清理委员会邀聘外籍顾问，出席会议，协助清理。（四）上述外籍顾问，由有关国家驻华使馆推荐之。（五）各清理委员会与其外籍顾问，对于官有资产及官有义务债务，任何一项决定，如有不同意之处，应提请高级机关解决。（六）各区域之清理工作竣事后，由外交部与有关国家之使馆以换文方式，完成移转手续。外籍顾问由外交部函英美使馆推荐。② 国民政府外交部与英、美驻华使馆达成协议，在北平的美国领事傅瑞门、英国领事郝戈登、法国领事贝雨时、比利时领事白乐逸、荷兰领事柏克曼参加清理工作。按照上述决定，在中方接收和清理使馆区过程中，清理委员会的职权受到限制，外国方面的力量和作用大大增强。

三　北平使馆区的接收和清理

北平市政府地政局、警察局、外事处安排人员调查使馆区状况。1946年1月至2月底，北平市地政局土地测量队对使馆区进行了补测，"依据邻区图根成果补测导线百余点，然后用五百分一缩尺。实施清丈，俾能与

---

① 《执行收回法权各约须知》（1945年11月），天津档案馆、南开大学分校档案系编：《天津租界档案选编》，天津人民出版社1992年版，第616页。

② 《行政院为接收租界订定六项原则电致天津市政府》（1946年4月21日），天津档案馆、南开大学分校档案系编：《天津租界档案选编》，天津人民出版社1992年版，第543—544页。

邻区原图拼接，而免有重覆遗漏之虞"。计全区面积 1208 亩，共绘制原图
27 幅。① 当时调查结果是，界内各国房产 157 处，每处房屋从几十间到几
百间不等。原在此地的英、美、法、苏、比、荷等国外交领事机构已经恢
复办公。而敌对国公私财产大部分已经被河北平津区敌伪产业处理局接
收，委托中央信托局保管运用，有的已经出租或出售。②

　　按照前述国民政府行政院的规定，对使馆区先进行接收，然后再组织
清理委员会，审查并确定有关官有资产、官有义务及债务。但是，中国方
面对东交民巷地区未能真正有效地进行调查和接收。如调查人员不能进入
一些国家的前使馆或美军驻地实地调查，只能在外面测量。外国机构及外
国侨民不按规定申报户口，使户籍管理十分困难。外国银行、公司、商店
没有向中国政府纳税的义务，因此征税问题也没有解决。市容、环境卫
生、市政工程等项工作，因经费不足，办理较差，远不如外国人管理时期
整洁美观。③ 因为实际接收状况与行政院的规定相去甚远，所以北平市政
府要求提前成立清理委员会，将接收与清理工作结合进行。

　　1946 年 5 月，国民政府外交部又拟定了"同盟国在华之租界、租借地
及其他特殊区域，均应立即收回"的原则。④ 7 月，国民政府成立"北平
使馆界官有资产与官有义务债务清理委员会"，设在已经接收的西班牙使
馆原址，接收与清理工作结合进行，市长熊斌、何思源先后任主任委员。
委员 7 人，为市府秘书长杨宣诚（后为邓继禹）、法律顾问黄觉非、参事
胡寄窗、外事处长唐悦良（后为左明彻）、地政局长张道纯、警察局长陈
焯（后为汤永咸）及外交部平津区特派员季泽晋。主任秘书张述先（外交
部特派员办事处人员）处理日常事务。⑤ 在已进行测量工作的基础上，第

---

　　① 北平市政府地政局编印：《二年来之北平地政》（1947 年 9 月），李强选编：《民国地政史料汇
编》第 3 册，国家图书馆出版社 2011 年版，第 161 页。
　　② 万永光：《国民党政府收回北平使馆界》，载北京市政协文史资料研究委员会编《文史资料选
编》第 42 辑，北京出版社 1992 年版，第 241 页。
　　③ 万永光：《国民党政府收回北平使馆界》，载北京市政协文史资料研究委员会编《文史资料选
编》第 42 辑，北京出版社 1992 年版，第 241 页；谭伊孝：《北京东交民巷》，北京市文物研究所编
《北京文物与考古》第 4 辑，北京燕山出版社 1994 年版，第 267 页。
　　④ 《外交部关于收回租界、租借地及其他特殊区域原则讨论稿》（1946 年 5 月 21 日），中国第二历
史档案馆编：《中华民国史档案资料汇编》第 5 辑，第 3 编，外交，江苏古籍出版社 2000 年版，第 3 页。
　　⑤ 万永光：《国民党政府收回北平使馆界》，载北京市政协文史资料研究委员会编《文史资料选
编》第 42 辑，北京出版社 1992 年版，第 241—242 页。

二步的工作，将全区面积划分户地类数共 97 类，开始详细调查，"今后关于外使馆购买土地，和建筑等项地上权问题及以后一切资产债务诸问题，都将拟具体的办法，逐步实行了"①。8 月 29 日，上海《侨声报》报道：中国将收回北平东交民巷美国及他国使馆占用土地的主权。外国占用的土地，也将纳捐。清理东交民巷官方产业与债务的委员会，业已成立，即将接受主权，但在未奉行政院训令之前，不至于采取行动。该委员会迄今已接收西班牙公使馆屋宇，迁入办公，并已测量各国公使馆占用的土地，将以居住者为根据，分为 97 类。彻底调查的工作即将开始，拟定具体条例，逐步实施，然后办理土地出售，房屋建筑及解决有关土地的其他产权问题。委员会的种种行动均与外交部保持密切联系。②

北平使馆界官有资产与官有义务债务清理委员会收回部分房地产，包括接收使馆区东、北、西三面广场，计土地 373.5 亩；接收朝阳门外苗家地英、美、法、意、日等国使用的靶场，约 450 亩；清查敌国使领馆财产 29 处，由北平市政府接收的 7 处，河北平津敌伪产业处理局接收、委托中央信托局北平分局保管的 6 处，其他各机关接收使用的 5 处，留华德侨使用的 10 处。③ 市政府对东交民巷地区开展了市政建设。一份关于 1946 年 6—11 月北平市政府工作的报告提到，东交民巷修补沥青路 3149.10 平方公尺，"测量东单练兵场水平，并计画平垫排水等工程"④。另一份关于 1946 年 12 月—1947 年 9 月北平市政府工作的报告提到，东交民巷等处沥青路［泼］罩油面面积 11640 平方公尺，于 1947 年 8 月 30 日开工，9 月 7 日竣工。另外，东交民巷等处补修缸砖步道，面积 151 平方公尺。⑤

清理委员会的工作进展比较缓慢。一方面，使馆区各类资产情况复杂，清理不易。"使馆界内同盟国或中立国资产，依照与各国所订新约规定，有因公务使用与非因公务使用问题，敌国使馆产业中有使馆所有土地

---

① 京话：《蒙污四十六年，北平使馆界收回!》，《快活林》1946 年第 29 期。

② 《此巷无路理合打通》，《侨声报》1946 年 8 月 29 日第 1 版。

③ 《一年来之北平警政》，转见北京市地方志编纂委员会编著《北京志·市政卷·房地产志》，北京出版社 2000 年版，第 134 页。有关数字系原文如此。

④ 《北平市政府三十五年度六至十一月施政报告》，《北京档案史料》2015 年第 4 期。

⑤ 《1946 年 12 月至 1947 年 9 月北平市政府施政报告》，《北京档案史料》2016 年第 1 期。

租给外侨建房问题，还有使馆界官有资产与官有义务之定义与范围问题"①，等等。清理委员会与使馆区原有之财务整理委员会举行会谈。中方7名委员（何市长、警察局、地政局、外事处、外交部特派员办事处）及英、美、法、比、荷顾问（苏联未派人员出席）出席。双方达成的协议大致为："（1）使馆界所有空地由我方接收。（2）使馆界财务整理委会之不动产及动产完全归由我方接收。（3）使馆区已有建筑现正使用者，产权由我方接管，但可由对方继续使用。（4）使馆区已有建筑未作公用或经租出者，原则上产权由我接管，惟清理方式仍须计议。关于上列四项换文据称系初步协定。"②

　　属使馆区公共土地及其地面上的设施，接收和清理工作比较容易。比如，使馆区内的树木、植物、石桥等由北平市工务局接收。③根据清理委员会的通知，北平市卫生局会同粪便事务所、卫生稽查队接收了公厕两处，一处位于东交民巷城根路路南，另一处在东交民巷东口外路西，"建筑情形尚佳"，前者因无人负责打扫故极污秽，后者早已封闭禁用。④东单原各国驻军练兵场由清理委员会接收后，移交市政府接管，修建体育场。⑤

　　但是，涉及各国专有土地及其地面上的建筑物，就发生分歧和矛盾。特别是，清理委员会和外方在使馆区有关资产的认定上发生重大分歧。清理委员会试图对使馆区一切官有义务债务，及外方所谓的合法权利，一概加以清查。

　　外国兵营地产问题，就是一个焦点。1943年新约规定：在北平使馆区内已划与美国的土地，其上建有属于美国政府之房屋，中国政府允许美国政府为公务上之目的，有继续使用之权。按国民政府1945年11月制定的接收办法，所谓为公务上之目的而可继续使用的，指的是"同盟国原有之

　　①　万永光：《国民党政府收回北平使馆界》，载北京市政协文史资料研究委员会编《文史资料选编》第42辑，北京出版社1992年版，第243页。

　　②　《收回北平使馆区我与各国签订初步协定》，重庆《大公报》1947年1月26日第2版。

　　③　《北平市政府关于接管前使馆界树木石桥和拨东单练兵场地基为北平社会服务处举办各项建设用的训令及工务局的呈等》，1946年12月1日—1947年8月31日，北京市档案馆藏，资料号：J017-001-03313。

　　④　《卫生局关于接收使馆界内公厕一案办理情形及公厕粪便处理的呈文、公函及市政府的指令》，1947年7月1日—8月31日，北京市档案馆藏，资料号：J005-001-01536。

　　⑤　《北平市政府训令》（1947年7月3日），《北京档案史料》2006年第3期。

使馆土地及房产"。各国的兵营，是八国联军侵占北京，划定使馆区，实施侵略性驻军的产物，且长期存在。各国早已违反国际法在先。战后，各国虽已取消驻军权，兵营却仍为它们所占用。《维也纳外交关系公约》规定，使馆馆舍指的是供使馆使用及供使馆馆长寓邸之用之建筑物或建筑物之各部分，以及其所附属之土地。① 1917 年中国对德奥两国宣战后，德奥在华财产由荷兰代理，荷兰公使贝拉斯派荷兵占用德奥的使馆和兵营，并说使馆和兵营应视为一体，互有关联。谈到责任，即指全体不动产而言。荷兰既负责代理德奥财产，难言只管使馆楼房不管其他。使馆区《辛丑条约》签字国代表就兵营用地和使馆用地是否有区别的问题投票表决，结果多数国家反对贝拉斯的观点，同意贝拉斯观点的只有他自己一票。② 显然，兵营不在使领馆的范围内。这段事实，美国方面肯定知晓。把兵营地产也纳入使领馆公务用途的范围，是违反国际法的，列国别无前例。把持侵略性的兵营地产不交还中国，也不符合联合国宪章关于各国主权平等的原则。各国如要尊重中国主权，清除侵略痕迹，抚平历史创伤，给予中国以平等地位，就应主动交还兵营。因而，北平使馆区清理委员会向国民政府行政院提出："辛丑条约既然废除，新约准许各国为公务上的目的，继续使用已划用土地之规定，但此仅以使馆部分为限，兵营之设立，实为奇耻大辱，不管其拟做任何用途，应一律予以收回。"③ 国民政府外交部似乎支持清理委员会的立场。1946 年 9 月 3 日，它作出决定："外国根据条约或惯例，在中国指定地区驻扎军队及警察之特权，一律取消。"④

而美国方面却将 1943 年新约中的条款作自己的解释，将兵营地产也纳入自己认为的使领馆公务用途的范围内。1946 年 8 月 31 日，美国驻华使馆参赞巴特沃思写信给国民政府外交部副部长刘锴。巴特沃思指出：最近新闻界援引北平的一家地方报纸《新民报》的报道说，中国政府打算恢复行使对北平前使馆区土地的所有权。这一传闻与美国驻北平领事傅瑞门

---

① 《维也纳外交关系公约》（1961 年 4 月 18 日），载中国人民大学法律系国际法教研室编《国际法学习参考资料》，1981 年，第 236 页。

② 章玉和：《东交民巷杂谈》，（伪）《中和月刊》1944 年第 5 卷第 6 期。

③ 穆玉敏：《北京警察百年》，中国人民公安大学出版社 2004 年版，第 454 页。

④ 《外交部关于取消外人在华各种特权及特种制度原则讨论稿》（1946 年 9 月 3 日），中国第二历史档案馆编：《中华民国史档案资料汇编》第 5 辑，第 3 编，外交，江苏古籍出版社 2000 年版，第 4 页。

的报告是一致的。这个报告说，地方当局已经占据了西班牙公使馆的房产，进驻西班牙使馆是中国要收回前使馆区所有外国政府财产的第一步。傅瑞门在与北平的外事部门代表张述先的交谈中得知，政府打算接管这一区域所有外国政府的房地产。巴特沃思指出，由于1943年的中美条约第二条认可了美国政府为公务目的而使用使馆区内已划与美国的土地的权利，他认为是北平地方当局误解了有关使馆区资产和义务清理的指令。为了排除错误理解的可能性，他希望在对此事做调查后，刘锴能证实北平地方当局的声明是错误的，并且中国政府没有接管或占据北平使馆区已划与美国的地产的安排。9月4日，美国驻华大使司徒雷登向国务卿报告，中国外交部已正式索要北平英国兵营地产的资料，中国方面希望获得对新约条款的解释权，这种权力一旦拥有，中国政府显然有权力接管旧使馆的财产，如果不是全部的话。而且据说中国人不愿外国在北平设立领事馆。同时，司徒雷登也提出，地方官员可能误解了南京政府的指令。① 显然，美方力图按自己对1943年中美新约的解释，继续占有北平兵营的地产。国民党的内战和独裁政策，都需要美国的支持。这对国民政府的决策形成了强大的压力。

关于原英国兵营，中方曾要求交还。英方以改设中英文化委员会为借口，未交还，而这个机构并未设立。对法国兵营，法国领事馆以改设中法汉学研究所为理由，要继续使用。实际上，该研究所只用了两所房子，其余约两百多间瓦房及楼房，或出租，或空闲。②

清理工作进展比较缓慢，另一方面是因为各种接收单位之间矛盾重重。"……敌国使馆资产已由敌伪产业处理局接收处理者如何再由市政府接管问题，以及敌产被国民党军政机关占用等问题，头绪纷繁，情况复杂。加以有关单位利益不同，互相扯皮，清理工作进展得非常迟缓。"③

例如，关于敌国政府所有的资产，使馆区内的敌伪财产大部已被河北平津区敌伪产业处理局抢先接收，有的为国民政府外交部、财政部、交通

---

① United States Department of State, ed., *Foreign Relations of the United States, 1946, Volume X, The Far East: China*, Washington: Government Printing Office, 1972, pp. 1362 – 1364.

② 谭文瑞：《东交民巷五十年》，天津《大公报》1948年1月11、12日第3版。

③ 万永光：《国民党政府收回北平使馆界》，载北京市政协文史资料研究委员会编《文史资料选编》第42辑，北京出版社1992年版，第243页。

部接收。清理委员会成立后，根据行政院公布的《接收租界及北平使馆界办法》的规定，要求其他单位将接收的使馆区内敌产移交市政府接管。敌伪产业处理局当然不肯把已接收到手的财产再交出去，双方争执不下。外交部也主张按《接收租界及北平使馆界办法》规定，移交市政府。然而行政院却违反自已公布的法规，说"各区敌伪产业处理局处理敌伪产业系依照《收复区敌伪产业处理办法》之规定，办理范围均及租界内外，性质无分全国性与非全国性，且处理已久，行将结束，未了各案仍应由该局继续处理，以免纷更。该部（外交部）拟依照《接收租界及北平使馆界办法》之规定，应由市政府接管之产业，仍由市政府接管一节，着勿庸议。惟敌国使领馆之产业可仍由市政府会同外交部派员接收"[①]。北平市政府只得遵照执行。1947 年 4 月，北平市政府奉令接收及保管在北平的敌国使馆财产，组织敌国使馆财产接收保管委员会，由市政府、警察局及使馆界资产清理委员会各派一人，以市政府所派之人为主委。[②]

1947 年 5 月，天津《大公报》报道：1946 年 7 月北平使馆区清理委员会成立以来，因等候与中国缔结新约的英、美、法、比、荷派该会顾问，工作进展较为迟缓。一部分官有土地，昔日拨给各该国使馆，又曾让私人建筑房屋、经商等，产权极为复杂。使馆区纯官产、半官产、纯私产均在清理范围内。苏联在使馆区也有房屋，因 1945 年中苏条约没有涉及此项内容，暂缓清理。美国海军陆战队已将司令部借用的德国使馆交出，将由行总借用，因在前奥国使馆的空军第一大队用房不够，行总须迁出。德国小学原址，本拟交教育局办小学，但已为其他机关索去。德国顾问住宅已拨交市立医院。[③] 9 月 22 日，该报报道：中国对意大利和约换文成立后，因条款中规定意大利政府在中国占有的官产，除须继续供公用者外，全部交还中国，清理委员会正准备接收东交民巷意大利兵营。据该委员会张主委称：清理委员会工作大部完成，除接收各国官产外，并协助市府清理使馆区事务公署之义务及债务。待接收者，尚有英、美、荷等国兵营，

---

① 万永光：《国民党政府收回北平使馆界》，载北京市政协文史资料研究委员会编《文史资料选编》第 42 辑，北京出版社 1992 年版，第 242—243 页。
② 《平市府设委会接收敌国使馆》，《申报》1947 年 4 月 14 日第 2 版。
③ 《平外产清理中》，天津《大公报》1947 年 5 月 14 日第 3 版。

正在交涉中。清理委员会将与英、美、法、荷、比领事发表一个有关清理使馆区官产的共同声明，说明移交经过。该委员会拟整理各种关于使馆区的新旧档案，准备汇编成册，以供各方参考。① 10 月 27 日，该报又报道：清理委员会的工作大部分已完成，年底将结束。只是盟国非因公使用的房地产部分，经数月来调查并交涉收回，遭遇困难甚多，以致未能按照计划完成，已呈报行政院核办。英领事馆（俗称英国府）北面临街墙壁上有枪弹痕十数处，并有以黑漆所涂"永志不忘"英文字，据称：该处系义和团围攻英使馆的遗迹，英人特别保存纪念。国民政府外交部平津特派员公署北平办事处及北平市政府"以事关我国国耻，已函请英领事馆涂毁"②。

对美国自行圈占的东交民巷西端斜坡地，北平市政府进行清理时，认定美领馆使用的这块地皮，系美国自行圈占使用，虽经公使团"默认"，但不能按新约的规定无偿使用。经中央信托局北平分局拟议，以该地美国圈占使用多年，又建有房屋 100 余间，不便令其拆除，也不能追问既往，应依照《土地法》第 19 条第 6 款及第 25 条的规定，准予租用 9 年，依照现行标准产价核定租金，并将 9 年租金一次缴清。租期届满得请求续租，租期另行厘定。③

四　北平使馆区清理工作的结束

按照清理委员会组织规程，清理工作应于清理委员会成立一年内完成。但是，北平使馆区实际清理工作自 1946 年 7 月起，直至 1947 年 12 月才基本结束，历时一年半。

1947 年 12 月 26 日下午，大雪中，北平市市长何思源等与美、英、法、比、荷领事在市政府办公场地中南海西花厅，举行北平使馆界官有资产与官有义务债务清理委员会与五国顾问协议书签署仪式。首先，由外交部北平办事处主任秘书张述先报告清理委员会工作经过，然后由何思源领

① 《北平使馆区官产清理中》，天津《大公报》1947 年 9 月 22 日第 3 版。
② 《北平使馆区官有资产清理将竣》，天津《大公报》1947 年 10 月 27 日第 3 版。
③ 万永光：《国民党政府收回北平使馆界》，载北京市政协文史资料研究委员会编《文史资料选编》第 42 辑，北京出版社 1992 年版，第 244—245 页。

先，清理委员会委员和外籍顾问依次在 14 个协议书上签字。该协议书中的要件有：协议书，房地等清册及平面图，道路与便道清册，警员服装清册，家具清册，消防器具清册，修理道路工具清册，路上建筑物及铁门等项清册，机械材料清册，使馆界斜坡空地图，垫平老御河之空地详图，东方汇理银行证明账单（关于前管理使馆界事务公署流动资产，经东方汇理银行证明，并无结存，经该行开具英文证明账单一件，附英文协议书内），前管理使馆界事务公署秘书劳来斯申请债务清单，关于前管理使馆界事务公署债务事件清理委员会中外人士声明债权公告抄件。

《北平使馆界官有资产与官有义务及官有债务清理协议书》认定，"官有资产" 系前管理使馆界事务公署所有及保管的动产、不动产、流动资产、设备等在内之一切资产，与 1901 年 9 月 7 日议定书签字国所共有的所谓使馆界斜坡，具体包括：房地，道路与便道，警察服装等，家具，消防器具，修理道路工具，路上建筑物等，机械、材料等，使馆界斜坡，垫平老御河之空地。上列官有资产经日本政府于 1943 年 3 月 30 日违法移转于伪政府而现由中国政府保管者，应全部正式移转于中国政府。"官有义务" 系前管理使馆界事务公署所行使的公共职务，具体包括：治安、消防、卫生、工务。上列官有义务现由中国政府履行者，仍由中国政府负责，并由中国政府继续履行。"官有债务" 系前管理使馆界事务公署所欠各项债务，具体仅限于前管理使馆界事务公署秘书兼警察长英国人劳来斯的申请。他要求补偿 1941 年 12 月 8 日至 1945 年 10 月 31 日的薪金。外籍顾问认为，劳来斯应得 717 镑 14 先令 2 便士及国币 26450 元的酬报金及利益。清理委员会认为，劳来斯在 1941 年 12 月 8 日被日人强迫解职后，集中于山东潍县，并未对使馆界提供任何服务，不应付给薪金，故不能接受此项债务。鉴于委员与外籍顾问意见分歧，此事提请中国政府与有关国家外交代表讨论。

协议书分中、英文两种，均为正本。清理委员会成员何思源、季泽晋、唐悦良、邓继禹、张道纯、张述先，和外籍顾问比利时的白乐逸、美国的傅瑞门、法国的贝雨时、英国的赫戈登、荷兰的柏克曼在协议上签字。① 何思源致词，感谢清理委员会同仁的努力和外籍顾问的协助。傅瑞

---

① 《北平使馆界官有资产与官有义务及官有债务清理协议书》（1947 年 12 月 26 日），王铁崖编：《中外旧约章汇编》第 3 册，生活·读书·新知三联书店 1962 年版，第 1570—1572 页。

门代表外籍顾问致答词，对清理工作表示满意。协议书由国民政府外交部平津特派员公署特派员季泽晋转呈外交部，致有关国家，以换文方式完成此清理任务。"至是平使馆界之实质产权，成为历史陈迹，除各国保有领事馆产权外，其因特权而获有之各国公有土地建筑物，及官有债务，均告结束，由平市政府划入市产部门。"① 有人评论："光复后，我国虽已接收，但完成手续，清结以前之一切，则自此日此时始。"②

而天津《大公报》12月25日报道：所谓使馆区中各国官有资产，尚未获顺利清理完成。清理委员会工作于本月底结束，未完事务由市政府接办。③ 27日，该报又说："北平使馆区算是正式由我政府收回。惟实际上各国自辛丑条约而取得之土地仍在各领事馆继续占用中。已获得协议而清理完成者仅系前使馆界事务公署之资产与义务。清理委会结束后，其未完成工作移交市府继续办理，将呈行政院饬外交部与各国进行交涉，东交民巷丧失近五十年，全部权益之真正收回尚有待努力。"④ 这一关于使馆区清理状况的报道说的是实情。而且，虽然法律意义上的使馆区在故都消失了，但是地方政府仍无法对使馆区进行有效管理。

1948年5月21日，美国驻华使馆向美国国务院发去了前述清理协议书的全文。⑤ 而6月23日，北平市政府呈文国民政府行政院称：接收租界及北平使馆界办法第八条第三款规定"每一租界及北平使馆界接收完竣后，由主管市政府以公告方式宣布之，并应呈报国府公布法令，明令市政府之辖区、包括收回租界原址"。北平前使馆界官有资产与官有义务债务清理委员会结束前，并未将界内土地全部收回移交本府，该会与外籍顾问签订之协议书亦仅载明将使馆区行政权及界内公有土地、桥梁、道路等移交我政府，关于各使领馆使用之房地并未列入，应否即视同全部接收以公告方式宣布及呈报。行政院答复：据内政、外交、地政三部核复称，"接收租界及北平使馆界办法第八条第三款所谓接收完竣，系指租界或北平使

① 《平旧使馆界房地产全部交还我国》，《申报》1947年12月27日第1版；《平使馆界已成陈迹》，《立报》1947年12月27日第1版。
② 《东交民巷总结账》，《申报》1948年1月5日第9版。
③ 《平使馆界收回》，天津《大公报》1947年12月25日第3版。
④ 《收回北平使馆界协议书昨日签字》，天津《大公报》1947年12月27日第3版。
⑤ Untied States Department of State, ed.：*Foreign of the United States*，*1947*，*Volume 7*，*The Far East：China*，Washington：Government Printing Office，1972，pp. 1420 – 1422.

馆界之行政与管理而言，与界内个别产业之交接并无关系。北平市政府于接收前使馆界行政与管理后，即可根据上述规定办理，以公告方式宣布，并绘具图说三份，咨由本（内政）部转呈明定该市辖区包括收回之使馆界"[1]。如此，使馆区的外国兵营地产问题，则被不了了之。8 月 25 日，天津《大公报》报道：北平市政府奉行政院令，"规定在前使馆界内已划与各国政府使用之土地为国有土地，依旧条约，可准各该国政府为公务上之目的继续使用。其界内为地方行政管理需用之土地，属于市有"[2]。

如果说 1943 年新约订立，是从法律上废除了列强在华使馆区特权制度；那么，战后中国政府对使馆区的接收和清理，就从实质上终止了这项特权制度。这值得肯定。近半个世纪的屈辱，中国的沧桑变迁，曾在这儿上演。人们盼望翻过这一页："五十年的外人管治已使'东交民巷'成了一个特殊化的区域。今天既已经划入北平市政所辖的一区，那么必须使它真正的成为北平各区中的一个单位，达到北平市政的一元化。除了各国的外交人员可以享有他们应得的特别权利外，对所有外侨的待遇，应与我国侨民所受的待遇一样。"此外政府应利用接收的产业设立公园、民教馆、运动场或者学校，将房地产尽量标售或租赁与本国人民，"冲淡这一个区域的特殊气氛，使它能与整个故都祥和起来"[3]。

但是，人们同样感到接收和清理工作做得不彻底。时人指出："当我们在从事艰苦抗战的时候，蒙盟邦和我们订立了废除不平等条约的新约，愿意把北平的使馆和其他地方的租界全部交还我国，盛情可感，没齿难忘。可是到了战争结束，我们要接受各盟友好意的时候，却又发生了枝节。对于东交民巷使馆界的交还，他们以新约上有规定'准各国继续因公使用以前所划给之土地'为借口，拒绝放弃他们既得的利益。闹了半天，我们除了从敌伪手中接收回来的使馆界行政权和德日等国的敌产以外，所获得各国同意收回的就只有从前使馆区事务公署的一所小房，和一些破旧的家具，每个国家原本占有的地址并不肯放弃一寸。如果我们并不看重自

---

① 《行政院为接收租界办法应依划分国有市有办法办理事令天津市政府及转令财、地政局》(1948 年 8 月 17 日)，天津档案馆、南开大学分校档案系编：《天津租界档案选编》，天津人民出版社 1992 年版，第 568 页。

② 《平使馆界土地国有准各国使用》，天津《大公报》1948 年 8 月 25 日第 3 版。

③ 谭文瑞：《东交民巷五十年》，天津《大公报》1948 年 1 月 12 日第 3 版。

己的权益，如果我们认为因小利而争，有失大国风度，那就算了。否则我们必须与各国据理交涉，把东交民巷内我国以前基于不平等条约划给各国的土地全部收回，土地上各国官方或私人的房屋，可以出价偿还，犹如几十年前我国政府出价购买本国人民的房产一样。至于各国领事馆因公需用的房地，自然可以由我政府指定给他们使用，但是产权是属于我国政府的。……那么一个领事馆何必占一百多亩土地，一千多间房屋？把房子出卖收租也算做因公使用，无论怎样也讲不通。"① 东交民巷有支持国民党政权的外国势力在，列强在华使馆区特权制度的残余没有被彻底清除，特别是外国兵营地产没有被收回。伦敦《泰晤士报》说，使馆区的移交是列强在华享受治外法权最后陈迹之清除。② 但曾是国耻象征的列强兵营多未交还，能说最后清除吗？总之，东交民巷的现实还不能与整个故都都祥和起来。

1948 年 6 月 9 日，北平各校学生举行游行，并召开了"华北学生反对美国扶植日本，抢救民族危机大会"，反对国民党政府的外交政策。7 月 5 日，在北平的 5000 多名东北学生游行，抗议市参议会通过停发东北学生公费，集中进行军事训练的议案。下午，学生赴东交民巷北平市参议会会长许惠东宅处请愿。傍晚，当学生准备整队回校时，遭国民党军警镇压，酿成惨案。③ 这是东交民巷前使馆区往日历史的折射。

事件发生后，7 月 19 日，《燕京新闻》刊载了一首诗。④ 它似乎透视了近代东交民巷走过的不平静的脚步：

东交民巷

乃维

人民用血泪建造了你，
你却关住了帝国主义的

① 谭文瑞：《东交民巷五十年》，天津《大公报》1948 年 1 月 12 日第 3 版。
② 《伦敦泰晤士报评论平使馆界废除》，重庆《益世报》1948 年 1 月 1 日第 1 版。
③ 中共北京市委党史研究室编：《北京革命史大事记》（1919—1949），中共党史资料出版社 1989 年版，第 339 页。
④ 乃维：《东交民巷》，《燕京新闻》1948 年 7 月 19 日第 2 版。

> 荒淫和无耻；
> 从此仇恨叫人民低头，
> 当他们看见了你
>
> 终于，八年的日子，
> 人民用血肉换回来了你，
> 却有帝国主义的狗，
> 霸占了你，
> 仍然是，把人民关在外面；
> 仍然是，关住荒淫和无耻。
>
> 而今天，今天
> 旧的血泪又添增新的成份，
> 会合成血的洪流，
> 流向每颗复仇的心，
> 抚育明天的花和果实

　　1948年12月3日，在中国革命战略决战的轰轰炮声中，国民党政府批准公布内政部呈送的北平市接收的使馆区图，此令由蒋介石和行政院院长孙科签发。[①] 旧中国未竟的扫除帝国主义在华特权的任务，将由新中国彻底完成。

---

① 《总统指令》（1948年12月3日），《总统府公报》173号，1948年12月9日，第3版。

第七章 新中国对列强在华使馆区特权制度残余的清除

新中国的成立，开辟了中国历史的新纪元，也开启了中国对外关系的新时代。彻底清除帝国主义列强在华特权，是新中国落实独立自主外交原则的重要内容。1950年，新中国以适当的方式，征用和收回了有关国家在北京东交民巷前使馆区的兵营，彻底清除了列强在华使馆区特权制度的残余。

第一节 新中国对北京前外国兵营情况的调查

1949年，古老而饱经磨难的北平城迎来了新生。"进城以后，我们总的任务是推翻旧的政权和建立新的政权，彻底摧毁、肃清反动势力的残余。"① 新中国不承认前外国外交领事机关和人员的官方地位，按照新政府的法令政策和国际惯例管理外国侨民。有关部门对北平东交民巷前使馆区，特别是各国兵营的情况进行了认真调查，为彻底清理做了充分准备。

一 新外交方针的确定和解放军挺进北平前使馆区

中国共产党指出：要解放中国，就要将人民组织起来，"尤其要在根本上推翻外国帝国主义在中国一切既得的权利与势力"②。在波澜壮阔的人

---

① 《掌握党的基本政策，做好入城后的工作》（1949年1月6日），《彭真文选》，人民出版社1991年版，第170页。

② 《中国共产党第三次对于时局宣言》，载李忠杰、段东升主编《中国共产党第四次全国代表大会档案文献选编》，中共党史出版社2014年版，第60页。

民革命战争取得决定性胜利之际，中共中央为新中国制定了"另起炉灶""打扫干净屋子再请客""一边倒"的外交方针。1949 年 1 月底至 2 月初，毛泽东在会见联共（布）中央政治局委员米高扬时说：我们这个国家，如果形象地把它比作一个家庭来讲，它的屋内太脏了，柴草、垃圾、尘土、跳蚤、臭虫、虱子什么都有。解放后，我们必须好好加以整顿。等屋内打扫清洁，干净了，有了秩序，陈设好了，再请客人进来。我们的真正朋友可以早点进屋子来，也可以帮助我们做点清理工作，但别的客人得等一等，暂时还不能让他们进门。① 百年来列强在中国确立的各种特权当然是必须全面、彻底清理的。中共七届二中全会确定了清除帝国主义在华特权的基本方针。毛泽东在会上指出：我们可以采取和应当采取有步骤地彻底地摧毁帝国主义在中国的控制权的方针。② 1949 年 9 月，新政协通过的共同纲领将上述外交方针具体化，并规定："对于国民党政府与外国政府所订立的各项条约和协定，中华人民共和国中央人民政府应加以审查，按其内容，分别予以承认，或废除，或修改，或重订。"③ 这个规定也适用于国民党政府继承的前清政府与外国列强签订的条约。旧的不平等的中外条约时代结束了。

　　1949 年 1 月 31 日，北平宣告和平解放。2 月 2 日，市军事管制委员会和市人民政府入城办公，市委机关设在东交民巷 40 号前德国驻华使馆内。④ 中国共产党人清楚地知道东交民巷使馆区这一中国丧权辱国象征地的历史。作为新中国的首都，党的领导人非常关注这个城市百年来帝国主义侵略留下的污垢的清除，多次强调要赶走帝国主义侵略势力，取消帝国主义在华特权，"在伟大的中华人民共和国的首都，绝不能允许再有任何帝国主义封建主义的残余来压榨、勒索和侮辱我们人民"⑤。

　　北平刚解放时，东交民巷地区还留有英国驻北平领事馆、法国驻华大

　　① 中共中央文献研究室编：《毛泽东传》（1893—1949），中央文献出版社 1993 年版，第 910—911 页。

　　② 《在中国共产党第七届中央委员会第二次全体会议上的报告》（1949 年 3 月 5 日），《毛泽东选集》第 4 卷，人民出版社 1991 年版，第 1434 页。

　　③ 《中国人民政治协商会议共同纲领》（1949 年 9 月 29 日），《人民日报》1949 年 9 月 30 日第 2 版。

　　④ 《彭真传》编写组编：《彭真年谱》上卷，中央文献出版社 2002 年版，第 533 页；《彭真传》编写组编：《彭真传》第 2 卷，中央文献出版社 2012 年版，第 587 页。

　　⑤ 彭真：《在北京市第二届各界人民代表会议上的开幕词》（1949 年 11 月 20 日），北京市档案馆、中共北京市委党史研究室编：《北京市重要文献选编》（1948.12—1949），中国档案出版社 2001 年版，第 779 页。

使馆北平办事处、美国驻北平总领事馆、荷兰驻华大使馆北平办事处、苏联驻北平总领事馆等外国官方机构。

2月3日，解放军举行隆重的入城仪式，装备各种美制轻重武器的队伍由永定门、西直门进城，出朝阳门。并且，为了打破东交民巷前使馆区这一多年来压在中国人心头的屈辱，"我们决定一定要通过东交民巷，并要经过美国使馆门口"①。从永定门入城的第四野战军四十军一一八师经过前门，过正阳门楼下，接受检阅。随后，部队右拐进东交民巷。装甲车、坦克、炮车、骑兵、步兵，迈着雄壮的步伐，踏上那曾经印刻着民族屈辱的街道。

进入东交民巷后，第一家就是前美国驻华领馆。在门口，"坦克手们故意踩了几下油门，坦克发出隆隆的吼声，雄赳赳地向前驶去"②。曾任一一八师某炮连指导员的亓富宽回忆：我们一走进东交民巷，"就开始走正步，这是特意安排给帝国主义列强看的。我们高喊着'打倒蒋介石，解放全中国'的口号，情绪都很高涨！后来，我忍不住斜眼看了看，发现里面有很多人影趴在窗户后面看我们的队伍。事后，才知道这些外国使馆的官员，由于不了解我们的政策，吓得紧闭大门，有的公使太太躲进暗室，有的公使吓得不敢在东交民巷住了"③。此时，只有苏联总领事馆大门敞开，人们出来观看，以示欢迎，其他领事馆和驻华大使馆北平办事处的大门紧闭，其留守人员只从窗户向外观望。时任苏联驻北平总领事馆总领事的 C. Л. 齐赫文斯基回忆：总领事馆的工作人员携妻带子走到总领馆区敞开的大门处欢迎解放军到来，而"与其他有激动人群的街道不同，东交民巷是空荡荡的。西方领事馆工作人员都被反共宣传吓坏了，他们紧锁进入领事馆的大门，并从里面筑垒自卫，有的用卡车，有的用沙袋和木箱"。"中国人民解放军部队，秩序井然地乘坐着缴获的美国汽车沿着东交民巷不间断地行进。车上坐着在东北和华北战场上战斗过的风尘仆仆的英雄们，他们身着新做的棉制服，装备有在同国民党人战斗中缴获

---

① 《程子华关于北平市警备工作的总结报告》（1949 年 4 月 14 日），中共北京市委党史研究室、北京市档案馆编：《北平的和平接管》，北京出版社 1993 年版，第 223 页。

② 丁铁石：《四野战车团在北平的三件大事》，《军事史林》1997 年第 1—2 期。

③ 亓富宽：《难忘的北平入城式》，《劳动午报》2009 年 4 月 14 日。

的美国卡宾枪。乘坐炮手的汽车牵引着缴获的美国火炮和高射炮。走在行军队列末尾的是骑兵。队伍行进了一个多小时。之后在我们的街道上又是一片寂静，但从城市的四面八方传来了音乐声和出来欢迎解放者的市民的喜悦喧闹声。"① 美国驻北平总领事柯乐布也见证了"毛泽东的征服部队昂首阔步地从东交民巷外国使团修建的巨大欧洲式建筑旁边走过"②。解放军从东交民巷西口开进，出东口，经东单继续行进。这是50年来中国军队第一次以国家主人的身份自豪地踏上东交民巷这片中国土地，对结束国家的一段屈辱史，具有重要的意义。

北平新政权严格执行了中共中央确定的外交方针和对外侨的政策纪律。一方面，新政权明确不承认驻中国的外国外交领事机构和人员的地位和身份。国民党统治时期各国原驻本市的领事馆及各国政府机关，一律就原名义上加"前"字。③ 只有在他们以侨民身份接触时才予以接洽，更不承认他们能享受特权。另一方面，新政权按新的法令政策和国际惯例，保护前外国外交领事机关和侨民的安全和正当权益。

二 对前使馆区兵营调查工作的展开

新中国成立前，对清除帝国主义在华特权，中共中央确定了先周密调查后具体处理的政策。中央关于外交工作的指示指出："在原则上，帝国主义在华的特权必须取消，中华民族的独立解放必须实现，这种立场是坚定不移的。但是在执行的步骤上，则应按问题的性质及情况，分别处理。凡问题对于中国人民有利而又可能解决者，应提出解决；其尚不可能解决者，则应暂缓解决。凡问题对于中国人民无害或无大害者，即使易于解决，也不必忙于去解决。凡问题尚未研究清楚或解决的时机尚未成熟者，更不可急于去解决。"④

---

① ［俄］C. Л. 齐赫文斯基：《回到天安门——俄罗斯著名汉学家齐赫文斯基回忆录》，马贵凡等译，中共党史出版社2004年版，第6、7页。

② ［美］伊·卡恩：《中国通——美国一代外交官的悲剧》，陈亮、隋丽君、林楚平译，新华出版社1980年版，第264页。

③ 《各局处每日工作汇报》，1949年9月15日，北京市档案馆藏，资料号：002-020-00293。

④ 《中共中央关于外交工作的指示》（1949年1月19日），中共中央文献研究室、中央档案馆编：《建党以来重要文献选编》第26册，中央文献出版社2011年版，第55页。

根据中央有关指示精神，为了摸清外国人的情况，公安机关于 1949 年 7 月起对北平市全部外国人进行登记，并明令前外国使领馆人员一律按外侨的身份参加登记。7 月 10 日，北平市军管会发布关于外国侨民登记的布告，规定即日起至 7 月 31 日，凡居留本市之外国侨民均应向本市人民政府公安局办理登记，并附《北平市人民政府公安局外国侨民临时登记办法》。① 到 12 月 31 日止，共有 1771 名在京外侨作了登记，② 其中包括各国前外交领事人员。人民政府有效行使对外侨的管辖权。

北平解放初期，对外国（苏联除外）领事馆、新闻机构、记者、团体或个人采取不承认政策，一律以外国侨民对待。据此，其房地产统称为外侨产。③ 清理外国在华拥有的房地产，是新中国彻底肃清帝国主义在华特权要完成的任务之一。新中国不承认外国人在华拥有土地所有权，禁止外国人买卖或继承土地，土地不计入外国人的资产。④ 各地对历史上外国政府占有的租界地产、兵营地产，先后以适当的方式予以收回。按照国家有关法律和政策，北京市对外国政府、企业、团体、侨民以及部分教会的房地产，分别采取没收、征用、征借、征购、代管、住用（占有）、暂定公产、购买、收回等方式作了处理。⑤

9 月 15 日，北平市人民政府发布通告，规定自通告之日起至 10 月底，依照《北平市外侨房地产声请登记办法》，由房地产取得人或合法代理人到地政局领取声请书，声请登记。声请登记除参照城区房地登记须知规定的办法外，并应呈验全部契证和声请人名章及居留证明文件。声请人如为教会、学校、公司、商号、社会团体或其他组织，应由负责人或指定代理人办理。在登记办法公布前假借中国人名义或以其他化名取得的房地产也须一律据实声请登记。⑥

---

① 《中国人民解放军北平市军事管制委员会布告（布字第拾号）》，《人民日报》1949 年 7 月 11 日第 1 版；《北平市人民政府公安局外国侨民临时登记办法》，《北平市公报》1949 年第 4 期。

② 穆玉敏：《北京警察百年》，中国人民公安大学出版社 2004 年版，第 455 页。

③ 北京市地方志编纂委员会编著：《北京志·市政卷·房地产志》，北京出版社 2000 年版，第 135 页。

④ 裴坚章主编：《中华人民共和国外交史》第 1 卷，世界知识出版社 1994 年版，第 265 页。

⑤ 北京市地方志编纂委员会编著：《北京志·市政卷·房地产志》，北京出版社 2000 年版，第 136 页。

⑥ 《外侨房地产登记市府今公布办法》，《人民日报》1949 年 9 月 15 日第 4 版。

自登记开始到 10 月 26 日，声请登记的数量距估计的数量相差尚远。另外，通告对于外国政府公产应否声请登记未作明确规定，外国政府在此前取得的房地产也均未声请登记。

11 月 7 日，北京市人民政府再次发出通告，决定将登记期限延至 11 月底。通告特别指明，外侨公私房地产均须依限声请登记。11 月 17 日和 18 日，登记通知连同登记声请书分别送达苏联、美国、英国、法国、意大利、比利时、荷兰、西班牙前领事馆负责人。除苏联即刻登记外，其他大部分国家到 11 月 29 日先后声请登记。声请登记依声请人性质，分为外国政府、侨民、教会、医院、社团、银行、学校、公司共八类。到 11 月底，登记收件共 180 户，554 件。据对登记的 537 起房地统计，房屋 51863.5 间，土地 4918.6 亩。[①] 北京市地政局对各处房地包括前外国领馆院内进行了查丈。这是调查工作中的必要步骤，是人民政府行政管辖权的体现。

东交民巷前使馆区的土地本为中国所有。此地的状况，是上述调查过程中的一个重点。市公安局外侨管理科调研股形成了关于东交民巷前使馆区和兵营情况的调查报告。公安局报给市人民政府，立即引起重视。市政府外事处要求市公安局进一步查清东交民巷兵营的详细情况。市公安局外侨管理科调研股副股长白平进入东交民巷调查。[②] 另外，市地政局局长佟铮，在工作中贡献突出。"佟局长对待工作勤勤恳恳，不畏艰苦。1949 年为了接管美国兵营的营房，他多少个夜晚不能入睡，以致把身体累病了，经军管会领导批准，让他去休息疗养一段时期。"[③]

经过深入的调查，有关部门形成了关于东交民巷基本情况的详细材料。根据市公安局内七分局外事组整理的调查材料，各国前兵营的基本情况是：

前美国兵营：地址为东交民巷 22 号，面积有 33 亩 8 分。房屋共 635 间，其中有楼房 485 间，平房 18 间，瓦房 53 间，灰房 6 间，顶房 73 间。该兵营建立之初，曾驻兵 150 人左右。珍珠港战起，美国人全部被囚于周

---

① 北京市地方志编纂委员会编著：《北京志·市政卷·房地产志》，北京出版社 2000 年版，第 135 页。
② 穆玉敏：《北平东交民巷外国兵营回收记》，《档案春秋》2009 年第 8 期。
③ 张焕福：《怀念老首长佟铮同志》，《铮铮铁骨 耿耿丹心——深切缅怀佟铮同志》，1995 年，第 46 页。

村，日兵即进驻此处。1946 年，美国方面将陆军华语学校设立于此。北平解放后，华语学校解散，一部作为美领馆公事房，一部作为领馆职员宿舍。前美国领馆西面的土地约 14 亩 5 分，原为使馆区共有，并非划归美国方面使用。后美国方面擅自筑墙围用（自称曾得当时使馆界事务公署允许），于内大兴土木。现有楼房一座，计 115 间半，平房 6 间。现楼房作为美领馆职员宿舍。

前英国兵营：地址为兴国路副 1 号，面积约 60 余亩。房屋共 800 余间，其中有楼房 5 所，平房 38 所，仓库 3 个。卢沟桥事变前，此处经常驻有英兵 200 人左右。日寇入侵后即被日兵占用，楼房上下多被隔成日式小房，房屋多有损毁。1945 年，美国方面又借此处住兵，走西门和英国领馆有短墙相隔。美兵撤走后，西门上锁，和英国领馆走同一大门。兵营后排房子门窗整个卸下，据称因北平临解放前此排房子恰在国民党军高射炮阵地内，恐有毁坏故告其卸下。其他房子门窗亦残缺不全。院子广大，荒草蔓延，其中有一所平房借予亚细亚公司，现仅有一两个人居住。

前法国兵营：地址为台基厂三条 1 号，面积有 33 亩 6 分 4 厘。房屋共424 间，其中楼房 314 间，瓦房 60 间，洋瓦房 24 间，平台 26 间。1934 年至卢沟桥事变，营内驻有法兵 800 余人，后为日寇驻兵地。日寇投降，此处又有法兵 20 余人，约四五月后乃返回安南，该房即空闲，由法侨照管。1947 年，法领馆将汉学研究院迁于此处，该院直属巴黎大学汉学理事会，1948 年被法政府批准立案。现该院并无研究生，仅有一个图书馆，藏书 4万余卷。院中住有法侨 26 人，中国人 23 人，内有神父 6 人，设一思泉辞典编纂处，并无实际工作。

前荷兰东馆：地址为东交民巷 42 号（前德国兵营之一部），面积有 26亩。房屋共 219 间，其中楼房 36 间，瓦房 146 间，平房 7 间，马号 30 间。第一次世界大战后，德国兵营即行废止，改设小学（即今东交民巷 41号），一部径行让于荷兰政府使用（即今之荷兰东馆），现住有白俄柏柏夫赞华，荷兰籍司陶克，苏联籍阔索维兹等 3 户共计 9 人。

前俄国兵营：庚子条约后，帝俄分得太医院、钦天监及兵部、工部之一部土地，使馆面积扩充 100 余亩，兵营即于当时建成，经常住有步骑兵百余人。苏联使馆继承北京帝俄公使馆之产业，计土地 109.649 亩，房屋

1103 间，包括兵营在内。兵营改为民房出租后，该处被称为苏联大院，位于东交民巷 18 号。东自 18 号起，西至公安后街马路，南至东交民巷马路，北至英国兵营后门，此片土地皆为俄国兵营旧址，房屋 200 余间，土地 40 余亩。现苏联使馆已将该部出租房屋全部收回，作为外交官员宿舍。①

上述调查材料提到，国民党政府成立的使馆区清理委员会曾经打算将外国兵营收回，但最后没有实现。经过调查，有关部门将东交民巷前美、法、英、荷的兵营尚没有被我国收回的情况上报中央。中央指示，先对外侨进行登记工作，待新中国正式成立，再收回外国兵营。② 历史遗留的列强在华特权的残余一定要清除，外国前兵营地产一定要收回。至于收回的时间和方式，则根据不同国家和具体情况，分别处理。

1949 年 9 月 21 日，毛泽东在中国人民政治协商会议第一届全体会议开幕词中指出："一百多年以来，我们的先人以不屈不挠的斗争反对内外压迫者，从来没有停止过……我们的先人指示我们，叫我们完成他们的遗志。我们现在是这样做了。我们团结起来，以人民解放战争和人民大革命打倒了内外压迫者，宣布中华人民共和国的成立了……我们的民族将再也不是一个被人侮辱的民族了，我们已经站起来了。"③ 这也是对彻底废除列强在华特权的郑重宣示。9 月 27 日，会议并决定，自即日起，将北平改称北京。

第二节　新中国对北京前外国兵营问题的解决

在深入调查的基础上，1950 年上半年，北京市军事管制委员会对美、法、荷、英在东交民巷前使馆区的兵营地产进行了征用。而对前俄国兵营，则通过中苏双方友好协商的方式予以解决。新中国彻底清除了列强在华使馆区特权制度的残余，这是肃清百年来列强在华特权的重要组成部

①　《北京市人民政府公安局关于东交民巷使馆区调查材料一组》，《北京档案史料》1997 年第 3 期。
②　穆玉敏：《北京警察百年》，中国人民公安大学出版社 2004 年版，第 455 页。
③　《中国人从此站立起来了》（1949 年 9 月 21 日），中共中央文献研究室编：《毛泽东文集》第 5 卷，人民出版社 1996 年版，第 344 页。

分，体现了新中国全面实现独立自主的坚定性。

一　北京前美法荷英兵营地产的收回

根据中共中央的部署，1949 年 11 月，新中国外交部起草了北京市军管会关于征用美、英、法、荷东交民巷前兵营的布告，政务院周恩来总理兼外长审定了文稿，并经中央人民政府毛泽东主席和刘少奇、朱德副主席圈阅。① 1949 年 12 月，毛泽东赴苏联访问。

1950 年 1 月 6 日，北京市军管会发布通告，决定征用过去帝国主义国家利用不平等条约占据的兵营及其他建筑。全文如下：

中国人民解放军北京市军事管制委员会布告（布字第十五号）

一、某些外国，过去利用不平等条约中所谓"驻兵权"，在北京市内占据地面，建筑兵营。现在此项地产权，因不平等条约之取消，自应收回。

二、此项地产上所建之兵营及其他建筑，因地产权收回所发生之房产问题，我政府另定办法解决之。

三、目前此项兵营及其他建筑，因军事上之需要，先予征用。

四、此项征用，自布告之日起，七日后实施。

中国人民解放军北京市军事管制委员会之关防（印）

主任　聂荣臻

一九五〇年一月六日

征用具体工作由北京市军管会、北京市人民政府外事处、市公安局治安处外侨管理科、市公逆产清管局联合负责。1 月 6 日上午，各方人员在北京市军管会召开联席会议，对征用工作进行了最后的布置。执行组分成 4 个小组，每组 4 个人，两个人负责交涉，一个联络，一个摄影。② 当天下午，有关人员将布告贴到前美、英、法、荷领事馆门前。

---

① 北京市地方志编纂委员会编著：《北京志·政务卷·外事志》，北京出版社 2012 年版，第 423 页。

② 徐京利：《解密中国外交档案》，中国档案出版社 2005 年版，第 185 页。

布告贴出不久，新中国政府得到消息，英国政府已于这天宣布承认新中国政府。[①] 中央经过考虑，决定暂缓征用前英国兵营地产。军管会又派人去把贴好的布告拿了下来。第二天，军管会也没有向英国方面发送征用通知。

1月7日上午，军管会人员向美国、法国、荷兰前领事官员分别送达了军管会命令，要求他们在7天内将兵营腾出，等候军管会人员1月14日前来接收。[②] 1月8日，前美、法、荷领事馆分别致函聂荣臻，称：市军管会征用兵营的命令已收到，现正请示本国政府，俟奉到回示当即奉达。来函均冠以"领事"身份。市军管会阅后将原函退回。[③] 这是因为新中国不承认他们的"领事"身份，不接待他们以官方人员的身份办理交涉。

1月9日，仍在北京的前美国总领事馆总领事柯乐布按照美国国务院1月7日的要求，向周恩来递交了一个通知。这个通知说：根据1901年9月7日于北京所签订之议定书第七条，"美国政府获得遵照该议定书内所划与美国政府为公务上之目的所使用之土地，以及其上建有属于美国政府为公务上之目的所使用之房屋之权利"，"此项权利并于1943年1月11日美国与中国所签订之条约之第二条中予以重申"，"本人接受训令传达本国政府之期望：贵方即不采取任何构成侵犯美国政府上述之权利之行动为荷"[④]。因为新中国不承认旧中国的外交关系，北京市人民政府外事处收到这个信件后，指出中美两国没有外交关系，随即将其退了回去。

1月13日1时，在国内主持工作的刘少奇致电毛泽东，通报了美方的态度：即可以转交坐落于总领事署院以西的斜坡地，且可承诺而协商楼房的赔偿问题。但如征用总领事署院内任何部分，美国政府认为该行动侵犯其权利，将关闭在中国的所有公署，撤退驻中国的政府官员。刘少奇指出：斜坡地"原即前使馆区公用地，为美所强占。而其总领署一部人员办公地址，却正系兵营地址。我拟于寒贯彻征用命令，因此可能引起美国撤

---

① 《联合王国政府的来电》（1950年1月6日），世界知识出版社编：《中华人民共和国对外关系文件集》第1集，世界知识出版社1957年版，第19页。

② 李正修：《收回北京外国兵营始末》，《纵横》2001年第5期。

③ 北京市地方志编纂委员会编著：《北京志·政务卷·外事志》，北京出版社2012年版，第424页。

④ 徐京利：《解密中国外交档案》，中国档案出版社2005年版，第188—189页。

退所有在华之残存旧领馆，望即指示"①。同一天，毛泽东回电："同意一月十三日电贯彻征用命令征用外国兵营，并准备着让美国将所有在华之旧领馆全部撤走。"②

1月14日上午，征用行动正式开始。军管会人员分3个组分别到前美、法、荷兵营执行征用令。

前往前法国兵营的执行人员是白延龄、王柳庄等4人，法国前总领事伯亚乐和副领事焦乐庵出面接待。前往荷兰占用的前德国兵营的执行人员是白平、刘立文等3人，英国籍职员赫治齐出面接待。迫于压力，法国和荷兰方面向中方人员移交了兵营建筑和房屋，中方人员一一作了清点、登记，交接比较顺利，下午4时全部结束。③伯亚乐不肯签字具结，但口头表示，事情进行顺利，中国的工作人员态度都很好。前荷兰驻华使馆北平办事处主任费渊签字具结，说明兵营房屋交接完毕，他的东西未受任何损失。④

这一天的上午，军管会代表、北京市政府外事处秘书主任李幻山、谭志超带着联络员、摄影师来到前美国总领事馆。李幻山向柯乐布宣布他们奉军管会的命令，来接收前美国兵营。柯乐布不得不答应一天之内将院内物品搬完，将兵营交出。接收人员考虑到兵营内东西太多，准许美方延时腾清，并告以军管会人员于16日上午9时前来接收，不得再行拖延。柯乐布表示同意。⑤

1月16日，军管会人员再次来到东交民巷22号，前美国兵营已全部腾清。接收人员一一作了清点、登记。兵营西部的斜坡地也同时收回。至此，新中国对北京美国兵营地产征收完毕。⑥

---

① 《关于美国对我征用外国兵营文告的反应给毛泽东的电报》（1950年1月13日），中共中央文献研究室、中央档案馆编：《建国以来刘少奇文稿》第1册，中央文献出版社2005年版，第322页。

② 《关于向联合国派出我国代表等问题给刘少奇的电报》（1950年1月13日），中共中央文献研究室编：《建国以来毛泽东文稿》第1册，中央文献出版社1987年版，第235页。

③ 穆玉敏：《白平：解放初期收回外国兵营》，《法制日报》2000年11月17日第4版；北京市地方志编纂委员会编著：《北京志·政务卷·外事志》，北京出版社2012年版，第425页。

④ 李正修：《收回北京外国兵营始末》，《纵横》2001年第5期。

⑤ 李正修：《收回北京外国兵营始末》，《纵横》2001年第5期；徐京利：《解密中国外交档案》，中国档案出版社2005年版，第191—192页。

⑥ 《京市军管会维护国家主权收回外国兵营地产并征用各该地面上兵营及其他建筑》，《人民日报》1950年1月19日第1版。

1月17日，刘少奇向毛泽东报告了美法荷兵营已征用的情况。[①]

而在1月14日，美国国务院发表声明，称中方的举动违反从1901年以来美国长期享有的条约权利，在1943年的中美条约中重申了这些权利。[②]

美国方面的这一说法是不成立的。因为，国际法对使馆的范围是有严格规定的。《维也纳外交关系公约》指出，使馆馆舍指的是供使馆使用及供使馆馆长寓邸之用之建筑物或建筑物之各部分，以及其所附属之土地。[③]列强在北京的兵营，是当年八国联军侵华战争和《辛丑条约》规定的严重侵害中国主权的所谓列强在华使馆区特权制度的产物，是侵略性质的兵营。战后美国单方面改变兵营建筑物的用途，但改变不了兵营的侵略性质。美国将兵营也纳入总领事馆的范围内，乃混淆是非，是违反国际法的。1943年的中美、中英新约和以后中国与其他国家订立的条约，都明确规定废除包括驻军权在内的各国在华使馆区特权。驻军特权既然被取消，兵营理当交还中国，这样也才能符合联合国宪章规定的互相尊重领土主权的原则。前述1947年中国和意大利签订的《关于处理在华意国若干官产及意侨产业换文》就规定，中国承认意大利保有北平前意大利使馆原址以内之房屋，但前兵营除外，由中国方面收回。当时，北平使馆界官有资产与官有义务债务清理委员会即认为外国在华设立兵营是中国的奇耻大辱，也曾努力想收回其他国家的兵营。只是因为国民党政府与外国的现实关系，而没有实现。对此问题，本书在第六章的第二、三节中已经作了具体分析。前使馆区的土地为新中国所有，新中国收回外国兵营地产，无可非议。新中国的行动，是一个主权国家范围内的措施，完全是正当的。

1月18日，新华社发表评论，指出美方对新中国的无理指责"只是一种不能成立的狡辩"。中国人民政治协商会议的共同纲领中"已经明白宣布要取消一切帝国主义的在华特权和一切不平等条约，不管它们是'久已

---

① 《关于征用美法英荷兵营工作进展情况给毛泽东的电报》（1950年1月17日），中共中央文献研究室、中央档案馆编：《建国以来刘少奇文稿》第1册，中央文献出版社2005年版，第354页。

② 《美国国务院关于我国接收美国驻北京领事馆财产的声明》（1950年1月14日），《中美关系资料汇编》第2辑，上，世界知识出版社1960年版，第36—37页。

③ 《维也纳外交关系公约》（1961年4月18日），载中国人民大学法律系国际法教研室编《国际法学习参考资料》，1981年，第236页。

存在'的也好，是'一九四三年重申过'的也好。北京市军管会有义务执行中国人民政协的'共同纲领'，但决无义务执行这些不平等条约。而在北京的一切守法外侨，包括外国驻京前领事在内，则应当无条件地服从和执行北京市军管会的命令，而不应当妄想保持旧日的特权，否则就是违背我国政府的法令，侵犯我国的主权"。评论强调："美国国务院说北京市军管会侵占美国领事馆，这是一种诬赖，其目的是为着对不明真相者施行欺骗和煽动。北京市军事管制委员会所收回的不是任何领事馆的'办公地址及产业'，而是某些外国根据不平等条约中的所谓'驻兵权'而占据的地产；所要征用的只是此项地产上的兵营；而且因此项地产收回所产生的房产问题，我人民政府还要另定办法解决。……至于美国国务院的威胁，简直是可笑的。中国人民在维护自己的利益以及保卫自己人民祖国的主权的立场上，是从不考虑一切帝国主义者的意志的。帝国主义者在中国所制造的一切不平等条约和侵略特权，必须废除。帝国主义者撤退也好，不撤退也好，叫嚣也好，威胁也好，对我们中国人民的这个正义立场丝毫没有影响。"[1]

2月14日，中苏两国在莫斯科宣布苏联外长维辛斯基与周恩来就苏联政府将过去北京兵营的全部房产无偿地移交中国政府的决定互换了照会。这意味着，英国将是1901年《辛丑条约》签字国中唯一一个仍在北京还有旧兵营的国家。在中英建交谈判中，英国方面不愿彻底断绝与台湾国民党集团的"官方"关系，不尊重新中国政府对在香港的国家财产的所有权。4月4日，北京市军管会主任聂荣臻发布"管办字第廿九号"命令，决定征用前英国兵营。[2] 4月11日上午9时半，北京市军管会派出由李幻山、林志成等人组成的征收工作执行小组，前往接收。前英国领事馆英国籍职员毛雅出面接待，至下午1时接收完毕。接收的前英国兵营占地约60亩，房屋约800间。[3]

---

① 《美国国务院的狡辩、诬赖和威胁》，《人民日报》1950年1月19日第1版。

② 《北京军管会关于征用外国兵营事》，1950年4月5日，中国外交部档案馆藏，资料号：116-00135-04。

③ 《北京市军管会征用前英国兵营》，《人民日报》1950年4月12日第1版。关于英方在北京兵营地产问题上的决策，参阅王莹《英国对1950年中国征用其兵营的反应》，硕士学位论文，华东师范大学，2014年。

军管会先后收回在东交民巷的前美国、法国、荷兰、英国兵营合计土地 178.178 亩，征用房屋 35467 平方米。① 北京前外国兵营的附属设施，也被陆续收回。

新中国的措施，是一个主权国家应有的原则立场。收回北京前外国兵营的行动，得到了各民主党派和全国人民的一致肯定和欢迎。中国民主促进会的声明说：1900 年八国联军侵入北京后，根据不平等的《辛丑条约》在东交民巷等地先后占地建造兵营；1943 年美、英、法等国虽然声明废除在华特权，但帝国主义侵犯中国主权的兵营仍然存在。几十年来帝国主义为了驻兵压迫侮辱中国人民而占去的中国地方，今天拿回来了。② 九三学社的宣言说：这是人民政府代表中国人民坚决执行政协共同纲领推翻帝国主义者在中国特权的爱国行动，它一洗百年来不平等条约的屈辱。③ 民革中央领导人发表谈话指出：征用行动是维护祖国的利益与主权的正当而郑重的举动，"因为在任何一个独立国家的首都内绝不容许有所谓'驻兵权'，任人建造兵营，便利外国军队自由进扎；不然的话，则国与国之间争执起衅的事件，随时可以发生，还说什么遵守国际惯例，维持世界持久和平的空话？"中国政府根据政协共同纲领规定的外交政策，"对于帝国主义者在中国百年来所制造的一切不平等条约及其随应的侵略特权，必须彻底废除，决不姑息与容忍"④。上海《大公报》刊登长篇文章，叙述了北京东交民巷使馆区形成的历史，阐明了新中国收回外国兵营地产的重大意义。⑤ 人们欢迎清除列强在北京东交民巷的特权残余。独立自主的新中国在继续巩固和发展。1951 年 5 月 21 日的《人民日报》刊登了邵宇的速写画《铁栅栏的遗迹和过去的美国兵营——东交民巷所见》，并说："这里再没有铁栅栏了，我们自由地走来走去。这里再不是美国兵营了，迎风飘着

---

① 北京市地方志编纂委员会编著：《北京志·市政卷·房地产志》，北京出版社 2000 年版，第 137 页。

② 《民主促进会：丧失五十年的领土主权真正回到了祖国的怀抱》，《人民日报》1950 年 1 月 21 日第 2 版。

③ 《决不容许帝国主义者在我国保留任何特权各地一致拥护京市收回外国兵营地产》，《人民日报》1950 年 1 月 22 日第 1 版。

④ 《民革主席李济深谈话》，《人民日报》1950 年 1 月 24 日第 1 版。

⑤ 《东交民巷的回顾》，上海《大公报》1950 年 1 月 21 日第 1 版。

我们的国旗……"①

二　北京前俄国兵营问题的解决

苏联方面显然对沙俄在北京的兵营问题是清楚的。苏联驻华使馆领事部负责人罗满宁表示，交回俄国兵营不成问题，双方协商即可。② 毛泽东访苏期间，中苏双方讨论了这一问题，斯大林表示要把东北的敌伪财产和北京的苏联财产交由中方接收。③ 中国政府对苏联上述决定十分重视。2月 14 日，在签订一系列文件前，在莫斯科的周恩来电告刘少奇：即将发表的中苏会谈公报中提到苏联退还东北的企业财产及北京兵营的事，新华社可于 16 日论公报及两外长讲话的社论中再提及。④ 14 日当天，中苏双方在莫斯科发表关于两国之间缔结条约与协定的公告，其中宣布维辛斯基与周恩来就苏联政府将过去北京兵营的全部房产无偿地移交中国政府的决定互换了照会。⑤ 周恩来在签字仪式上说：苏联政府的友好举动，"无疑地将使中国人民对于苏联政府和斯大林大元帅的伟大友谊感到极大的兴奋"⑥。

从北京东交民巷 14 号到 18 号，苏联领事馆、塔斯社等拥有十几栋小楼，两百多间房，十几万平方米，其中三分之一是前俄国兵营。中苏双方各指派三个人组成一个房产交接之特别委员会，在一个月内完成相关工作。苏方由驻中国大使馆参赞史白夫（主任委员）、副武官杜乐文、二等秘书纪沫费参加委员会，中方由外交部苏联东欧司代司长柯柏年（主任委员）、北京市人民政府外事处副处长马振武、北京市人民政府房产管理处处长佟铮参加委员会。上述委员会勘察了前俄国兵营。双方经过商谈，签订了交接议定书。双方代表对房产情况进行了核实和测量，并做了移交，

---

① 邵宇：《铁栅栏的遗迹和过去的美国兵营——东交民巷所见》，《人民日报》1951 年 5 月 21 日第 3 版。

② 李正修：《收回北京外国兵营始末》，《纵横》2001 年第 5 期。

③ 中共中央文献研究室编：《毛泽东传》（1949—1976），上，中央文献出版社 2003 年版，第 49 页。

④ 《关于审核、播发中苏条约及协定的电报》（1950 年 2 月），中共中央文献研究室、中央档案馆编：《建国以来周恩来文稿》第 2 册，中央文献出版社 2008 年版，第 76 页。

⑤ 《中苏两国关于中华人民共和国与苏联之间缔结条约与协定的公告》（1950 年 2 月 14 日），《人民日报》1950 年 2 月 15 日第 2 版。

⑥ 《我国周恩来总理兼外长在签字式上的演说》，《人民日报》1950 年 2 月 15 日第 3 版。

中方接收了前俄国兵营范围内之全部房产，即房屋 18 幢，面积为 7261.79 平方公尺。[①] 因为苏联使馆的外交人员仍住在兵营楼房里，于是双方签订了新的租用合同，苏方向中国租用建筑物。

1950 年 7 月 20 日晚 7 时，苏联交还北京东交民巷前俄兵营的签字仪式在中国外交部举行。苏方由史白夫参赞等 3 人参加，中方由柯柏年、伍修权、韩叙等参加，柯柏年和史白夫代表各自政府在归还协议上签字，"全部过程均在十分融洽情形中进行"[②]。1951 年 2 月 10 日，新华社报道了苏联方面向中国移交的在北京和东北的有关企业和其他财产的清单，其中在北京的有"过去北京兵营之住宅，仓库，及其他房舍共十八处"[③]。几年后，苏联大使馆新馆建成，苏方人员搬出前兵营，俄国在北京所占兵营的遗留问题得到了圆满解决。

对列强在华使馆区特权制度残余的最后清除，是对旧中国屈辱历史的告别，又是开启中国独立自主新时代的重要组成部分。新中国在和平共处五项原则的基础上与各国发展外交关系，按我国法律和国际惯例对待各国在华使馆。

---

① 徐京利：《解密中国外交档案》，中国档案出版社 2005 年版，第 195 页；《议定书》（1950 年 7 月 20 日），《中国与苏联关系文献汇编》（1949 年 10 月—1951 年 12 月），世界知识出版社 2009 年版，第 209 页。

② 《关于前俄国兵营移交仪式的报告》，1950 年 7 月 20 日—27 日，中国外交部档案馆藏，资料号：117－00054－01。

③ 《苏联向我国无偿移交的企业和其他财产的清单》，《浙江日报》1951 年 2 月 11 日第 1 版。

结束语　北京东交民巷前使馆区：
近代中国的一段印记

　　假若丁约翰是在随便的一家西餐馆摆台，大赤包必定不会理会他，即使他天天送来黄油与罐头。丁约翰是在英国府摆台，这就大有文章了。假若官里的太监本来是残废的奴役，而因在皇宫里的关系被人另眼看待，那么，大赤包理当另眼看待丁约翰。她觉得丁约翰本人与丁约翰所拿来的东西，都不足为奇，值得注意的倒是"英国府"那三个有声势的字。丁约翰来自英国府，那些东西来自英国府，这教大赤包感到冠家与英国使馆有了联系，一点可骄傲的联系！每逢她给客人拿出咖啡或果酱的时候，她必要再三的说明："这是由英国府拿出来的！""英国府"三个字仿佛粘在了她的口中，像口香糖似的那么甜美。①

　　老舍先生的小说《四世同堂》中的这段话，生动地刻画了列强在华使馆区特权制度对旧中国一群人精神世界的影响。在北平东交民巷英国使馆即"英国府"当仆人的丁约翰，"一提到身家，他便告诉人家他是世袭基督徒，一提到职业，他便声明自己是在英国府作洋事——他永远管使馆叫作'府'，因为'府'只比'宫'次一等儿"②。对自己国家的前途命运，他不怎么在意。他在意的是能在"英国府"当差和差事的荣耀，因为"英

---

① 老舍：《四世同堂》上，人民文学出版社 2012 年版，第 85 页。
② 老舍：《四世同堂》上，人民文学出版社 2012 年版，第 84 页。

国府"才是他的归依。而大赤包这位使馆区外的人物则对丁约翰的身份崇拜得似乎五体投地，就是因为后者在"英国府"当差。小说中虚构的人物的生活方式和精神世界，却是现实的真实写照。列强在华使馆区特权制度曾经深深地影响着中国社会。

本书所论述的列强在华使馆区特权制度的兴废，长达半个世纪，是近代中国半殖民地形态的重要表现。回顾这段历史，无论从学理层面还是从历史实际进程层面，对于深入理解近代以来的中国历史，探讨中华民族的复兴之路，都是有益的。

一　近代国人心理之路的映照

东交民巷使馆区，首先是一块土地，是北京城中的一个小区域，是华夏中国广阔的领土之一部分。领土是国家存在的必备条件。"国家作为主权国家体系中一个实体，具有独特的领土性质"，"国家要求共同体与领土之间有一种固定的联系"①。"国家拥有明晰的和得到国际社会认可的边界，是在其边界线内居民存在明确的政治认同的政治—领土单位体。"② 而在近半个世纪中，这块领土虽然没有被从法律上割让、租借给外国，现实却是由于使馆区特权制度的确立，中国实际上丧失了对这块领土的主权的行使。各国划定使馆区，自行管理，中国人概不准在界内居住，使馆区无异于各国公有之地。高高的围墙和围墙上的枪眼，就是中国和这个"国中之国"的"边界"。围墙内，"有管理使馆界事务公署，则行政机关也。有警察署，则警察机关也。外人与外人间，或外人与华人间有民刑诉讼事件，辄在各该管使馆开庭，由领事审判，则司法机关也。盖各国惟外交官及其公署有治外法权，而北京则公使馆地域以内，均有治外法权"③。在20世纪上半叶的大部分时间中，"国中之国"长期存在，并非虚言。这个"国中之国"，"不但是外国的行政区域，而且是外国的武装行政区域

---

① ［英］戴维·米勒、［英］韦农·波格丹诺主编：《布莱克维尔政治学百科全书》，邓正来等译，中国政法大学出版社2002年版，第791、793页。
② ［俄］弗·阿·科洛索夫：《国家边界学理论：新的研究方法》，牟沐英译，《国外社会科学》2013年第5期。
③ 《北京外交团俨然共管机关矣》，《民国日报》1924年6月25日第4版。

了。假使一旦有事，在公使馆区域南城架设大炮，随时可以消灭北京，于是北京政府遂为各国所得随意操纵"，东交民巷的各国公使馆变成了"太上政府"[1]。另外，与夺占使馆区土地紧紧相连的，则为削平大沽炮台，京津沿线驻军，"是更不以中国为国家而目之也。从此中国何有于国防？何有于武备？盖倘有反抗，则外兵不费力而可阬。故自庚子之役以后，鲜闻有清廷抗议或人民暴动之勇气，其原因盖正在此"[2]。所以，这个"国中之国"面积虽小，却能影响中国至深。

东交民巷使馆区，还是中华民族精神上的一块屈辱之地。订立包括有使馆区特权在内的《辛丑条约》，是列强要彻底征服中国、泯灭中国反抗斗争的重要步骤。使馆区的强有力的特权，西方先进的文明，从物质、制度、精神各方面树立起了列强的优势地位，进而对中国人的心理形成了强大的震慑。面对这种强烈的殖民震慑力，中国的国力和传统的民族心理显得那样落后、狭窄而又软弱无力。

有的人，曾经为使馆区特权的确立辩护："使馆界虽为各国所无，当其设立之始，确有此必要，以清廷之昏庸暴戾，两次以兵临外使，自违国际公法，虽特创此制以辱之，谁曰不宜。"[3] 有的人认为："清廷颟顸昏愦，违背信约，两次兵临外使，以致外人设兵自卫，咎由自取，其又谁尤。"[4] 民国期间的一本《外交大辞典》也说，清廷昏庸暴戾，"两次以兵临外使，是诚有违国际公法"[5]。有的人，欣赏使馆区的环境优雅。《申报》记者于1933年5月9日晨赴前门车站，途经东交民巷。只见"道旁花木荫翳蔽日，而柏油路之光洁平坦，尤非集土寸许之国道所得比拟。惟金碧辉煌之宫殿式房屋，其铜钉硃红大门前多悬各国领事馆招牌，并有碧眼高鼻之荷枪卫兵，来回蹀躞，意态从容"[6]。经历过清末至民国前期历史的朱德裳

---

[1]　吴寿彭、徐达行、吴祺编：《帝国主义侵略中国史》，中央陆军军官学校政治训练处印行，1930年，第148页。

[2]　郑国琛：《帝国主义侵略中国史》，第73页。

[3]　吴昆吾：《不平等条约概论》，商务印书馆1933年版，第62页。

[4]　赵炳坤编：《中国外事警察》，商务印书馆1935年版，第65页。

[5]　王卓然、刘达人主编：《外交大辞典》，中华书局1937年版，第557页。

[6]　赓雅：《滦东喻参谋长谈战况》，《申报》1933年5月15日第8版。

言："庚子以后，士大夫以得外人一颦笑为荣，望东交民巷如天上……"① 有的人更生发了崇洋媚外的心理。

有的人，唉叹使馆区特权之下中国的悲惨命运——"鼎鼎大名的北京东交民巷，想必大家都是知道的了。东交民巷为使馆特别区域，华人不得杂居；东交民巷使馆另有各国军队长期驻扎，中国军队不得拦入；东交民巷各国公使特别组织公使团，协议一切对华侵略方针，支配中国重要行政，中国政府不得违语。嗟乎国人！中央政府之上，又有太上政府在焉，我尚得蚬然自号为独立国乎？这种列国协调的杀人政策，若再不努力去设法打破他，真个亡无日矣！朋友们！你到过北京么？在北京东交民巷一带的庄严雄壮的城墙，是不准中国人上去的！前此有名的李义元案，就是为着这个发生的冲突，但是依旧没有把这条禁令打破。"② 这是衰弱的中国的无奈。

《辛丑条约》对中国民族心理的打击是深重的。"尤其是此条约使中国人民卖身于八大强国，而沦陷我四万万人于奴隶的悲苦之境。同时给中国人民以精神上底打击，建设了一个'外人神圣不可侵犯'的信念。"③ 即列强通过这一条约，向中国政府和中国人确立起了绝对优越的地位。另一方面，则是条约之下中国和中国人懦弱的地位。国已不国的情形下，"中国人几乎完全失了民族独立的意识，没有人做梦还想到要申诉庚子赔款的残酷与其他一切约束限制的蛮横无理，没有人做梦还想到可以撕毁辛丑条约与一切不平等条约。我们有了这，还要问辛丑条约对于中国的影响么？"④ 对中国人来说，"自从辛丑条约以后，中国再也没有抵抗的勇气了。无论外国人怎么样子蛮横，中国人也只有忍气吞声，再也不敢说个「不」字。哑巴吃黄连，只有苦在心里罢了。所以这个时期的中国外交历史可叫做完全降服时期"⑤。《辛丑条约》严重损害了中国人的自尊心、自信心。

东交民巷使馆区，让中外人士怀着复杂的认识。一位外国学者对这个特殊的地段，有如此叙述——"使馆区域或许可以当作在一个敌对国家的

---

① 朱德裳：《三十年闻见录》，岳麓书社1985年版，第204页。

② 柳克述：《不平等条约概论》，泰东图书局1926年版，第65页。

③ 《九七纪念宣传大纲》，《革命前锋》1928年第3期。

④ 子毅：《辛丑条约对于中国的影响》，《向导》第128期，1925年9月7日。

⑤ 教育建国同志社编著：《不平等条约》，新时代教育社1927年版，第32页。

首都的心脏中树立的一个防御性的堡垒——为了这个目的那它就太大了；或者可以当作抓住一个好机会为各国的外交代表们提供环境清幽、脱离以前不卫生条件而以中国为牺牲的宽广区域，——要是这样那就太不公道了。"① 1927 年，从上海到北京的作家叶灵凤则感叹："当我从东交民巷光泽平坦的柏油大道上走回了我们泥深三尺的中国地时，我又不知道那一个是该咒诅的了。"②

总之，这一小小的区域以光怪陆离的形式呈现在世人面前，影响着北京，影响着中国。

东交民巷呈现的近代情景，是中国人认识新世界的一本启蒙教科书；但是，它又记录着一段帝国主义对中国的罪恶史。伴随着侵略罪恶而来的西方文明，并不是为着中国的发展与进步，中国的进步到底是要依靠中国人自己的觉醒和变革。中国的独立和解放，是开展现代化建设事业的必要前提和条件。

近代中国深重的半殖民地半封建社会的境况，催生着中国人的民族意识和主权观念，激发着中国人的进取精神。《辛丑条约》带给中国人的深重的灾难和精神上的打压，激起了民族独立斗争的熊熊烈火。民族危机愈为深重，呼唤能力就愈强。1965 年 5 月 31 日，周恩来在会见外国客人时说：受到侵略就起来抵抗。爱和平，能战斗，要两条都有。没有这两条，就要受帝国主义欺侮。中国从 1840 年受到英国侵略开始，一百多年来，不断受到外国侵略，过去的反动统治者屈服，软弱，所以西方帝国主义以为我国好欺侮，不断拿武装侵略中国。他说：八国联军把中国的北京、天津都占领了，他们还划了势力范围、租借地，在中国许多城市可以驻军，就在人民大会堂旁边有个东交民巷，就是外国租界。中国还给了很大的一笔赔款，接近 10 亿美元，这对当时的中国人民是很大的负担。中国人民就是带着这样大的屈辱进入了 20 世纪。那时我只有 3 岁。我们的老一辈，不断起来进行了斗争。③ 在争取独立的浪潮中，中华民族历经磨难而不灭

① ［美］马士：《中华帝国对外关系史》第 3 卷，张汇文等译，上海书店出版社 2006 年版，第 382 页。

② 叶灵凤：《天竹》，现代书局 1931 年版，第 59 页。

③ 中华人民共和国外交部外交史研究室编：《周恩来外交活动大事记》(1949—1975)，世界知识出版社 1993 年版，第 457、458、459 页。

的历史，百折不挠、坚忍不屈的性格日益显现。中国人的国家认同感不断增强，越来越多的民族良心未泯灭的人们汇入到救亡图存的行列，前仆后继。本书用了大量的篇幅，具体叙述了各阶层爱国人士为推翻列强在华使馆区特权制度而进行的斗争，特别是中国共产党领导和影响下的中国人民进行的斗争。

新中国彻底埋葬了帝国主义在华特权制度。1949年，是中国历史上具有划时代意义的年份，中国全面走向独立自主。原东北野战军三纵七师二十一团三营九连排长赵志纯回忆1949年参加解放军北平入城式的情景："下午4点，我们行军到东交民巷。东交民巷是外国大使馆集中的地方，林立着许多小洋楼。在此以前，北平市民没人敢到这里，今天不同了，人民径直走进属于自己的地方。市民们振拳高呼'打倒帝国主义!'，口号风动雷起。是啊，北平回到人民手中了，到处是人的河流，歌的海洋，帝国主义列强欺侮中国人民的日子再也不复返了。我们战士这时个个昂首挺胸，北平人民又怎能不兴奋呢?"① 这样的盛况，是东交民巷历史上从来没有的。从旧中国到新中国的变化，展示在东交民巷这片土地上。上海《大公报》记者在北京解放一周年之际写道："东交民巷，你是熟悉的了。以前你也许在里面走过，可是那时候你一定会战战兢兢，因为里面的外国人是那么的威风神气，霸道横行。今天虽然门庭依旧，景况可大不相同了。服装整齐精神奕奕的人民警察在马路上站岗，许多从前的洋衙门已挂着我们机关的招牌。"② 这是流淌在人们心头的幸福感。

20世纪50年代初，与新中国建交的国家利用在北京原有的使馆馆舍或租用城内的一些四合院平房。在东交民巷一带设馆的有10个，分散在东城其他地区的有13个。③ 50年代中期后，随着建交国的增多，中国在北京建国门、三里屯、亮马河等地规划建设新的使馆区，原在东交民巷一带的外国使馆陆续搬迁。在使馆外交特权和豁免问题上，中国与建交各国严格遵守国际法和国际惯例。而前东交民巷使馆区成为历史陈迹。

---

① 赵志纯口述，苏金松整理：《我亲历的北平入城式》，《山西老年》2009年第4期。此处的大使馆，应为领事馆。

② 谭文瑞：《漫谈解放一年的北京》，上海《大公报》1950年2月2日第1版。

③ 北京市地方志编纂委员会编著：《北京志·政务卷·外事志》，北京出版社2012年版，第56页。

二　若干历史启示

从 1949 年到现在，中国和世界又经历了沧桑巨变。中国正行走在从站起来、富起来到强起来的道路上，并日益走近世界舞台中央。这条道路从过去、现在到未来都不会是顺顺当当的。历经风雨考验的中国和中国人民在行进中更加成熟、稳健，这其中包含历史给予的许多智慧。就本项研究来说，回顾历史，也仍然可以得到一些有益的启示。

第一，近代中国遭受的深重的侵略和屈辱是一部浑厚的教科书，是后人必须记取的。

马克思和恩格斯肯定了资本主义文明对人类历史的巨大推进作用——"资产阶级在它的不到一百年的阶级统治中所创造的生产力，比过去一切世代创造的全部生产力还要多，还要大。自然力的征服，机器的采用，化学在工业和农业中的应用，轮船的行驶，铁路的通行，电报的使用，整个整个大陆的开垦，河川的通航，仿佛用法术从地下呼唤出来的大量人口……"这些事物伴随西方势力的到来，也进入中国。在北京使馆区，正如马克思和恩格斯所说，"它按照自己的面貌为自己创造出一个世界"[1]。使馆区有先进和富裕的物质生活，有相互遵循的国际法准则，有西方的谦谦君子。这是一个文明世界。

不过，如曾在北京使馆区活动的美国记者和作家拉莫特所说，"欧洲的文明结构是雄伟和美好的"，"但是，这个文明结构还有它的背面，背面有正面所无法看到的附属建筑、贫民窟和小巷。它背对着东方，从东方看到的欧洲文明结构的背面一点儿都不宏伟壮丽。西方文明的碎屑和垃圾都倾倒在东方，欧洲文明并未显示出来"[2]。所以，使馆区内外是不同的世界，不仅物质生活不同，行为方式也不同。使馆区内的各国关系按国际法通行规则处理，而对列强独立管辖的使馆区外的中国，则认为它是非文明

---

① ［德］卡·马克思和弗·恩格斯：《共产党宣言》（1848 年 2 月），《马克思恩格斯选集》第 1 卷，人民出版社 2012 年版，第 405、404 页。

② ［美］爱伦·N. 拉莫特：《北京的尘土》，李二苓译，北京联合出版公司 2016 年版，第 16—17 页。

国家，不适用于国际法的通行规则。《万国公法》是"西人性理之书，然弱肉强食，古今所同"①。列强以弱肉强食的办法侵占北京，圈定使馆区，然后逼迫中国订立条约，并以国际法的名义强迫中国遵守。使馆区特权制度对中国主权的剥夺和对中国政治的干涉是空前的。例如，《辛丑条约》是列强以整体的形式与中国订立的，其划定一个独立于中国管辖却由自身集体统治的使馆区，就是以整体性的力量联合践踏、压迫中国的体现。多个国家在中国的首都长期设立兵营，驻扎军队，是近代世界历史中别国所没有的。在第二次鸦片战争期间，伦敦《每日电讯》声称"应该教训中国人尊重英国人，英国人高中国人一等，应该做他们的主人"②，那么到了《辛丑条约》订立和使馆区特权制度确立之际，列强整体性地俨然都成为中国的主人了。对此，本书做了较多的分析和揭露。

近代以来，列强对中国的侵略和中国主权受到的危害至深且巨。曾经的耻辱，深深地刻画在中国历史上，且不会因时间的延展而可以抹去和回避。历史是一部厚重的教科书，北京东交民巷前使馆区是一面镜子，照亮现在和未来。今天所说的以史为鉴、居安思危、忧患意识等等，是有深沉的历史印记为训的，它们给当代中国的行进之路以诸多思考。

第二，近代中国废除帝国主义在华特权的道路是艰难而曲折的，需要中华民族的团结。

以列强在华使馆区特权制度来说，一方面，由于《辛丑条约》是中国与多个国家订立的，使馆区特权制度是列强集体行使的，其对中国的压迫强度和中国废除该约、取消特权的难度超过了其他双边或多边条约。20世纪20、30年代，中国取消了一些国家在华特权，收回了一些租界，但是在取消列强在华使馆区特权制度方面进展极慢乃至没有进展，与上述原因有关。另一方面，旧中国一盘散沙，民族不团结，废约斗争难有进展，这对废除列强在华使馆区特权制度来说尤为如此。北京政府统治时期，中国实际上长期处于各地军阀割据、混战的状态中。中央政府自身力量弱小，

---

① 《交涉甄微》，湖南省哲学社会科学研究所编：《唐才常集》，中华书局1980年版，第45页。
② ［德］卡·马克思：《新的对华战争》（1859年），《马克思恩格斯论中国》，人民出版社2018年版，第94页。

而且政争频繁，其执政长期需要外国列强的支持，内政、外交几乎处处要看使馆区列强的脸色行事。执政者即使有着废除不平等条约和取消列强在华特权的愿望，也难有坚定的勇气。巴黎和会上，中国代表提出废止《辛丑条约》第七、九两款，但一遭拒绝，便没有了下文。废除《辛丑条约》和使馆区特权长期没有被提起。同样，南京国民政府只是在形式上统一全国，各路新军阀继续相互争斗和打仗，且这个中央政府长期将主要精力用于进攻中国共产党领导的革命力量。国民政府利用首都南迁的形势，取消了外交团领袖代表使团与中国办理交涉的地位，但使馆区特权制度没有大的变化。

全面抗战开始后，在中国共产党的大力倡导下，全国形成了抗日民族统一战线，全民族实现了团结一致共同打击侵略者和争取独立自由的大好局面。中国爱国的各阶级阶层、各党派各团体都强烈要求全面废除不平等条约、取消列强在华特权。这种全民族誓将侵略者赶出中国、实现中国独立自由的坚强意志，是重庆国民政府向美英列强提出废除不平等条约、取消列强在华特权的底气。国民政府依靠强大的民意基础，提出废约要求，《辛丑条约》和列强在华使馆区特权制度走向终结。

第三，扫除帝国主义在华特权的根本力量是中国人民持续不断的革命斗争。

帝国主义列强以武力为主要手段在中国建立了包括使馆区特权制度在内的不平等的条约制度体系。打破和埋葬它，不是靠列强各国的恩惠和退让，也不是仅靠中国与列强的交涉，而是决定于中国人民持续不断的反帝反封建的革命斗争。使馆区特权制度是资本主义世界列强在华集体行使特权的集中体现，其被废除的过程，也集中展示了中国人民反帝反封建革命斗争的决定性作用。

以1919年五四运动为新起点，中国人民有了新的觉醒。特别是中国共产党首先提出了"反帝"的口号和斗争目标。起初对"打倒帝国主义"的口号，民众多不了解，甚至有人说是海外奇谈。但是这个口号抓住了时代的主题和中国人民的根本需要，深入人心，革命的工人和学生首先采用了，国民党中的一部分革命派也采用了，一部分进步的教授和商人也采用了，"甚至于国民党中的反动派和一班工贼……有时不得不自称他们也反对帝国主义"①。中国共产党在 20 世纪 20 年代领导的广泛的群众性的反帝废约斗争，极大提升了中国人民的认识水平，也沉重地打击了列强在华实施的不平等的条约制度体系。本书以较多篇幅叙述了中外围绕列强在华使馆区特权制度问题展开的交涉。应看到，没有政府交涉外的更广泛的反帝废约斗争，不可能有列强在不平等条约和其在华特权方面的退让。30 年代，反帝运动和革命斗争继续以各种形式开展，但南京国民政府却千方百计地压制民众运动和反帝斗争。

抗日战争是中国人民反帝和革命斗争的重要阶段。正是看到中国人民在抗日战争中表现出的伟力和中国人民抗日战争对世界反法西斯战争所作的重大贡献，美英两国同意与中国签订新约，废除包括《辛丑条约》规定的列强在华使馆区特权制度在内的一系列在华特权，从而使列强强加给中国的不平等的条约制度体系走向崩溃。在新民主主义革命胜利和新中国成立后，帝国主义在华特权最终被彻底肃清。

第四，要高度重视主权这一国家的最高利益，维护中国来之不易的独立自主的地位。

"吾闻世界所谓完全无缺、独立强盛之国，非徒以其土地之大、人民之众也，恃其有特立不羁、至尊无上之主权者也……凡有主权者则其国存，无主权者则其国亡。"②而列强逼迫清政府订立《辛丑条约》，建立"国中之国"的使馆区，长期驻扎军队，使得作为中国首都的北京成为半殖民地半封建的政治中心。中国的内政、外交受制于列强，谈不上独立自主。列强在华确立的使馆区特权制度，侵犯和剥夺了中国本有之主权。一代代仁人志士为了实现中国的独立自主，前仆后继地进行斗争。就列强在华使馆区特权制度而言，其在中国曾经横行了半个世纪，中国人民历经艰辛才将其铲除。中国的独立自主来之非常不易，付出了长期的奋斗和巨大的牺牲。今天，巩固独立自主的地位和捍卫国家的主权仍然非常重要。周恩来在新中国成立之初就指出："我们不要被动、怯懦，而要认清帝国主

---

① 《本报三年来革命政策之概观》（1925 年 9 月 7 日），《陈独秀文集》第 3 卷，人民出版社 2013 年版，第 297 页。

② 《中国灭亡论》，《国民报》，载张枬、王忍之编《辛亥革命前十年间时论选集》第 1 卷，上册，生活·读书·新知三联书店 1960 年版，第 79 页。

义的本质，要有独立的精神，要争取主动，没有畏惧，要有信心。"① 这一立场和精神，仍然是值得当代中国继承和弘扬的。要不断增强捍卫国家独立自主的物质基础，提升独立自主的骨气和底气，维护好国家的主权、安全、发展利益。

"历史记忆是一种突出的精神现象，也是一种政治现象，并且始终是一种当代的现象。"② 1999 年 3 月，首都规划建设委员会第十八次会议原则通过了《北京旧城历史文化保护区保护和控制范围规划》，位于北京明清旧城的东交民巷被划为历史文化保护区保护范围之一。现保留的东交民巷使馆建筑群，2001 年被公布为第五批全国重点文物保护单位之一，2017年入选第二批中国 20 世纪建筑遗产项目，成为反映中国近代历史变迁的重要见证。正如古罗马历史学家李维说："研究过去的事，可以得到非常有用的教益。在历史真相的光芒下，你可以清清楚楚地看到各种各样的事例。你应当把这些事例作为借鉴……"③ 现在东交民巷区域多为机关办公场所，街面宁静而安详，树木茂盛，光影交错。这里，有中国人曾经走过的历史、遭遇的命运和牵系的情感。带着这种记忆，中国正在迈向民族的全面复兴。

---

① 《新中国的外交》（1949 年 11 月 8 日），中华人民共和国外交部、中共中央文献研究室编：《周恩来外交文选》，中央文献出版社 1990 年版，第 5 页。

② Immanuel Wallerstein, "The Construction of Peoplehood", in Etienne Balibar and Immanuel Wallerstein, eds., *Race, Nation, Class: Ambiguous Identities*, London: Verso, 2011, p. 78.

③ ［古罗马］李维：《罗马史》，转引自郭圣铭编著《西方史学史概要》，上海人民出版社 1983 年版，第 44 页。

附录 列强在华使馆区特权制度兴废年表

1858 年《天津条约》和 1860 年《北京条约》分别订立，列强获得在中国首都常驻使节的权利。

1895 年 1—2 月，列强调兵进入北京。

1898 年 10—11 月，列强再次调兵进入北京。

1900 年 8 月，八国联军侵占北京。

1900 年 12 月 24 日，列强向清政府提交《议和大纲》，提出划定由列强独立管辖的武装的使馆区。

1901 年 5 月 30 日，清政府与各国签订《增改扩充北京各国使馆界址章程》和《北京各国使馆界址四至专章》。

1901 年 9 月 7 日，清政府代表与德国、奥匈、比利时、西班牙、美国、法国、英国、意大利、日本、荷兰、俄国代表签订《辛丑条约》，列强在华使馆区特权制度确立。

1904 年 6 月 13 日，除中国外的《辛丑条约》有关签字国订立议定书，确定使馆区行政管理制度。

1917 年 8 月 14 日，北京政府对德、奥宣战，宣布废止中国与德、奥两国订立的所有条约。

1919 年 4 月中旬，中国代表团在向巴黎和会提出的《希望条件说帖》中，要求列强撤退根据《辛丑条约》而驻扎在中国境内的军队。

1919 年 9 月 10 日，《协约及参战各国对奥地利和约（圣日耳曼条约）》签订，其第 113 条规定奥地利放弃依据《辛丑条约》获得的在华特权。

1919 年 11 月 1 日，美军向北京政府交还正阳门城楼管辖权。

1920 年 9 月 23 日，北京政府宣布即日起取消前俄国驻华使节的待遇，命令各地以代管的形式清理前俄国在华权益。

1921 年 5 月 20 日，《中德协约》订立。德国承认履行《协约及参战各国对德和约（凡尔赛和约）》中关于中国之规定。凡尔赛和约第 128 条规定德国放弃《辛丑条约》连同补充之一切附件、照会及文件所规定的特权及利益。

1923 年 8 月 10 日，外交团就临城劫车案第一次联名照会北京政府。

1924 年 5 月 31 日，《中俄解决悬案大纲协定》签署，苏联放弃在华特权。

1924 年 9 月 25 日，苏联驻华大使馆开始在北京使馆区办公。

1925 年 6 月，北京学生、市民在使馆区前示威，声援上海和全国的反帝斗争。

1925 年 8 月，北京使馆区英国使馆华工举行罢工斗争。

1927 年 4 月 6 日，北京政府和使馆区列强相互勾结，由中国军警进入苏联驻华使馆和前兵营搜查，逮捕了李大钊等 50 多人。

1929 年 1 月 16 日，北平市政府呈国民党中央政治会议北平分会并致函南京国民政府外交部，请将使馆区行政权收归市辖。

1929 年 2 月，北平使馆区华捕宣布罢岗，要求中国政府收回使馆区。

1930 年 7 月，南京国民政府明确否认领袖公使代表外交团办理交涉之资格。

20 世纪 30 年代中期，列国使馆陆续南迁，在北平的使馆多改为领事馆或驻南京大使馆北平办事处，"使馆界"这个名称继续使用。

1937 年，西班牙无使节驻在中国，其在华特权停止享受。

1937 年 8 月，日军侵占北平。

1941 年 12 月 9 日，中国对日、德、意宣战，日、意在北平使馆区的特权被废除。

1941 年 12 月，日军全面占领北平使馆区。

1942 年 7 月 26 日，国民政府外交部拟定《取消其他特权及特种制度办法》和《租界租借地及其它特殊区域之收回办法》。

1942 年 10 月 10 日，美、英两国政府分别发表声明，宣布放弃在华治外法权及各种相关权利。

1943 年 1 月 9 日，日伪签订《日华关于交还租界及撤废治外法权之协定》。

1943 年 1 月 11 日，中美在华盛顿签订《关于取消美国在华治外法权及处理有关问题之条约》，其第二条规定美国在北平使馆区特权被废除；中英在重庆签订《关于取消英国在华治外法权及其有关特权条约》，其第三条规定英国在北平使馆区特权被废除。

1943 年 3 月 30 日，日本向汪伪"交还"北平使馆区仪式举行。

1943 年 5 月 19 日，中国国民政府外交部照会法国维希政府驻华代办，法国所有在华特权均被废除，法国在北平使馆区的特权即被取消。

1943 年 10 月 20 日，中国和比利时签订《关于废除在华治外法权及处理有关事件条约》，其第二条规定取消比利时在北平使馆区特权。

1945 年 5 月 29 日，中国与荷兰签订《关于荷兰国放弃在华治外法权及解决有关事件条约》，其第三条规定取消荷兰在北平使馆区特权。

1945 年 11 月 24 日，国民政府外交部公布《接收租界及北平使馆界办法》。

1946 年 2 月 28 日，中国和法国签订《关于法国放弃在华治外法权及其有关特权条约》，其第三条规定取消法国在北平使馆区特权。

1946 年 7 月，"北平使馆界官有资产与官有义务债务清理委员会"成立。

1947 年 12 月 26 日，《北平使馆界官有资产与官有义务及官有债务清理协议书》签订。

1949 年 2 月 3 日，中国人民解放军在北平举行入城仪式，中国军队在半个世纪以来第一次以国家主人的身份进入东交民巷使馆区。

1950 年 1 月 6 日，北京市军管会发布通告，决定征用过去帝国主义国家利用不平等条约占据的兵营及其他建筑。

1950 年 1 月 14、16 日，北京市军管会征用前使馆区法国、荷兰和美国兵营地产。

1950 年 4 月 11 日，北京市军管会征用前使馆区英国兵营地产。

1950 年 7 月 20 日，苏联交还北京东交民巷前俄兵营的签字仪式举行。

参考文献

一 已刊资料汇编和未刊资料

宝鋆等修：《筹办夷务始末》（同治朝），2，中华书局编辑部、李书源整理，中华书局 2008 年版。

北京市档案馆、北京市自来水公司、中国人民大学档案系文献编纂学教研室编：《北京自来水公司档案史料》（1908 年—1949 年），北京燕山出版社 1986 年版。

北京市档案馆、中共北京市委党史研究室编：《北京市重要文献选编》（1948. 12—1949），中国档案出版社 2001 年版。

蔡德金、李惠贤编：《汪精卫伪国民政府纪事》，中国社会科学出版社 1982 年版。

陈无我原辑，史实整理：《临城劫车案纪事》，岳麓书社 1987 年版。

陈春华、郭兴仁、王远大译：《俄国外交文书选译（有关中国部分 1911. 5—1912. 5）》，陈春华校，中华书局 1988 年版。

程道德、郑月明、饶戈平编：《中华民国外交史资料选编》（1919—1931），北京大学出版社 1985 年版。

程道德、张敏孚、饶戈平、刘培华、朱宪、徐鹤云编：《中华民国外交史资料选编》（1911—1919），北京大学出版社 1988 年版。

戴鸿映编：《旧中国治安法规选编》，群众出版社 1985 年版。

复旦大学历史系中国近代史教研组编：《中国近代对外关系史资料选

辑》下卷，第2分册，上海人民出版社1977年版。

故宫博物院明清档案部编：《义和团档案史料》上、下册，中华书局1959年版。

郭廷以编著：《近代中国史事日志》下，中华书局1987年版。

韩信夫、姜克夫主编：《中华民国史大事记》第1、2、3、5、6、7、9卷，中华书局2011年版。

胡滨译：《英国蓝皮书有关义和团运动资料选译》，中华书局1980年版。

胡滨译：《英国蓝皮书有关辛亥革命资料选译》上册，中华书局1984年版。

贾桢等纂辑：《筹办夷务始末》（咸丰朝），7、8，中华书局编辑部整理，中华书局1979年版。

李强选编：《民国地政史料汇编》第3册，国家图书馆出版社2011年版。

李文海、林敦奎、林克光编著：《义和团运动史事要录》，齐鲁书社1986年版。

李云汉编：《抗战前华北政局史料》，（台北）正中书局1982年版。

李忠杰、段东升主编：《中国共产党第四次全国代表大会档案文献选编》，中共党史出版社2014年版。

林泉编：《抗战期间废除不平等条约史料》，（台北）正中书局1983年版。

刘娟、李建平、毕惠芳选编：《北京经济史资料》（近代北京商业部分），北京燕山出版社1990年版。

路遥主编：《义和团运动文献资料汇编》英译文卷、下，中文卷、下，山东大学出版社2012年版。

南京大学马列主义教研室《汪精卫问题研究组》选编：《汪精卫集团卖国投敌批判资料选编》，1981年。

南开大学马列主义教研室中共党史教研组编：《华北事变资料选编》，河南人民出版社1983年版。

戚其章主编：《中日战争》第5册，中华书局1993年版。

戚其章主编：《中日战争》第11册，中华书局1996年版。

《清实录》第 57、58 册，中华书局 1987 年影印本。

秦孝仪总编纂：《"总统"蒋公大事长编初稿》卷 5，上册，（台北）中正文教基金会，1978 年。

任志主编：《绝对真相：日本侵华期间档案史料选》，新华出版社 2005 年版。

荣孟源主编，孙彩霞编辑：《中国国民党历次代表大会及中央全会资料》上册，光明日报出版社 1985 年版。

上海社会科学院历史研究所编：《五卅运动史料》第 1 卷，上海人民出版社 1981 年版。

上海社会科学院历史研究所编：《五卅运动史料》第 2 卷，上海人民出版社 1986 年版。

上海社会科学院历史研究所编：《五卅运动史料》第 3 卷，上海人民出版社 2005 年版。

上海市档案馆编：《五卅运动》第 2 辑，上海人民出版社 1991 年版。

商务印书馆编译所编纂：《国际条约大全》（1925 年增订），下编，卷一，商务印书馆 1928 年版。

沈云龙主编，前北京政府外交部编：《外交文牍》，近代中国史料丛刊第 87 辑，（台北）文海出版社 1973 年版。

世界知识出版社编：《中华人民共和国对外关系文件集》第 1 集，世界知识出版社 1957 年版。

世界知识出版社编：《国际条约集》（1917—1923），世界知识出版社 1961 年版。

世界知识出版社编：《中美关系资料汇编》第 2 辑，上，世界知识出版社 1960 年版。

孙瑞芹译：《德国外交文件有关中国交涉史料选译》第 2 卷，商务印书馆 1960 年版。

天津档案馆、南开大学分校档案系编：《天津租界档案选编》，天津人民出版社 1992 年版。

天津社会科学院历史研究所编：《1901 年美国对华外交档案》，齐鲁书社 1984 年版。

薛衔天等编：《中苏国家关系史资料汇编》（1917—1924 年），中国社会科学出版社 1993 年版。

外交学院国际法教研室编：《国际公法参考文件选辑》，世界知识出版社 1958 年版。

王建朗主编：《中华民国时期外交文献汇编》第 1 卷、中，第 2 卷、下，第 3 卷、上，第 4 卷、下，第 5 卷、上，第 6 卷、上，第 8 卷、上，中华书局 2016 年版。

王铁崖编：《中外旧约章汇编》第 1 册，生活·读书·新知三联书店 1957 年版。

王铁崖编：《中外旧约章汇编》第 2 册，生活·读书·新知三联书店 1959 年版。

王铁崖编：《中外旧约章汇编》第 3 册，生活·读书·新知三联书店 1962 年版。

王彦威、王亮辑编：《清季外交史料》（5、6），李育民、刘利民、李传斌、伍成泉点校整理，湖南师范大学出版社 2015 年版。

王卓然、刘达人主编：《外交大辞典》，中华书局 1937 年版。

魏宏运主编：《中国现代史资料选编》（4），抗日战争时期，黑龙江人民出版社 1981 年版。

魏开肇、赵蕙蓉辑：《〈清实录〉北京史资料辑要》，紫禁城出版社 1990 年版。

章伯锋主编：《北洋军阀》第 5 卷，武汉出版社 1990 年版。

章开沅、[法] 白吉尔编：《辛亥革命史资料新编》（7），湖北人民出版社 2006 年版。

张枏、王忍之编：《辛亥革命前十年间时论选集》第 1 卷，上册，生活·读书·新知三联书店 1960 年版。

张黎辉等编辑：《北洋军阀史料》，黎元洪卷，天津古籍出版社 1996 年版。

张蓉初译：《红档杂志有关中国交涉史料选译》，生活·读书·新知三联书店 1957 年版。

张振鹍主编：《中法战争》第 2 册，中华书局 1995 年版。

赵省伟编：《遗失在西方的中国史：海外史料看庚子事变》下，侯芙瑶、邱丽君译，重庆出版社 2018 年版。

中共北京市委党史研究室编：《北京革命史大事记》（1919—1949），中共党史资料出版社 1989 年版。

中共北京市委党史研究室、北京市档案馆编：《北平的和平接管》，北京出版社 1993 年版。

中共广东省委党史资料征集委员会、中国国民党革命委员会广东省委员会、中共佛山市委党史办公室编：《谭平山研究史料》，广东人民出版社 1989 年版。

中共中央文献研究室、中央档案馆编：《建党以来重要文献选编》第 1、2、20、26 册，中央文献出版社 2011 年版。

中共中央宣传部办公厅、中央档案馆编研部编：《中国共产党宣传工作文献选编》（1915—1937），学习出版社 1996 年版。

中国第二历史档案馆编：《国民政府抗战时期外交档案选辑》，重庆出版社 2016 年版。

中国第二历史档案馆编：《中华民国史档案资料汇编》第 3 辑，外交，江苏古籍出版社 1991 年版。

中国第二历史档案馆编：《中华民国史档案资料汇编》第 5 辑，第 1 编，外交（一），江苏古籍出版社 1994 年版。

中国第二历史档案馆编：《中华民国史档案资料汇编》第 5 辑，第 2 编，外交，江苏古籍出版社 1997 年版。

中国第二历史档案馆编：《中华民国史档案资料汇编》第 5 辑，第 3 编，外交，江苏古籍出版社 2000 年版。

中国第一历史档案馆、福建师范大学历史系编：《清末教案》第 6 册，中华书局 2006 年版。

中国二十世纪通鉴编辑委员会编著：《中国二十世纪通鉴》第 1、2 册，线装书局 2002 年版。

中国科学院近代史研究所近代史资料编辑组编：《近代史资料》1962年第2期，中华书局1962年版。

中国人民大学法律系国际法教研室编：《国际法学习参考资料》，1981年。

中国人民大学清史研究所编：《清史编年》第12卷，中国人民大学出版社2000年版。

中国社会科学院近代史研究所近代史资料编辑组编：《近代史资料》总38号，中华书局1979年版。

中国社会科学院近代史研究所近代史资料编辑组编：《近代史资料》总44号，中国社会科学出版社1981年版。

中国社会科学院近代史研究所近代史资料编辑部编：《近代史资料》总99号，中国社会科学出版社1999年版。

中国社会科学院近代史研究所近代史资料编辑部编：《近代史资料》总111号，中国社会科学出版社2005年版。

中国社会科学院近代史研究所近代史资料编辑部编：《近代史资料》总113号，中国社会科学出版社2006年版。

中国社会科学院近代史研究所《近代史资料》编辑室主编、天津市历史博物馆编：《秘笈录存》，知识产权出版社2013年版。

中国史学会主编，翦伯赞等编：《义和团》（3、4），上海人民出版社、上海书店出版社2000年版。

中国史学会主编，齐思和等编：《第二次鸦片战争》（5），上海人民出版社1978年版。

中国铁路史编辑研究中心编：《中国铁路大事记》（1876—1995），中国铁道出版社1996年版。

《中国与苏联关系文献汇编：1949年10月—1951年12月》编委会编：《中国与苏联关系文献汇编》（1949年10月—1951年12月），世界知识出版社2009年版。

（台北）中华民国史料研究中心编：《中国国民党第一次全国代表大会史料专辑》，1984年。

中央档案馆、中国第二历史档案馆、吉林省社会科学院合编：《日本帝国主义侵华档案资料选编·汪伪政权》，中华书局 2004 年版。

邹念之编译：《日本外交文书选译——关于辛亥革命》，中国社会科学出版社 1980 年版。

朱寿朋编：《光绪朝东华录》第 4 册，中华书局 1958 年版。

北京市档案馆藏档案。

浙江省档案馆藏档案。

中国外交部档案馆藏档案。

二　人物年谱、日记、回忆录、文集

［英］阿奇博尔德·立德夫人：《我的北京花园》，李国庆、陆瑾译，北京图书馆出版社 2004 年版。

［美］爱伦·N. 拉莫特：《北京的尘土》，李二苓译，北京联合出版公司 2016 年版。

爱新觉罗·溥仪：《我的前半生》，东方出版社 1999 年版。

［美］保罗·S. 芮恩施：《一个美国外交官使华记》，李抱宏、盛震溯译，商务印书馆 1982 年版。

北京市政协文史资料委员会编：《文史资料选编》第 11 辑，北京出版社 1981 年版。

北京市政协文史资料研究委员会编：《日伪统治下的北平》，北京出版社 1987 年版。

北京市政协文史资料研究委员会编：《文史资料选编》第 37 辑，北京出版社 1989 年版。

北京市政协文史资料研究委员会编：《文史资料选编》第 39 辑，北京出版社 1990 年版。

北京市政协文史资料研究委员会编：《文史资料选编》第 42 辑，北京出版社 1992 年版。

［俄］C. Л. 齐赫文斯基：《回到天安门——俄罗斯著名汉学家齐赫文斯基回忆录》，马贵凡、刘存宽、陈春华译，中共党史出版社 2004 年版。

蔡和森：《蔡和森文集》上、下，人民出版社 2013 年版。

陈独秀：《陈独秀文集》第 3 卷，人民出版社 2013 年版。

陈旭麓、郝盛潮主编：《孙中山集外集》，上海人民出版社 1990 年版。

《邓力群自述》，人民出版社 2015 年版。

邓云乡：《燕京乡土记》，上海文化出版社 1986 年版。

邓云乡：《增补燕京乡土记》下册，中华书局 1998 年版。

邓云乡：《云乡琐记》，河北教育出版社 2004 年版。

邓正来编：《王铁崖文选》，中国政法大学出版社 2003 年版。

董毅：《北平日记：1939 年—1943 年》（4），王金昌整理，人民出版社 2015 年版。

杜春和、耿来金、张秀清编：《荣禄存札》，齐鲁书社 1986 年版。

［英］额尔金、［英］沃尔龙德：《额尔金书信和日记选》，汪洪章、陈以侃译，中西书局 2011 年版。

范伯群编：《冰心研究资料》，北京出版社 1984 年版。

［英］福密特：《清末驻京英使信札》，温时幸、陆瑾译，国家图书馆出版社 2010 年版。

高平叔编：《蔡元培全集》第 2 卷，中华书局 1984 年版。

顾廷龙、戴逸主编：《李鸿章全集》（27），电报 7，安徽教育出版社 2008 年版。

顾维钧：《顾维钧回忆录》第 1 分册，中国社会科学院近代史研究所译，中华书局 2013 年版。

［美］哈雷特·阿班：《民国采访战：〈纽约时报〉驻华首席记者阿班回忆录》，杨植峰译，广西师范大学出版社 2008 年版。

［美］哈雷特·阿班：《我的中国岁月》，寿韶峰译，译林出版社 2015 年版。

［英］赫德：《这些从秦国来——中国问题论集》，叶凤美译，天津古籍出版社 2005 年版。

何柱国口述：《何柱国将军生平》，施文淇等整理，中国文史出版社 1992 年版。

湖南省哲学社会科学研究所编：《唐才常集》，中华书局 1980 年版。

胡适：《胡适论学近著》第 1 集，山东人民出版社 1998 年版。

华学澜：《辛丑日记》，商务印书馆 1936 年版。

姜义华、张荣华编校：《康有为全集》第 11 集，中国人民大学出版社 2007 年版。

李明勋、尤世玮主编：《张謇全集》（2），函电（上），上海辞书出版社 2012 年版。

刘坤一：《刘坤一集》第 5 册，陈代湘校点，岳麓书社 2018 年版。

马叙伦：《我在六十岁以前》，生活·读书·新知三联书店 1983 年版。

潘伯鹰：《北平行》，上海辞书出版社 2013 年版。

《彭真传》编写组编：《彭真年谱》上卷，中央文献出版社 2002 年版。

［英］普特南·威尔：《庚子使馆被围记》，冷汰、陈诒先译，上海书店出版社 2000 年版。

生活·读书·新知三联书店编辑：《陈独秀文章选编》上册，生活·读书·新知三联书店 1984 年版。

［日］市川幸雄：《悲惨的战争——我的回忆》，清华大学外事办公室，1990 年。

［俄］司格林：《北京 我童年的故乡》，于培才、刘薇译，东方出版社 2006 年版。

夏仁虎：《枝巢四述 旧京琐记》，辽宁教育出版社 1998 年版。

［德］瓦德西：《瓦德西拳乱笔记》，王光祈译，上海书店出版社 2000 年版。

［德］瓦德西：《瓦德西庚子回忆录》，秦俊峰译，福建教育出版社 2013 年版。

王彬、崔国政辑：《燕京风土录》上卷，光明日报出版社 2000 年版。

王尽美：《王尽美文集》，人民出版社 2011 年版。

《王世杰日记》上册，林美莉编辑校订，（台北）"中央研究院"近代史研究所 2012 年版。

王芸生：《芸生文存》第 1 集，上海书店出版社 1989 年版。

味橄：《北平夜话》，河北教育出版社 1994 年版。

吴天放编辑：《王正廷近言录》，现代书局 1933 年版。

吴英主编：《马克思恩格斯列宁斯大林论历史科学》，中国社会科学出版社 2014 年版。

谢俊美编：《翁同龢集》下，中华书局 2005 年版。

许德珩：《许德珩回忆录——为了民主与科学》，中国青年出版社 2001 年版。

徐世昌：《退耕堂政书》卷 8，中国书店 1984 年版。

叶灵凤：《天竹》，现代书局 1931 年版。

苑书义、孙华峰、李秉新主编：《张之洞全集》第 10 册，电牍，河北人民出版社 1998 年版。

[美] 约翰·本杰明·鲍威尔：《我在中国的二十五年》，刘志俊译，译林出版社 2015 年版。

[德] 约翰·拉贝：《我眼中的北京》，邵京辉等译，东方出版社 2009 年版。

赵珩：《老饕漫笔——近五十年饮馔摭忆》，生活·读书·新知三联书店 2012 年版。

赵珩口述审订，李昶伟录音采写：《百年旧痕：赵珩谈北京》，生活·读书·新知三联书店 2016 年版。

《铮铮铁骨　耿耿丹心——深切缅怀佟铮同志》，1995 年，编者不详。

中共北京市委党史研究室编：《北京革命史回忆录》第 1 辑，北京出版社 1991 年版。

中共中央马克思恩格斯列宁斯大林著作编译局编译：《列宁全集》第 2 卷，人民出版社 1984 年版。

中共中央马克思恩格斯列宁斯大林著作编译局编译：《列宁选集》第 2 卷，人民出版社 2012 年版。

中共中央马克思恩格斯列宁斯大林著作编译局编译：《马克思恩格斯文集》第 2 卷，人民出版社 2009 年版。

中共中央马克思恩格斯列宁斯大林著作编译局编译：《马克思恩格斯

选集》第 1、2 卷，人民出版社 2012 年版。

中共中央马克思恩格斯列宁斯大林著作编译局编译：《马克思恩格斯全集》第 12 卷，人民出版社 2016 年版。

中共中央马克思恩格斯列宁斯大林著作编译局编译：《马克思恩格斯论中国》，人民出版社 2018 年版。

中共中央文献编辑委员会编：《彭真文选》，人民出版社 1991 年版。

中共中央文献编辑委员会编：《邓小平文选》第 3 卷，人民出版社 1993 年版。

中共中央文献编辑委员会编：《毛泽东选集》第 3、4 卷，人民出版社 1991 年版。

中共中央文献研究室、中央档案馆编：《建国以来刘少奇文稿》第 1 册，中央文献出版社 2005 年版。

中共中央文献研究室编：《建国以来毛泽东文稿》第 1 册，中央文献出版社 1987 年版。

中共中央文献研究室编：《毛泽东文集》第 5 卷，人民出版社 1996 年版。

中共中央文献研究室、中央档案馆编：《建国以来周恩来文稿》第 2 册，中央文献出版社 2008 年版。

中国国际友人研究会编：《中国之友卡尔逊》，辽宁人民出版社 1996 年版。

中国科学院历史研究所第三所编辑：《庚子记事》，科学出版社 1959 年版。

中国人民政治协商会议河北省委员会义史资料研究委员会编：《河北文史资料选辑》第 12 辑，河北人民出版社 1983 年版。

中国人民政治协商会议四川省合江县委员会文史资料委员会、合江县县志编纂委员会编：《合江县文史资料选辑》第 9 辑，1990 年。

中国社会科学院近代史研究所中华民国史组编：《胡适来往书信选》中册，中华书局 1979 年版。

中华人民共和国外交部外交史研究室编：《周恩来外交活动大事记》

（1949—1975），世界知识出版社1993年版。

中华人民共和国外交部、中共中央文献研究室编：《周恩来外交文选》，中央文献出版社1990年版。

朱德裳：《三十年闻见录》，岳麓书社1985年版。

三　其他书籍

［美］阿尔弗雷德·考尼比斯：《扛龙旗的美国大兵：美国第十五步兵团在中国》，刘悦译，作家出版社2011年版。

［美］巴巴拉·塔奇曼：《史迪威与美国在华经验》上册，陆增平译，商务印书馆1985年版。

［美］保罗·康纳顿：《社会如何记忆》，纳日碧力戈译，上海人民出版社2000年版。

包遵彭、吴相湘、李定一编纂：《中国近代史论丛——不平等条约与平等新约》，（台北）正中书局1958年版。

北京大学历史系《北京大学学生运动史》编写组编：《北京大学学生运动史》（1919—1949），北京出版社1979年版。

《北京工业志》编委会编：《北京工业志·电力志》，中国科学技术出版社1995年版。

北京建设史书编辑委员会编辑部编：《建国以来的北京城市建设资料》第3卷，1989年。

北京市地方志编纂委员会编著：《北京志·市政卷·道路交通管理志》，北京出版社2000年版。

北京市地方志编纂委员会编著：《北京志·市政卷·房地产志》，北京出版社2000年版。

北京市地方志编纂委员会编著：《北京志·综合经济管理卷·金融志》，北京出版社2001年版。

北京市地方志编纂委员会编著：《北京志·军事卷·军事志》，北京出版社2002年版。

北京市地方志编纂委员会编著：《北京志·建筑卷·建筑志》，北京出版社 2003 年版。

北京市地方志编纂委员会编著：《北京志·综合卷·建置志·地名志·区县概要》，北京出版社 2008 年版。

北京市地方志编纂委员会编著：《北京志·政务卷·外事志》，北京出版社 2012 年版。

北京市东城区地方志编纂委员会编：《北京市东城区志》，北京出版社 2005 年版。

北京市公路交通史编委会编：《北京交通史》，北京出版社 1989 年版。

北京燕山出版社编：《旧京人物与风情》，北京燕山出版社 1996 年版。

蔡恂：《北京警察沿革纪要》，北京民社，1944 年。

曹子西主编，习五一、邓亦兵撰：《北京通史》第 9 卷，北京燕山出版社 2012 年版。

昌黎县地方志编纂委员会编著：《昌黎县志》，中国国际广播出版社 1992 年版。

陈鸿年：《北平风物》，九州出版社 2016 年版。

陈平、王世仁主编：《东华图志》上卷，天津古籍出版社 2005 年版。

陈溥、陈晴编著：《紫禁逝影：东城》，中国社会出版社 2009 年版。

陈启能主编：《八十年代的西方史学》，中国社会科学出版社 1990 年版。

陈宗蕃编著：《燕都丛考》，北京古籍出版社 1991 年版。

程中行：《各国对中国的不平等条约》，世界书局 1927 年版。

［英］戴维·米勒、［英］韦农·波格丹诺主编：《布莱克维尔政治学百科全书》，邓正来等译，中国政法大学出版社 2002 年版。

刁敏谦：《中国国际条约义务论》，商务印书馆 1925 年版。

丁鹤编著：《中国外事警察概要》，丁鹤著译室，1937 年。

丁名楠等：《帝国主义侵华史》第 2 卷，人民出版社 1986 年版。

杜恂诚：《日本在旧中国的投资》，上海社会科学院出版社 1986 年版。

费成康：《中国租界史》，上海社会科学院出版社 1991 年版。

［美］费正清、［美］刘广京编：《剑桥中国晚清史》上、下卷，中国

社会科学院历史研究所编译室译，中国社会科学出版社1985年版。

[美] 费正清编：《剑桥中华民国史》上卷，杨品泉等译，中国社会科学出版社1998年版。

[美] 费正清：《美国与中国》，张理京译，世界知识出版社1999年版。

[日] 服部宇之吉主编：《清末北京志资料》，张宗平、吕永和译，北京燕山出版社1994年版。

傅启学编著：《中国外交史》下卷，（台北）商务印书馆1983年版。

盖平、周守一：《华盛顿会议小史》，河南人民出版社2017年版。

[英] 戈尔—布思主编：《萨道义外交实践指南》，杨立义、曾寄萍、曾浩等译，上海译文出版社1984年版。

共青团北京市委青运史研究室编：《北京青运史论集》，海南人民出版社1988年版。

顾颉刚、史念海：《中国疆域沿革史》，商务印书馆2004年版。

顾器重：《租界与中国》，卿云图书公司1928年版。

[日] 古屋奎二编著：《蒋"总统"秘录》第13册，（台北）中央日报1986年译印。

郭德宏、张明林：《李大钊传》，红旗出版社2016年版。

郭圣铭编著：《西方史学史概要》，上海人民出版社1983年版。

国民革命军总司令部政治部编：《革命史上几个重要纪念日》，1926年。

[美] G. W. 施坚雅：《中国封建社会晚期城市研究——施坚雅模式》，王旭等译，吉林教育出版社1991年版。

[美] 何伟亚：《英国的课业：19世纪中国的帝国主义教程》，刘天路、邓红风译，社会科学文献出版社2007年版。

胡朴安编著：《中华全国风俗志》下，上海科学技术文献出版社2011年版。

黄德明：《现代外交特权与豁免问题研究》，武汉大学出版社2005年版。

[美] 惠顿：《万国公法》，[美] 丁韪良译，何勤华点校，中国政法

大学出版社 2003 年版。

蒋孟引：《第二次鸦片战争》，生活·读书·新知三联书店 1965 年版。

教育建国同志社编著：《不平等条约》，新时代教育社 1927 年版。

［英］吉伯特·威尔士、［英］亨利·诺曼：《龙旗下的臣民——近代中国社会与礼俗》，刘一君、邓海平译，光明日报出版社 2000 年版。

［日］今井嘉幸：《中国国际法论》，张森如译，商务印书馆 1915 年版。

金士宣、徐文述编著：《中国铁路发展史》（1876—1949），中国铁道出版社 1986 年版。

金兆梓：《现代中国外交史》，商务印书馆 1930 年版。

京都市政公所编纂：《京都市政汇览》，京华印书局 1919 年版。

［美］柯文：《在中国发现历史——中国中心观在美国的兴起》，林同奇译，中华书局 1989 年版。

［英］肯德：《中国铁路发展史》，李抱宏等译，生活·读书·新知三联书店 1958 年版。

［日］堀场一雄：《日本对华战争指导史》，王培岚等译，世界知识出版社 2017 年版。

老舍：《四世同堂》上，人民文学出版社 2012 年版。

［英］劳特派特修订：《奥本海国际法》上卷，第 2 分册，石蒂、陈健译，商务印书馆 1972 年版。

李健民：《五卅惨案后的反英运动》，（台北）"中央研究院"近代史研究所专刊 53，1986 年。

李少兵等：《北京的洋市民》，北京师范大学出版社 2016 年版。

李育民：《中国废约史》，中华书局 2005 年版。

李育民：《近代中国的条约制度》，湖南人民出版社 2010 年版。

李育民：《近代中外条约关系刍论》，湖南人民出版社 2011 年版。

李育民：《晚清中外条约关系研究》，法律出版社 2018 年版。

李育民主编：《近代中外条约关系通史》第 1—7 卷，中华书局 2022 年版。

李学通、古为民编著：《中国德奥战俘营》，福建教育出版社 2010 年版。

《列强在中国的租界》编辑委员会编：《列强在中国的租界》，中国文史出版社 1992 年版。

林传甲总纂：《京师街巷记》，琉璃厂武学书馆，1919 年。

林东海：《外事警察与国际关系》，商务印书馆 1937 年版。

柳克述编：《近世外交史》下卷，中央陆军军官学校政治训练处印行，1931 年。

柳克述：《不平等条约概论》，泰东图书局 1926 年版。

刘绍唐主编：《民国人物小传》第 7 册，上海三联书店 2015 年版。

刘彦：《帝国主义压迫中国史》下卷，太平洋书店 1927 年版。

刘彦：《最近三十年中国外交史》，太平洋书店 1932 年版。

刘彦：《被侵害之中国》，（台北）文海出版社 1987 年版。

[美] 刘易斯·查尔斯·阿灵顿：《古都旧景——65 年前外国人眼中的老北京》，赵晓阳译，经济科学出版社 1999 年版。

路韦思：《中国被侵略之领土与利权》，亚细亚书局 1935 年版。

雒春普：《阎锡山传》，山西人民出版社 2004 年版。

[美] 马士、[美] 宓亨利：《远东国际关系史》，姚曾廙等译，上海书店出版社 1998 年版。

[美] 马士：《中华帝国对外关系史》第 2、3 卷，张汇文、姚曾廙、杨志信、马伯煌、伍丹戈合译，上海书店出版社 2006 年版。

马芷庠：《老北京旅行指南》，吉林出版集团有限责任公司 2008 年版。

民革中央宣传部编：《民革领导人传》第 2 辑，团结出版社 2007 年版。

[法] 莫里斯·哈布瓦赫：《论集体记忆》，毕然、郭金华译，上海人民出版社 2002 年版。

穆玉敏：《北京警察百年》，中国人民公安大学出版社 2004 年版。

[奥] 莫石、[美] 莫苇芝：《城门内的外国人：北京使馆区》，叶凤美、[德] 丹尼斯·霍克梅译，北京联合出版公司 2020 年版。

牟安世：《义和团抵抗列强瓜分史》，经济管理出版社 1997 年版。

裴坚章主编：《中华人民共和国外交史》第 1 卷，世界知识出版社 1994 年版。

《彭真传》编写组编：《彭真传》第 2 卷，中央文献出版社 2012 年版。

齐大芝、任安泰：《北京近代商业的变迁》，首都经济贸易大学出版社 2014 年版。

齐如山著、鲍畋埠辑：《故都三百六十行》，书目文献出版社 1993 年版。

漆树芬：《经济侵略下之中国》，光华书局 1926 年版。

钱实甫：《租界与租借地》，广西民团周刊社 1939 年版。

钱泰：《中国不平等条约之缘起及其废除之经过》，（台北）"国防研究院" 1961 年版。

钱亦石：《中国外交史》，（汉口）生活书店 1938 年版。

［英］乔治·林奇：《文明的交锋》，［美］王铮、李国庆译，国家图书馆出版社 2011 年版。

秦皇岛市地方志编纂委员会编纂：《秦皇岛市志》第 7 卷，天津人民出版社 1994 年版。

邱祖铭：《中外订约失权论》，商务印书馆 1927 年版。

单士元：《故宫营造》，中华书局 2015 年版。

申铉武主编：《中国政党政团大观》，延边大学出版社 1988 年版。

［美］史明正：《走向近代化的北京城——城市建设与社会变革》，王业龙、周卫红译，北京大学出版社 1995 年版。

苏位智、刘天路主编：《义和团运动一百周年国际学术讨论会论义集》，山东大学出版社 2002 年版。

孙冬虎、许辉：《北京交通史》，人民出版社 2012 年版。

孙晓楼、赵颐年编著：《领事裁判权问题》，商务印书馆 1937 年版。

谭锡庠：《平时国际公法》，光华商店 1933 年版。

谭伊孝编著：《北京文物胜迹大全》东城区卷，北京燕山出版社 1991 年版。

唐启华：《被"废除不平等条约"遮蔽的北洋修约史（1912—1928）》，社会科学文献出版社 2010 年版。

［日］丸山昏迷：《北京》，卢茂君译，北京联合出版公司 2016 年版。

汪朝光：《中华民国史》第 4 卷，中华书局 2011 年版。

汪馥炎：《抗战与国际公法》，（长沙）商务印书馆 1938 年版。

王化成：《现代国际公法》，新月书店 1932 年版。

王纪元：《不平等条约史》，中国文化服务社 1936 年版。

王家俭：《清末民初我国警察制度现代化的历程》（1901—1928），（台北）商务印书馆 1984 年版。

王建朗：《中国废除不平等条约的历程》，江西人民出版社 2000 年版。

王铁崖：《新约研究》，重庆青年书店 1943 年版。

王铁崖主编：《国际法》，法律出版社 1995 年版。

王芸生编著：《六十年来中国与日本》第 4 卷，生活·读书·新知三联书店 1980 年版。

王亚男：《1900—1949 年北京的城市规划与建设研究》，东南大学出版社 2008 年版。

王正廷：《中国近代外交概要》，外交研究社 1928 年版。

［英］魏尔特：《关税纪实》，郭本校阅，海关总税务司公署统计科印行，1936 年。

［美］威罗贝：《外人在华特权和利益》，王绍坊译，生活·读书·新知三联书店 1957 年版。

温良儒：《帝国主义侵略中国史与中国革命运动》，陕西省政府印刷局，1928 年。

（清）吴长元辑：《宸垣识略》，北京古籍出版社 1981 年版。

武汉地方志编纂委员会主编：《武汉市志·外事志》，武汉大学出版社 1991 年版。

吴景平：《从胶澳被占到科尔访华》，福建人民出版社 1993 年版。

吴景平：《国民政府时期的大国外交》，上海人民出版社 2012 年版。

吴金堂编：《帝国主义侵略中国史》，中央陆军军官学校政治训练处印行，1934 年。

吴昆吾：《不平等条约概论》，商务印书馆 1933 年版。

吴寿彭、徐达行、吴祺编：《帝国主义侵略中国史》，中央陆军军官学校政治训练处印行，1930 年。

[美] 西德尼·D. 甘博：《北京的社会调查》上，邢文军等译，中国书店 2010 年版。

《现行平时国际法》，作者和出版单位不详，北平，1936 年。

相蓝欣：《义和团战争的起源》，华东师范大学出版社 2003 年版。

谢彬：《国防与外交》，中华书局 1926 年版。

[日] 胁川寿泉编著：《北京名所览记》，李蕊、卢茂君译，知识产权出版社 2017 年版。

徐公肃、丘瑾璋：《上海公共租界制度》，国立中央研究院社会科学研究所专刊第 8 号，1933 年。

徐国桢编著：《中国外交失败史》（1840—1928），知识产权出版社 2015 年版。

徐京利：《解密中国外交档案》，中国档案出版社 2005 年版。

薛衔天：《民国时期中苏关系史》上，中共党史出版社 2009 年版。

阎稚新：《李大钊和冯玉祥》，解放军出版社 1987 年版。

杨洪运、赵筠秋主编：《北京经济史话》，北京出版社 1984 年版。

杨熙时：《现代外交学》，民智书局 1931 年版。

杨耀健：《史迪威与中国》，中国青年出版社 1991 年版。

杨幼炯：《近时国际问题与中国》，泰东图书局 1929 年版。

杨遵道、叶凤美编著：《清政权半殖民地化研究》，高等教育出版社 1993 年版。

[美] 伊·卡恩：《中国通——美国一代外交官的悲剧》，陈亮、隋丽君、林楚平译，新华出版社 1980 年版。

叶楚伧、柳诒徵主编，王焕镳编纂：《首都志》下，正中书局 1947 年版。

[德] 于尔根·奥斯特哈默：《中国与世界社会（从 18 世纪到

1949）》，强朝晖译，社会科学文献出版社 2019 年版。

袁熹：《北京城市发展史·近代卷》，北京燕山出版社 2008 年版。

［英］詹宁斯、［英］瓦茨修订：《奥本海国际法》第 1 卷，第 2 分册，王铁崖等译，中国大百科全书出版社 1998 年版。

张次溪编著：《人民首都的天桥》，中国曲艺出版社 1988 年版。

张复合：《北京近代建筑史》，清华大学出版社 2004 年版。

张海鹏主编，马勇著：《中国近代通史》第 4 卷，江苏人民出版社 2013 年版。

张海鹏主编，杨奎松著：《中国近代通史》第 8 卷，江苏人民出版社 2013 年版。

张海鹏、翟金懿：《简明中国近代史读本》，中国社会科学出版社 2018 年版。

张龙林：《美国在华治外法权的终结——1943 年〈中美新约〉研究》，中山大学出版社 2012 年版。

张天百：《不平等条约问答》，中央图书局 1928 年版。

张廷颢讲演、高尔松笔记：《不平等条约的研究》，光华书局 1927 年版。

张忠绂：《中华民国外交史》，华文出版社 2011 年版。

赵炳坤编：《中国外事警察》，商务印书馆 1935 年版。

赵尔巽等：《清史稿》（2），中华书局 1998 年版。

赵寰熹：《清代北京城市形态与功能演变》，华南理工大学出版社 2016 年版。

赵明高编：《国际法纲要》，东北大学出版部印，1935 年。

郑国琛：《帝国主义侵略中国史》，出版单位、出版时间不详。

郑瑞梅、汤增扬编著：《百年条约史》，光华出版社 1944 年版。

中共北京市委党史研究室编：《中国共产党北京历史》第 1 卷，北京出版社 2001 年版。

中共中央文献研究室编：《毛泽东传》（1893—1949），中央文献出版社 1993 年版。

中共中央文献研究室编:《毛泽东传》(1949—1976),上,中央文献出版社 2003 年版。

中国人民解放军河北省唐山军分区编:《唐山市军事志》,1997 年。

[日]中国驻屯军司令部编:《二十世纪初的天津概况》(原名《天津志》),侯振彤译,天津市地方史志编修委员会总编辑室出版,1986 年。

宗绪盛:《老北京地图的记忆》,中国地图出版社 2014 年版。

周鲠生:《解放运动中之对外问题》,太平洋书店 1927 年版。

周鲠生:《不平等条约十讲》,太平洋书店 1928 年版。

周鲠生:《国际法》上、下,武汉大学出版社 2009 年版。

(清)周家楣、缪荃孙等编纂:《光绪顺天府志》第 2 册,北京古籍出版社 1987 年版。

[美]周锡瑞:《义和团运动的起源》,张俊义、王栋译,江苏人民出版社 1998 年版。

[英]朱莉娅·博伊德:《消逝在东交民巷的那些日子》,向丽娟译,商务印书馆 2016 年版。

[日]竹内郁郎编:《大众传播社会学》,张国良译,复旦大学出版社 1989 年版。

朱一新:《京师坊巷志稿》卷上,北京古籍出版社 1982 年版。

左芙蓉:《北京对外文化交流史》,巴蜀书社 2008 年版。

四 报纸杂志

《爱国青年》

《安徽史学》

《报报》

《北京档案》

《北京档案史料》

《北京党史》

《北京工商大学学报》

《北京社会科学》

《北京史苑》

《北京市政旬刊》（伪）

《北京文史》

《北京文物与考古》

《北平晨报》

《北平民众》

《北平市公报》

《北平特别市公安局政治训练部旬刊》

《晨报》

《晨报副刊》

《大公报》

《大同报》

《档案春秋》

《东方日报》

《东方杂志》

《法制日报》

《反攻》

《甘肃省政府法令公报》

《革命法学》

《革命前锋》

《革命政治》

《公安周刊》

《工人之路》

《工训周刊》

《公余半月刊》

《国风报》

《国际公报》

《国立武汉大学社会科学季刊》

《国立中正大学校刊·庆祝签订新约特刊》

《国外社会科学》

《国闻周报》

《河北民政汇刊》

《弘毅月刊》

《湖北党务指导月刊》

《华中建筑》

《华文大阪每日》（大阪）

《纪事报》

《甲寅周刊》

《江西统计月刊》

《解放日报》

《晶报》

《警声》（伪）

《京报》

《京报副刊》

《近代史研究》

《近代中国》（台北）

《近现代国际关系史研究》

《经济汇报》

《决心》

《军事史林》

《军事杂志》

《抗日战争研究》

《快活林》

《来复》

《劳动午报》

《立报》

《历史档案》

《历史研究》

《力行月刊》

《龙报》

《旅行杂志》

《民国春秋》

《民国日报》

《南京党务周刊》

《南京市政府公报》

《女青年》

《侨声报》

《清史译丛》

《清议报》

《人民日报》

《认识周报》

《山东官报》

《山西老年》

《陕西省政府公报》

《邵阳学院学报》

《社会科学战线》

《社会周刊》

《申报》

《时报》

《时代日报》

《世界学生》

《世界知识》

《时事月报》

《时闻旬报》

《首都师范大学学报》

《市政公报》

《市政评论》

《市政通告》

《市政旬刊》（伪）

《顺天时报》

《司法公报》

《思想月刊》

《苏州科技学院学报》

《台湾师大历史学报》

《铁报》

《通学报》

《图书资讯学刊》（台北）

《文化杂志》

《文史通讯》

《外交公报》

《外交公报》（伪）

《外交评论》

《外交月报》

《外论通讯稿》

《西风》

《现代评论》

《湘报》

《向导》

《小日报》

《协和报》

《兴华》

《新北平》

《新华日报》

《新纪元周报》

《新民丛报》

《新闻报》

《星华》

《星期》

《学生杂志》

《雅言》

《燕京新闻》

《译丛》（伪）

《益世报》

《银行月刊》

《英语周刊》

《浙江教育月刊》

《浙江日报》

《政治评论》

《政治生活》

《政治周报》

《中国青年》

《中国学生》

《中和月刊》（伪）

《中华实事周刊》

《中南大学学报》

《中央导报》（伪）

《中央日报》

《"中央研究院" 近代史研究所集刊》（台北）

《中央周报》

《紫罗兰》

《纵横》

《总统府公报》

五　学位论文

黄文德：《北京外交团与近代中国关系之研究——以关余交涉案为中

心》，硕士学位论文，（台中）中兴大学，1999年。

王莹：《英国对1950年中国征用其兵营的反应》，硕士学位论文，华东师范大学，2014年。

杨海青：《1937—1940年英国撤退在华驻军初探》，硕士学位论文，武汉大学，2018年。

六 英文资料

Alan James, ed. , *The Bases of International Order*, London：Oxford University Press，1973.

Arnot Reid，*From Peking to Petersburg*，London：E. Arnold，1899.

Cordell Hull，*The Memoirs of Cordell Hull*，*Volume I*，New York：The Macmillan Company，1948.

C. Martin Wilbur，*The Nationalist Revolution in China*，*1923—1928*，New York：Cambridge University Press，1984.

Daniele Vare，*Laughing Diplomat*，New York：Doubleday，Doran & Company，Inc，1938.

Etienne Balibar and Immanuel Wallerstein，eds. ，*Race*，*Nation*，*Class*：*Ambiguous Identities*，London：Verso，2011.

Juliet Bredon，*Peking*：*A Historical And Intimate Description of Its Chief Places of Interest*，Shanghai：Kelly & Walsh，Limited，1922.

Michael J. Moser，Yeone Wei – Chih Moser，*Foreigners Within The Gates*：*The Legations At Peking*，Hong Kong：Oxford University Press，1993.

M. J. Pergament，*The Diplomatic Quarter in Peking*：*Its Juristic Nature*，Peking：China Booksellers Ltd. ，1927.

Robert Moore Duncan，*Peiping Municipality and the Diplomatic Quarter*，Department of Political Science，Yenching University，Peiping：Peiyang Press，Ltd. ，1933.

Susan Townley，*My Chinese Note Book*，London：Methuen & Co. ，1904.

The North – China Herald and Supreme Court & Consular Gazette，Aug 30，

1924.

United States Department of State, ed., *Papers relating to the foreign relations of the United States, 1927, Volume 2*, Washington: Government Printing Office, 1942.

United States Department of State, ed., *Papers relating to the foreign relations of the United States, Japan: 1931—1941, Volume 1*, Washington: Government Printing Office, 1943.

United States Department of State, ed., *Foreign Relations of the United States, Diplomatic Papers, 1936, Volume 4, The Far East*, Washington: Government Printing Office, 1954.

United States Department of State, ed., *Foreign Relations of the United States, Diplomatic Papers, 1941, Volume 5, The Far East*, Washington: Government Printing Office, 1956.

United States Department of State, ed., *Foreign Relations of the United States, Diplomatic Papers, 1942, China*, Washington: Government Printing Office, 1956.

United States Department of State, ed., *Foreign Relations of the United States, 1946, Volume 10, The Far East: China*, Washington: Government Printing Office, 1972.

United States Department of State, ed., *Foreign Relations of the United States, 1947, Volume 7, The Far East: China*, Washington: Government Printing Office, 1972.

Wesley R. Fishel, *The End of Extraterritoriality in China*, Berkeley & Los Angeles: University of California Press, 1952.

William J. Oudendyk, *Ways and By - Ways in Diplomacy*, London: Peter Davies, 1939.

后　记

　　2016 年 8 月的一个下午，我在北京地铁崇文门站下车，然后走向东交民巷的街面。这里没有车水马龙般的喧闹，行人不多，显得恬静与祥和。历史的脉搏早已进入 21 世纪，一直在向前，向前，人们享受着和平时代生活的殷实。

　　此刻，踏着厚实的地面，我一边行走，一边观察着种种景物。我在此地徘徊良久，望着那些旧式的建筑，似乎想找到东交民巷从近代到当代的沧桑痕迹。许许多多的故事，仿佛已经很远很远，又恰似就在眼前。从学术研究的角度审视东交民巷，完成本课题的研究，是我的一个心愿。

　　然而，动笔之后，愈发感到这件工作并不简单。时至今日，我仍然诚惶诚恐地对待所研究的对象，对待这一研究成果的完成。

　　衷心感谢湖南师范大学历史文化学院李育民教授。我在李老师的门下完成了硕士生阶段的学习，后来又在他的指导下从事博士后研究工作。正是在他的引导下，我经历了基本的学术训练，走上了中国近现代史研究之路。就本项研究来说，从题目的确定，到书稿的写作，以至本书的出版，都得到了李老师的关心和指导。衷心感谢我攻读博士学位时的指导老师中国社会科学院当代中国研究所朱佳木研究员。朱老师的教导，使我在以往积累的基础上，从深层次上思考中国历史、现实、未来之间的密切关系，认识中国近现代史的发展规律和特点，并融入对具体问题的研究中去。高山仰止，两位导师都有真挚的爱国情怀，有深厚的史学研究功底，视野开阔，治学严谨，深深地影响了我的学术追索之路。他们的教诲，是我继续前进的动力。

本课题研究的过程中，得到了许多老师的指教。特别要感谢中国社会科学院当代中国研究所王巧荣研究员、张金才研究员，湖南师范大学历史文化学院刘利民教授、李传斌教授，湖南省社会科学院历史文化研究所李斌研究员，湖南文理学院文史与法学学院周星林教授，贵州商学院马克思主义学院刘鹤教授，浙江农林大学马克思主义学院李勇华教授、雷家军教授等。他们的指教高屋见瓴，让我的写作受益匪浅。

史学研究首先要求搜集丰富的资料。因我的工作单位条件有限，这一研究所需的相关资料，不得不多方求助。感谢湖南师范大学物理与电子科学学院吴浪波老师给予的长期的巨大帮助。还要感谢广东司法警官职业学院思想政治理论课教学部唐金权博士，惠州学院马克思主义学院张勇博士，宁波大学人文与传媒学院钱彦惠博士，中国人民公安大学马克思主义学院李奎原博士，浙江农林大学图书馆徐双老师、郑云涛老师和马克思主义学院吴广瑞博士、钟宇海博士及研究生周楠同学等。

十分感谢本书的策划宋燕鹏编审。本书的修改，得到了宋老师的积极帮助。从具体问题的论证到参考文献的修正，他都提出了非常有益的意见。本书能够顺利出版，与宋老师的大力支持分不开。

当然，文责自负。书中存在的不确、不周乃至错误之处，由笔者本人负责。希望专家、学者和学术同行多多批评、指正。

程珂

2024 年